Bildungserfahrungen an Waldorfschulen

D1943025

Sylva Liebenwein • Heiner Barz
Dirk Randoll

Bildungserfahrungen an Waldorfschulen

Empirische Studie zu Schulqualität und Lernerfahrungen

Mit einem Vorwort von Prof. Dr. Andreas Schleicher
und Beiträgen von Dr. Ulrike Keller,
Prof. Dr. Peter Lobell, Prof. Dr. Wilfried Sommer

Springer VS

Sylva Liebenwein
Heinrich-Heine-Universität
Düsseldorf, Deutschland

Dirk Randoll
Alanus Hochschule
Alfter, Deutschland

Heiner Barz
Heinrich-Heine-Universität
Düsseldorf, Deutschland

ISBN 978-3-531-18508-8
ISBN 978-3-531-19090-7 (eBook)
DOI 10.1007/978-3-531-19090-7

Die Deutsche Nationalbibliothek verzeichnet diese Publikation in der Deutschen Nationalbibliografie; detaillierte bibliografische Daten sind im Internet über http://dnb.d-nb.de abrufbar.

Springer VS
© VS Verlag für Sozialwissenschaften | Springer Fachmedien Wiesbaden 2012
Das Werk einschließlich aller seiner Teile ist urheberrechtlich geschützt. Jede Verwertung, die nicht ausdrücklich vom Urheberrechtsgesetz zugelassen ist, bedarf der vorherigen Zustimmung des Verlags. Das gilt insbesondere für Vervielfältigungen, Bearbeitungen, Übersetzungen, Mikroverfilmungen und die Einspeicherung und Verarbeitung in elektronischen Systemen.

Die Wiedergabe von Gebrauchsnamen, Handelsnamen, Warenbezeichnungen usw. in diesem Werk berechtigt auch ohne besondere Kennzeichnung nicht zu der Annahme, dass solche Namen im Sinne der Warenzeichen- und Markenschutz-Gesetzgebung als frei zu betrachten wären und daher von jedermann benutzt werden dürften. Der Geschlechterproporz wurde zugunsten der Lesbarkeit vernachlässigt.

Einbandentwurf: KünkelLopka GmbH, Heidelberg

Springer VS ist eine Marke von Springer DE. Springer DE ist Teil der Fachverlagsgruppe Springer Science+Business Media.
www.springer-vs.de

Danksagung

Mit einem Vorwort von Andreas Schleicher, OECD, Paris, internationaler PISA-Koordinator und Special Advisor on Education Policy to the OECD's Secretary-General and Head of the Indicators and Analysis Division.

Die Studie wurde finanziell gefördert durch die **Software AG Stiftung, Darmstadt** und die **Pädagogische Forschungsstelle beim Bund der Freien Waldorfschulen.**

Vorwort

Nie zuvor hat Bildung denen, die gut qualifiziert sind, derartig viele Lebenschancen eröffnet wie heute. Diese Erkenntnis spiegelt sich auch in einer stetig wachsenden Erwartungshaltung von Eltern gegenüber Schulen und einem vielfältiger werdenden Bildungsangebot insgesamt wider.

Um die Herausforderungen der Zukunft zu bewältigen, reicht es jedoch nicht aus, wenn Schulen mehr vom Gleichen produzieren: In der Vergangenheit konnten Schulen davon ausgehen, dass das Wissen, das sie vermitteln, für ein Arbeitsleben ausreicht. Heute ist es unverantwortlich, einem Schüler eine Arbeit auf Lebenszeit zu suggerieren. Je mehr Menschen heute Eigenverantwortung für ihre Karriereplanung sowie wirtschaftliche und soziale Absicherung übernehmen müssen, umso mehr müssen wir von modernen Schulen erwarten, dass sie Verantwortung und die Fähigkeit zur Veränderung stärken. Was heute zählt, ist lebensbegleitendes Lernen, die Motivation und Fähigkeit der Menschen ihren eigenen Horizont in einer sich ständig verändernden Gesellschaft und Arbeitswelt jeden Tag zu erweitern. Traditionell legen Schulen großes Gewicht auf analytische Fähigkeiten, mit denen fachliche Probleme zerlegt und deren Bestandteile dann mit Routinefähigkeiten gelöst werden. Auf der anderen Seite wird aber immer deutlicher, dass die großen Durchbrüche und Paradigmenwechsel heute meist dann entstehen, wenn es gelingt, verschiedene Aspekte oder Wissensgebiete, zwischen denen Beziehungen zunächst nicht offensichtlich sind, zu synthetisieren.

Je komplexer unsere Arbeitswelt wird, und je mehr der Umfang kodifizierten Wissens zunimmt, umso mehr werden außerdem Menschen an Bedeutung gewinnen, die die Komplexität nicht nur verstehen und für Menschen anderer Fachrichtungen verständlich machen können. Junge Menschen müssen sich in einer sich beständig verändernden Welt immer wieder neu positionieren, eigenständig und verantwortungsbewusst handeln, ihre eigenen Pläne und Projekte in größere Zusammenhänge stellen können, Rechte, Interessen, Grenzen erkennen und verantwortlich wahrnehmen. Und nicht zuletzt müssen Menschen in der Lage sein, gute und tragfähige Beziehungen aufzubauen, mit Konflikten umzugehen und sie zu lösen, sich in multikulturellen, pluralistischen Gesellschaften konstruktiv einzubringen. Soziale Intelligenz, emotionale Sicherheit und Gründergeist sind die entscheidenden Dimensionen.

Die Untersuchungen dieses Bandes zeigen, dass die Waldorfschulen für diese Zukunft gut aufgestellt sind. Lernfreude, Anstrengungsbereitschaft und Selbstwirksamkeit sind eben nicht nur wichtige Voraussetzungen für Lernerfolg, sondern sie sind zu Schlüsselfaktoren geworden in einer Zeit, in der wir von Lehrern und Schulen erwarten, dass sie Schülern helfen, sich in einer sich immer schneller verändernden Welt zurechtzufinden; sie auf ein Leben vorbereiten, das wir heute noch nicht kennen; ihnen helfen Technologien zu nutzen, die erst morgen erfunden werden; und strategische Herausforderungen zu bewältigen, von denen wir heute noch nicht wissen, dass es sie gibt.

Die Darstellungen in diesem Band zeigen auch, dass bei den Waldorfschulen vieles von dem, was die PISA-Studie als für den Erfolg moderner Bildungssysteme maßgeblich herausstellt, seit mehr als einem Jahrhundert Programm ist: Traditionell lernen Schüler für sich, im Rahmen standardisierter Lehrpläne. In den Waldorfschulen war es immer Ziel, Lernpfade zu individualisieren und Schüler dazu zu befähigen, gemeinsam und voneinander zu lernen. Traditionell benutzen Schulen Klassenarbeiten und Zensuren zur Kontrolle, etwa um Leistungen zu zertifizieren und den Zugang zu weiterer Bildung zu rationieren. Die Waldorfpädagogik hingegen betont motivierende Leistungsrückmeldungen, die Vertrauen in Lernergebnisse schaffen und mit denen Lernpfade und Lernstrategien entwickelt und begleitet werden können.

Traditionell sind Lehrer und Schulen die letzte ausführende Instanz eines komplexen Verwaltungsapparates. Die Waldorfschulen hingegen müssen sich daran messen, was die Schule als selbstständige und pädagogisch verantwortliche Einheit leisten kann, die den individuellen Lernfortschritt in den Mittelpunkt stellt und Verantwortung für ihre Ergebnisse übernimmt anstatt diese auf andere Schulformen oder weniger anspruchsvolle Bildungswege abzuwälzen. Ihr Erfolg wird daran gemessen, inwieweit es ihren Lehrern gelingt, das Potenzial aller Schüler zu mobilisieren, die außergewöhnlichen Fähigkeiten gewöhnlicher Schüler zu entdecken und zu fördern, durch Lehr- und Lernformen, die nicht defizitär angelegt sind sondern wirklich auf den einzelnen Schüler zugeschnitten sind.

Paris, im März 2012 Prof. Dr. Andreas Schleicher

Inhalt

Einführung 1

Vor einigen Monaten hatte sich eine Delegation von japanischen Erziehungswissenschaftlern an der Uni Düsseldorf angekündigt. Sie hatten ihre deutschen Gastgeber ausdrücklich um ein Treffen mit Experten für Reformpädagogik gebeten. Und sie waren einigermaßen fassungslos, als ihnen berichtet wurde, dass man noch nicht einmal die Finger einer Hand braucht, um diejenigen deutschen Bildungsforscher aufzuzählen, die sich mit empirischer Forschung zur Waldorfpädagogik eingehender befassen. In Japan jedenfalls hat die von dem Österreicher Dr. Rudolf Steiner im schwäbischen Stuttgart begründete und schließlich maßgeblich von der in Dornach, Schweiz, beheimateten Anthroposophischen Gesellschaft, tradierte Waldorfpädagogik einen weitaus höheren Stellenwert im wissenschaftlichen Diskurs als hierzulande. Die Bildungsdiskussion in der Bundesrepublik Deutschland – und übrigens auch in unseren deutschsprachigen Nachbarländern – tut sich einigermaßen schwer mit ihren international hoch geschätzten Klassikern – heißen sie nun Steiner, Kerschensteiner, Fröbel oder Petersen. Zwar findet man aus der Sektion der historischen Pädagogik inzwischen durchaus zahlreichere, meist ideologiekritisch motivierte Auseinandersetzungen – konkrete empirische Forschung stellt indessen noch immer ein Desiderat dar. Dabei ist die Waldorfpädagogik mit weltweit über 1.000 Schulen und einer mindestens doppelt so hohen Zahl von Waldorfkindergärten und noch einmal vielen hunderten von heilpädagogischen Einrichtungen geradezu ein pädagogischer Exportschlager.

In Deutschland arbeiten derzeit (Schuljahr 2011/2012) 229 Schulen nach Steiners Pädagogik. Und man kann ergänzen, dass viele der Prinzipien, die in der ersten Waldorfschule auf Steiners Initiative hin verwirklicht wurden, nach und nach Eingang in die staatliche Regelschulpädagogik gefunden haben. Was in dem 1919 als Schule für die Arbeiter der Waldorf-Astoria-Zigarettenfabrik auf der Stuttgarter Uhlandshöhe entstandenen Modell vorexerziert wurde, hat nicht nur die Waldorfschulen selbst sondern auch die pädagogische Diskussion und Praxis weit darüber hinaus befruchtet. Gesamtschulprinzip ohne Trennung der Kinder nach der

S. Liebenwein et al., *Bildungserfahrungen an Waldorfschulen*,
DOI 10.1007/978-3-531-19090-7_1,

© VS Verlag für Sozialwissenschaften | Springer Fachmedien Wiesbaden 2012

4. oder 6. Klasse, interdisziplinäres Arbeiten im sogenannten Epochenunterricht, kulturelle Bildung als tragender Bestandteil durch zahlreiche obligatorische künstlerische und handwerkliche Fächer, Eurythmie und damit Tanz als reguläres Unterrichtsfach, Verzicht auf Sitzenbleiben, Verzicht auf Ziffernzeugnisse – die Stichwortliste der Elemente, die inzwischen ganz oder in Ansätzen oder in bestimmten Jahrgangsstufen auch in der Regelpädagogik zahlreicher Bundesländer auftauchen und in den Waldorfschulen seit 1919 bewährte Praxis sind, ließe sich mühelos fortsetzen.

Von daher dürften die im vorliegenden Band vorgestellten Befunde aus der ersten größeren empirischen Erhebung in deutschen Waldorfschulen auf Interesse nicht nur der für diese Schulen Verantwortlichen selbst stoßen, sondern auch darüber hinaus für die bundesdeutsche Bildungsdiskussion von Bedeutung sein.

Mit Prof. Dirk Randoll, Alanus Hochschule, Alfter, Dr. Sylva Liebenwein und Prof. Heiner Barz, Heinrich-Heine-Universität, Düsseldorf, konnte die Studie von einem inzwischen bewährten Team realisiert werden.[1] Zur Seite standen uns in vielen Fragen der Konzeption aber auch der Interpretation der Befunde immer wieder die in Theorie und Praxis ausgewiesenen Mitglieder unseres Projektbeirats.

Für die Waldorfpädagogik wirkten im Beirat mit:

- Prof. Dr. Michael Brater, GAB München und Alanus Hochschule, Alfter;
- Dr. Richard Landl, Arbeitsgemeinschaft Waldorfpädagogik NRW;
- Prof. Dr. Peter Loebell, Freie Hochschule für Waldorfpädagogik, Stuttgart;
- Prof. Dr. Wilfried Sommer, Lehrerseminar für Waldorfpädagogik und Pädagogische Forschungsstelle beim Bund der Freien Waldorfschulen, Kassel;
- Michael Zech, Lehrerseminar für Waldorfpädagogik und Pädagogische Forschungsstelle beim Bund der Freien Waldorfschulen, Kassel.

[1] Die Studie wurde von Dirk Randoll und Heiner Barz konzipiert und geleitet. Die Feldorganisation lag weitgehend bei Sylva Liebenwein, von der auch weite Teile des vorliegenden Bandes formuliert wurden. Einzelne Teilkapitel wurden von Dirk Randoll, Heiner Barz, Peter Loebell, Wilfried Sommer und Ulrike Luise Keller erarbeitet. Die Beiträge der drei Letztgenannten sind namentlich gekennzeichnet. Heiner Barz redigierte den kompletten Band und erstellte die Zusammenfassung. Für viele Hinweise und Hilfen beim Korrekturlesen, Erstellen von Schaubildern und im Text-Layout ist Irina Klumbies zu danken. An dieser Stelle sei auch Dr. Ines Graudenz (ehemalige wissenschaftliche Mitarbeiterin am DIPF), Frankfurt a. M., für konstruktive Hinweise in der Konzeptionsphase sowie den vielen Mitwirkenden in der Durchführung und Auswertung der Feldforschung gedankt.

Von der Seite der Montessori-Verbände wirkten mit:

- Dr. Jörg Boysen, Stellvertretender Vorsitzender des Montessori Dachverbands Deutschland e. V., Vorsitzender des Montessori-Zentrums Hofheim;
- Christa Kaminski, Mitbegründerin der Montessori Bildungsakademie (MoBil), ehem. Vorstand im Montessori Landesverband Bayern e. V.;
- Günter Matthes, Vorstand im Montessori Dachverband Deutschland e. V. und im Montessori Landesverband Bayern e. V.;
- Dr. Gudula Meisterjahn-Knebel, President Montessori Europe e. V., Schulleiterin Hagerhof Schule, Bad Honnef;
- Ingeborg Müller-Hohagen, Vorstand im Montessori Landesverband Bayern e. V. und Mitbegründerin der Montessori Bildungsakademie;
- Prof. Dr. Hans-Joachim Schmutzler, Vorsitzender des Montessori Dachverbands Deutschland e. V.

Ihnen allen möchten wir herzlich für ihre aktive Unterstützung und interessante Diskussionen in den zahlreichen Beiratsitzungen danken. Nicht zuletzt gilt unser besonderer Dank den Lehrern, Eltern und Schülern, die unsere Studie durch ihre aktive Beteiligung und Unterstützung erst möglich gemacht haben.

Besonderer Dank gilt auch der Software AG Stiftung, die nicht nur die finanzielle Förderung vieler pädagogisch-innovativer Projekte weltweit ganz im Stillen realisiert und die die vorliegende Untersuchung großzügig ermöglicht hat – auch dann, als durch die Ausdehnung des ursprünglich auf die Waldorfschulen begrenzten Forschungsdesigns auf die Montessori-Schulen die Ressourcen aufgestockt werden mussten.

Die hier präsentierte Studie erscheint ein Jahr nachdem 2011 Steiners 150. Geburtstag Anlass für diverse Retrospektiven, Biografien und Kunstausstellungen war. Zur Eröffnung der Ausstellung „Rudolf Steiner – Die Alchemie des Alltags" im Vitra Design Museum, Weil am Rhein, formulierte der Philosoph Peter Sloterdijk einige Aperçus über den Begründer der Waldorfpädagogik, die nicht nur dessen antizipatorisches Potential beschworen – so etwa die Vorwegnahme der Powerpoint Präsentation durch Steiners berühmte Tafelzeichnungen –, sondern auch eine Normalisierung im Verhältnis der Gegenwart zu diesem außergewöhnlichen „Antennenmenschen" konstatierten:

> Das 20. Jahrhundert hat mit der Erkenntnis geendet, dass die Revolutionäre unrecht und dass die Lebensreformer recht hatten. Die Angst vor der Gurukratie hat sich zudem ein wenig gelegt, seither ist man eher bereit, Steiner nicht mehr als Guru zu sehen, sondern als ganz normales Genie. [...] Steiner hatte die Antennen viel sensibler

> ausgefahren als alle diejenigen, die das betrieben, was man, seit Michel Foucault die Diskurstheorie begründete, den Diskurs nennt. Discurrere heißt: sprachlich hin- und herrennen, aber nicht auf aktuellem Empfang sein. (Peter Sloterdijk im Gespräch mit Mateo Kries, vgl. Die Welt vom 25.10.2011)

Es bleibt zu hoffen, dass auch die Pädagogik sich derartigen Neubewertungen nicht länger verschließt. Vielleicht können die hier vorgelegten Befunde einen Beitrag dazu leisten.

Düsseldorf, im Februar 2012 Heiner Barz

2 Zusammenfassung zentraler Befunde: Waldorfschule aus Schülersicht

Größere Lernfreude, bessere Unterstützung durch die Lehrer, höheres Selbstbewusstsein, weniger Schulstress und geringere Gesundheitsprobleme wie Schlafstörungen oder Schulangst – das steht auf der Haben-Seite der Waldorfpädagogik beim Vergleich von Waldorf- und Regelschülern. Die Inanspruchnahme von Nachhilfe indessen bewegt sich auf ähnlichem oder sogar höherem Niveau wie an Regelschulen – und so bleibt auch für die Waldorfschulen noch so manche Herausforderung.

Zum 150. Mal jährte sich am 27. Februar 2011 der Geburtstag von Rudolf Steiner, laut Iris Radisch (Die Zeit, 17.2.2011) „der letzte Prophet". Sein bekanntester Erfolg war die Begründung der Waldorfpädagogik im Jahr 1919 als Schule für die Kinder der Arbeiter der Stuttgarter Waldorf Astoria Zigarettenfabrik. Mittlerweile über 220 Schulen in der BRD und ca. 1.000 Schulen weltweit arbeiten nach seinen pädagogischen Konzepten.

Bis vor wenigen Jahren gab es so gut wie keine empirische Forschung über dieses von den einen gerühmte, von anderen geschmähte pädagogische Reformprojekt. Nach einer vielbeachteten Untersuchung über Waldorfabsolventen (2007)[1] arbeiteten Prof. Heiner Barz, Dr. Sylva Liebenwein, beide Heinrich-Heine-Universität Düsseldorf, und Prof. Dirk Randoll, Alanus Hochschule Alfter, von 2009 bis 2011 an der vorliegenden Studie, in der eine eingehende Bestandsaufnahme der Schulzufriedenheit und der Lernerfahrungen von Waldorfschülern[2] erstellt wurde. Die deutschlandweite Studie[3] bezieht über 800 von Waldorfschülern ausgefüllte Fragebögen und über 50 Einzelinterviews (2–3stündig) mit Eltern und Schülern

[1] Vgl. http://waldorf-absolventen.de/rezensionen.html.

[2] Die ebenfalls vorliegenden Daten zu Montessor-Schülern werden gesondert publiziert.

[3] Die Studie wurde finanziert von der Software AG Stiftung, Darmstadt, und der Pädagogischen Forschungsstelle beim Bund der Freien Waldorfschulen, Stuttgart.

S. Liebenwein et al., *Bildungserfahrungen an Waldorfschulen*,
DOI 10.1007/978-3-531-19090-7_2,
© VS Verlag für Sozialwissenschaften | Springer Fachmedien Wiesbaden 2012

ein. Neben der Bewertung des Unterrichts stellen gesundheitliche Aspekte (Schulängste, Schlafstörungen etc.) und kulturelle Aktivitäten weitere Schwerpunkte dar.

Der enge **Zusammenhang zwischen Gesundheit und Bildungsförderung** ist in den letzten Jahren verstärkt ins Blickfeld der Forschung gerückt. Schülerinnen und Schüler, die körperlich und psychisch gesund, und das heißt auch frei von Leistungsdruck, Prüfungsstress oder Angst vor Mobbing zur Schule kommen, bringen günstigere Voraussetzungen mit, um Lernfreude und einen konstruktiven Umgang mit Mitschülern und Lehrern zu erleben (vgl. Paulus 2010). Die Regelschule, bilanziert das „Handbuch der Schulforschung", wird von Schülern eher als krankmachende und weniger als gesundheitsförderliche Umwelt wahrgenommen: „Ein Fünftel der Jugendlichen gibt Beeinträchtigungen der psychischen Gesundheit an, wie Kopf-, Rücken-, Bauchschmerzen, Schlafstörungen, Appetitlosigkeit, Müdigkeit, Gereiztheit, Nervosität, Ängstlichkeit usw." (vgl. Schubarth und Speck 2008). Dabei ist das Schulklima, der Unterrichtsstil, aber etwa auch die ästhetische Qualität der Schule sowie die emotionale Bewertung der Schule, also das „Wohlfühlen" in der Schule von Bedeutung (Hurrelmann und Settertobulte 2008: 64 ff.). Gerade diese Aspekte spielen im Selbstverständnis der Waldorfpädagogik eine wichtige Rolle.

Tatsächlich erreichen die befragten Waldorfschüler bessere Werte als Regelschüler in puncto **Lernfreude und Schulzufriedenheit**. Die Zustimmung zum Item „In der Schule etwas zu lernen, macht mir Freude" liegt bei Waldorfschülern bei 79,4 %[4] während für Regelschulen 67,2 % berichtet werden (vgl. DIPF 2007).[5] „Was wir im Unterricht machen, finde ich meistens interessant", dieser Aussage stimmen 78,6 % der Waldorfschüler im Vergleich zu nur 54,5 % an Regelschulen zu (vgl. Abb. 2.1). Größere Differenzen zeigt auch das Item „Ich finde meine Schule einladend und freundlich" (WS 85,4 % vs. DIPF: 60 %). Weiter wird die **Beziehung zu Lehrern** deutlich besser als an Regelschulen beschrieben. Beispielsweise stimmen 64,8 % der Waldorfschüler dem Item „Unsere Lehrer interessieren sich für den Lernfortschritt jedes einzelnen Schülers" zu, während in einer Regelschülerstichprobe die Zustimmung mit 30,5 % nicht einmal halb so hoch ausfällt (vgl. Abb. 2.2). Ähnlich große Unterschiede ergeben sich beim Item: „Unsere Lehrer geben uns Gelegenheit unsere Meinung zu sagen" (WS: 83,3 % vs. DIPF: 48,0 %) oder auch bei

[4] Die Werte beziehen sich auf die Antwortmöglichkeiten „trifft voll und ganz zu" und „trifft eher zu" (4-stufige Skala).

[5] Einbezogen wurden Ergebnisse aus einem unveröffentlichten DIPF-Datensatz, der aus einer Erhebung an hessischen Gesamtschulen stammt. Weitere Referenzdaten stammen u.a. aus dem Jugendkultur-Barometer (Keuchel 2004; Keuchel und Wiesand 2006), dem Familienreport des BMFSFJ (2009), der internationalen Kinder- und Jugendgesundheitsstudie Health Behaviour in School-aged Children (HBSC) und den Shell-Jugendstudien von 2006 und 2010.

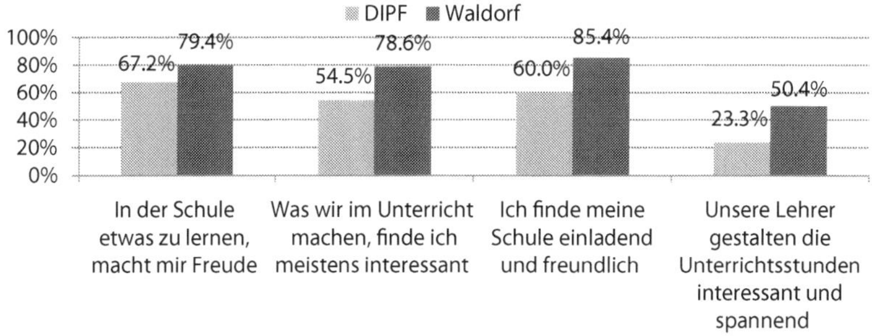

Abb. 2.1 Positive Lehrerfahrungen

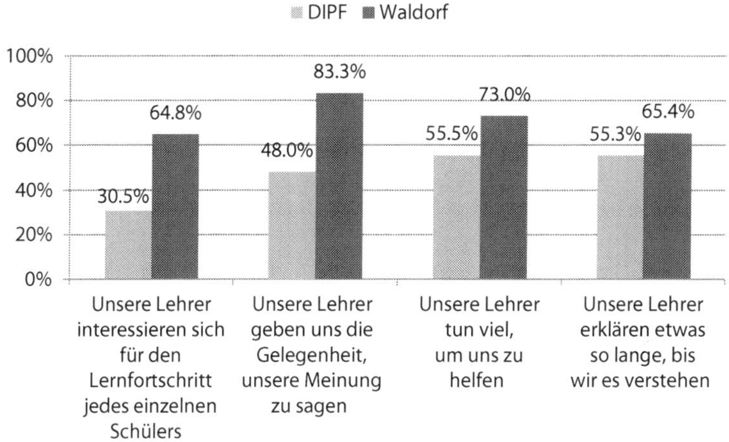

Abb. 2.2 Unterstützung durch Lehrkräfte

„Unsere Lehrer gestalten die Unterrichtsstunden interessant und spannend" (WS: 50,4 % vs. DIPF: 23,3 %).

In Bezug auf die Selbstwahrnehmung schulischer Fähigkeiten, aber auch außerschulischer **Selbstwirksamkeitsüberzeugungen** zeigen Waldorfschüler ein ausgeprägtes Selbstvertrauen: „Ich habe in der Schule vermittelt bekommen, dass ich Stärken habe", dieser Aussage stimmen 83,9 % der Waldorfschüler zu, noch höher fällt die Zustimmung zum Item aus: „Ich bin überzeugt, dass ich in Prüfungen gute Leistungen erzielen kann" (86,1 %).

Schulängste dagegen scheinen deutlich geringer ausgeprägt. Von Schlafstörungen aufgrund schulischer Leistungsanforderungen berichten nur 11,7 % der Waldorfschüler, während in einer Regelschülerbefragung im Rahmen des HBSC-Monitors 17 % von Einschlafproblemen berichten, die sie sogar „täglich oder mehrmals in der Woche" belasten (vgl. HBSC-Team Deutschland 2012).

Obwohl es in den vergangenen Jahren auch innerhalb der Waldorfschulbewegung eine verstärkte Diskussion darüber gegeben hat, ob das an Waldorfschulen obligatorische **Klassenlehrerprinzip** von Klasse 1 bis Klasse 8 heute noch zeitgemäß ist, findet sich in den Befunden eine überwiegende Zufriedenheit damit. Rückblickend empfinden zwei Drittel (65,5 %) der Schüler die Dauer der Klassenlehrerzeit als angemessen.[6] Allerdings gilt es hier zu berücksichtigen, dass nur ungefähr die Hälfte der Waldorfschüler tatsächlich über 8 Jahre vom selben Klassenlehrer unterrichtet wurde. Bei mindestens 26 % gab es einen Wechsel des Klassenlehrers, weitere 24 % haben selbst erst später als Quereinsteiger auf die Waldorfschule gewechselt.

Auch ein weiteres Spezifikum der Waldorfschulen, der sog. **Epochenunterricht**, erreicht in der Wertschätzung der Schüler sehr gute Noten: 65,9 % der Waldorfschüler möchten „auf keinen Fall" auf den Epochenunterricht verzichten. Die Schüler schätzen die Interdisziplinarität und die intensive Auseinandersetzung aufgrund der längeren Zeitdauer, in der ein Thema täglich im Mittelpunkt steht. Skeptischer steht ein Teil der Eltern den langen Pausen zwischen den Epochen gegenüber. Sie befürchten, dass das Erlernte in den Phasen, in denen es „brachliegt", vergessen wird. Wobei die Waldorfpädagogen darauf setzen, dass die gründlich erarbeitete Weltaneignung in tieferen Schichten des Bewusstseins fortwirkt und unterbewusste Umgestaltungs- und Verwandlungsprozesse einem späteren umso besseren Verständnis erst den Boden bereiten.

Während für die Montessori-Pädagogik seit jeher **das individuelle und selbsttätige Lernen** im Mittelpunkt steht, findet sich dieses in der Waldorfpädagogik eher versteckt. Selbst von ansonsten wohlwollenden Beobachtern wird teilweise Waldorfpädagogik wegen der hohen Bedeutung, die dem Lehrer und dem Lehrervortrag zugesprochen wird, als bloße Variante des längst als überholt geltenden Frontalunterrichts eingeordnet. Ein solches Diktum vergisst die vielen Elemente der Waldorfkonzeption, die nicht im Epochen- oder sog. Hauptunterricht aufgehen: Die große Bedeutung, die Jahresarbeiten als großen, individuell gestalteten Projekten unter Betreuung durch einen meist schulexternen Mentor zukommt, die vielen handwerklich-künstlerischen Aktivitäten, in denen die großen Klassen meist mindestens halbiert, wenn nicht in noch kleinere Gruppen aufgeteilt sind, nehmen in den Schulerfahrungen der von uns interviewten Eltern und Schüler jedenfalls

[6] 26,4 % empfinden sie als zu lange und 1,1 % als zu kurz.

einen herausragenden Platz ein. Weiter die vielen verschiedenen, in den meisten Waldorfschulen obligatorischen Praktika (Sozial-, Landwirtschafts-, Betriebspraktikum), die Theateraufführungen, in deren Rahmen wiederum nicht nur schauspielerisches Talent gefördert und die Persönlichkeit der Schüler entwickelt wird, sondern Bühnenbilder, Kostüme, Proben- und Kostenpläne von den Schülern z. T. eigenständig erstellt werden.

Den Stärken der Waldorfschule im Hinblick auf schulisches Wohlbefinden, Lernfreude und höherer Motivation sowohl auf Seiten der Schüler wie der Lehrer steht gegenüber, dass Waldorfschüler im Hinblick auf sog. **Lerntechniken**, die von der konventionellen Didaktik heute als wichtig erachtet werden („Lernen des Lernens"), eher schlechter abschneiden. „In der Schule habe ich gelernt, Nachschlagewerke zu nutzen", diesem Item stimmen unter den Waldorfschülern nur 65,2 % im Vergleich zu 81,1 % der Regelschüler (DIPF) zu.

Während für die Waldorfschulen bei Lerntechniken vielleicht noch Nachholbedarf zu konstatieren ist, stehen sie in Sachen **kultureller Bildung** weit vorne. Hier beschreiben sich Waldorfschüler als sehr gut gefördert (87,4 % bejahen das Item „Sind in deiner Schule Kunst, Musik und Theater wichtig?") und als in ihrer Freizeit deutlich künstlerisch aktiver im Vergleich zu Regelschülern (Waldorfschüler: 77,8 %; Jugend-Kulturbarometer: 48 %[7], bei engem Hochkulturbegriff – also z. B. ohne Sprayen, Fotografieren – sogar nur 22 %). Mit dieser nunmehr auch in harten Zahlen belegten hohen Relevanz der Kulturellen Bildung in der Waldorfpädagogik werden die Schüler zumindest auch aus der Perspektive der UNESCO zukunftsfähig gemacht:

> Arts Education contributes to an education which integrates physical, intellectual, and creative faculties [...] These capabilities are particularly important in the face of the challenges present in 21st century society (UNESCO 2006, 2010).

Die Waldorfschule war 1919 **die erste Gesamtschule** auf deutschem Boden, die bewusst Schüler aus den unterschiedlichsten Elternhäusern und mit den unterschiedlichsten Begabungen gemeinsam unterrichtete. Um die Vielfalt der Elternhäuser im Klassenverband abzubilden, ist die Klassengröße mit bis zu 40 Kindern überraschend hoch angesetzt. Wie kommen Schüler mit dem Verzicht auf Differenzierung zurecht? Nach den nun vorliegenden Daten sieht es so aus, als liege hier eine bleibende Herausforderung: Ca. je ¼ der Schüler fühlt sich oft unterfordert in Mathematik, Deutsch oder Englisch. Umgekehrt scheint sich ein weiteres

---

[7] Im Jugend-Kulturbarometer war die Fragestellung, ob die Jugendlichen sich „schon einmal" in ihrer Freizeit kulturell betätigt haben, z. B. ein Bild gemalt haben. In der vorliegenden Studie wurde gegenwartsbezogen gefragt: „Bist du ein deiner Freizeit künstlerisch aktiv?"

Viertel in bestimmten Fächern überfordert zu fühlen: Nachhilfe jedenfalls wird von Waldorfschülern mindestens genauso häufig in Anspruch genommen wie von Schülern an Regelschulen. In den letzten 12 Monaten regelmäßig oder gelegentlich Nachhilfe erhalten haben in unserer Waldorfschülerstichprobe 45,9 %, die entsprechende Zahl aus der letzten Shell-Jugendstudie von 2010 lautet 24 %. Ein anderer Vergleichswert (Bildungsstudie 2007; Focus und Microsoft) berichtet von 59 % der Eltern, die manchmal oder immer für Nachhilfe an Regelschulen Geld bezahlen. Die meisten Waldorfschüler, die Nachhilfe in Anspruch nehmen, lassen sich in Mathematik (45,5 %) gefolgt von Englisch (35,3 %) und anderen Fremdsprachen (Russisch, Französisch) helfen. Nicht unerheblich wird der Nachhilfebedarf allerdings durch die Quereinsteiger verstärkt: Von ihnen erhalten 31,4 % regelmäßig Nachhilfe, während diejenigen, die ab Klasse 1 die Waldorfschule besuchen nur zu 20,5 % Nachhilfe in Anspruch nehmen. Auch spielt die Vorbereitung auf staatliche Abschlussprüfungen, insbesondere das Abitur, eine Rolle: Waldorfschüler fühlen sich naturgemäß schlechter auf staatliche Abschlussprüfungen vorbereitet als Schüler an Regelschulen (sehr gut & gut: Waldorfschüler: 64,3 %; DIPF: 81,1 %).

Die **Schülerpopulation** der Waldorfschulen unterscheidet sich in mindestens drei Dimensionen erheblich von Regelschulen. Einmal ist der Anteil der Quereinsteiger an Waldorfschulen relativ hoch, er liegt in der aktuellen Studie bei mindestens 36,6 %.[8] Das bedeutet, dass immerhin jeder dritte Schüler vor dem Besuch der Waldorfschule andere Schulformen durchlaufen hat. Obwohl ursprünglich als Arbeiterbildungsschule konzipiert, ist zweitens die Waldorfschule mittlerweile tendenziell eine Schule des Bildungsbürgertums, Kinder mit Migrationshintergrund oder aus sozialen Brennpunkten sind deutlich unterrepräsentiert – ähnliches gilt für das deutsche Gymnasium. Schließlich sind drittens die Kinder, die nicht in einer klassischen Kernfamilie aufwachsen, deutlich überrepräsentiert: Allein ca. 40 % der Schüler in der aktuellen Waldorfschulstudie leben bei nur einem Elternteil; „bei beiden leiblichen Eltern lebend" kreuzen 60 % der Waldorfschüler an, während der letzte Familienreport (BMFSFJ 2009) eine Größenordnung von über 80 % als bundesdeutschen Durchschnitt nennt.

Dass die Waldorfschulen vor allem in postmateriellen bildungsaffinen Milieus ihre **Kernzielgruppe** finden, war schon ein Ergebnis der Absolventenstudie (Barz und Randoll 2007). Auch die neue Studie zeigt: Im Vergleich zu Regelschülern stimmen Waldorfschüler anpassungsbezogenen Werten deutlich seltener zu. Bei-

[8] In 113 der insgesamt 827 in die Auswertung einbezogenen Fragebögen wurde die Frage nach der bisherigen Schulkarriere nicht, nicht vollständig oder nicht widerspruchsfrei beantwortet.

spiel: „Gesetz und Ordnung respektieren" (Waldorfschüler: 32,4 %[9] vs. Shell-Jugendstudie 2006: 59,2 %), während sie Werte des sozialen Miteinanders stärker befürworten (Beispiel: „Sozial Benachteiligten helfen": Waldorfschüler: 34,7 % vs. Shell-Jugendstudie: 26,6 %). Bei den sog. materialistischen Werten liegen die Zahlen für Waldorfschüler ungefähr auf dem Niveau der Jugend allgemein (Beispiel: „Einen hohen Lebensstandard haben": Waldorfschüler: 35,9 % vs. Shell-Jugendstudie: 34,4 %).

Es ist ein oft gehörtes Klischee, dass Waldorfschulen zur Anthroposophie erziehen würden. In der aktuellen Studie sind es indessen nur 13 %, die in der spezifisch anthroposophischen Christengemeinschaft konfirmiert wurden.[10] Auch die als Indiz für die angeblich **verqueren Unterrichtsinhalte** gerne angeführten Äußerungen Steiners zur mythischen Insel Atlantis (vgl. Heike Schmoll in der FAZ vom 23.5.2007 und Per Hinrichs in DER SPIEGEL vom 3.9.2007), sind nur einem kleinen Teil der befragten Schüler bekannt: 16,7 % geben an, die Äußerungen Steiners zu Atlantis zu kennen (5,0 % „trifft ganz genau zu"; 11,7 % „trifft eher zu"). Dem Item „Ich kenne die Ideen, die hinter der Pädagogik meiner Schule stehen" stimmen immerhin 65,5 % der Waldorfschüler zu (16,1 % „trifft ganz genau zu" vs. 49,5 % „trifft eher zu"), auf konkrete Nachfrage können die meisten aber nicht viel mehr als den Namen von Steiner nennen.

Die Waldorfschule kann im Lichte der hier vorgestellten Befunde mit Fug und Recht behaupten, dass sie ihr Motto eines kindgemäßen Lernens nicht nur propagiert, sondern auch in die Schulpraxis umzusetzen versteht. Eines zeigen die Befunde der vorliegenden Studie aber auch: Schule ist kein Wunschkonzert. „Das Leben ist keine Waldorfschule."[11] Auch die Waldorfschule bietet keinen Schonraum, in dem alle permanent frohgemut, gut gelaunt und in idealer Weise rundum mit Wohlfühlpädagogik versorgt werden. Auch wesentliche Aspekte, die von Eltern und Schülern gelegentlich als problematisch angesehen werden, werden dementsprechend in der vorliegenden Studie vorgestellt und diskutiert. Dabei muss allerdings betont werden, dass auch die Waldorfpädagogik keine pädagogische Wunscherfüllungsmaschine sein kann. Bestimmte Entwicklungsphasen von Kindern und Jugendlichen bringen unausweichlich Probleme mit sich und die Ge-

---

[9] Kategorien 6&7 einer 7-stufigen Skala von „außerordentlich wichtig = 7" bis „unwichtig = 1".

[10] Die Zugehörigkeit zu anderen Religionsgemeinschaften verteilt sich wie folgt: 41 % keine Religionsgemeinschaft, 25 % evang., 11 % röm.-kath., 2 % evang.-freikirchl., 1 % islamisch, 1 % andere, 0,5 % jüdisch.

[11] Die Kurzgeschichtensammlung „Das Leben ist keine Waldorfschule" von Mischa-Sarim Vérollet (Hamburg: Carlsen Verlag) wurde auf der Buchmesse 2009 zum „kuriosesten Buchtitel des Jahres" gekürt.

sellschaft trägt zum Teil auch unangenehmere Vorgaben an jede Pädagogik heran, denen nicht ausgewichen werden kann. Eine verantwortliche Pädagogik sollte sie in bestmöglicher Weise aufgreifen und ins pädagogische Setting implementieren. Insofern ist nicht jeder von Eltern oder Schüler vorgebrachte Hinweis auf Probleme und Schwierigkeiten unbesehen als Veränderungsappell zu interpretieren.

Sicher: Viele der vorgebrachten Kritikpunkte können als unvermeidliche Einzelfälle des Scheiterns abgehakt werden. Ein einzelner Lehrer oder auch ein ganzes Kollegium kann Fehler machen; eine einzelne Epoche oder der Unterricht in einem bestimmten Fach können daneben gehen. Das kann passieren. Auch wenn es immer ein Ärgernis für diejenigen Schüler, die davon betroffen sind, bleibt. Aber Fehler sind menschlich und lassen sich durch kein pädagogisches System der Welt beseitigen. Es gibt aber auch sozusagen systembedingte Problemzonen oder Störungsempfindungen, die deshalb im vorliegenden Bericht etwas genauer erörtert werden. Hierzu zählen etwa

- die mit 8 Jahren einzigartig lange Dauer der Klassenlehrerzeit
- die Frage nach Leistungsrückmeldungen und Leistungsansprüchen
- der öfter als abrupt wahrgenommene Übergang von der Klassenlehrerzeit zur „Waldorf-Oberstufe" (ab Klasse 9)
- der Befund einer vergleichsweise sehr häufigen Inanspruchnahme von Nachhilfe
- die oft als weniger adäquat empfundene Vorbereitung auf staatliche Abschlussprüfungen, vor allem auf das Abitur
- der relativ hohe Anteil von Schülerinnen und Schülern, die sich unterfordert fühlen, was als Hinweis auf eher fehlende Binnendifferenzierung im Unterricht interpretiert werden kann.

Forschungsdesign 3

3.1 Intentionen und Fragestellungen

Reformpädagogische Konzepte scheinen heute gleichzeitig in der Defensive wie in der Offensive. Gemessen am aktuellen Mainstream der bildungspolitischen Diskussion, der seit Jahren eindeutig und nachhaltig von PISA, von flächendeckenden Lernstandserhebungen und einheitlichen Bildungsstandards, von Leistungssteigerung und Verkürzung der Schulzeit dominiert wird, befinden sich Ansätze etwa der Montessori- oder der Waldorfpädagogik deutlich im Hintertreffen. Dem stehen das seit Jahren steigende Angebot an Schulen in freier Trägerschaft und die deutliche Zunahme der Schülerzahlen gegenüber; von Mitte der 90er bis Mitte der 2000er Jahre hat die Zahl der Privatschüler um knapp 50 % zugenommen. Neben der Reformpädagogik alter Prägung sind inzwischen auch neue Akteure als Schulträger aufgetaucht: Die Phorms Management AG mit dem erklärten Ziel, mit Bildung Geld zu verdienen (Berlin, München, Frankfurt a. M., Köln). Dem Sudbury-Ansatz, einem bislang in der BRD weitgehend unbekannten Konzept, ist durch die Hamburger Schulgründung unter Beteiligung der deutschen Pop-Ikone Nena einige öffentliche Aufmerksamkeit zuteil geworden. Vielerorts kommen Kinder aus den „Waldkindergärten" ins schulpflichtige Alter und „aktive Naturschulen" werden gegründet.

In der Erziehungswissenschaft war nach einer Phase aktiver Sympathie verbunden mit prominenten Namen wie Wilhelm und Andreas Flitner, Herman Nohl oder Hermann Röhrs ein deutlich zurückgenommenes Interesse an reformpädagogischen Ansätzen zu verzeichnen. Kennzeichnend waren seit den 80er Jahren eher dekonstruktivistische Bemühungen in Richtung Entmystifizierung, Ideologiekritik oder Abschied vom romantischen Kindbild (Oelkers, Tenorth, Ullrich). Erst in jüngster Zeit finden sich erste Versuche, Schulwirklichkeit und Bildungserfolg der reformpädagogisch geprägten Einrichtungen mit dem Instrumentarium der empirischen Sozialforschung zu überprüfen. In den beiden Fachbereichen Bildungsforschung

S. Liebenwein et al., *Bildungserfahrungen an Waldorfschulen*,
DOI 10.1007/978-3-531-19090-7_3,

© VS Verlag für Sozialwissenschaften | Springer Fachmedien Wiesbaden 2012

und Bildungsmanagement der Universität Düsseldorf, und Bildungswissenschaft der Alanus Hochschule, Alfter, steht dies explizit im Fokus der Forschungsarbeiten, womit sie sich deutlich von der inhaltlichen Ausrichtung anderer Fachbereiche bzw. Institute innerhalb der scientific community unterscheiden und abgrenzen.

Die beschriebene Entwicklung gilt für eine Reihe von Schulmodellen in der Tradition des reformpädagogischen Aufbruchs zu Anfang des 20. Jahrhunderts – etwa für die Montessori-, die Jena-Plan-Schulen und für die Landerziehungsheime. Am ausgeprägtesten findet sie sich wohl am Beispiel der Waldorfschulen. Ihnen galten z. T. äußerst wohlwollende erziehungswissenschaftliche Abhandlungen früherer Jahrzehnte (Oppolzer 1959; Schrey 1968; Wiederhold 1978; Winkel 1987), der einflussreiche Physikdidaktiker Martin Wagenschein (1984) bezeichnete die Waldorfschulen gar als die besten Schulen, die wir heute haben. In den 1980er und 1990er Jahren folgten Auseinandersetzungen, in denen menschenkundliche Grundlagen, Unterrichtsmethoden und weltanschauliche Prägung massiv attackiert und als unwissenschaftlich diffamiert wurden (Ullrich 1986; Prange 1985). Neben einer regen Publikationstätigkeit aus dem Umkreis der Waldorfschulbewegung und ihrer Dachverbände (z. B. Leber 1985) finden sich – vermehrt in den 90er Jahren – Versuche einer konstruktiven Debatte, in der Gemeinsamkeiten waldorfpädagogischer Prinzipien mit erziehungswissenschaftlichen Konzepten herausgearbeitet wurden (Barz 1984; Bohnsack und Kranich 1990; Barz 1994; Buck und Kranich 1995; Bohnsack und Leber 1996; Buddemeier und Schneider 2005) – etwa im Blick auf Sozialerziehung, Lehrkunstdidaktik und goetheanistische Naturwissenschaft.

In eine neue Phase ist dieser produktive Dialog von Erziehungswissenschaft und Waldorfpädagogik eingetreten, seitdem nicht mehr nur Konzepte und Theorien nebeneinander gestellt und verglichen, sondern die konkrete Realität der Schulen und ihrer Bildungserträge in den Blick genommen werden: Neben einem DFG-Projekt zu „Lehrer-Schüler-Beziehungen an Waldorfschulen" (Helsper und Ullrich et al. 2007) liegen neue empirische Studien zu „Bildung und Lebensgestaltung ehemaliger Waldorfschüler" für die BRD und die Schweiz vor (Barz und Randoll 2007; Randoll und Barz 2007). Während die letztgenannten Studien bewusst an den Langzeitwirkungen der Pädagogik Rudolf Steiners interessiert sind und dementsprechend ehemalige Schüler höheren Alters bis hin zu bereits in den 30er Jahren geborenen Kohorten das Forschungsdesign prägten, lagen zu den aktuellen Erfahrungen und Befindlichkeiten heutiger Waldorfschüler – mit Ausnahme von Randoll (1999) – bislang auf wissenschaftlicher Basis erhobene Daten kaum vor. Die vorliegende Studie betritt also Neuland insofern sie systematisch die Erfahrungen, Wahrnehmungen und Einschätzungen der Schülerinnen und Schüler an deutschen Waldorfschulen rekonstruiert und dabei ergänzend auch die Elternperspektive einbezieht.

Für die Anbieter von alternativen Schulmodellen jenseits der Regelschule wird die Frage an Dringlichkeit zunehmen, wie konzeptionelle Versprechen, Wirkungsprognosen und Erfolgsbehauptungen glaubhaft und nachvollziehbar belegt werden können. Nicht zuletzt aus diesem Grunde darf eine Studie zu den konkreten Wirkungen des Waldorfschulbesuchs mit Interesse rechnen. Inhaltlich widmet sich die vorliegende Studie vier Schwerpunktbereichen, die im Selbstverständnis aber auch in der öffentlichen Wahrnehmung von reformpädagogischen Strömungen und insbesondere der Waldorfpädagogik eine Schlüsselrolle einnehmen:

1. **Wahrnehmung und Bewertung waldorfpädagogischer Unterrichtspraxis**
   Damit ist eine Erweiterung der Kenntnisse über wahrgenommene Stärken und Schwächen der waldorfpädagogischen Praxis angestrebt. Wo liegen aus Sicht der Schüler Defizite und attraktive Seiten des erlebten Unterrichts? Markieren die in der Ehemaligenbefragung (Barz und Randoll 2007) gefundenen Problembereiche (z. B. Leistung, Fremdsprachen, Naturwissenschaft, Eurythmie) Schwachstellen auch des heutigen Schulalltags an Waldorfschulen? Nicht zuletzt im Vergleich zu Befunden aus der auf Regelschulen bezogenen Schulforschung ergeben sich hier wichtige Beiträge zur Qualitätssicherung der Waldorfpädagogik.
2. **Allgemeine Einstellungen und Werthaltungen von Waldorfschülern**
   In welche Richtung tendieren Wertorientierungen der Schüler an Waldorfschulen? Aktiver Realismus? Verklärter Romantizismus? Frustrierte Resignation? Eskapismus? Hedonismus? Pragmatismus? Unter Berücksichtigung der sozioökonomischen Parameter der Herkunftsfamilien, die mit erhoben wurden, werden charakteristische Unterschiede zur Schülerschaft an staatlichen Regelschulen herausgearbeitet.
3. **Gesundheitsverhalten und -einstellungen von Waldorfschülern**
   Leben Waldorfschüler gesünder als Schüler an Regelschulen? Wie gelingt die Balance zwischen Genussfähigkeit und Selbstkontrolle? Welche Rolle spielen Askese und Disziplin im Vergleich zu Lebenskunst und Selbstakzeptanz? Unterscheiden sich Waldorfschüler von Regelschülern hinsichtlich Drogen-, Medikamenten- oder Alkoholkonsum? Hinsichtlich Ernährung, Essverhalten und Gesundheitsvorsorge? Welche Erfahrungen gibt es mit Sexualpädagogik?
4. **Kulturelle Bildung und Interessen von Waldorfschülern**
   Pflegen Waldorfschüler häufiger oder intensiver kulturelle Interessen als Schüler an Regelschulen? Welche Muster in Bezug auf die Nutzung von Medien lassen sich erkennen? Wie sieht der Vergleich hinsichtlich des Spielens von Musikinstrumenten oder der rezeptiven oder aktiven Beschäftigung mit Bildender Kunst, Tanz, Schauspiel, Architektur oder Literatur und Philosophie aus? Beginnt die in der Ehemaligen-Studie (Barz und Randoll 2007) für Waldorfschüler festgestellte überdurchschnittliche Neigung zu künstlerischen Berufen bereits in der Schulzeit?

3.2 Forschungsmethoden

Die wichtigste konzeptionelle Entscheidung betraf die Koppelung von qualitativen und quantitativen Verfahren der empirischen Sozialforschung. Dementsprechend wurde ein mehrstufiges methodisches Vorgehen gewählt. Denn in Fällen, in denen noch wenig gesicherte Erkenntnisse über einen Gegenstandsbereich vorliegen, hat sich die vorgängige Durchführung von lebensweltorientierten Einzelexplorationen bewährt. Ertragreich ist insbesondere die Methode des explorativen Einzelfallgesprächs, in dem durch geschulte Interviewer eine entspannte, von Wertschätzung und Akzeptanz geprägte Gesprächsatmosphäre hergestellt wird. Damit wird es möglich, auch tiefer liegende Erfahrungsdimensionen, Wahrnehmungsmuster, Ängste und Probleme sowie Wünsche und Sehnsüchte zu thematisieren. Für die erste Forschungsphase kam es darauf an, die individuelle Varianz an Wahrnehmungsweisen und Urteilskriterien offen zu legen, die dann in der zweiten Phase, der sog. Quantifizierung, der Entwicklung des Fragebogeninstruments zugrunde gelegt werden konnten und die darüber hinaus wertvolle Aspekte und Zusammenhänge des Schulerlebens erhellen konnten.

Näher beschreiben lassen sich die in der qualitativen Phase durchgeführten Interviews als *problemzentrierte Interviews*. Das problemzentrierte Interview (auch „fokussiertes Interview") wurde von Witzel (1989, 1996) entwickelt und umfasst alle Formen der offenen, halbstrukturierten Befragung. Es lehnt sich einerseits an das Theorie generierende Verfahren der „Grounded Theory" (vgl. Glaser und Strauss 1988) an. Andererseits wird das Vorwissen nicht, wie es bei einem rein induktiven Vorgehen angestrebt wäre, vollständig ausgeblendet, sondern dient in der Erhebungsphase als analytischer Rahmen für die Bestimmung von Themenfeldern des Gesprächsleitfadens. Man kann somit von einem induktiv-deduktiven Wechselverhältnis sprechen, das dem Erkenntnisprozess zugrunde liegt. Die Erhebung mittels problemzentrierter Interviews bietet sich insbesondere an, wenn die Forschungsintention aufgrund des Forschungsstands einen vorwiegend explorativen, Hypothesen generierenden Charakter aufweist, wie es in der hier beschriebenen Schülerstudie der Fall war. Die Auseinandersetzung mit vorliegenden Informationen, z. B. mit den Ergebnissen bereits durchgeführter Studien zu Waldorfschulen oder auch bereits vorliegender Items und Skalen z. B. zum Lernen (aus DIPF-Studien) oder zu Wertorientierungen (aus den Shell-Jugendstudien) ermöglichte die theoriegeleitete Vorstrukturierung der Interviews durch einen Leitfaden. Da die Gesprächspartner im problemzentrierten Interview die Möglichkeit haben, sich offen, d. h. ohne Antwortvorgaben, zu jeder Thematik zu äußern, können subjektive Perspektiven dargelegt und nicht erwartete Aspekte des Themas exploriert werden (vgl. Mayring 1999). Das problemzentrierte Interview basiert auf drei Grundpositionen:

1. Die *Problemzentrierung* beschreibt zum einen die Orientierung des Forschungsvorhabens an einer oder mehreren institutionell relevanten Fragestellungen. Zum anderen nimmt der Interviewer bereits eine Vorinterpretation des Gesagten während des Interviews vor – und führt das Gespräch immer näher an die Fragestellung heran.
2. Die *Gegenstandsorientierung* kennzeichnet die Flexibilität der Methodik gegenüber der untersuchten Problemstellung. In der vorliegenden Studie beinhaltete das Interview z. B. narrative Passagen, Assoziationsversuche sowie Rating-Skalen.
3. Die *Prozessorientierung* beschreibt die Offenheit des Forschungsvorgangs während der Erhebungsphase. So kann während eines Interviews auf die Interviewsituation, die Persönlichkeit der Gesprächspartner sowie auf das Gesagte (z. B. auf nicht erwartete Aspekte der Thematik, Widersprüchlichkeiten und Unklarheiten) flexibel eingegangen werden.

Das problemzentrierte Interview beinhaltet generell vier Arten von Fragen. Nach der Gestaltung eines *Gesprächsanfangs*, in dem eine narrative Gesprächsstruktur hervorgerufen werden soll (z. B. durch eine Frage, die erzählend beantwortet wird), folgen *allgemeine Sondierungsfragen*. Hierbei wird zum einen die Entwicklung eines echten Gesprächs angestrebt, zum anderen soll ein Eindruck zur Bedeutung des Themas für den Gesprächspartner gewonnen werden. Des Weiteren werden in *spezifischen Sondierungsfragen* wichtige Aspekte direkt vom Interviewer angesprochen. Hierbei kann auf die Kommunikationsformen der Zurückspiegelung,[1] Verständnisfrage und Konfrontation[2] zurückgegriffen werden. Außerdem besteht die Möglichkeit, *Ad-Hoc-Fragen* zu formulieren, die nicht im Leitfaden enthalten sind, aber der Vertiefung von einzelnen Aspekten oder der Erhaltung des Gesprächsflusses dienen (vgl. Witzel 1989). Zentral ist die Herstellung einer offenen Gesprächsatmosphäre während des Interviews. Die Aufzeichnung erfolgte per Tonträger.

Zum Abschluss des Interviews wurde ein sozialstatistischer Kurzfragebogen vorgelegt. Auf Basis der aus den Interviews generierten Hypothesen sowie unter Einbeziehung von Vergleichsstudien bzw. entsprechenden Skalen wurde in einem zweiten Forschungsschritt ein Fragebogen entwickelt. Der Anteil offener und ge-

[1] Bei der Zurückspiegelung wird vom Interviewer eine Art Bilanz oder Interpretationsangebot des im Interview Gesagten an den Befragten herangetragen, das zur Überprüfung der Interviewerinterpretation durch den Gesprächspartner dienen kann (vgl. Witzel 1989).

[2] Verständnisfragen und Konfrontationen mit dem im Interview Gesagten kann der Interviewer z. B. dann einleiten, wenn sich die Aussagen des Interviewten widersprechen oder schwer verständlich sind. Sie führen zur Explikation und Darlegung der Konstruktion der Realitätsdarstellung des Gesprächspartners (vgl. Witzel 1989).

	Schüler/innen		Eltern		
	9.Klasse	12.Klasse	9.Klasse	12.Klasse	Σ
BRD Nord/West	4 1♂,3♀	7 3♂,4♀	4 4♀	4 3♂,1♀	19
BRD Süd	6 3♂ 3♀	5 2♂ 3♀	5 3♂,2♀	4 1♂,3♀	20
BRD Ost	5 4♂ 1♀	4 2♂ 2♀	6 3♂,3♀	3 1♂,2♀	18
Σ	15	16	15	11	57
	31		26		

Abb. 3.1 Stichprobenplan des qualitativen Moduls. Intervieworte: Berlin, Düsseldorf, Essen, Haan, Kaltenkirchen (Schleswig Holstein), Kleinmachnow (Brandenburg), München, Prien am Chiemsee, Velbert und Villingen-Schwenningen. Bei den Elterninterviews ist jeweils das Geschlecht des Kindes ausgewiesen. In der Mehrzahl der Fälle wurden die Gespräche mit den Müttern geführt

schlossener Fragen (mit Antwortvorgaben) bestimmt den Grad der Standardisierung eines Fragebogens. Eine standardisierte Befragung mit ausschließlich geschlossenen Fragen erfordert eine hohe Strukturierbarkeit der Befragungsinhalte sowie eine Problemanalyse der Thematik vor der Konzeption der Fragen. Um zu vermeiden, dass die Befragten durch vorformulierte Aspekte eventuell an der Formulierung eigener Perspektiven gehindert werden, kann ein standardisierter Fragebogen durch offene Fragen ergänzt werden; man spricht dann von einem teilstandardisierten Fragebogen (vgl. Bortz und Döring 2002). Da kaum aktuelle Studien zur Schulwirklichkeit der Schulen reformpädagogischer Prägung vorliegen, die Studie somit explorativen Charakter hat, führten wir die Fragebogenerhebungen an den Schulen mit Hilfe teilstandardisierter Fragebögen durch, in denen die Schüler Ratingskalen sowie auch offene Fragen beantworteten. Um einen Vergleich der Ergebnisse der Waldorfschülerstichprobe mit Schülerpopulationen staatlicher Regelschulen zu ermöglichen, wurden viele Fragen in Anlehnung an Jugend- und Schülerstudien der letzten Jahre formuliert.

3.3 Stichprobe

Es konnten 31 Schüler und 26 Elternteile in die Erhebung mittels problemzentrierter Interviews einbezogen werden. Die Verteilung nach Geschlecht, Region und Jahrgangsstufen zeigt der Stichprobenplan (vgl. Abb. 3.1).

Tab. 3.1 Prozentuale Verteilung der Stichprobe auf die einzelnen Jahrgangsstufen

Jahrgangsstufe	n	%
9	293	35,4
10	155	18,7
11	172	20,8
12	197	23,8
13	10	1,2

An der schriftlichen Befragung nahmen 827 Schüler aus 10 deutschen Waldorfschulen der Jahrgangsstufen 9–13 teil. Die Zufallsstichprobe verteilt sich auf sechs Bundesländer:

- Baden-Württemberg (n = 218, 26,4 %)
- NRW (n = 176, 21,3 %)
- Berlin (n = 151, 18,3 %)
- Bayern (n = 109, 13,2 %)
- Schleswig-Holstein (n = 93, 11,2 %)
- Thüringen (n = 80, 9,7 %,)

Samplepoints waren Waldorfschulen in Berlin-Mitte, Berlin-Kreuzberg, Düsseldorf, Essen, Freiburg, Kaltenkirchen, München, Schwäbisch-Hall, Weimar. Das Durchschnittsalter der Befragten betrug zum Erhebungszeitpunkt 16,5 Jahre, die jüngsten Schüler waren 14, die ältesten 20 Jahre alt. Das Geschlechterverhältnis zeigt mit 44,4 % männlichen und 54,4 % weiblichen Probanden eine geringfügige Dominanz der Schülerinnen gegenüber den Schülern. Diese Tendenz ist in allen Jahrgangsstufen erkennbar. Der Schwerpunkt der Erhebungen lag in den Klassen 9–12, einige wenige Schüler der 13. Klasse haben – bedingt durch teilweise jahrgangsübergreifende Unterrichtsgestaltung – ebenfalls teilgenommen (vgl. Tab. 3.1).

Die Daten zeigen, dass ein erheblicher Teil der Schüler die Waldorfschule nicht von der ersten Klasse an besucht. Da die Quereinstiegsthematik ursprünglich nicht im Fokus des Forschungsinteresses stand, wurden Angaben hierzu nicht systematisch erhoben. U. a. aus Fragen zur bisherigen Schulkarriere lassen sich aber einige Anhaltspunkte gewinnen. Demnach haben mindestens 54,8 % der Befragten die Waldorfschule von der 1. Klasse an besucht. Weil andererseits von 13,7 % keine Antworten vorliegen, kann für den Anteil der Quereinsteiger ebenfalls nur so viel gesagt werden, dass er bei mindestens 36,6 % liegt. Typische Klassenstufen, in denen Quereinsteiger hinzukommen, sind nach unseren Daten die dritte und vierte Grundschulklasse, sowie der in den meisten Bundesländern nach Klasse 4 erfolgende Wechsel auf eine weiterführende Schule. Aber auch für die Klassenstufen 8 und 9 werden noch öfter Quereinstiege vermeldet.

Im Haushalt der befragten Waldorfschüler leben im Durchschnitt 4,1 Personen. 14,8 % der Probanden geben an, keine Geschwister, 34,2 % ein, 27,1 % zwei und 24 % drei und mehr Geschwister zu haben (durchschnittlich 2,1). Im Vergleich dazu lag die durchschnittliche Zahl der Kinder unter 18 Jahren pro Familie in 2006 in den alten Bundesländern bei 1,65 und in den neuen bei 1,44 Kindern (vgl. Statistisches Bundesamt 2008: 34). Zwei Drittel geben an, dass mindestens ein schulpflichtiges Geschwisterkind ebenfalls die Waldorfschule besucht.

8,5 % der Mütter bzw. Väter sind ledig und 53,9 % verheiratet bzw. mit einem festen Partner zusammenlebend. 19,3 % der Mütter resp. Väter leben nach Angaben der Befragten vom Ehepartner getrennt, 14,1 % der Eltern sind geschieden. Das heißt, dass der Anteil der Verheirateten in der Waldorfstichprobe deutlich unter dem Durchschnitt der in den alten Bundesländern Verheirateten (77 %) bzw. geringfügig unter dem in den neuen Bundesländern (58 %) liegt (vgl. Statistisches Bundesamt 2008: 34).

59,9 % der Probanden geben an, bei den leiblichen Eltern zu wohnen, 23 % leben bei einem Elternteil, 11,5 % wohnen bei einem Elternteil und dessen Partner bzw. Partnerin. Insofern kann davon ausgegangen werden, dass 23 % der Waldorfeltern alleinerziehend im strengeren Wortsinne sind. Im Vergleich dazu liegt der Anteil der Alleinerziehenden in den alten Bundesländern bei 14 % und in den neuen bei 23 % (vgl. Statistisches Bundesamt 2008: 36).

35,6 % wohnen nach eigenen Angaben in einer angemieteten Wohnung, 10,8 % in einem Haus zur Miete, 6,8 % in einer Eigentumswohnung und 45 % im eigenen Haus der Eltern (zusammen 51,8 %). Im Vergleich dazu sind 2008 bundesweit 43,2 % der Haushalte im Besitz einer Eigentumswohnung bzw. eines Hauses – allerdings steigt der Anteil der Wohneigentümer mit zunehmender Haushaltsgröße: ab einer Haushaltsgröße von 3 Personen – und das dürfte allein wegen der Kinder eher eine realistische Vergleichsgröße zur Waldorfschülerstichprobe sein – sind 57 % Wohnungs- oder Hausbesitzer (vgl. Statistisches Bundesamt 2009: 23).

Um weitere Anhaltspunkte über den familiären Hintergrund und die soziale Herkunft der Waldorfschüler zu erhalten, wurde auch danach gefragt, ob die Eltern einer regelmäßigen Berufstätigkeit nachgehen und welchen Beruf diese derzeit ausüben bzw. erlernt haben (offene Frage, Mehrfachantworten waren möglich). Die von den Schülern angegebenen Berufe von Mutter und Vater wurden in Anlehnung an den Mikrozensus 2000 codiert (vgl. Tab. 3.2 und 3.3).

Die überwiegende Mehrzahl der Väter (85 %) und mehr als drei Viertel der Mütter (79,7 %) gehen einer geregelten beruflichen Tätigkeit nach. Allerdings liegt der Anteil der Vollzeitbeschäftigten bei den Vätern erwartungsgemäß deutlich über dem der Mütter, während die Mütter häufiger als die Väter in Teilzeit arbeiten. 8 % der Väter und 14,1 % der Mütter sind als Hausmann/-frau tätig bzw. bereits in Ren-

Tab. 3.2 Berufstätigkeit der Eltern (in %)

Ist Dein Vater/Deine Mutter berufstätig? Was macht er/sie zurzeit?	Vater		Mutter	
	n	%	N	%
Vollzeitbeschäftigt	626	75,7	312	37,7
Teilzeitbeschäftigt	77	9,3	347	42,0
Auf Arbeitssuche	20	2,4	30	3,6
Hausfrau/-mann/Rentner	66	8,0	117	14,1
Keine Angaben	38	4,6	21	2,5

Tab. 3.3 Erlernter bzw. ausgeübter Beruf der Eltern (in %)

Berufsbezeichnung	Vater	Mutter
Dienstleistungsberufe	45,9	43,3
Künstlerische Berufe	*8,3*	*7,7*
Unternehmensberatung	*6,9*	*2,3*
Ärzte/Apotheker	*5,2*	*3,1*
Rechnungskaufleute/Informatiker	*4,7*	*1,2*
Groß- und Einzelhandelskaufleute	*4,7*	*1,2*
Übrige Gesundheitsberufe	*2,5*	*11,9*
Büroberufe, kaufmännische Angestellte	*1,2*	*5,1*
Verkaufspersonal	*0,1*	*2,9*
Sozial- und Erziehungsberufe	17,9	34,1
Lehrer (Waldorflehrer)	*9,9 (1,5)*	*13,8 (2,9)*
Soziale Berufe	*6,9*	*18,1*
Fertigungsberufe	9,8	0,6
Technische Berufe	9,4	2,5
Land- und Forstwirtschaft/Gartenbau	3,3	1,5
Sonstige Dienstleistungsberufe	1,3	3,1
Sonstige Arbeitskräfte (z. B. Hausfrau)	1,7	4,4
Keine Antwort	11,5	12,2
Gesamt	100	100

te, lediglich 2,4 % der Väter und 3,6 % der Mütter suchen derzeit eine Arbeit. Im Vergleich dazu lag die Arbeitslosenquote im Erhebungszeitraum bundesweit bei 8,2 % (vgl. Bundesagentur für Arbeit 2010).

Bei den erlernten bzw. von den Eltern derzeit ausgeübten Berufen dominieren sowohl bei den Vätern als auch bei den Müttern die sog. Dienstleistungsberufe, gefolgt von den Sozial- und Erziehungsberufen. 9,8 % der Väter üben einen Beruf in der Fertigung und 9,4 % im technischen Bereich aus. Auffallend erscheint, dass

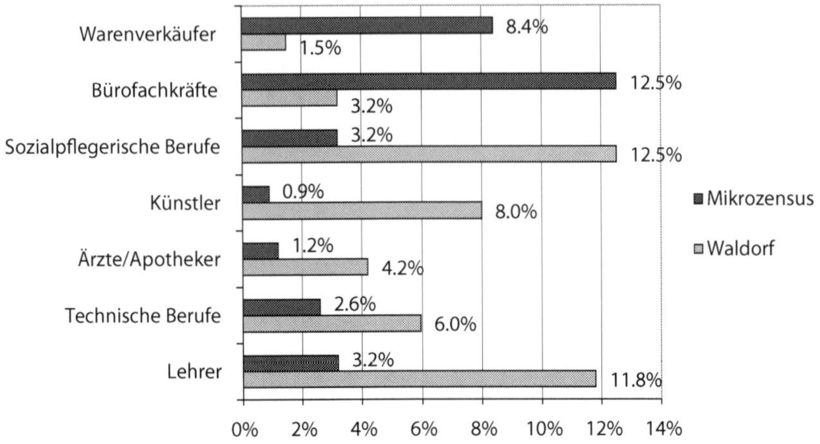

Abb. 3.2 Vergleich der sieben größten Gruppen erlernter bzw. ausgeübter Berufe von Waldorfeltern (n = 827) mit dem Mikrozensus 2000 (in %)

8,3 % der Väter und 7,7 % der Mütter einen künstlerischen Beruf haben und 13,8 % der Mütter bzw. 9,9 % der Väter als Lehrer an einer Schule tätig sind. Nur 2,9 % der Mütter und 1,5 % der Väter sind explizit Lehrer an einer Waldorfschule.

Der Vergleich mit der Gesamtbevölkerung zeigt, dass die Eltern der Waldorfschüler überdurchschnittlich häufig akademische, künstlerische, medizinisch-therapeutische sowie sozialpflegerische Berufe erlernt haben bzw. ausüben. Demgegenüber sind sie in den Berufsgruppen der Warenkaufleute und Bürofachkräfte deutlich unterrepräsentiert (vgl. Abb. 3.2).

Vergleichbar zur Absolventenstudie (Barz und Randoll 2007) sind gut zwei Fünftel der in dieser Studie befragten Waldorfschüler religiös nicht organisiert (40,5 %). Zudem entspricht die prozentuale Verteilung der an einer christlichen Religion Orientierten in dieser Stichprobe nicht der Gesamtbevölkerung, wonach in Deutschland 2008 formal 30,7 % der römisch-katholischen Kirche und 30,0 % den verschiedenen Gliedern der EKD angehörten (vgl. Eicken/Schmitz-Veltin 2010: 578). Letztlich fällt der Anteil der Schüler, der in der Christengemeinschaft konfirmiert worden ist, mit 13,1 % relativ gering aus. Er liegt sogar unter dem Anteil derer, die angeben, Mitglied in der Evangelischen Kirche zu sein. Insofern bestätigt sich auch in dieser Studie, dass Waldorfschulen in Deutschland keineswegs ausschließlich von Kindern und Jugendlichen aus anthroposophisch orientierten Elternhäusern besucht werden (Tab. 3.4).

Tab. 3.4 Religionszugehörigkeit (in %)

Konfession	N	%
Evangelisch	206	24,9
In Christengem. konfirmiert	108	13,1
Römisch-katholisch	93	11,2
Evangelische Freikirche	17	2,1
Islam	9	1,1
Judentum	4	0,5
Keine Religionszugehörigkeit	335	40,5

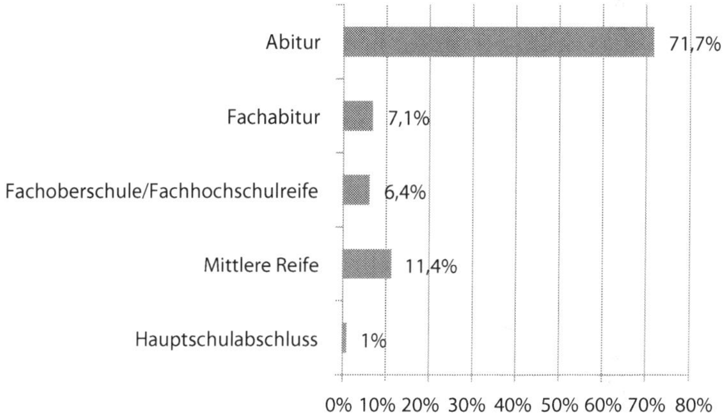

Abb. 3.3 Angestrebter Schulabschluss (in %)

Bereits in der Waldorfabsolventenstudie (Barz und Randoll 2007) wurde ein hoher Anteil von Abiturienten ermittelt (etwa zwei Drittel), der deutlich über dem Durchschnitt in der Gesamtbevölkerung der jeweils befragten Alterskohorten lag. Die hohen Bildungsaspirationen der Waldorfschüler bzw. deren Eltern bestätigen sich demnach auch in dieser Untersuchung (vgl. Abb. 3.3). 82,8 % der Schüler sind sich sehr sicher (30,8 %) oder sicher (51 %), den angestrebten Schulabschluss auch zu erreichen, nur 15,6 % äußern sich in dieser Hinsicht skeptischer. Die Überzeugung, den angestrebten Schulabschluss zu erreichen, nimmt mit dem Alter der Befragten signifikant zu.

Wofür die Waldorfpädagogik steht

4

4.1 Symbolische Verdichtungen erlebter Schulwirklichkeit

Im Vorfeld der qualitativen Interviews wurden Eltern und Schüler gebeten, einen Gegenstand zum Gespräch mitzubringen, der für sie die Schule gut repräsentiert. Eltern wie Jugendliche wählten hier in aller Regel von den Schülern selbst gestaltete Gegenstände, Eltern z. B. eine Marmorskulptur, eine Kupferschale oder Ölpapier. Diese sollen die künstlerische Förderung repräsentieren. Viele Eltern verbinden mit den Gegenständen Aussagen über charakterliche Züge und persönliche Entwicklungen ihres Kindes. Gleichzeitig stehen sie oftmals für konträre Aspekte der Schulwahrnehmung, z. B. das pädagogische Ethos versus das pädagogische Chaos, Rhythmisierung vs. Strukturlosigkeit, Konzept vs. Realität, Perfektionsstreben vs. Menschlichkeit. Im Folgenden werden aus einigen Interviews Auszüge vorgestellt, in denen die mitgebrachten Gegenstände erläutert werden:

> Die Johanna hat mal einen Stier gemacht mit Ton. Den mag ich sehr vom Ausdruck her und der erinnert mich sehr an die Schule. Er hat so was kraftvolles, das hat die Schule auch. Aber ist auch ein bisschen schief und das erinnert mich sehr an die Schule. (E♀9a)[1]

> 10. Klasse. Ein Selbstporträt, das wollte er ganz speziell mir schenken. Es kommt ganz viel rüber, für mich kommt viel zum Ausdruck, was er darstellt [...] Wie so ein Anker, Rückenpfeiler zu ihm. Steht immer in meinem Zimmer [...] Da ist ein spezielles Waldorfprinzip verwirklicht. Nämlich: es gab eine einfache, klare Aufgabenstellung, eine Anleitung dazu, aber kein vorgefertigtes Formular, wo man 36 Fragen ausfüllen musste. Er hat die ganze Welt zu Rate ziehen dürfen und ist bei sich selbst angekommen und dadurch ist ein Entwicklungsschritt initiiert worden. (E♂12h)

[1] Die Interviews wurden mit anonymisierten systematischen Fallnummern versehen. Dabei bedeutet: S = Schüler; E = Elternteil; ♂ = männlich; ♀ = weiblich. Die Zahlen stehen für die besuchte Klassenstufe. Kleinbuchstaben a-z stehen für die Nummerierung der Eltern-bzw. Schülerinterviews. E♀9a bedeutet dementsprechend, dass es sich um einen Gesprächspartner aus der Elternschaft handelt, dessen Tochter die 9. Klasse einer Waldorfschule besucht.

S. Liebenwein et al., *Bildungserfahrungen an Waldorfschulen*,
DOI 10.1007/978-3-531-19090-7_4,

© VS Verlag für Sozialwissenschaften | Springer Fachmedien Wiesbaden 2012

Also ich freu' mich immer, wenn die Kinder irgendwas nach Hause bringen, und denk' daran, was ich früher nach Hause gebracht hab', was für entsetzliche Sachen, die man nicht gebrauchen konnte. Und was wir von den Kindern hier haben, sind entweder wirklich passable Kunstgegenstände, die man sich wirklich gerne hinstellt, und sich dran erfreut. Oder es sind ganz praktische Sachen, zum Beispiel zwei Hocker haben wir schon. Die wirklich gut getischlert sind, oder zwei Bürsten, eine Kleiderbürste, und ein Tischbürste. Das sind professionelle und das hat man sein Leben lang. Ich find' das toll. (E♀9g)

Blume: Diese Schule, was die für einen kleinen, tollen, paradiesischen Garten da gemacht haben. Das zeigt so ein Ergebnis einer Arbeit, wie man sich eine schöne Welt schaffen kann. In dieser großen Stadt, die so hart ist [...] Gerade so eine Blumenzwiebel zeigt auch, die Kinder bohren sich auch durch, entwickeln sich an der Waldorfschule. Wobei ich da auch Grenzen sehe, aber in der Regel haben sie die Chance dazu. (E♂9b)

Ich sitze hier unter einem Bild. Sie haben ja Weltkunde und ich sitze hier unter einem Bild, das ist ein Aquarell von der Welt, sie haben eine Weltkarte als Aquarell gemalt. Ich glaube, da passiert noch viel mehr als nur zu wissen, wo Amerika ist. (E♀11)

Die Schüler wählen ebenfalls meist Gegenstände, die sie selbst gefertigt haben, beispielsweise eine Tischbürste, plastinierte Formen aus Ton, alte Epochenhefte, einen selbstgeschmiedeten Kerzenständer, eine selbstgemachte Puppe, einen selbstgemachten Korb oder einen selbstgeschmiedeten Goldring. Im Vergleich zu den Eltern sind die Interpretationen der Schüler stark auf das praktische und situative Erleben der Anstrengung und des Erfolgs/ Stolzes auf das eigene Werk bezogen; Interpretationen, die, wie bei den Eltern, anhand der Gegenstände Schulsystem und persönliche Entwicklung verknüpfen, finden sich nicht.

Als ich mir dachte, was ich mitbringen könnte, wusste ich sofort, dass es irgendwas Praktisches sein könnte, was ich selbst gemacht habe. Auf das Schachbrett bin ich echt stolz. Wir haben auch Kerzen selbst gezogen, aber die sind jetzt nicht mehr da. Das Schachbrett war einfach kompliziert zu machen. Weil man musste die Box machen und das, was die Boxen verbindet. Ich kann zwar nicht unbedingt Schach spielen, mir macht es Spaß, ich verliere immer, aber mir macht es trotzdem Spaß und ich bin einfach unheimlich stolz auf das Schachbrett. (S♀12e)

Mein Flötenbeutel und da drin meine Flöte. Den hab ich in der 1. Klasse gestrickt. Der erinnert mich überhaupt an die Grundschulzeit, wie wir angefangen haben Handarbeitsunterricht zu haben, und wie wir dann geflötet haben. Und ich hatte den ja die ganzen ersten Jahre im Musikunterricht. Jetzt mach ich nicht mehr so viel mit dem, aber ich mag den immer noch. (S♀9e)

Abb. 4.1 Schlitten (Waldorfschüler, 9. Klasse München)

Abb. 4.2 Schatztruhe (Waldorfschüler, 9. Klasse Kleinmachnow)

Selbstgefertigte Schuhe (2-Jahresprojekt): Das war das Aufwändigste und Schwierigste und wir hatten eh keine Lust, Schuhe zu machen, haben gesagt ‚ziehen wir eh nicht an, das wird eh nichts, wie können die denn aussehen?' Und dann haben wir angefangen, uns da rein zu arbeiten und uns darauf eingelassen und dann sind wir da schon alle zu einem relativ guten Ergebnis gekommen. Und einige ziehen die auf Veranstaltungen an und das find' ich ganz gut, die haben auch den Mut, das anzuziehen… Und das glaub' ich, ist etwas, was man generell braucht, wenn man auf der Waldorfschule ist, wenn man sowas macht, dann muss man auch dazu stehen. (S♂9h)

Abb. 4.3 Rezeptbuch (Waldorfschüler, 9. Klasse Kleinmachnow)

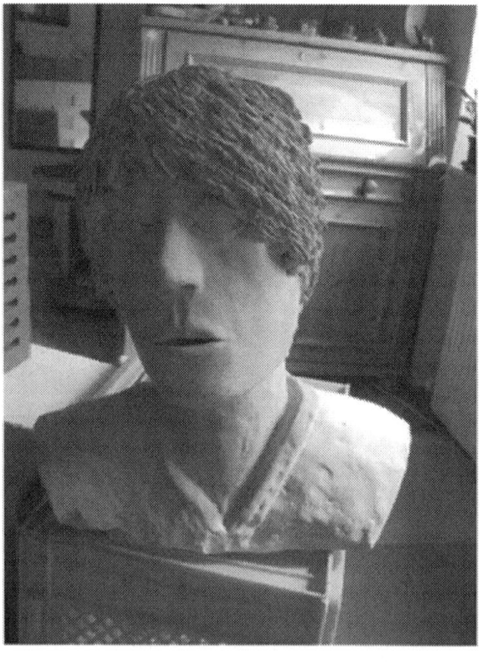

Abb. 4.4 Skulptur (Waldorfschüler, 12. Klasse Kleinmachnow)

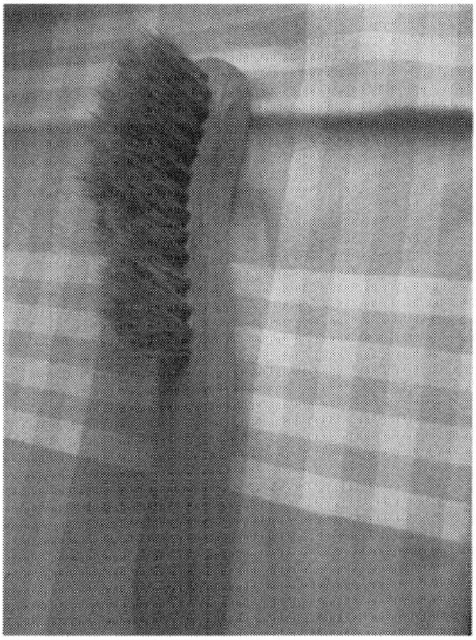

Abb. 4.5 Handkehrer (Waldorfschüler, 9. Klasse Kleinmachnow)

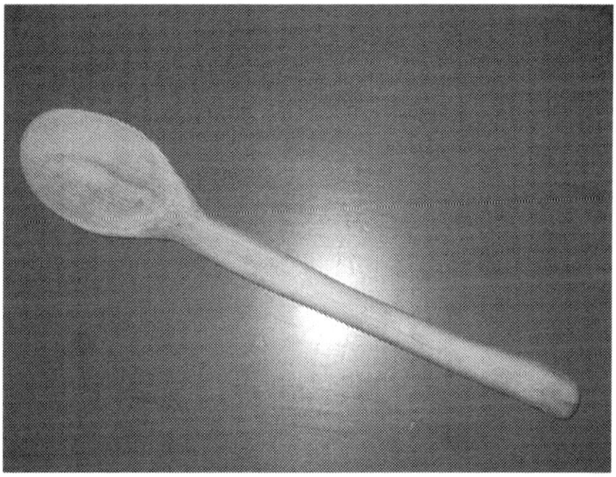

Abb. 4.6 Holzlöffel (Waldorfschüler, Prien)

Abb. 4.7 Ring (Waldorfschüler, 12. Klasse Haan)

Abb. 4.8 Schachbrett (Waldorfschülerin, 12. Klasse Berlin)

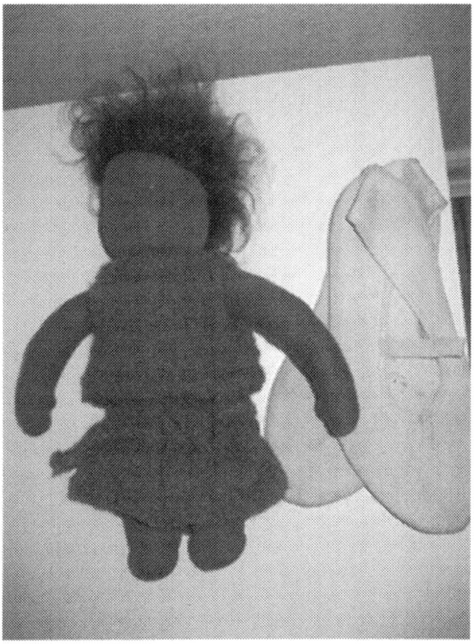

Abb. 4.9 Puppe und Schuhe (Waldorfschülerin, 9. Klasse Haan)

Abb. 4.10 Pflanze (Waldorfschülerin, 9. Klasse Berlin Mitte)

Abb. 4.11 Schale (Waldorfschülerin, 9. Klasse Berlin Mitte)

Abb. 4.12 Skulptur (Waldorfschülerin, 12. Klasse Haan)

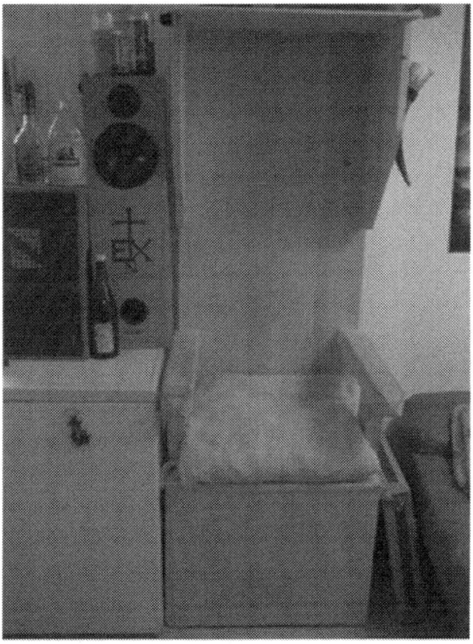

Abb. 4.13 Stuhl (Waldorfschüler, 12. Klasse Haan)

Abb. 4.14 Korb (Waldorfschüler, 9. Klasse Berlin Mitte)

4.2 „An was denken Sie beim Begriff Waldorfschule?"

Als Einstieg in das Themenfeld „Lernen und Unterricht" wurden die Schüler bzw. Eltern in den mündlichen Interviews gebeten, ihre spontanen Assoziationen zum Begriff „Waldorfschule" zu nennen. Die genannten Worte bzw. Sätze wurden in Cluster mit ähnlicher Bedeutung kategorisiert. Für die Darstellung auf den folgenden Seiten wurden die Nennungen dabei nach positiven, neutralen oder negativen Gefühlskomponenten sortiert (vgl. Abb. 4.15 und 4.16, sowie Tab. 4.1–4.6).

4.3 Eltern-Assoziationen zum Begriff „Waldorfschule"

Tab. 4.1 Affektiv eher positiv getönte Assoziationen

Cluster	Beispiele wörtlicher Nennungen
Stärkung der Persönlichkeitsbildung	Möglichkeit, sich frei zu entwickeln/Die Kinder werden in ihrer Entwicklung positiv begleitet/Die aufrechten Menschen, Kinder, die aufrecht stehen, die stehen einem so gegenüber/Seelenentwicklung, Eigenständigkeit/Für meine Kinder ist es gut/Tolerant/Bewusst zu leben/Wichtiger Teil im Leben unserer Kinder/Wenn ich Leute sehe, die von der Waldorfschule kommen, die gehen anders mit Problemen um, nicht vom Problem aus, sondern vom Menschen/Gebildete Menschen/Außer dem rein schulischen Programm, was auch für sich selbst eine ganz andere Organisation erfährt, die viel mehr mit den Bedürfnissen des jeweiligen Alters zu tun hat, dass es auch eine menschliche starke Komponente gibt, um die Kinder an ihren biologischen, psychischen Prozessen, die sie durchlaufen in Einklang zu bringen
Schulgemeinschaft	Große Klassen (3×), Vielfalt (2×)/Zusammenleben/Freundschaften schließen, die lange halten, gemeinsam versuchen, einen Weg zu gehen/Lange Klassengemeinschaft ist eigentlich auch was Gutes/Schön dieses Gemischte, dass es vom Kindergarten bis zum Abitur an vielen Orten eins sein kann/Mit den nervigen Schülern muss man ja auch lernen umzugehen, die verlassen einen ja in dem Fall auch selten

Tab. 4.1 (Fortsetzung)

Cluster	Beispiele wörtlicher Nennungen
Geborgenheit in Beziehungen	Diese soziale Nummer ist für kleine Kinder sehr schön/Gut aufgehoben sein/Hochgradig sozial, harmonisch v. a., Konflikte werden versucht, mit allen Methoden der Psychologie zu vermeiden, Gewaltlosigkeit, Harmonie miteinander in den verschiedenen Altersstufen/Herzliche Menschen/Starke Beziehungen zwischen Lehrern, Eltern und Schülern, ein positives soziales Verhältnis suchen zwischen den Menschen/Schutz und Hülle
Besondere Atmosphäre	Ein schönes Haus/Guter Geruch in den Gängen und Klassenzimmern, schöne äußere Gestaltung, ansprechender Garten, wunderbares Areal, Neubau – schöne Turnhalle/Schön/Wunderschöner Garten/Bisschen zu Hause sein/Soziales Miteinander/Ganz heimelige Atmosphäre/Wärme, Individualität, Gemeinschaft, vertraut/Warme Umgebung, freundlicher Händedruck, persönliche Begrüßung, angenehmes Lernklima/Viele schöne Momente/Farbige Räume, nicht rechteckige Räume
Außerfachliche Aktivitäten	Feste, Veranstaltungen/Theaterstücke, Klassenspiele, Weihnachtsspiele/Bazar/Oberstufen-Orchester ist dann ab 8. Klasse, alle die Instrumente haben, spielen dann zusammen/Reiten/Martinimärkte/Handwerk, vor allen Dingen Schauspielhandwerk, vor allem die alternativen Sachen, die da laufen
Schulkultur	Wie man Unterricht vermittelt, Stoff vermittelt/Viel Singen, viele Gedichte, viel Bewegung, viel Natur/‚Waldorf ist, wenn man es trotzdem schafft'/Das sind die Menschen dort, das ist die Pädagogik, der Blick auf den Menschen
Kreativität	Kreativität/Alles sehr bunt, farbenfroh/Künstlerisch/Schöpferische Tätigkeiten/Bilder, Musik
Lernen fürs Leben	Gute Allgemeinbildung/Sie werden sehr gut vorbereitet auf das, was später kommt/Eigenes Erleben und nicht das Reproduzieren von Vorgefundenem
Internationalität	Internationalität, leichte Möglichkeit, in einem anderen Land ins gleiche Schulsystem einzusteigen, Austausch
Erziehung zur Freiheit	Größtmögliche Freiheit, Erziehung, Freiheit
Naturverbundenheit	Natur, bunt, Erde/Feld bestellen, Haus bauen
Tiefe	Den Sinn des Lebens versuchen zu verstehen/Keine Oberflächlichkeit
Flexibilität	Stark wandlungsfähig, sehr weltoffen

Tab. 4.2 Affektiv eher neutrale oder ambivalente Assoziationen

Cluster	Beispiele wörtlicher Nennungen
Elternbeteiligung	Viel Elternbeteiligung, häufige Elternabende, viel Kreise und Gremien, Arbeitskreise/Sehr engagierte Eltern, viel Engagement der Eltern gefragt
Fachliche Schwerpunkte	Der ausgeprägte Kunst-, Kultur- und Deutschbereich, Sprachbereich/Lebenspraktische Fächer/Frühes Kennenlernen verschiedener Sprachen
Wiederholung	Und, was auch dazu gehört, dass sich viel im Kreis dreht, viele Dinge müssen sich erst im Kreis drehen, bevor es weitergeht... Bei der Elternarbeit aber auch beim Lernen für die Kinder, es wird viel wiederholt... man geht im Kreis, bis es wieder weitergeht
Waldorfspezifika	Steiner, Anthroposophie, Epochenunterricht, Eurythmie
Materialien	Wachsmalkreiden/Epochenhefte/Baumaterial/Wollschafe
Elternarbeit	Elternmitarbeit (2×)/Viel Arbeit
Spiele	Spiele

Tab. 4.3 Affektiv eher negativ getönte Assoziationen

Cluster	Beispiele wörtlicher Nennungen
Chaos	Chaos (2×)/Sehr unstrukturiert/Uneinheitlichkeit, Ziellosigkeit/Unterschiedliche Ausgestaltung von Ort zu Ort, größere Qualitätsunterschiede zwischen den Schulen als bei staatlichen Schulen/Chaotische Organisation
Begrifflichkeit	Erst mal schlecht besetzt, und zweitens auch irreführend irgendwie/Schlecht besetzt
Überforderung durch schwierige Schüler	Sie sind auch sehr allein gelassen. [...] Zum einen werden aggressive Schüler überhaupt nicht gestoppt. So dass schwächere Leute einfach nur noch mehr klein gemacht werden und leiden. Ich sehe, dass die Schwachen leiden darunter, dass die Starken sich ausleben können an der Schule/Erziehung zur Freiheit, das merke ich immer wieder, das ist auch für die Kinder teilweise schwer/Mangelnde Wertschätzung im Rahmen des Umgangs mit den Schülern und der Schüler untereinander/Versuch der Integration mit schwierigen Schülern wird vorgenommen, nicht immer erfolgreich/Außenseiter
Vorurteile	Klischees und Vorurteile von anderen/Wenn z. B. in Medien eher negativ über ehemalige Waldorfschüler gesprochen wird, so dass man darüber lachen kann, sie werden nicht so ernst genommen
Wissenslücken	Eigentlich wäre es wichtig mit den Fremdsprachen, das war auch der Grund, warum man da hin ist, dass gleich zwei Fremdsprachen angeboten werden/Wenn sie vielleicht weniger abfragbares Wissen zur Verfügung haben

Tab. 4.3 (Fortsetzung)

Cluster	Beispiele wörtlicher Nennungen
Weltfremdheit	Das ist sehr komplex. Sie hat sich nach einer anderen Schule umgeschaut, sie wollte unbedingt weg. Da sagte ein Lehrer zu ihr, Waldorfschüler sieht er bis zur 12. Klasse nicht als Schüler. Und ich finde, dass er das trifft. Damit hat er das beschrieben./Aber eigentlich ab Ende der Volksschule fängt es an, problematisch zu werden.
Konfliktvermeidung	Nicht konfliktbereit/Zwischenmenschliche Probleme
Finanzielle Engpässe	Schlechte Lehrergehälter/Oft Geldprobleme durch mangelnde Finanzierung
Gescheiterter Idealismus	Ich selbst habe manchmal ein gespaltenes Verhältnis, was sich so Waldorfgemeinschaft nennt. Im Laufe der Jahre guckt man doch so hinter die Fassaden und es ist nicht immer schön was man da so sieht
Konservatismus	Konservativ, sehr altmodisch
Klassengröße	Zu große Klassen
Defizitäre Ausstattung	Provisorien
Mangelhafte Lehrerbildung	Weil viele Lehrer da nicht ausgebildet sind
Steiner	wenn Steiner zitiert wird, habe ich ab und zu Bauchschmerzen

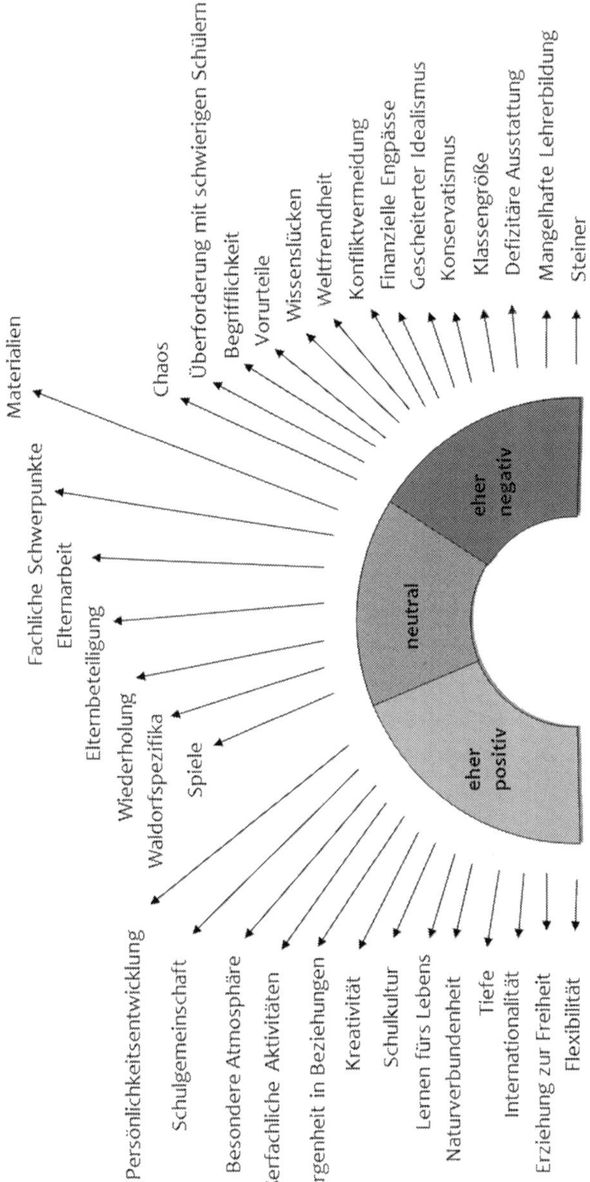

Abb. 4.15 Assoziationen der Eltern

4.4 Schüler-Assoziationen zum Begriff „Waldorfschule"

Das Ergebnis des Assoziationsversuchs bestätigt im überwiegend positiven Gesamteindruck die Befunde zur Schulwahrnehmung, die in den folgenden Kapiteln im Detail vorgestellt werden. Die immer wieder als ganz anders beschriebene Atmosphäre von menschlicher Unmittelbarkeit, von Wertschätzung des Einzelnen und der Ermöglichung von Persönlichkeitsentwicklung jenseits von Leistungsdruck und Benotungsnormen steht für Schüler wie Eltern im Zentrum der Wahrnehmung. Dazu kommen die architektonischen Eigentümlichkeiten, die Naturnähe und die Betonung des Handwerklichen und Musischen. Im Vergleich zu den Assoziationen der Eltern fällt die stärkere Gegenwartsbezogenheit der Assoziationen bei den Jugendlichen auf. Positive Assoziationen der Schüler beziehen sich fast ausschließlich auf die wahrgenommene Atmosphäre von Permissivität, Spaß, bunten Räumen und guter Gemeinschaft zwischen Schülern und Lehrkräften. Im Gegensatz hierzu implizieren die positiven Assoziationen der Eltern meist ein gewünschtes Ziel bzw. eine erhoffte, z. T. auch bereits eingetretene Wirkung wie die der Persönlichkeitsbildung und -stärkung der Kinder oder der Beziehungsintensität. Die positiven Eltern-Assoziationen sind somit auch stärker von dankbarer Verbundenheit geprägt. Die Kehrseite dieser hohen Erwartungen zeigt sich bei den negativen Assoziationen: auch hier bewerten die Eltern das Eintreten ihrer Wirkungserwartung. Es überrascht deshalb nicht, dass sie verhältnismäßig mehr negative Assoziationen nennen als die Schüler. Die negativen Assoziationen bilden bei den Eltern den Gegenpol der positiven und weisen damit auf erfolgte wie auf enttäuschte Erwartungen hin (Bsp. Kreativität vs. Chaos; Lebensnahes Lernen vs. Fachliche Lücken; geborgene Beziehungen vs. Überforderung mit schwierigen Schülern; Flexibilität vs. Konservativismus oder Persönlichkeitsentwicklung vs. Gescheiterter Idealismus). Die Schüler wirken angesichts ihrer kaum bewussten Erwartungen weniger enttäuscht. Negative Assoziationen der Schüler beziehen sich in erster Linie auf die als vorurteilsgeprägt wahrgenommenen, negativen Statements anderer Jugendlicher und die damit verbundene Empfindung von Ausgrenzung bzw. Abwertung der eigenen Schule. Weiter scheint die Kehrseite der in den positiven Assoziationen beschriebenen Permissivität, nämlich das Fehlen von Leistungserwartungen und straffer Organisation einen Teil der Jugendlichen zu belasten.

Tab. 4.4 Affektiv eher positiv getönte Assoziationen

Cluster	Beispiele wörtlicher Nennungen
Besondere Atmosphäre	Immer gute Stimmung/Eine ausgewählte Umgebung mit atmosphärischer Stimmung/Nicht wie eine Familie, aber viel beschaulicher alles. Das ist viel mehr so, ‚das ist meine Schule' als wenn ich jetzt ins Gymnasium gehen würde. Immer wenn ich dahin gehe, dann habe ich das Gefühl, hier bin ich zu Hause. Ich fühle mich viel wohler, im Sport gehen wir immer in die Turnhalle des Gymnasiums und dann denke ich mir immer: ‚Hm, hier würde ich mich nicht wohl fühlen'. Das ist für Massen gebaut, alles aus so Waschbeton, trist. Ich glaube, das ist auf jeden Fall so, dass wir den schönsten Schulhof von allen haben, viele Bäume und die ganzen kleinen Häuschen dabei/Die bunten Häuschen, die Schulgebäude, der See
Gute Gemeinschaft	Klassengemeinschaft (3×)/Gemeinschaft (2×)/Wenig Streit in den Klassen/Ich war mal an anderen Schulen, einfach als Besuch bei Freunden mal für zwei Stunden... und wie die da miteinander umgegangen sind, natürlich sind wir auch nicht alle Freunde in der Klasse... Wir bewegen uns auf einer ganz anderen Ebene/Guten Kontakt mit den Lehrern und Schülern/Viel Liebe im Umgang mit den Kindern/Soziales System, soziales Netz/Freunde, Zusammenhalt/Die Gemeinschaft an sich ist einerseits angenehm/über Probleme reden zu können/Meine Freundinnen, mein Freund
Kreativität/Kunst	Kreativität/Kreativer Unterricht/Singen, Basteln/Sehr viel Ideen, sehr viel Handwerkliches/Bilder, Farben die dich umgeben/Musik/Kunst (4×), Theater/Viel Kunst/Entfaltung und Kreativität. Ich habe die Kunstfächer sehr genossen/Bunt/Musikalisches, Chor/Bunte Klassenzimmer/Musik, Chor und Orchester/Jeder Raum bestimmte Farbe für die Altersgruppe/Gelb, weil die Schule sehr gelb ist/Da werden Sachen gefördert wie Schauspiel und der künstlerische Bereich, auch Gartenbau und wie man mit dem Land umgeht ist wichtig
Herzliche Lehrer	Manchmal sind die Lehrer lustiger als im Gymnasium, sie haben einfach eine andere Einstellung/Es gibt Lehrer die extrem locker sind/Lehrer sympathisch/Tolle Lehrer, super Unterricht/Zusammenhalt zwischen Lehrern und Schülern ist viel privater, herzlich, freundlich, liebevoll/Sehr gute Lehrer/Wir haben eine sehr gute Schule mit super Lehrern
Klassengemeinschaft	Das ist ein kleiner Kreis wo jeder jeden kennt/Wenig Kinder, die aus Problemfamilien kommen, geringer Ausländeranteil, damit möchte ich jetzt nicht sagen, dass ich irgendwie 'ne rechte Einstellung hab, gar nicht/Anderes Verhältnis zwischen den Schülern: weil sie gemeinsam in eine Klasse gehen. Wir haben halt seit wir in die Schule gekommen sind, diese Klassengemeinschaft, die gleichen Erlebnisse/Große Klassen/Klein, wir haben sehr wenige Schüler finde ich, es ist keine große Schule
Gemeinsame Erfahrungen	Feste (2×), Monatsfeier, Kürbisfest (ein öffentliches Fest, wo Dinge verkauft werden und Dinge aus der Schule vorgestellt werden)/Klassenfahrten/Klassentheaterstücke/Unsere Klassenspiele

Tab. 4.4 (Fortsetzung)

Cluster	Beispiele wörtlicher Nennungen
Permissivität	Nicht so streng/Lockerheit/Chillen/Wenig Druck/Keine Noten finde ich super, dadurch hat man ja auch weniger Stress und das finde ich super
Erziehung zur Freiheit	Freie Arbeit/Freie Erziehung/Freie Lernstruktur/Selbständigkeit/Viel Freiheit/Freies Denken, kein starres System/Nicht so diszipliniertes Lernen wie auf anderen Schulen/Dass man frei in der Entscheidung wird und einen gewissen Bildungsstand erreicht
Naturverbundenheit	Wald,/Bäume, Garten, Blumen/Mit vielen Tierstoffen, Naturstoffen/Schulgarten/Bunte Bäume
Spaß	Spaß (2×)/Spaß am Lernen/Spaß haben
Stolz auf Lerninhalte	Wir lernen aber viel mehr als andere so in Deutsch und Geschichte ... auch andere Sachen

Tab. 4.5 Affektiv eher neutrale oder ambivalente Assoziationen

Cluster	Beispiele wörtlicher Nennungen
Eurythmie	Eurythmie (9×)/Eurythmie ist eigentlich ziemlich neutral... es stört mich nicht, aber es macht mir auch keinen riesigen Spaß, ich mach' es halt einfach mit
Handwerk	Holz arbeiten/Handwerkliche Unterrichtsfächer, wie Gartenbau, Schmieden, Fechten, Plastizieren/Selbstgebautes Bauemhaus/Der künstlerische, praktische Unterricht ist sehr ausgeprägt/Plastizieren, Kupfertreiben, Schmieden, Hausbau diese ganzen Sachen halt, handwerkliche Geschichten, die man da lernt./Werkunterricht, Holzwerken, Korb flechten/Gartenbau, Kupfertreiben/Spezifische Waldorfsachen wie Holzwerken und Handarbeit
Andersartigkeit	Einfach ganz anders, einfach ein bisschen freakig im Gegensatz zu den anderen Sachen/Alternativ/Lehrer, andere Einstellung, andere Mode/Anderes Verhältnis zwischen Lehrern und zwischen Schülern v. a. auch, Familie
Alternative Konzeption	Von der 1.–13. Klasse eine Schule/Besondere Lernmethoden/Kleine Kinder zusammen mit großen Kindern/Erziehung, Pädagogik/Epochenunterricht
Besondere Architektur	Architektur (2×)/Achteck, Vieleckig, keine Vierecken/Rundes Gebäude, andere Form/Abbene Ecken, also wenig rechte Winkel/Die Ecke/Schulgelände
Notenfreiheit	Keine Noten (2×)/Man kann nicht sitzen bleiben/Keine Noten bis zur 10, 11, 12
Lehrer	Führungskräfte/Lehrer/Klassenlehrer und Klassenleiter
Astronomie	Sternenkunde, Astronomie, Astronomiefahrten
Jahresarbeiten	Jahresarbeit/Jahresarbeit in der 11. Klasse

Tab. 4.6 Affektiv eher negativ getönte Assoziationen

Cluster	Beispiele wörtlicher Nennungen
Vorurteile	Ein bisschen komisch, quasi, für andere Leute wenn man sagt: ‚ich bin auf der Waldorfschule'/Ja, manchmal auch gehänselt werden von Staatschülern/wenn man sagt ‚Waldorfschule', kommt: ‚echt? Ist das überhaupt eine richtige Schule?'/ Viele Klischees/Ist so ein Klischee, bei Waldorfschulen, und ich werde dann auch immer danach gefragt, ob ich meinen Namen tanzen könnte/Naja, halt diese speziellen Fächer… Wenn ich meine Freunde treffe, die sagen, da macht ihr halt so komische Sachen, da wohnt ihr in so einem Bau aus Holz… Komisches Vorurteil, Unwissenheit/Man sagt immer, dass es eine Baumschule ist und es wird voll schlecht gemacht, und das finde ich voll schade, weil ich gehe auf eine Waldorfschule und Baumschule ist es gar nicht. Waldorf-Astoria war eine Zigarettenfabrik, hat was mit Zigaretten zu tun, aber nicht mit Bäumen. Oder man wird so als bemitleidenswert dargestellt
Cluster	Beispiele wörtlicher Nennungen
Disziplindefizite	Wenn man nicht frei lernen kann, dann sollte man auf eine andere Schule gehen, wo mehr Druck ist/Das hat auch den Nachteil, dass man sich schwer unterordnen kann/Gutes System von der Idee her, aber manchmal kommt die Disziplin zu kurz
Organisationsdefizite	Lehrerkollegium… ein bisschen unstrukturiert. Nicht ganz fähig den Verwaltungskram zu lösen, weil die Führungsfrage an Waldorfschulen nicht ganz gelöst ist
Schlechte Lehrer	Weniger gute Lehrer/Chaotische Lehrer/Und die Rolle des Klassenlehrers ist zu wichtig – gerade wenn er nicht gut ist
Heile Welt	Zu perfekte Welt, immer was Künstliches. Wenn sie es tun, dann ist es ein künstliches Lächeln, sie versuchen eine künstliche heile Welt zu schaffen. Wenn ich wen anlächle, dann kriege ich ein ganz kühles ‚hallo' zurück
Qualitätsunterschiede	Ich glaube, dass die Waldorfschulen da sehr differieren, das ist auch ihr Problem
Konflikte	Andererseits gibt es auch viele Konflikte

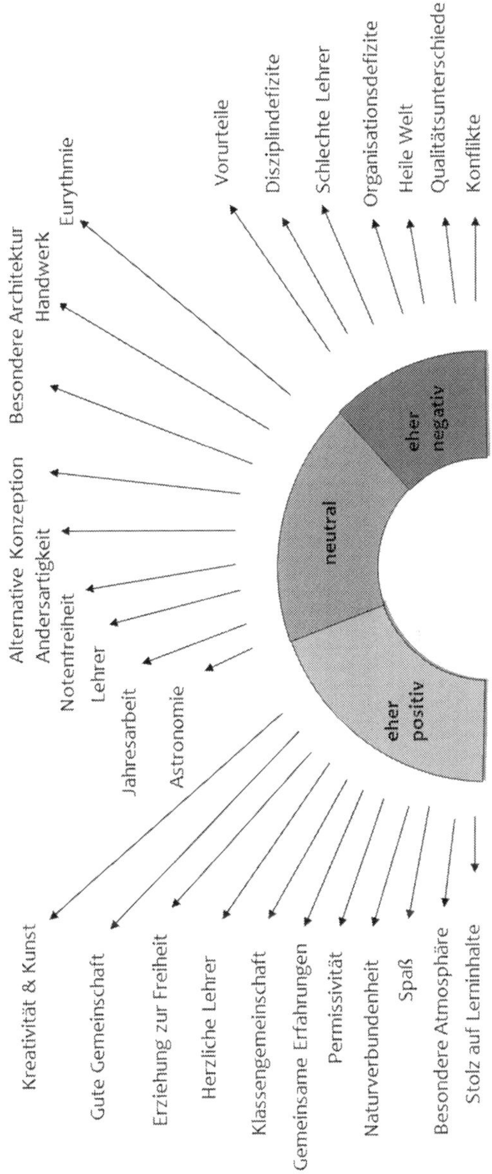

Abb. 4.16 Assoziationen der Schüler

5 Schulwahl und Schulwahrnehmung

Als Einstieg in die Interviews wurden die Schüler und Eltern nach ihren Motiven für die Schulwahl befragt. Über diesen Aspekt geben die Elterninterviews differenziertere Auskunft – die Schüler erinnern sich meist nur im Falle eines Quereinstiegs an eine bewusste eigene Schulentscheidung, weshalb die Aussagekraft der Einschätzungen eingeschränkt ist. In der Fragebogenerhebung entschied sich zwar der Großteil der Schülerinnen und Schüler für eine der vorgegebenen Antwortmöglichkeiten. Die Daten ergeben dabei jedoch deutliche Hinweise auf einen engen Zusammenhang zwischen dem aktuellen Befinden in der Schule und den rückblickend erinnerten bzw. angenommenen Schulwahlmotiven der Eltern, die z. B. zu Alters- und Zufriedenheitseffekten führen.

5.1 Schulwahlmotive aus Sicht der Schüler

In der Fragebogenerhebung gaben die Schülerinnen und Schüler als Hauptgründe[1] für die Schulwahl an, dass ihre Eltern für sie oder mit ihnen die Schule ausgewählt hätten, weil sie dachten, dass

1. dort mehr auf die Schüler eingegangen wird (57,9 %),
2. es dort mehr Kunst und Musik gibt (38,1 %),
3. die Schüler nicht nach ihren Leistungen sortiert werden (36,6 %)
4. es wenig Leistungsdruck gibt (31,8 %)
5. es dort mehr Freiheit gibt (29,1 %).

„Wenig Leistungsdruck" wird von den älteren Schülern etwas seltener angegeben, was mit dem zunehmenden Leistungsdruck in der Oberstufe in Zusammenhang

[1] Mehrfachnennungen waren möglich.

S. Liebenwein et al., *Bildungserfahrungen an Waldorfschulen*,
DOI 10.1007/978-3-531-19090-7_5,

© VS Verlag für Sozialwissenschaften | Springer Fachmedien Wiesbaden 2012

stehen könnte (33,9 % 8.–10. Klasse vs. 29,3 % 11.–13. Klasse) und somit als Hinweis auf den Einfluss des aktuellen Befindens auf die Erinnerung gelesen werden kann.

Für die Quereinsteiger ist der Grund „dass ich selbst schlechte Erfahrungen an einer Regelschule gemacht habe" (45,5 %) nach dem Eingehen auf die Schüler (50,4 %) der zweitwichtigste. Weiter erwies sich die von uns eingeführte Unterscheidung in „eher innovative" und „eher traditionell" orientierte Waldorfschulen[2] auch in diesem Punkt als griffig. Jedenfalls nimmt die Bedeutung des Schulwahlmotivs „dass es mehr Freiheiten gibt" erwartungsgemäß zu, wenn die Schule als „eher innovativ" eingestuft wurde (25,8 % vs. 33,4 %), während für die „eher traditionellen" Schulen das Motiv, dass es dort mehr Kunst und Musik gibt (40,9 % vs. 34,5 %) eine größere Rolle zu spielen scheint. Auch bestehen Zusammenhänge zwischen der Zufriedenheit der Schüler und deren rückblickender Einschätzung der Schulwahlmotive: den drei wichtigsten Motiven wird von den zufriedenen Schülern häufiger zugestimmt, während das Motiv „dass es dort weniger Leistungsdruck" gibt, von den unzufriedenen etwas stärker erinnert wird. Interpretationshinweise ergeben sich aus den qualitativen Interviews, in denen von eher unzufriedenen Waldorfschülern häufig der zu geringe Leistungsdruck und die damit verbundene negative Selbsteinschätzung in Bezug auf die Vorbereitung z. B. auf staatliche Abschlussprüfungen bemängelt wird (z. B. S♀12f).

Dass Schulwahlentscheidungen in der Mehrzahl der Fälle von Eltern und Kindern gemeinsam getroffen werden, ist übrigens auch das Ergebnis einer Inhaltsanalyse von ca. 1.400 Elternfragebögen aus dem Raum Heidelberg/Mannheim, wo in Bezug auf die Frage, wer die Entscheidung für die weiterführende Schule trifft bzw. treffen wird, etwa 90 % der Eltern angeben, „die Entscheidung würde von Eltern und Kind gemeinsam getroffen, während etwa 6 % der Eltern die Entscheidung allein treffen und etwa 4 % die Entscheidung dem Kind überlassen" (Clausen 2006, S. 79).

[2] Ausschlaggebend für diese Einstufung waren folgende von einem Vertreter der Schule eingeschätzte Items: 1) „Insgesamt hält unsere Schule an Traditionen fest" (Zustimmung à traditionell); 2) „neue Medien werden regelmäßig in die Unterrichtsgestaltung einbezogen" (Zustimmung à innovativ); 3) „unsere Schule verfügt über ein Mittel- oder Oberstufenkonzept" (Zustimmung à innovativ) und 4) „unsere Schule verfügt über eine verkürzte Klassenlehrerzeit" (Zustimmung à innovativ).

5.2 Die Erwartung ganzheitlicher Erziehung – Schulwahlmotive aus Elternsicht

Einige Eltern sind durch einen eher zufällig wohnortnahen Waldorfkindergarten (E♀9a) oder einen anthroposophisch orientierten Arzt, Freund, Verwandten oder Kollegen auf die Waldorfpädagogik aufmerksam geworden und haben sich nach einem ersten Auseinandersetzungsprozess dafür entschieden, ihr Kind an einer Waldorfschule einzuschulen. Teils fand diese Begegnung schon in der Kindheit statt: ein kleiner Teil der Eltern hat selbst eine Waldorfschule besucht oder unterrichtet dort. Mehrere Eltern berichten über eigene negative Erfahrungen mit dem Regelschulsystem; sie haben deshalb schon frühzeitig nach alternativen Ansätzen Ausschau gehalten („bei dem, was wir durchgemacht haben, war klar, dass wir das unseren Kindern nicht antun wollen" E♀9e). Ausschlaggebend war in diesen Fällen häufig der erste Eindruck der Eltern von der jeweiligen Reform- oder Alternativschule, die Nähe zum Wohnort oder die Möglichkeit, für das Kind dort einen Platz zu bekommen (z. B. E♀9f). Einige Eltern berichten von besonderen Kindern, die aufgrund einer „schwierigen Biografie" (E♀9a), durch Aufmerksamkeitsdefizite, Konzentrationsschwierigkeiten, hohe Sensibilität oder Schüchternheit den Eindruck vermittelten, an einer Regelschule „unterzugehen", ausgegrenzt zu werden oder andere Schwierigkeiten zu bekommen: „dass er an einer normalen Schule… ein Junge, der kein Fußball spielt, der in der Früh ein paar Bilder malt, dass der nie Freunde finden würde, gerade hier in Kreuzberg" (E♂9b). Im Gespräch über die Schulwahlmotive wurde zum Teil auch Bezug genommen auf ältere Geschwister (z. B. S♀12a) – im häufigsten Fall besuchten alle Geschwister die gleiche Schule. Ein Teil der Kinder sind Quereinsteiger, die oftmals aufgrund von eigenen negativen Erfahrungen an der Regelschule oder negativen Erfahrungen eines Geschwisterkindes auf eine Waldorfschule wechselten (z. B. S♂13).

Mit der Schulentscheidung, gleich aus welchem Anlass, war eine Reihe von *Hoffnungen und Wünschen* verbunden: Die meisten Eltern sehen den Verzicht auf Noten und das Nicht-Sitzenbleiben in den ersten Schuljahren als sehr förderlich für den Erhalt der kindlichen Lernfreude und das schulbezogene Selbstkonzept der Kinder an: „ich denke Selektion ist nicht sehr lernförderlich" (E♀9f). Einige Eltern betonen den Inselcharakter der Waldorfschulen, da so die Kindheit als geschützter Lebensphase ermöglicht werde: „Kind sein dürfen über eine lange Zeit" (E♂9b). Der geringe Leistungsdruck und die starke künstlerische Orientierung werden teilweise als „Freiraum" (E♀12e) betrachtet, in dem die Kinder sich „viel freier entwickeln" (S♀12d) könnten. Gleichwohl erwarten die Eltern im Schulalltag Struktur und Geborgenheit. Viele Eltern erhoffen sich, dass trotz der großen Klassen ein engeres Lehrer-Schüler-Verhältnis besteht, es „sozialer zugeht" (E♂12c), die Lernerfahrung ganzheitlich ist und ihre Kinder vor einem spirituellen Hintergrund „in ihrer Persönlichkeit gesehen und individuell gefördert“ (E♀13/11) werden:

> Es ist wie bei der Homöopathie, es wird ein bisschen tiefer beobachtet, als in einer ganz normalen Schule, wo nur die Leistung zählt. (E♂9a)

> Wir hatten immer das Gefühl, das ist nicht komplett und in der Waldorfschule ist die Erziehung kompletter, vollständiger, tiefer. (E♂12b)

> Ich wollte eine freundliche Lernumgebung, eine Lernumgebung, die eine geistige Welt für real hält. (E♀9f)

Der Großteil der Eltern erwartete zu Beginn neben der sozialen und emotionalen Entwicklungsförderung die kognitive Förderung der Kinder. Die Ambitionen der Eltern umfassten meist den Wunsch, dass den Kindern ein anerkannter staatlicher Abschluss, vorzugsweise das Abitur, ermöglicht werde. Nur wenige haben sich schon vor Schuleintritt ihrer Kinder explizit von derartigen Zielvorgaben gelöst (z. B. „mir war es auch nicht unbedingt wichtig, dass mein Kind Abitur macht, sondern ein zufriedener oder ausgeglichener Mensch wird“, E♂9c).

Neben diesen Hoffnungen bestanden auch eigene *Befürchtungen und Unsicherheiten* die Schulwahl betreffend, die häufig durch starke Vorbehalte aus dem weiteren familiären Umfeld der Eltern verstärkt wurden: „Sektenzusammenhänge“ (E♀9f), „Vorurteile, dass die Kinder nicht Lesen und Schreiben lernen“ (E♂9c) etc. Viele Eltern problematisieren das Unkonventionelle des Waldorfschulbesuchs: „Wir haben es uns nicht leicht gemacht, weil uns klar war, dass wir ihm damit einen nicht der Norm entsprechenden Lebensweg aufzwingen“ (E♂12c). Auch bestehen Befürchtungen, dass staatliche Abschlussprüfungen nicht erreicht werden oder die Kinder sich unwohl fühlen könnten und dass dann der Weg zurück an eine Regelschule kaum mehr möglich sei.

In der Ehemaligenstudie (Barz und Randoll 2007) wurden von den Absolventen vergleichbare Motive für die Schulwahl ihrer Eltern am häufigsten erinnert:

- Die besondere Pädagogik mit anderen Schwerpunkten (46,3 %)
- Unzufriedenheit mit der staatlichen Regelschule (19,3 %)
- Anthroposophischer Hintergrund (11,3 %)

In einer speziell auf Quereinsteiger im Grundschulalter fokussierten Studie hatte Keller (2008) 478 Eltern an 57 Waldorfschulen näher befragt. Als Gründe[3] für den Schulwechsel wurden in der Studie von Keller genannt:

[3] Mehrfachantworten waren möglich.

- Wunsch nach ganzheitlichem Lernen (59 %)
- Zu hoher Leistungsdruck in der Grundschule (58 %)
- Leistungsüberforderung (53 %)
- Schulangst (37 %)
- Unruhe und/oder Konzentrationsstörungen des Kindes (34 %)
- Unzufriedenheit mit der Schullaufbahnempfehlung (13 %).

Insofern scheint die an den Waldorfschulen praktizierte Pädagogik das dominante elterliche Schulwahlmotiv zu sein. Konkret bezieht sich dies auf die musisch-künstlerische Orientierung dieser Schulen, das Fehlen von Leistungsselektion, auf die Erwartung eines vergleichsweise geringeren Leistungsdrucks sowie einer individuellen Förderung des Kindes unter Berücksichtigung seiner Fähigkeiten und Fertigkeiten.

Übrigens: Kellers (2008) Studie zufolge haben sich für fast alle Eltern die mit dem Wechsel des Kindes an eine Waldorfschule verbundenen Erwartungen ganz (80 %) oder teilweise (14 %) erfüllt.[4]

5.3 Die Schulwahlentscheidung wird im Rückblick bestätigt

19 der 26 in den qualitativen Interviews befragten Elternteile würden, hätten sie auf Basis ihrer heutigen Erfahrung nochmals zu entscheiden, die Schulwahl wieder genauso treffen. Dies begründen sie mit der ganzheitlichen, explizit nur bedingt auf kognitive Inhalte ausgerichteten Förderung:

> Weil sie da Eigenschaften entwickeln, die für das spätere Leben ganz wichtig sind, erstens lernen sie was, in manchen Bereichen könnten sie mehr lernen, aber sie entwickeln halt Dinge wie Spaß am Lernen, Neugierde, Kreativität, Teamfähigkeit, soziale Kompetenzen, ja, würde ich auf jeden Fall wieder. (E♀9b)

> Ich glaub', dass die Kinder viele Kompetenzen lernen, die sie auf einer anderen Schule schwieriger lernen. Und dass, zumindest in der Unterstufe, das ganze Lernumfeld ihnen mehr gerecht wird. Dass Kinder, die in den kognitiven Feldern nicht so glänzen können, dort das entwickeln können, wo sie glänzen können. Und dass sie auch das Erlebnis haben, dass sie irgend wo total gut sind, von allen dafür bewundert werden. Und das ist eben in der normalen Schule nicht so, weil diese Bereiche meist außerhalb der Schulfächer liegen. (E♀9g)

[4] Die vorliegende Studie mit ihrem Schwerpunkt auf der Schulwahrnehmung durch die Schülerinnen und Schüler enthält keine quantitative Elternbefragung, so dass kein entsprechender Befund vorliegt.

Gleichzeitig betonen einige Eltern, dass sie einem Wechsel weg von der Waldorfschule in der Oberstufe rückblickend eher zustimmen würden:

> Ja...aber wenn Kinder im weiteren Schulalter den Wunsch äußern würden, die Schule zu verlassen, würde ich dem offen gegenüber stehen. (E♀9g)

Aspekte, die an dieser Stelle erwähnt werden sind, dass es

> finanziell angespannt und momentan hart ist, da die Schule monatlich 380 EUR pro Kind kostet. Darum sind wir letztes Jahr nicht in Urlaub gefahren und haben keine teuren Hobbies. (E♀12d)

Für 3 der 26 in den Interviews befragten Elternteile sprechen ihre bisherigen Erfahrungen dagegen, sich noch einmal für eine Waldorfschule zu entscheiden. Die Gründe dafür sind unterschiedlich. Beispiele sind konkrete Mobbingerfahrungen des Kindes oder die ausgeprägte Unzufriedenheit mit der aus Sicht des Elternteils mangelnden Stoffvermittlung auf kognitiver Ebene.

Weitere vier Elternteile sind unsicher und würden ihre Kinder jedenfalls nicht mehr auf die Waldorfschule geben, auf der diese gerade sind. Die Bedenken berühren negative Erfahrungen, die die Gesprächspartner an „ihren" Waldorfschulen gemacht haben und die sie zu mehr Vorsicht veranlassen bzw. zu dem rückblickenden Wunsch, früher und entschiedener auf die eigene Intuition und das kindliche Unwohlsein gehört zu haben:

> Ich würde mir diese Schule aber ganz genau anschauen [...] Ich würde mein Kind heraus nehmen, wenn es in der Klasse eine schwierige Rolle einnimmt. (E♀13/11)

> Ich würde sehr genau schauen, welche Lehrer, und wie mein Kind damit umgeht. Da würde ich sicher schneller reagieren, als wir das mit unserem Sohn gemacht haben [...] Und sicher dann auch eher auf mein intuitives Gefühl, also als Eltern, verlassen [...] Und dann einfach auch zu sagen, ‚ja, es ist nicht passend', also dann auch dazu zu stehen, zu sagen, ‚das tut ihm nicht gut.' (E♀9c)

5.4 Hohe Identifikation mit der eigenen Schule

In verschiedenen Studien wurde belegt, dass sich Waldorfschüler in der Regel sehr gut mit ihrer Schule identifizieren (z. B. Randoll 1999; Barz und Randoll 2007; Randoll 2010). Auch in der vorliegenden Untersuchung gibt ein Großteil der Schüler an, ihre Schule für eine gute Schule zu halten, nur ungern auf eine andere Schule wechseln zu wollen und sogar ihre eigenen Kinder später auf eine Waldorfschule geben zu wollen (vgl. Abb. 5.1).

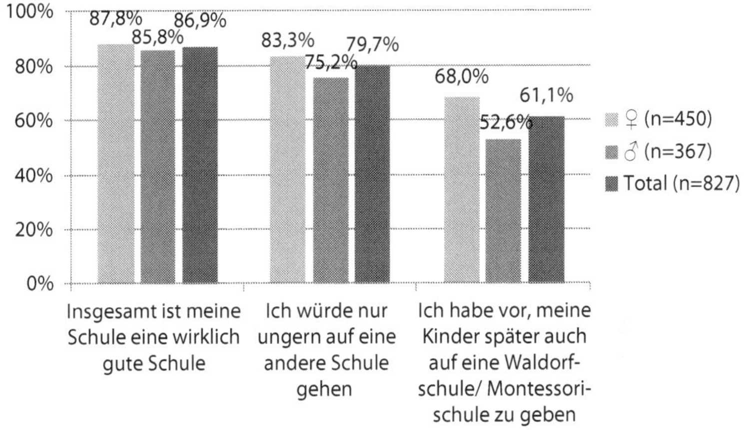

Abb. 5.1 Schulbeurteilung nach Geschlecht (Antwortmöglichkeiten „trifft ganz genau zu" und „trifft eher zu")

Während die Beurteilung der Schule als gute Schule bzw. die Zustimmung zum Wunsch nach dem Verbleib auf der Waldorfschule weder signifikant zwischen Geschlechts- noch zwischen Altersgruppen differenzieren, bestehen alters- und geschlechtsabhängige Unterschiede hinsichtlich der Vorstellung, die eigenen Kinder später auf eine Waldorfschule zu geben (9.–10.: 58,5 % versus 11.–13.: 64,1 %). Dass mit zunehmendem Alter die Auseinandersetzung mit einer möglichen Familiengründung ansteigt, liegt nahe. Eben dieser Erklärungsansatz kann auch für die geschlechtsspezifischen Differenzen herangezogen werden: Mädchen setzen sich biografisch gesehen deutlich früher und intensiver mit der späteren Familiengründung auseinander – dies ist nicht erst für das Jugend- sondern bereits für das Kindesalter zu konstatieren (vgl. Rendtorff 2006). Die Beurteilung der Waldorfschule ist eng verknüpft mit weiteren Aspekten schulischen Lernens, der Selbsteinschätzung zur Über- oder Unterforderung sowie der Erfahrung von Schulproblemen. Diese Zusammenhänge werden in den jeweiligen Einzelkapiteln aufgegriffen.

5.5 Waldorfschulen werden als deutlich einladender erlebt

Drei weitere der in diesem Zusammenhang an die Waldorfschüler gestellten Fragen wurden aus dem Erhebungsbogen des DIPF-SEL-Projektes „Schulentwicklung, Qualitätssicherung und Lehrerarbeit" (Gerecht 2007) entnommen, so dass

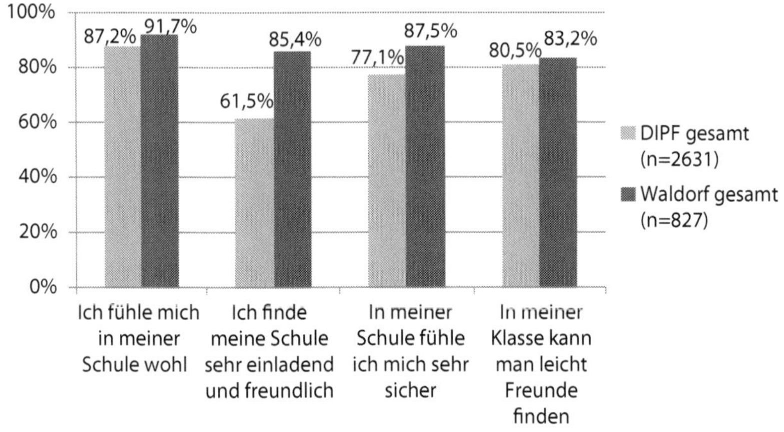

Abb. 5.2 Schulbeurteilung Vergleich DIPF vs. Waldorf (Antwortmöglichkeiten „trifft ganz genau zu" & „trifft eher zu")

ein Vergleich zwischen der hier befragten Waldorfstichprobe mit Schülern aus hessischen Gesamtschulen möglich ist. Möglicherweise auch aufgrund der starken Betonung einer ansprechenden architektonischen und farblichen Gestaltung an Waldorfschulen empfinden deutlich mehr Waldorf- als Gesamtschüler ihre Schule als einladend und freundlich. In beiden Stichproben gibt die Mehrzahl an, sich an ihrer Schule sicher zu fühlen und in der Klasse leicht Freundschaften schließen zu können. Dabei ergibt sich allerdings ein signifikanter Mittelwertunterschied: mehr Waldorf- als Gesamtschüler fühlen sich in ihrer Schule sicher und geben an, in der Klasse leicht Freunde finden zu können (vgl. Abb. 5.2).

Wie auch in der Fragebogenerhebung, in der 85,4 %[5] der Schüler ihre Schule als „sehr einladend und freundlich" erleben, äußern die Befragten sich in den Interviews fast einmütig sehr positiv über die schulische Umgebung, die als liebevoll gestaltet, Geborgenheit bietend und ästhetisch ansprechend beschrieben wird. Beispiele aus den Elterngesprächen:

> von der Gestaltung her so liebevoll gemacht. Blumen, freundlich, hell, kein Plastik, es ist Holz […] Die Räume sind wie im Wohnzimmer zuhause. (E♀12a)

> bunteste Schule, weil die Gebäude viele Farben haben, das weit gestreckte Gebäude, Photovoltaik-Anlage positiv, ansprechende Gebäude ist sehr positiv. (E♀12b)

[5] Kumulierter Wert „trifft ganz genau zu" und „trifft eher zu".

> sehr warm, eher heiter, mit ganz viel Atmosphäre, helle, familiäre Atmosphäre, sehr aktiv. (E♀9b)

> einerseits offen, also mit dem Hof, der sich zum Eingang hin bewegt. Und innen dann eher verzweigt. Es ist tatsächlich so, dass ich anfangs so ein bisschen, ‚oh, jetzt gibt es da nochmal ein Treppenhaus, und nochmal eins, sehr verzweigt'. Dann geht es mal hier hoch, mal da hoch. Nicht unbedingt auf den ersten Blick erkennbar, weil es eben nicht symmetrisch ist. Ich finde es angenehm. Man hat immer wieder was Neues zu sehen [...] Die neuen Räume, sind sehr hell, das mag ich normalerweise schon, die bieten aber nicht so, finde ich, wie die alten Räume, diesen Schutzraum. Bei den alten Räumen hatte ich mehr den Eindruck, dass darauf geachtet wurde, dass es eine geschlossene Hülle gibt, die die Kinder und Gruppe umfängt. Die neuen Räume sind eher hell, nach außen geöffnet. (E♀9f)

> Weitläufig, immer zu klein, schöne Gänge, gutes Licht, hell, und die Gartenstruktur find' ich unglaublich schön, die Form, die er hat, was sich unser Gartenbaulehrer überlegt hat, diese Steine und diese Pflanzen immer wieder zwischendurch, das find' ich sehr schön. (E♂9d)

Die Schüler fühlen sich meist wohl in ihren Schulen, betonen aber weniger als die Eltern die ästhetische Schönheit ihrer Schulen – sie beschreiben eher die Umgebung:

> Waldorfschulen erkennt man immer sehr schnell von außen. Einmal an der Farbe. Die normalen Schulen sind ja meistens wie ein Quader oder ein Rechteck, immer eckig und einfarbig. Und die Waldorfschule ist halt meistens in hellen Farben, gelb, rot und hat ganz viele Ecken. (S♂9d)

> fröhlich und freundlich. (S♀10a)

> bunt, Fenster nicht rechteckig, abgestuft, Klassenordnung hierarchisch geordnet, 12. Klasse ganz oben und die erste Klasse ist ganz unten, Pausenhof nicht so wahnsinnig natürlich, ist nicht der tolle Pausenhof für Kinder, ist nicht so viel Platz, ist gepflastert, hat zwei Teile, einer näher an der Schule dran, da ist nichts, nur Bäume, der hintere Teil hat ein Spielgerüst und einen Platz für Fußball und Basketball, dann gibt es noch den Erstklässler-Pausenhof, da dürfen nur die Erstklässler rein mit Sandkasten. (S♀12h)

Auch jüngere Waldorfschulen, die noch nicht in einem eigens errichteten, anthroposophisch inspirierten Schulgebäude beheimatet sind, werden positiv beurteilt:

> Was ich gut find' ist, dass wir diese große Apfelplantage haben. Naja, wir haben halt dieses ‚blaue Wunder', das besteht halt nur aus Containern. Das ist halt nicht so schön anzusehen, aber gehört halt irgendwie dazu zur Schule. Und das ist halt so ein altes Telekom Gelände oder so, da stehen noch die alten Bürohäuser, die jetzt als Klassen umfunktioniert wurden. Und eigentlich ganz normale Unterrichtsräume. Wir haben halt nur einen anderen Hintergrund. (S♂9g)

Einzelne Schüler äußern, anders als die Eltern, Kritisches zur Architektur – wobei nicht klar zu entscheiden ist, wie viel davon der jugendlichen Lust an der Provokation oder einem altersspezifischen Abgrenzungsbedürfnis geschuldet ist:

> Find' ich gar nicht gut. Diese Schrift da, diese Waldorf-Schrift. Diese kantige. Dieses ganze kantige Zeug, das ist so Fünfeck und so. Ich find's überhaupt nicht gut. Ich hätte lieber so einen kahlen Bau. So ein viereckiger Kasten. Das wär schon, fänd' ich schöner als diese Waldorf-Getue da. (S♂9f)

> Paradiesisch, wunderschön, ein Blumenmeer im Frühling überall... Vom Aussehen ist es ein absoluter Traum. Vom inneren dunkel, düster, heimlichtuerisch, einfach düster von der Seele her. Die haben immer alles verschwiegen, auch wenn ich nachgefragt habe. (S♀12f)

5.6 „... nicht die ganze Zeit nur lernen und denken ..."

Einen alternativen Zugang, um Unterschiede zwischen Regelschulen und Waldorfschulen zu eruieren, wählten wir in den Interviews, in denen Eltern und Schüler direkt auf die aus ihrer Sicht bestehenden Unterschiede zu Regelschulen angesprochen wurden.

Auf die Frage nach Unterschieden zu Regelschulen benennen die Interviewpartner hauptsächlich die stärkere Kindorientierung der Waldorfschulen und damit verbundene Vorteile wie Zeit zur Persönlichkeitsbildung, Lernfreude und -motivation, Einbeziehung der Eltern und die Möglichkeit der Kinder, Lerninhalte als für sich relevant zu erleben.

> Hier gibt es einen weitaus intensiveren Lehrer-Schüler-Kontakt [...] Sie sind wirklich freundschaftlich, was den Umgang miteinander angeht, auch wenn sie sich nicht mögen. Die kämpfen wirklich mit und gegeneinander um eine Entwicklung des Kindes zu ermöglichen, das gibt es an der Regelschule wahrscheinlich so nicht. (E♀12d)

> Dass man mit den Lehrern einen engen Kontakt hat, das hat auch Nachteile, sie wissen, was du machst, aber auch Vorteile, dass du geborgen bist [...] Dass unsere Schule im Wald steht, dass das Lehrer-Schüler-Verhältnis sehr gut ist, dass die Lehrer sehr motiviert sind. (S♂12e)

> Dass sich die Waldorfschule mehr kümmert um die Kinder und nie die Persönlichkeit des Kindes in Frage gestellt wird, sondern es geht immer darum, wo steht mein Kind jetzt. Ich sag' mal, wenn es Probleme gibt, einer quatscht im Unterricht immer dazwischen oder macht die Hausaufgaben nicht und es gibt ein Gespräch in der Schule [...]. Es ist nie das Thema ‚mein Kind ist schlecht', sondern: ‚Da und da müssen wir hingucken, da brauchst Du eine Hilfestellung'. Das finde ich, ist der ganz entscheidende

Unterschied: ‚Mit welcher inneren Einstellung begegne ich den Kindern?‘ [...] Das kriegen auch die Kinder mit, dass ihre Handlungen bewertet werden und nicht sie als Person. (E♀9b)

Bei einem Problemkind, wie wir es haben, wurde uns von der Staatsschule die Verantwortung zugeschoben, das Kind soll sein Verhalten ändern und wir sind dafür verantwortlich. An der Waldorfschule, das war eine große Umstellung für uns, haben wir um das Gespräch gebeten, die Lehrkräfte waren ganz erstaunt, dass wir wissen wollten, wie unsere Tochter in der Schule zurechtkommt. Sie haben die Problemstellungen aufgefangen, z. B. das Hausaufgabenproblem. Wenn das Kind Probleme hätte mit den Hausaufgaben, dann würden sie das mit dem Kind klären. Oder bei der 8. Klasse, wenn es um die Zielsetzung geht, wie geht es weiter, haben sie ganz klar das Kind gefragt: ‚Was möchtest du und wie kann die Schule dich dabei unterstützen?‘ Also nicht, ‚Wie können deine Eltern dich dahin tragen?‘ (E♀9d)

Schüler und Eltern sind sich einig, dass an ihren Schulen weniger Leistungsdruck herrscht als an Regelschulen, auch hat dieser Leistungsdruck ihrer Ansicht nach erst später in der Schullaufbahn eingesetzt. Die Schüler fühlen sich eher auf Basis der individuellen als der sozialen bzw. kriterialen Bezugsnorm bewertet.

Auf der Waldorfschule darf jedes Kind sich seine Zeit nehmen. Meine Tochter konnte bis zur 2. Klasse nicht lesen. [...] Sie wurde aber nicht unter Druck gesetzt und hat somit auch kein Problembewusstsein hierfür entwickelt. Sie wurde dann zu einer guten Schülerin und liest jetzt sehr viel. (E♀13/11)

Ja wenn ich das eben beim Hockey anschaue, dann der Unterschied ist halt schon. Wenn die anderen sagen: ‚Okay, jetzt kann ich nicht zum Hockey gehen, weil ich muss jetzt lernen. Wir haben jetzt eine Arbeit. Wenn ich die verhau‘ dann fliege ich vielleicht durch, oder so.‘ Das ist halt bei mir überhaupt nicht so. Obwohl ich auf genau das gleiche hinaus muss. Ich kann halt das alles langsamer angehen, und so. (S♂9f)

Dieser Stress kommt erst die letzten Jahre. Leistungsdruck kommt jetzt [...] Da gibt es eine große Bandbreite, weil ja die Leute auch vorher nicht aussortiert werden. Außer es gibt in der 10./11. die Möglichkeit in die Mittlere Reife-Richtung zu gehen. Es ist interessant, dass wir total viele verschiedene Begabungen in einer Klasse vereint haben. Die einen waren eher praktisch begabt und hätten auf der Regelschule Probleme gehabt, aufs Gymnasium zu kommen, die anderen waren schon immer gut und bei manchen hat sich das alles bisschen später entwickelt. Die waren Nieten und haben sich entwickelt und sind jetzt richtig gute Schüler. (S♂13)

Ja, dass wir den Druck nicht so haben. Die anderen schreiben riesige Klausuren, wir schreiben zwar auch ab und zu eine Klausur, aber es ist nicht so schlimm, wenn die nicht so toll ist, oder so was. Wir können nicht sitzen bleiben. Und wenn man mal schlechter ist, wird man eher gefördert als dass man dann gesagt kriegt: ‚Du bist schlecht, du bleibst sitzen.‘ [...] Ich habe die Erfahrung gemacht bei mir, es wird nicht

> geguckt, ob du die volle Punktzahl hast, sondern inwiefern du dich angestrengt hast. Wenn man gut lernt, und sich immer überhaupt nicht anstrengt und trotzdem volle Punktzahl hat, und jemand hat nur die Hälfte und hat total viel gelernt, dann wird der eigentlich besser bewertet. (S♀9e)

Schüler rekurrieren bei der Frage nach Unterschieden zu Regelschulen stärker als die Eltern auf die praktische Umsetzung. Häufig wird als Unterschied zu Regelschulen der Epochenunterricht genannt bzw. verschiedene künstlerische oder praktische Fächer:

> Ich find' die Besonderheit, dass man halt viel kreativer arbeiten kann, in allen Fächern. Und die Besonderheiten sind halt in solchen Unterrichten wie Werken, also mit Holz umgehen, mit Ton, Zeichnen, richtig ausgeprägt. Unsere Schule ist ja auch sehr kunstorientiert. (S♂9g)

> Dass es nicht so viel Frontalunterricht ist, auch Entlastungen gibt wie jetzt künstlerischen Unterricht, nicht die ganze Zeit nur lernen und denken, dass man auch kreative Fähigkeiten rausholen will. (S♂9h)

In der Beschreibung der Besonderheiten der Waldorfschule werden die Regelschulen oft von den Eltern (weniger von den Schülern) als Gegenkonzept zum kindorientierten Lernen bewertet, das beim Kind mehr Schaden als Positives bewirke:

> In der Regelschule geht es nicht um Begreifen, sondern um Hineinschütten von Wissen. Es wird ihnen Wissen aufgedrängt. Sie lernen nicht das selbständige Denken. Ich glaube auch, dass die modernen Krankheiten wie ADS und ADHS viel daher rühren, dass die Kinder einfach so überschüttet werden. (E♀12a)

> Am Gymnasium ist das Ziel, die Wertigkeit dort, dass man die Schüler auf ihren Platz verweist, und ihnen zeigt, dass sie dort [am Gymnasium] nichts zu suchen haben. Und das ist eine Form von Selektion, die ich absolut ablehne, die ich sehr unangenehm finde und auch nicht sehr förderlich, den Menschen gegenüber. Und das finde ich an der Waldorfschule nicht, im Gegenteil [...] Viele Regelschulen sind darauf aus, den Schüler für die Gesellschaft tauglich zu machen, und vor allem auch für die Wirtschaft tauglich zu machen. Und auch das wäre nicht mein Ziel. Ich denke, der Mensch sollte der Mensch werden können, der er ist. (E♀9f)

> Etwas, was sie überhaupt nicht mehr leistet, das ist die Vermittlung von breitem Wissen, in allen Lebensbereichen, das erfüllt die Staatsschule überhaupt nicht, und, weil die Schule eine so hohe Bedeutung im Leben hat, dass mehr getan wird für die Persönlichkeitsentwicklung [...] Persönlichkeitsentwicklung fördert die Waldorfschule, Allgemeinbildung nein [...] auch die seelischen Angelegenheiten, sozial ist auch eine seelische Angelegenheit, und dass durchaus das reine Intellektuelle, diese reine Wissensvermittlung, da ruhig zu Gunsten dieses anderen Gebietes eingeschränkt werden könnte. (E♀9e)

> Prinzipiell, dass der Mensch als Wesen im weiteren Sinne nicht anerkannt wird. Es ist viel zu viel Streben danach, uniformiertes Wissen an möglichst zu uniformierenden Menschen zu vermitteln. (E♂9a)

5.7 „Sie sagen selber, sie lernen nichts" und andere kritische Aspekte

Hinsichtlich der Unterschiede zu Regelschulen gehen die Eltern und teilweise auch Schüler in der freien Exploration auch auf Aspekte ein, die sie an Waldorfschulen negativ beurteilen. Ein öfter genannter Aspekt ist die aus Sicht einiger Eltern zu kurz kommende Wissensvermittlung an Waldorfschulen im Vergleich zu Regelschulen:

> Mit der Bildung ist das so eine Sache. Je weiter man dann kommt in dem Schulprozess, je älter die Kinder werden, umso eher hab ich das eigentlich kritisch gesehen. Das hängt sehr stark an den Lehrern, manche machen das super-gut, da lernen die auch richtig was und sind angeblich auch vergleichbar mit gleichaltrigen Gymnasiasten oder Realschülern, aber bei manchen Lehrern seh' ich das eben nicht. Ich krieg das nur durch die Kinder mit, aber was ich da mitkriege ist absolut chaotisch, und sie sagen selber, sie lernen nichts und sie wissen nicht, wie sie damit durchs Abitur kommen sollen. Es ist wohl tatsächlich so, dass die 12. Klässler oder die 13., die sich aufs Abitur vorbereiten, reihenweise zur Nachhilfe gehen und dafür noch mal Geld bezahlen. Und das find' ich, das geht überhaupt nicht. Die Schule ist so teuer genug, und ich kann da nicht Leute noch bezahlen, damit sie meinen Kindern das beibringen, was sie hätten in der Schule lernen sollen. (E♀9g)

Vereinzelt wird auch ein gewisser Dogmatismus bzw. Konservativismus kritisiert:

> Dann kann ich auch kritisieren, zu Frauen und Männern. Männer müssen zur Arbeit und Frauen haben die Schürze um, und sonst wie. Da kann man schon graue Haare manchmal bekommen [...] Man lebt sehr stark in Märchen, in Legenden, in der Bibel, also so. Und die nordischen Göttersagen. Also man sieht sehr ‚wo kommen wir her, was gehört zu uns in diesen Strömungen'. Man lebt sehr, auch diese ägyptischen Sachen, griechischen Sachen. Da werden die Kinder lange, leben die da drin [...] Man möchte den Kindern wenig sagen, wie belastend soziales Leben ist, sondern man will ihnen noch möglichst lange, so einen guten Nährboden geben, dass die Welt gut ist, und das man sich freut, dass sie auf der Welt sind [...] Die Gefühlsebene soll gestärkt werden im Gegensatz zu Regelschulen, wo mehr der Intellekt angesprochen wird [...]. Überhaupt noch nicht Rechtschreiben, keinen einzigen Satz, den er geschrieben hat, konnte man lesen oder verstehen, noch sonst was. Und das ist dann zum Beispiel eine Schwäche. [...] Dass in der Klasse mit 40 Schülern, die Hälfte, einfach Stress macht [...]. (E♀9c)

Einen weiteren Aspekt, nämlich die wenig aktivierende Lernmethodik im Hauptunterricht, kritisiert ein Schüler, der sich in seiner Jahresarbeit intensiv mit Montessori-Pädagogik beschäftigt hatte:

> Im Vergleich zu Montessori hat die Waldorfschule ein Problem mit der Selbständigkeit. An der Montessori-Schule wird der soziale Austausch mit dem Schüler viel mehr praktiziert wie an der Waldorfschule. An der Waldorfschule ist das System echt gut, aber der Frontalunterricht der ist genau gleich wie an der Staatsschule. Der Lehrer steht vorne, schreibt etwas an die Tafel und die Schüler schreiben ab. Die Schüler, die brav alles abschreiben, haben ein super Epochenheft, aber mit wenig eigenem Material. Wenig eigene Gedanken zu einem Thema. (S♂12d)

Auslese nach Leistungskriterien findet an Waldorfschulen nicht statt – und das ist gut so. So jedenfalls die überwiegende Sicht der von uns befragten Eltern. Wo indessen das Fehlen der leistungsbasierten Selektion als positiv vermerkt wird, kann vereinzelte Kritik an sozialer Selektion nicht ausbleiben:

> Ist eine elitäre Schule, da sind viele ganz Reiche drauf. (S♂12c)

Schule und Unterricht 6

6.1 Lernfreude und Lerninteresse

Waldorfschüler geben im Vergleich zu Regelschülern (hochsignifikant) häufiger an, Lernfreude und Interesse am Unterricht zu empfinden und entsprechend seltener, sich im Unterricht zu langweilen (vgl. Abb. 6.1).

Diese sehr deutlichen Befunde könnten interpretierbar sein vor dem Hintergrund, dass an Waldorfschulen versucht wird, die Lehrinhalte für die Schüler affektiv ansprechend aufzubereiten. In der Schulforschung wird dies immer wieder als zentral für das Entstehen von Lernfreude und -motivation hervorgehoben (Köller und Baumert 2008, S. 760 ff.): Die Schüler sollen den Lernstoff mit sich selbst verbinden können. Waldorfschulen scheinen diesem Prinzip stärker gerecht zu werden als Regelschulen. Möglicherweise evoziert auch der Epochenunterricht mit seinen Möglichkeiten, Lerninhalte interdisziplinär und lebensweltnah aufzubereiten diese Schülernähe (vgl. Kapitel „Epochenunterricht"). Weitere Interpretationsansätze seien hier nur genannt: Die Rhythmisierung des Tagesablaufs, die Einbeziehung von „Kopf, Herz und Hand" – diese Grundprinzipien der Waldorfpädagogik wirken sich offensichtlich fördernd aus. Die Menge des Gelernten schätzen hingegen Waldorfschüler signifikant als weniger ‚groß' ein. Wie unsere Interviews zeigen, hat zumindest ein Teil der Waldorfschüler den Eindruck, dass an ihren Schulen stärker exemplarisch und in die Tiefe gelernt wird und der Fokus der Waldorfschule weniger darauf liegt, quantitativ „viel" Wissen zu vermitteln.

S. Liebenwein et al., *Bildungserfahrungen an Waldorfschulen*,
DOI 10.1007/978-3-531-19090-7_6,
© VS Verlag für Sozialwissenschaften | Springer Fachmedien Wiesbaden 2012

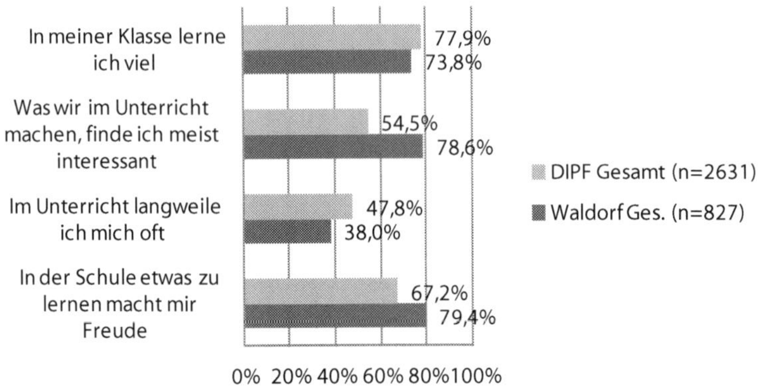

Abb. 6.1 Einschätzungen zum Schulischen Lernen im DIPF-Vergleich. (Antwortmöglichkeiten „trifft genau zu" & „trifft eher zu")

6.2 Lerntechniken und -formen (Ulrike Keller)

> Jedes Jahr brennt ein Klassenzimmer halb ab im Chemieunterricht und das ist auch gewollt– weil das bleibt im Gedächtnis. (E♂12d)

> Diese Schule ist zu stark noch wie irgendeine ururalte Staatsschule […] Frontalunterricht, der so lange und bei vielen Lehrern überhaupt nicht in Frage gestellt wurde. (E♀9e)

Während andere reformpädagogische Richtungen wie etwa die Montessori- oder die Jena-Plan-Methode stark mit individualisierten und selbstgesteuerten Lernformen („Freiarbeit") verbunden sind, steht in der Waldorfpädagogik traditionell eher der Lehrervortrag als zentrales didaktisches Setting im Vordergrund. Dass auch die Waldorfschulen indessen dem selbsttätigen Lernen mit zunehmender Klassenstufe zunehmend Raum geben und somit durchaus eigenverantwortliche Lerntechniken fördern, kann angesichts der Dominanz des Frontalunterrichts leicht aus dem Blickfeld geraten. Bieten schon die vielen handwerklichen und künstlerischen Tätigkeiten, die von Anfang an integraler Bestandteil des Waldorfunterrichts sind, Gelegenheiten zu Binnendifferenzierung und Selbsttätigkeit, so kommen durch die Praktika, durch Werk- oder Bauepochen, durch Projekt- und Jahresarbeiten weitere Gelegenheiten systematisch hinzu, in denen Schülerinnen und Schüler individuelle Lernerfahrungen machen können. Ein wichtiges Anliegen der vorliegenden Studie war es deshalb, das Spannungsverhältnis zwischen angeleiteten, gemeinschaftlichen Lernformen und individuellen Lernphasen in Eigenverantwortung zu beleuchten.

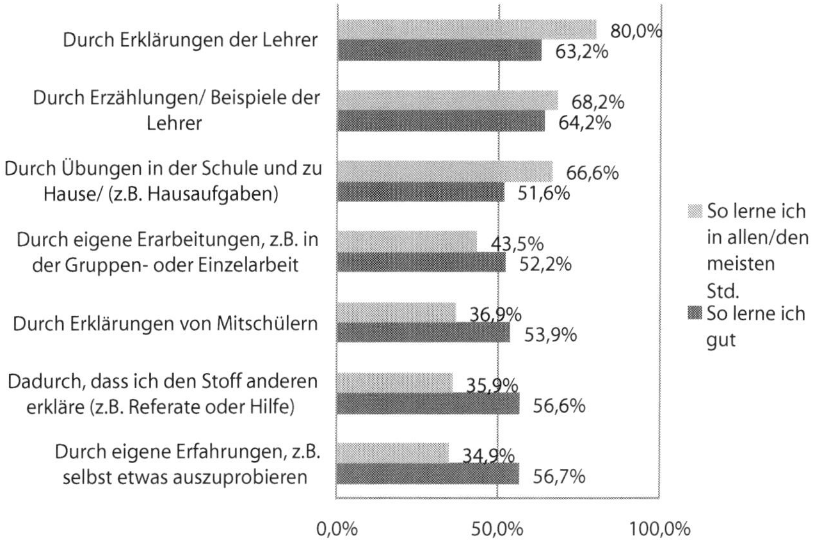

Abb. 6.2 Lernmethoden SOLL vs. IST „Wie häufig lernst du in der Schule so?" & „Wie lernst du gut?"

Im Hinblick auf die angewandten Lehr-Lern-Methoden im Unterricht der Waldorfschulen wurden die Schüler nicht nur gefragt, welche Lehr- und Sozialformen sie im Unterricht in der Regel erleben. Sie wurden außerdem um ihre Einschätzung gebeten, auf welche Weise sie am besten lernen könnten. Konkret wurden sie gebeten einzuschätzen, auf welche Weise sie in der Schule einerseits die meiste Zeit und andererseits auf welche Weise sie gut bzw. weniger gut lernen (vgl. Abb. 6.2).

Die nach Auskunft der Schüler zumeist angewandten Methoden sind die des Erklärens (in allen bzw. in den meisten Stunden 80 %) und Erzählens (68,2 %) der Lehrer. Diese Formen werden gleichzeitig als die bewährtesten wahrgenommen: 64,2 % lernen gut durch Erzählungen und Beispiele, 63,2 % durch Erklärungen der Lehrer. Auch die qualitativen Interviews unterstreichen, dass diese traditionelle Form des Unterrichts von den Schülern als selbstverständlich erlebt wird:

> Ich sitze im Unterricht drin und der Lehrer erzählt etwas und das merke ich mir und dann gibt es noch einen Hefteintrag von dem Thema und das lese ich mir dann zu Hause durch. (S♀10a)

Oft betonen Schüler auch, dass es den Lehrern gelingt, spannend zu erzählen und die Schüler für den Stoff zu begeistern. Allerdings gibt es auch Berichte über weniger gute Unterrichtserfahrungen, z. B. über das Fach Mathematik (erstes Zitat-Beispiel) oder Geschichte (zweites Beispiel):

> Ich komme mit der Lehrerin nicht zurecht. Sie kann nicht erklären, ich verstehe sie nicht. [...] Sie steht vorne und redet, wir sollen mitschreiben und wir kommen wegen dem Mitschreiben mit ihren Erklärungen nicht mit. (S♂12b)

> [...] nicht so spannend. Der Lehrer erzählt und wir müssen zwei Stunden lang zuhören. (S♂9b)

Dass ein und derselbe Unterricht je nach Interesse der Schüler bei den einen Begeisterung hervorruft und andere langweilt, ist die Beobachtung einer Schülerin aus der zwölften Klasse. Sie berichtet von ihrer Geschichtslehrerin, die bald das Rentenalter erreicht hat und eigentlich Archäologin ist. Sie habe „ein wahnsinniges Wissen; egal, was man sie fragt.“ Deren Unterricht spricht die betreffende Schülerin stark an, aber:

> Für andere aus meiner Klasse ist es manchmal ein bisschen einschläfernd. Das sind aber auch die, [...] die sich nicht dafür interessieren. Also, ich finde sie einfach wahnsinnig toll. Manchmal kommt sie ein bisschen vom Thema ab – also von unserem Geschichtsthema, was wir gerade lernen sollen, weil sie, wenn man sie nach einem anderen Thema kurz fragt, kann sie gleich einen Drei-Stunden-Vortrag darüber halten, weil sie einfach extrem viel darüber weiß. Das finde ich extrem gut bei dieser Frau. (S♀12e)

Lernen durch Übungen in der Schule und zu Hause wurde ebenfalls häufig als Unterrichtspraxis genannt (66,7 %), wobei hier nur etwa die Hälfte der Schüler angibt, davon zu profitieren und fast ein Viertel meint, auf diese Weise weniger gut zu lernen. Dass diese Art des Lernens in den Interviews spontan kaum angesprochen wird, zeigt, dass es sich hier um zwar vielleicht unumgängliche, aber ohne größere affektive Beteiligung absolvierte Lernphasen handeln könnte.

Weniger häufig kommen – folgt man den Eintragungen der Schüler – Methoden des eigenständigen Lernens zum Einsatz. Das Lernen durch eigene Erarbeitungen, z. B. in der Gruppen- und Einzelarbeit, kreuzen 43,5 % der Schüler als in allen bzw. in den meisten Stunden erlebte Lernform an. 52,2 %, also nahezu zehn Prozent mehr können laut ihrer Selbsteinschätzung aber auf diese Weise gut lernen. In den Interviews wird gelegentlich vor allem die Arbeit in Gruppen erwähnt,

> dass man sich austauscht, was man denkt, wie man das Problem [...] mathematisch oder so, lösen könnte. (S♂9g)

> Manchmal ist es im Unterricht auch so, dass der Lehrer nur so zur Vermittlung da ist, irgendwie, dass die Gruppenarbeit funktioniert. Weil wir halt auch viel mit Gruppenarbeit machen. (S♀9a)

Während manche Eltern über die Erfahrung berichten, dass es „immer mehr Gruppenarbeit“ (E♀12b) in der Oberstufe gebe, sehen andere auch Defizite:

> Bedingt. Es gibt Situationen, wo ich das Gefühl habe, man könnte sie noch mehr anleiten, mal Themen in Gruppenarbeit zu machen. (E♂9b)

Die Umsetzung dieser Unterrichtsform wird in Abhängigkeit vom Lehrer oder vom Unterrichtsfach erlebt. Es gebe Lehrer, „die gerne in Gruppen arbeiten lassen“ (S♀12g). Es komme „ein bisschen auf den Lehrer an oder auf den Unterricht“ (S♀9a). „In Mathe soll ja immer erst was erklärt werden, da gibt es die Gruppen nicht“ (E♀12b).

Dies geschieht, wie auch in allen anderen Fällen, in denen die Schüler über das Lernen in Gruppen- und Einzelarbeit sprechen, offenbar eher sachorientiert. Lediglich eine Schülerin bezieht sich auf eine konkrete Arbeit im Fach Geografie, die sie zu begeistern schien:

> […] Letztes Mal hatten wir ein Migranten-Thema und dazu sollten wir jemanden interviewen, der nach Deutschland gekommen ist. Und ich hab' eine Inderin interviewt, was mir unheimlich viel Spaß gemacht hat. Man sollte dieses Interview dann auch zu Papier bringen, so mindestens drei Seiten, ich hab' gleich zwölf. Unsere Lehrerin weiß einfach auch, wie sie die Sachen rüberbringen kann, dass es uns wirklich Spaß macht. (S♀12e)

Entsprechend der schwächeren Ausprägung in den quantitativen Befunden gab es auch in den Interviews eher zurückhaltendere Ausführungen zum Lernen durch gegenseitiges Erklären der Schülerinnen und Schüler:

> Ist auch nicht so groß da. Wir machen eigentlich eher so alleine Arbeiten. Aber wenn man einen fragt, der gut ist in der Schule: ‚Erklärst du mir das mal?‘, dann erklärt er dir das. Aber so vom Unterricht, dass wir das machen müssen, das ist nicht so. (S♂9f)

> Arbeitsgruppen gibt es halt. Wir treffen uns und lernen zusammen, Leute, die gut sind und Leute, die nicht so gut sind. […] Da ergänzen wir uns so, weil wir wirklich so unterschiedliche Begabungen haben. (S♂13)

> Die Schüler unterstützen sich eigentlich gegenseitig und arbeiten auch zu Hause und am Wochenende viel in Kleingruppen. (E♀13/11)

Auch die Berichte über Referate zeigen keine besonders hohe affektive Relevanz, wenn etwa vom Englischunterricht erzählt wird, wo Schülerreferate („Indianer“, „Watergate“, E♀12b) vergeben wurden.

> Ich weiß, dass auch schon in den ersten, zweiten, dritten Klassen, dass da Referate vergeben werden. (E♀9f)

Dass das selbsttätige Lernen und die Gruppenarbeit nicht per se Lernerfolge garantieren, muss gegen den diesbezüglichen Modetrend vielleicht in Erinnerung gerufen werden. Selbsttätigkeit und gemeinsame Lernerfahrungen sind nicht als Selbstzweck sondern vor allem deshalb ertragreich, weil sie im Idealfall mit Eigenmotivation und Lernfreude einher gehen. Fällt diese aus, läuft die Lernbemühung genauso ins Leere wie beim Frontalunterricht. Wo es hingegen im lehrerzentrierten Unterricht gelingt, Lernfreude, Erfahrungsbezüge und affektive Koppelungen herzustellen, ist kaum etwas gegen ihn einzuwenden. So berichtet eine Schülerin der 10. Klasse, dass die „Binomischen Formeln in Form eines Liedes gelernt" wurden. Das fanden alle „ziemlich waldorfmäßig". Aber es hatte den Effekt, dass sie „das Lied heute noch kann" (S♀10b). Eine andere Schülerin formuliert die waldorfpädagogische Grundeinsicht verblüffend direkt so:

> Dass man etwas erlebt, was man mit Emotionen verbindet; das bleibt, das kann ich heute noch erzählen von vor 12 Jahren. [...] Unser Geschichtslehrer, der hat uns in DDR-Manier begrüßt, der hat in der Mitte der Klasse eine Mauer gezogen und den ganzen Tag so Unterricht gemacht. (S♂12e)

Auch ein Bericht eines Elternteils fokussiert die glückliche Verbindung von Erfahrungsintensität und Lernfortschritten:

> Also so, zum Beispiel die Hausbau-Epoche. Wo sie so gelernt haben, wie die ganzen Dachformen heißen. Wenn man dann mit ihnen durch Kleinmachnow gegangen ist, dann haben sie gesagt, was weiß ich, das ist ein Walmdach und das ist ein Satteldach, keine Ahnung... Ich kann's bis heute nicht. Und wo sie selber was gewerkelt haben. (E♀9g)

6.3 Erfahrungsorientierung und Erlebnisintensität: Projekt- und Jahresarbeiten (Ulrike Keller)

Ob der vergleichsweise schwache Widerhall, den Erarbeitungen in Gruppen- und Einzelarbeit in den qualitativen Interviews ebenso wie in den Fragebögen erfahren, damit zusammenhängt, dass diese Unterrichtsform tatsächlich eher selten zum Einsatz kommt, lässt sich aus unseren Befunden nicht abschließend klären. Klar ist indessen, dass die meisten Schüler, aber auch ihre Eltern, emotional deutlich stärker beteiligt sind, wenn die Sprache auf Projekt- und Jahresarbeiten kommt. Sie erzählen dann oft voller Freude und Stolz über ihre Projekte. Beispiele: Eine Schülerin der

12. Klasse hat im Zusammenhang mit ihrer Jahresarbeit „Pflanzen in Küche und Medizin“, die ihr „sehr viel Spaß gemacht“ habe, ein Kochbuch entworfen (S♀12d). Ein Junge aus der dreizehnten Klasse erinnert sich an verschiedene Arbeiten:

> Projektarbeit machen wir in der Achten. Ich habe ein Paludarium gebaut, das ist sowas wie ein Aquaterrarium. Das ging bis zur Decke, unten Wasser, oben Landschaft [...] Mein Bruder hat einen Sportbogen gebaut. [...] In der Zwölften habe ich mich mit Mythos beschäftigt, war eine philosophische Abhandlung drüber und ein Gedankenexperiment. Einer hat sich mit Utopien auseinandergesetzt. Eine andere hat sich mit Rassismus in der Sprache auseinandergesetzt. (S♂13)

> Markus hat über Rudi Dutschke damals geschrieben, seine Biografie war so gut, dass daraus danach ein Theaterstück geworden ist. (E♂9a)

Ein besonderes Projekt einer AG, die der Geschichts-und Eurythmielehrer zusammen gegründet hätten (S♂9g), begeistert Schüler wie Eltern:

> Allerdings muss ich sagen, die machen gerade, also Leonies Klasse, ein ganz tolles Projekt, nämlich die lange Tafel. Was so ein Geschichtsprojekt am Ort ist, wo sie lernen Interviews zu führen und alten Menschen in Kleinmachnow, also die Großeltern-Generation, interviewen über die DDR-Zeit, Nachkriegszeit eigentlich. Und dann schreiben sie darüber Geschichten und das wird dann auch veröffentlicht. Und am Ende gibt's eine Veranstaltung, wo irgendwie mehrere hundert Leute dann eingeladen sind und an so einer ganz langen Tafel von den Kindern eingeladen werden zum Essen. Das ist schon ein tolles Projekt und das hat auch noch einen besonderen Akzent, weil eine Gleichaltrigenklasse der örtlichen Gesamtschule, da auch mitmacht. Wo eigentlich so Animositäten zwischen den beiden bestehen. (E♀9g)

Auch die handwerklich-praktischen und künstlerischen Fächer bieten vielfältige Erfahrungsmöglichkeiten. Eine Schülerin aus der zwölften Klasse brachte zum Gespräch ein selbst gefertigtes Schachbrett mit:

> Als ich mir dachte, was ich mitbringen könnte, wusste ich sofort, dass es irgendwas Praktisches sein könnte, was ich selbst gemacht habe. [...] Auf das Schachbrett bin ich echt stolz. Wir haben auch Kerzen selbst gezogen, aber die sind jetzt nicht mehr da. [...] Das Schachbrett war einfach kompliziert zu machen. Weil man musste die Box machen und das, was die Boxen verbindet. [...] Ich kann zwar nicht unbedingt Schach spielen, mir macht es Spaß, ich verliere immer, aber mir macht es trotzdem Spaß. Und ich bin einfach unheimlich stolz auf das Schachbrett. (S♀12e)

> Diese Kreativität! [...] Die Hose, die er gerade gemacht hat, die sieht aus wie aus dem Laden. [...] Das hat immer auch Qualität. (E♂9f)

Eltern erinnern sich vielfach an die Aktivitäten ihrer Kinder in der Unter- und Mittelstufe:

> Die ersten Jahre ist das viel mit Erfahrungen verbunden: tun, machen, erfahren, selbst sehen, erkennen. […] Es wird der Intellekt gefordert, indem man viel erlebt und das beschreiben muss. Das ist an der Regelschule ganz anders, da kriegt man die Sachen vorgeknallt und muss sie auswendig lernen. (E♂12d)

Derartige Vergleiche mit der Regelschule zogen insbesondere auch immer wieder Eltern, die sich an der Quereinsteigerstudie (Keller 2008) beteiligt hatten. Sie vermissten an der Regelgrundschule oft die Möglichkeit, ganzheitliche Erfahrungen zu machen und schätzen an der Waldorfschule u. a. das handlungsorientierte Lernen (vgl. Keller 2008, S. 145–148, S. 326–331). Geschätzt wird von Eltern auch, dass es keine Bereiche gibt, die ausschließlich Jungen oder Mädchen vorbehalten bleiben:

> Mein Sohn hat eine Puppe gemacht und das fand ich ganz toll. Die ist besonders schön von den Proportionen her. Ich finde es auch ganz toll, dass auch mal Jungen eine Puppe machen und nicht immer nur Mädchen. (E♂12g)

> Diese Kiste: ich finde es sehr gut, wenn sie – Jungs und Mädchen – handwerklich strickend und werkend sich betätigen. (E♂9g)

Ebenso erscheint den Eltern neben der intellektuellen Förderung die Ausbildung in praktischen Fähigkeiten von großer Bedeutung:

> Dieses Handwerkliche … Gefühl von Formen, Material, selbst etwas herzustellen. Mitgebrachten Band [Ölpapier, Sohn, zweite Klasse] und Kupferschale [Tochter, achte Klasse], dass die Kinder fähig sind, mit verschiedenen Materialien verschiedene Sachen herzustellen … Irre ist diese Ausbildung! Für diese Leute ist es kein Problem, sich einen Pullover zu stricken und trotzdem Philosoph zu werden. (E♂12f)

Das Sinnvolle einerseits des Tuns andererseits der fertigen Produkte wird, gerade im Unterschied zur eigenen Schulzeit, erlebt:

> Also ich freu mich immer, wenn die Kinder irgendwas nach Hause bringen und denk' daran, was ich früher nach Hause gebracht hab', was für entsetzliche Sachen, die man nicht gebrauchen konnte. Und was wir von den Kindern hier haben, sind entweder wirklich passable Kunstgegenstände, die man sich wirklich gerne hinstellt und sich dran erfreut. Oder es sind ganz praktische Sachen, zum Beispiel zwei Hocker haben wir schon, die wirklich gut getischlert sind oder zwei Bürsten, eine Kleiderbürste und eine Tischbürste. Das sind professionelle und das hat man sein Leben lang. Ich find das toll. (E♀9g)

> Und auch, dass die Kinder mit dieser Gartengestaltung im Unterricht auch sehr integriert sind. Sie müssen da ja mit dran arbeiten, sozusagen. Und haben da halt einfach auch die Verbindung dazu und […] was mir im Baulichen da noch einfällt, ist einfach, dass Lehrer und Schüler gemeinsam immer wieder diese Schule reparieren, das ist

natürlich auch was. Was natürlich sehr viel ausmacht, ist, dass zu diesem ganzen… dass es natürlich ein großer sozialer Bereich für sie ist. (E♂9d)

Eltern wie Schüler betonen auch die wichtige Rolle, die Jahresarbeiten für die Entwicklung der Heranwachsenden spielen,

dass man sich selbständig um Sachen kümmert oder sich selbständig Wissen aneignet. (S♀12c)

Auch die Achtklassarbeit von David ist für mich [Vater] ein toller Gegenstand – dass der das schaffen kann, in dem Alter. Da hat er ganz alleine so eine Party-Hütte gebaut. (E♂9e)

Das ist sein Kochbuch, das er in der Achten gemacht hat. […] Bewundernswert, mit welcher Eigenständigkeit er das gemacht hat. […] Dass er das alleine so fertiggekriegt hat. Das hat er auch alles selbst gekocht. […] Mit dem PC bearbeitet. (E♂9f)

Sie machen einen enormen Schub an Entwicklung und Erwachsenwerdung, Ichfindung und das spiegelt sich in den Arbeiten. (E♂12b)

Die Waldorfschule bereitet somit gewissermaßen auf die „Herausforderungsbewältigung" vor. Die Jahresarbeit bedeute „für viele eine große Herausforderung, da müssen viele einfach selber alles in die Hand nehmen" (S♀12b). Nicht alle finden auf Anhieb ihren Weg:

Manche brauchen Hilfe, die finden nicht zu dem Thema. Die haben sie dann aber auch bekommen. (E♀9f)

6.4 Biografiearbeiten und Klassenspiele

Wenn das selbständige Arbeiten zuvor nicht in kleinerem Rahmen geübt wurde, werden die Hürden bisweilen als (zu) groß beschrieben:

[…] Es gibt die Biografiearbeit, wo sie ein Thema ausführlich selbständig bearbeiten. […] Das Gros der Klasse hat schon ein Problem bei der Literaturauswahl, die ganzen Bücher zu lesen und arbeitstechnisch das zu bewältigen. Besser wäre, öfters mal kleinere Themen, fünf Seiten oder so selbständig zu bearbeiten oder kleinere Referate zu machen – das könnte mehr sein. (E♂9b)

Dass die Biografiearbeiten auch inhaltlich wichtige Impulse vermitteln können und berufliche oder lebensphilosophische Orientierung geben können, wird immer wieder beschrieben. Ein Junge etwa, der sich in seiner Biografie-Arbeit über Martin Luther King mit dem Rassenproblem, mit den Schwarzen, auseinandergesetzt hat, berichtet: „Das war schon sehr interessant. Sehr, sehr interessant. Diese Ungerechtigkeit zu sehen …". Diese Arbeit habe ihn in seiner Lebenseinstellung beeinflusst:

> Ich versuche jedem Menschen mit Respekt gegenüber zu treten. Dass ich nicht versuche, die Menschen von vornherein in irgendeine Schublade zu stecken oder versuche, sie abzustempeln in irgendeiner Art und Weise. Dass ich respektvoll mit ihnen umgehe. (S♂12d)

In diesem Sinne findet auch eine Mutter die Biografiearbeit in der achten Klasse „schon sehr krönend". Ihre Tochter habe eine Fotocollage gemacht,

> im Rahmen der Biografiearbeit über Astrid Lindgren. Und da kam das Thema von Astrid Lindgrens Rede ‚Nie mehr Gewalt'. Und das finde ich sehr aussagekräftig. Ich weiß nicht, ob das nun unbedingt stellvertretend für die Waldorfschule ist. Aber es ist ein Fazit, das sich für die Lisa auch sehen ließ, nach den ersten acht Jahren. (E♀9f)

Eine Vielfalt weiterer Projekte und Aktivitäten wurde von den Schülerinnen und Schülern und Eltern herausgestellt – vor allem künstlerische (Theaterprojekt, Dramaworkshop, Eurythmieabschluss) und handwerkliche Projekte. Gerade auch durch die Theaterprojekte bzw. Klassenspiele erleben Eltern eine Veränderung ihrer Kinder:

> Vorher waren es pubertierende Teenager […] durch das Klassenspiel hat jeder so etwas wie einen roten Faden in sich gefunden. (E♂9a)

Wie die Äußerungen der Schülerinnen und Schüler zeigen, erinnern sich diese durchweg positiv an Projekt- und Jahresarbeiten. Und damit an Lernerfahrungen, die sehr viel Eigenaktivität und Selbstbestimmung ermöglichen und erfordern. Man wird vor dem Hintergrund dieser eminent individualisierten und erfahrungsbasierten Lernformen die Ergebnisse der quantitativen Befragung zu Lernsettings vorsichtig interpretieren müssen. Dort ergaben sich die größten prozentualen Unterschiede zwischen dem subjektiv empfundenen Lernerfolg und der im Unterricht nach der Erfahrung der Schülerinnen und Schüler praktizierten Methode des Lehrens und Lernens bei den Items „Durch eigene Erfahrungen, z. B. selbst etwas auszuprobieren" (Differenz: 21,8 %), „Dadurch, dass ich den Stoff anderen erkläre (z. B. Referate oder Hilfe)" (Differenz: 20,6 %) sowie „Durch Erklärungen von Mitschülern" (Differenz: 17,1 %). Konkret geben beispielsweise 56,7 % an, gut durch eigene Erfahrungen bzw. durch eigenes Ausprobieren lernen zu können, lediglich 34,9 % aber bringen zum Ausdruck, dass dies im schulischen Alltag in allen bzw. in den meisten Unterrichtsstunden praktiziert würde. Man kann aus diesen Befunden zwar vielleicht die Mahnung an die Waldorfpädagogen ableiten, individualisierten und gruppenorientierten Lernformen höhere Bedeutung zukommen zu lassen. Man kann aber genauso auch mutmaßen, dass womöglich diejenigen Schülerinnen und Schüler, die angegeben haben, im Unterricht aus eigenen Erfahrungen selten zu lernen, dabei Projekte und Jahresarbeiten, Kunstunterricht und Handwerkliches gar nicht in Erwägung zogen. Sondern eher am traditionellen Unterrichtsverständnis, an einer klassischen Belehrungssituation sich orientierten – die es eben in der Waldorfpädagogik auch zur Genüge gibt. Aber der vielgescholtene Frontalunterricht ist eben nur eine Facette der Lernarrangements, die eine Waldorfschule üblicherweise bereithält.

Und für Projekt- und Jahresarbeiten gilt – im Unterschied zu den in den Unterricht integrierten, in der Regel thematisch vorgegebenen Einzel- und Gruppenarbeiten –, dass sie meist frei oder zumindest weit weniger eingeschränkt in ihrer Themen- und Methodenwahl sind. Den Lernenden werden mitunter sehr viele Freiheiten gegeben:

> Wir machen oft einfach so Projektarbeiten. Wir dürfen einfach kreativ, einfach mal in einer Gruppe irgendwas besprechen, irgendwas uns ausdenken, irgendwelche Interviews uns ausdenken [...]. (S♀9e)

> Unheimlich viel Projektarbeit [...] Irgendein Thema sich selbst finden, da kommen unheimlich viel Projekte zustande. (E♂9f)

6.5 Experimente. Oder: Die Phänomene selbst sind die Lehre[1]

Gerade auch für die naturwissenschaftlichen Fächer wird von vielen Schülerinnen und Schülern viel über eigene Erfahrungen und eigenes Ausprobieren gesprochen. In den meisten Interviews berichten Schülerinnen und Schüler, dass sie „viele" bzw. „sehr viele" Experimente oder „viel Praktisches" machen. Dies gilt vor allem für die Fächer Physik und Chemie, aber auch für Biologie. So wurde beispielsweise „Alkohol gebrannt, so Rosinenschnaps" (S♀10b), Schwarzpulver angezündet (S♂9b), Fliegen gezüchtet (S♀12d), und „irgendwelche Sachen seziert und unters Mikroskop genommen" (S♀12b). Einige erwähnen dazu, dass sie die „Versuche in-

[1] „Man suche nur nichts hinter den *Phänomenen, sie selbst sind die Lehre.*" (Goethe 2008, S. 432).

teressant“ (S♂9b) finden würden oder der Unterricht dadurch „sehr anschaulich“ (S♂13) sei:

> Man lernt das Verstehen und das kommt hauptsächlich durch diese Experimente. (S♂13)

In Physik hätten sie einen Versuch gemacht, erzählt eine Schülerin der zwölften Klasse,

> da hatten zwei [Schüler] Skateboards und haben sich gegeneinander gezogen [...]. Das macht dann Spaß und Physik ist ja auch Rechnen, da bin ich gut. (S♀12e)

So werden durch die vorliegende Untersuchung die Ergebnisse der Absolventenstudie auch zum naturwissenschaftlichen Unterricht bekräftigt, in der es hieß: „Die Beurteilung des [...] Naturwissenschaftsunterrichts fällt grundsätzlich positiv aus. So lobt man die Anschaulichkeit und Praxisorientierung des Unterrichts“ (Barz und Panyr 2007, S. 271).

Unter den befragten Jugendlichen finden sich einzelne, die aber auch in den naturwissenschaftlichen Fächern kaum auf eigene Erfahrungen und eigenes Ausprobieren hinweisen können:

> Bis jetzt haben wir nicht so wirklich viel gemacht. Aber jetzt wird wohl mehr kommen. (S♀9a)

> Physik ist eine Schwachstelle an unserer Schule. Ich hatte nur eine einzige Physikepoche. (S♂12a)

Es gibt auch einige Jugendliche, denen das Experimentieren nicht so sehr zu liegen scheint:

> In Physik-Praktikum. Müssen wir immer einen Versuch dann machen. Ist jetzt nicht das Schlimmste, aber auch nicht das Beste, finde ich. (S♂9f)

> Ja, doch, wir machen auch schon viele Experimente, wo wir selber einbezogen werden und so, in Naturwissenschaft. Wobei ich persönlich jetzt nicht so ein Naturwissenschaftler... (S♀9e).

> Physik sei nicht ihr „Ding“, meint dieselbe Schülerin, doch die Jungen in ihrer Klasse seien „immer total begeistert“. Aber sie interessiere das „nicht wirklich.“

Und an folgender Äußerung wird wieder deutlich, dass der Erfolg eines solchen Arbeitens stark von der Persönlichkeit des Lehrenden abhängig ist. Die Mutter dreier Mädchen etwa problematisiert den Unterricht im Fach Biologie bei zwei ihrer Töchter:

> Da klagen beide Kinder [neunte und elfte Klasse] ganz doll, dass die Lehrerin einfach keinen guten Unterricht macht, dass sie nichts lernen. Und nebenbei, dass alle Versuche in irgendeiner Katastrophe enden. Dass überhaupt kein Versuch gelingt, weil sie das offensichtlich nicht vorher ausprobiert hat oder ich weiß es nicht. (E♀9g)

Und auch Schülerprojekte sind nur so gut, wie die Lehrkraft, die als Mentor und Betreuer zur Verfügung steht. Ein eindrücklich geschildertes Beispiel bezieht sich auf die Gründung und das Führen einer Schülerfirma:

> War der totale Reinfall, wir haben nur minus gemacht, 2000 €. Die Klassenlehrerin hat alles bestimmt. Die hat gesagt, ich will nichts bestimmen, aber so heißen wir jetzt und das ist unser Logo. Sie hat alles bestimmt und keiner hatte Lust. Jetzt in der Neunten haben wir nur noch Klassenbetreuer und die Firma gehört jetzt meiner alten Klassenlehrerin und interessiert keinen mehr. (S♂9a)

Wie häufig Formen von misslingendem Unterricht an Waldorfschulen wirklich vorkommen, kann durch die vorliegenden Befunde nicht entschieden werden – dass es ihn gibt, sollte indessen Anlass für weitere Bemühungen um Qualitätssicherung sein. Andererseits scheint es sich dabei aber doch eindeutig um die Ausnahme von der Regel zu handeln.

Weiter wurde in den Gesprächen deutlich, dass es neben den naturwissenschaftlichen Fächern noch weitere Gebiete gibt, in denen im Rahmen der Schule bzw. im Unterricht Erfahrungen durch eigenes Ausprobieren gemacht und die als Bereicherung erlebt werden. Ein Junge der neunten Klasse engagiert sich z. B. im Technikbereich und bei Festen durch die Vorbereitung und Installation von Beleuchtungsanlagen für Aufführungen, denn „das macht mir halt auch Spaß" (S♂9d). Eine andere Schülerin erzählt aus der elften Klasse, in der sie bei einem Theaterstück „eine große Rolle" gehabt hätte und außerdem „Regie-Assistentin" gewesen sei. Das sei „eine Erfahrung" gewesen, die sie „nicht missen" möchte und „auf jeden Fall nicht vergessen" werde (S♀12c).

6.6 Raus aus der Schule: Klassenfahrten und Praktika

Auch die Klassenfahrten stellen ein offenbar bedeutsames pädagogisches Erfahrungsfeld dar. Ein Vater erzählt über den Segeltörn der Klasse seines Sohnes:

> Sie waren die Crew, 24-Stundeneinsatz. Das war fantastisch, mit allem, was dazugehört. […] Wo nicht nur das Spiel der Kräfte draußen auf dem Meer erfahren wurde, sondern, der damalige Klassenbetreuer ist auch jemand, der Geschichte selbst erlebt hat und die auch wunderbar in dem Sinne vermitteln kann. (E♂9a)

Eine Mutter erwähnt die Russlandfahrt der Klasse:

> Gut, mal die Gelegenheit zu haben, in Moskau in die Schule zu gehen. Finde ich sehr schön. (E♂9b)

Immer wieder werden von Eltern auch die positiven Wirkungen solcher Aktivitäten auf die Persönlichkeiten der Heranwachsenden betont:

> Dann haben die Schüler auch in verschiedenen Kirchen gesungen auf dieser Klassenfahrt – und das finde ich [Vater] auch ganz toll. Da merke ich an den Kindern, dass richtige Persönlichkeiten aus denen geworden sind und darüber freue ich mich sehr. (E♂9e)

Nicht zuletzt sind da die vielen Praktika, die an der Waldorfschule vor allem in der Oberstufe für alle verpflichtend vorgesehen sind – sowohl individuelle berufsorientierende als auch Praktika gemeinsam mit der Klasse. Nach den Angaben vieler Schülerinnen und Schüler sind dies ein Landwirtschafts-, ein Betriebs- sowie ein Sozialpraktikum, die von den Schülerinnen und Schülern einzeln wahrgenommen werden. Die Erfahrungen, die gemacht wurden, werden überwiegend positiv gewertet:

> Ich war in einer Synchronisationsfirma, das war perfekt. Ich habe auch ein Jobangebot bekommen. (S♀12f)

> Das war interessant […]. (S♂12c),

bewertet ein Schüler der 12. Klasse sein Betriebspraktikum.

> Ich habe mir hier einen spanischen Kindergarten gesucht. Ich spreche ein bisschen Spanisch wie auch Französisch (aus der Familie). Ich habe Kinder total gern, der Umgang mit Kindern macht mir total Spaß und es war auch sehr spannend, wie sie sich entwickelt haben. […] Ich hatte eine Kindergärtnerin, die gesagt hat, sie schickt mich nicht in die Küche, weil ich hier bin, um mit den Kindern etwas zu machen (andere mussten viel Küchenarbeit machen). Es war ein spanisch-deutscher Privatkindergarten, es waren 15, 15 in jeder Gruppe, einmal Kleinere, einmal Größere (S♀12e).

Ein anderer Junge aus einer zwölften Klasse machte sein Sozialpraktikum in einer Schule für behinderte Kinder, einer heilpädagogischen Waldorfschule:

> Da hat mich der Idealismus der einzelnen Lehrer so fasziniert, so besonders fasziniert. Wie man 30 Jahre mit behinderten Kindern mit einer Liebe umgehen kann. Wie man pädagogisch wirklich wertvoll wirken kann. Das war schon toll zu erfahren. (S♂12d)

Dieses Praktikum weckte sein Interesse für Reformpädagogik, womit er sich dann in seiner Jahresarbeit beschäftigte. Schülerinnen und Schüler entdecken teilweise ihre Liebe zu einem Beruf, den sie dann selbst erlernen wollen, wie ein Mädchen aus der elften Klasse, das ihr Handwerkspraktikum bei einem Fotografen machte. Seither jobbt sie dort zweimal die Woche (S♀11). Bei anderen löst sich der „Traum“

nach einem bestimmten Beruf auf. So erkannte ein Mädchen durch ihr Praktikum in einer Buchhandlung, dass das „nicht unbedingt etwas für" sie sei, auch wenn es ihr „Spaß gemacht hat" (S♀12c). Ähnlich erging es einer weiteren Schülerin:

> Praktika sind schon total gut und man bekommt eigentlich eine gute Idee davon. Ich habe mal auf einem Bauernhof gearbeitet und da habe ich einfach gemerkt, dass mir das intellektuell zu wenig anspruchsvoll ist. (S♀12a)

Ein Junge arbeitete in einem Musikladen:

> Man kriegt schon, find' ich, einen Eindruck, wie es in der Arbeitswelt aussieht. (S♂12d)

Einige Jugendliche und Eltern formulieren weitere Vorzüge der Praktika, „Erfahrungen, die man bestimmt nicht freiwillig machen würde, aber auf der Waldorfschule wird man gezwungen und das ist gar nicht schlecht" (S♀12b):

> Beim Landwirtschaftspraktikum, „da ging es darum, sich auf dem Bauernhof in das Arbeitsleben zu integrieren und dass man wirklich den ganzen Tag arbeitet." (S♀12c)

> Bis zur Neunten ist gar nichts, was auf den Beruf vorbereitet, außer, dass sie Handwerke lernen, Töpfern, Gartenbau [...]. Ich erhoffe mir viel von den Praktika, dass sie lernen, was bedeutet Arbeiten eigentlich, acht Stunden am Tag. (E♂9f)

> es ist für das Leben so wichtig, diese Praktika gemacht zu haben. Etwas angefasst zu haben und nicht nur dazusitzen und Input, Input, Input, sondern, ich habe mit den Händen das bewirkt, fertig, finde ich einfach wichtig. (E♂12b)

„Durch die vielen Praktika" würden die Schüler das Leben erst „richtig kennen [lernen] und sie werden von Anfang an für alles offen gemacht, für alles eigentlich, was es so gibt, natürlich auch für überirdische Dinge" (S♀12h). Die Schule hätte sie vor allem durch die Praktika darauf vorbereitet, spontan etwas lernen zu müssen. Es wäre „auf einmal ein völlig neues Leben" gewesen. Sie hätten ja auch nur „ein oder zwei Wochen Zeit [gehabt], um sich auf einen komplett neuen Arbeitsablauf einzugewöhnen". Da „musste man schon schnell lernen" (S♀12h).

„Ja, in gewisser Weise schon", würden die Praktika einen auf das Berufsleben vorbereiten, „durch die Selbständigkeit, die man [...] erfährt." Man müsste mit verschiedenen Menschen und spontan mit verschiedensten Situationen umgehen. Teilweise wären sie „ins kalte Wasser geschmissen" worden (S♂12d). Auch viele Eltern sind der Meinung, dass ihre Kinder durch die Praktika gut aufs Berufsleben vorbereitet würden:

> Ich find eigentlich sehr gut, dadurch dass die Praktika stattfinden. Das gibt sehr viel Selbständigkeit. Sie hatten jetzt auch in der elften Klasse ein Fach oder nee eine Epoche Berufswahlkunde. [...] Und sie gucken auch in viele verschiedene Bereiche. Also

> Sozialpraktikum und Landwirtschaft und Berufspraktikum, wo sie's sich selber aussuchen dürfen. Dadurch schnuppern sie schon in sehr viele Bereiche rein. (E♀9g)

Diesen Nutzen sehen freilich nicht alle Schüler und Eltern – etwa kritisiert eine Schülerin, die das Betriebs- und das Sozialpraktikum anspricht:

> aber das nützt mir jetzt nicht so viel, wenn ich Lehrerin werden will. (S♀9b)

Auch eine Mutter sieht für ihre Tochter wenig Sinn im Sozialpraktikum:

> Ist für meine Tochter uninteressant, sie ist gelähmt. Sie kennt diese Einrichtungen, das ist für sie keine fremde Welt, die sie kennen lernen muss. (E♀12c)

Andere Eltern sehen die Praktika nicht nur zum Vorteil für die Berufsfindung, sondern als Impulsgeber für die persönliche Reifung der Heranwachsenden. Im Unterschied zu Regelschulen gebe es gerade in der Oberstufe

> sehr, sehr viele Praktika. Also die nehmen auch viel Zeit ein. Das kann man auch kritisch sehen. Weil dadurch natürlich Schulunterricht verloren geht. Aber insgesamt, find ich, muss ich den Lehrern da zustimmen, dass die Kinder da ganz viel... ganz große Entwicklungsschritte da machen, wenn sie alleine oder zu zweit wo hingehen und da arbeiten, in ‚ner Umgebung, die ihnen völlig fremd ist. Das sind, glaub' ich, vier, fünf, sechs Praktika in der Oberstufe. Das ist viel und das ist ein gewaltiger Unterschied. (E♀9g)

> Ich habe ziemliche Veränderungen der Persönlichkeit wahrgenommen. Im Landwirtschaftspraktikum musste er Arbeiten verrichten, die an die Ekelgrenze gegangen sind – er hat gesagt, er muss sich jetzt gleich übergeben. Und das ist schon gut, dass er diese Erfahrungen macht, weil jüngere Kinder haben wenig Grenzerfahrungen, die haben alles. [...] Nach dem Landwirtschaftspraktikum ... Davor hatten wir hier richtig Stress. Er hat sein Zimmer nicht aufgeräumt, alles war scheiße hier, [...]. Als er wiederkam, hat er gesagt, er weiß jetzt wieder, wie gut er es hat. (E♂12c)

Wenige Schüler und Eltern berichten auch von schwierigen oder unhaltbaren Gegebenheiten:

> Das fand ich eher nicht so gut. Es war schon interessant, alles zu erfahren. Ich war auf dem Bauernhof. [...] Da gab es auch Kinder zehn, sieben und fünf und die hatten ihr Zimmer über meinem Zimmer. Die fanden es übelst lustig, einfach rumzutrampeln, wenn ich schlafen wollte, weil ich um fünf Uhr aufstehen musste. Dann habe ich mit der Bäuerin gesprochen und die hat gemeint, das muss ich aushalten. [...] Ich war ganz froh, dass eine Freundin von mir, die war in der Nähe, die kam dann mal an einem Sonntag vorbei, meinem einzigen freien Tag. (S♀12e)

> Sie war in der Familie nicht so gut aufgenommen. (E♀11)

> Es waren ein paar aus meiner Klasse, die sind an richtig schlechte Höfe gekommen, die haben das nur gemacht, um das Geld zu kassieren und die haben da nichts zu essen gekriegt und solche Sachen. (S♂9e)

Er selbst sei – auf einer großen Farm in den USA – sehr zufrieden gewesen. Im Klassenverband finden das Forstwirtschafts- und Feldmesspraktikum statt. Auch hier gibt es sowohl positive als auch einige negative Eindrücke und Bewertungen. Doch nur wenige haben darüber berichtet. Über seine Eindrücke beim Forstwirtschaftspraktikum erzählt nochmals der eben genannte Junge:

> Halb sechs aufstehen, sechs essen, halb sieben los mit den Autos in den Wald. Dann hat es auch noch geschneit. Wir standen alle draußen und haben gefroren. Aber wir durften auch Holz fällen … Dem gebe ich eine Zwei, nicht so gut. (S♂9e)

Beim Feldmesspraktikum in der zehnten Klasse lerne man

> die ganzen alten Messformen. Man läuft dann irrsinnig oft sein Feld entlang, was einen irgendwann nur noch nervt. Dann kam man nach Hause und musste das auch noch ausrechnen. (S♀12e)

> waren in Tschechien in der Walachei und haben ein Stück Land vermessen und daraus eine Karte gezeichnet, das war angewandte Mathematik. (S♀12c)

> Sehr gut, man hat endlich mal anwenden können, was man in Mathe gelernt hat. (S♀12f)

Auch im Sozialen kann dies für die Klasse zur Herausforderung und zu einem Lernprozess werden. Ein Zwölftklässler spricht über das Feldmesspraktikum:

> war eine absolute Katastrophe, klassengemeinschaftstechnisch, weil ein Teil der Klasse mit dem anderen nicht mehr geredet hat und da gab es so Klärungskreise. (S♂12c)

6.7 Kritik des Frontalunterrichts

Problematisch wird es, wo selbständiges Lernen im Klassenverband selten oder nie zum Zuge kommt. Glaubt man unseren Daten, so haben zwischen 2,4 und 8 % der Waldorfschüler einzelne dieser Unterrichtsformen noch nie erlebt.[2] Manche Eltern unterstützen dieses Ergebnis durch ihre Aussagen:

> Ich hab' so den Eindruck, dass so die klassische Unterrichtsmethode, der Lehrer steht vorne und erzählt etwas und die Kinder sitzen da … das ist mit Sicherheit noch die überwiegende Unterrichtsmethode. Und ich weiß auch, dass zumindest meine Kinder es immer sehr positiv aufgreifen, wenn es durchbrochen wird […], z. B. der Physiklehrer hat mal viele Experimente in Gruppen gemacht. (E♀9b)

[2] Die Antwortmöglichkeiten auf die Frage „Wie häufig lernst Du in der Schule so … [Itembatterie mit unterschiedlichen Lernformen]“ waren: „In allen Stunden“/„In den meisten Stunden“/„In einigen Stunden“/„Nie“.

> Ein Erlebnis eines Vaters – der Mann kam hereingerannt, ganz aufgeregt: die Art, wie Unterricht gemacht wird, das ist wie im Mittelalter, unselbständig, frontal, die Kinder lernen nichts, wir müssen überlegen, wie wir hier Qualität reinbringen [...]. Und ein anderer kam auch immer wieder und war auch ganz aufgebracht. Früher habe ich das nicht verstanden, heute schon. Es ist genauso, wie er das beschrieben hat. (E♀12c)

Auf der anderen Seite gibt es auch Schüler-Berichte dahingehend, dass es das didaktische Format des Frontal- bzw. Vortragsunterrichts in ihrer Schulalltag gar nicht gebe (S♀12g, S♂9g). Der lehrerzentrierte Unterricht ist indessen längst nicht mehr nur als Relikt vormoderner Zeiten ein Thema der Unterrichtsforschung (vgl. Schirlbauer 1988). Er ist vielmehr zunächst geeignet, den Schülern Sicherheit zu geben und ihr Interesse zu wecken. Dann sollte er zum selbständigen Lernen und Handeln führen. In diesem Sinne versteht ihn Iwan, wenn er von der „integrierten Jahresarbeit" in der Oberstufe schreibt:

> Eine Epoche in der hier angeregten Weise neu zu gestalten, bedeutet, alle Elemente eines guten Unterrichts zu ihrem Recht kommen zu lassen. Zunächst ist der Lehrer an der Reihe, aus seiner Rolle des ‚Stoffverwandlers' wird er sich nicht stehlen wollen. Unterricht kann auch heißen, dass einer vorne steht und das Interesse der anderen weckt. Die Bemühungen aber zielen auf das eigenständige Lernhandeln der Schüler. Motivieren hieße so letztlich, jedem zu seinem Motiv zu verhelfen. Und an dieser Stelle wird der Lehrer zum Lernbegleiter (Iwan 2005, S. 36).

Es wäre allerdings fatal, die Eindrücke von Eltern, dass noch sehr viel Frontalunterricht betrieben würde, nicht ernst zu nehmen – auch wenn diese eine kleine Minderheit darstellen. Es könnte sein, dass es immer noch zu viele Lehrer gibt, die nur diese eine Methode kennen. Ein Schüler aus der zwölften Klasse, der sich in seiner Jahresarbeit mit reformpädagogischen Konzepten auseinandergesetzt hat, meint:

> An der Waldorfschule ist das System echt gut, aber der Frontalunterricht, der ist genau gleich wie an der Staatsschule. (S♂12d)

Der Lehrer stehe vorne, schreibe etwas an die Tafel und die Schüler würden abschreiben. Jene, die brav alles abschreiben würden, hätten ein Super-Epochenheft, „aber mit wenig eigenem Material, wenig eigene Gedanken zu einem Thema". Er wirbt für das Portfolio, das „viel mehr Individualität" zulasse (S♂12d). Wenn einerseits in den Waldorfschulen, wie die Ergebnisse gerade in diesem Punkt zeigen, im Hinblick auf die Unterrichtsmethoden einschließlich der Unterrichtsqualität durchaus Entwicklungsbedarf besteht, so steht ihre Arbeitsweise jedenfalls mit den Erkenntnissen der Hirnforschung im Einklang:

> Wirkliches und gesichertes Wissen, aber auch Motivation entstehen erst durch das handelnde oder fühlende Ausprobieren des Gelernten. Wissen, das ohne Zusammenhang mit überzeugenden Aktions-, das heißt Anwendungsmöglichkeiten aufgenommen werden soll, hat in neuronalen Netzwerken, in denen es um nichts

> anderes als um Handlungsvorstellungen und die dazugehörenden Empfindungen geht, keine Überlebenschance. [...] Das Gehirn speichert Wissen am optimalsten, wenn es ihm zusammen mit lebensnahen praktischen Handlungserlebnissen angeboten wird. Mathematische Formeln, Daten über Rohstoffvorkommen oder der Wortschatz einer Fremdsprache können in seiner Wahrnehmung großen Charme entwickeln, aber nur dann, wenn es sie in Bezug zu seiner Erfahrungswelt bringen kann. [...]
>
> Beide Phasen des Lehrens und Lernens sind neurobiologisch sinnvoll: zunächst die vom Lehrenden persönlich gegebene Einführung und Erklärung des Lerngegenstandes, die sich lebensnaher Herleitungen bedienen sollte, dann die Möglichkeit, das Erklärte im Kontext von Anwendungen, die sich eng an der Erfahrungswelt der Schüler orientieren, selbst nachzuvollziehen. Dagegen ist es eine neurobiologisch völlig unsinnige Strategie, Schülergruppen eigenständig neuen theoretischen Stoff mit Hilfe eines Lehrbuchs erarbeiten zu lassen. Was bei einem solchen Vorgehen stattfindet, ist weder ‚Lernen am Modell' noch eine Anleitung zur selbständigen Anwendung von Wissen. Mit handlungsorientiertem Unterricht, der die Anwendungsbezüge zur Lebenswirklichkeit der Kinder im Auge hat, liegt die Schule jedoch richtig, und dies nicht nur unter dem Aspekt der modernen Neurobiologie, sondern auch im Hinblick auf die pädagogischen Urväter Comenius (‚... damit alles sich leichter einpräge, möge man alle möglichen Sinnestätigkeiten heranziehen') und Pestalozzi (‚Lernen mit Kopf, Herz und Hand'). (Bauer 2006, S. 123–125)

Dass es – im Sinne einer emphatischen Bildungserfahrung – an Waldorfschulen gelingen kann, Schüler zu motivieren und Erfahrungshunger zu wecken, zeigen viele Interviewpassagen. Hier eine besonders eindrucksvolle:

> Ich habe das Gefühl, dass ich viele Interessen habe, was ich früher nicht hatte, dass ich einen breiten Horizont bekommen habe. [...] Bei der Jahresarbeit jetzt hatte ich das Gefühl, es gibt kein Thema, das mich nicht interessiert. Ich habe das Gefühl, gebildet zu sein, das ist ein nettes Gefühl. (S♂12e)

6.8 Förderung selbständiger Lernformen

An Waldorfschulen, so die gängige Vorstellung, liegt der Schwerpunkt auf lehrerzentriertem Unterricht, während offene Unterrichtsformen weniger Berücksichtigung finden. Somit wäre anzunehmen, dass auch die Zustimmung zu Items, die selbständige Lernformen berühren, vergleichsweise geringer ausfallen sollte.

Überraschend ist somit der Befund, dass nur 22,4 % der Schüler der Ansicht sind, in der Schule nicht zu lernen, wie man selbständig arbeitet. Offensichtlich gelingt es, möglicherweise vor allem durch außerhalb des Hauptunterrichts stattfindende Angebote wie Theater und kunsthandwerkliches Gestalten, die Eigeninitiative der Schüler zu fördern und zu fordern. So sind 87,5 % der Jungen und 94,4 % der Mädchen der Ansicht, Eigeninitiative würde von den Lehrern sehr geschätzt (vgl. Abb. 6.3). Mädchen fühlen sich offenbar stärker dazu angeleitet, selbständig

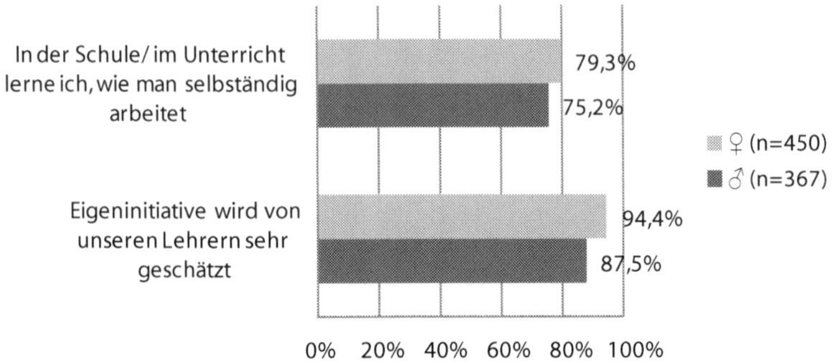

Abb. 6.3 Förderung selbständigen Lernens (Antwortmöglichkeiten „trifft genau zu“ und „trifft eher zu“)

bzw. eigeninitiativ zu arbeiten, was möglicherweise auf den bekannten Unterschied im Fleiß bzw. in der Lernmotivation zurückzuführen ist.

Auch der DIPF-Vergleich verweist auf geringe Unterschiede in der Förderung des lehrerunabhängigen Lernens: so sind 86,3 % der Waldorf- versus 89,4 % der Regelschüler der Ansicht, in der Schule würde gefördert, mit Mitschülern gemeinsam Sachverhalte zu erarbeiten.[3]

6.9 Individualisierung/ Differenzierung

Wie weiter unten beim Blick auf Über- bzw. Unterforderung (vgl. Kapitel „Leistung“ und Kapitel „Nachhilfe“) näher ausgeführt werden wird, ist als Kritikpunkt festzuhalten, dass die Waldorfpädagogik Schwächen in der inneren Differenzierung aufweist. Der Vorwurf der Schüler in den Interviews ist, dass, wenn überhaupt differenziert würde, der Unterricht auf die Leistungsschwachen, nicht aber auf die Leistungsstarken ausgerichtet sei. Dieser Kritikpunkt bestätigt sich auch in der Fragebogenerhebung: So sind immerhin 31,2 % der Schüler der Ansicht, gute Schüler würden nicht besonders gefördert. Auch der Befund, dass ein erheblicher Teil der Schüler sich in seinem individuellen Leistungsstand nicht gut einschätzen könne, bestätigt sich wieder: 46,9 % der Schüler sind der Ansicht, sie würden von ihren Lehrern unzureichend über ihren individuellen Leistungsstand informiert (vgl. Abb. 6.4).

[3] Antwortmöglichkeiten „trifft genau zu“ und „trifft eher zu“.

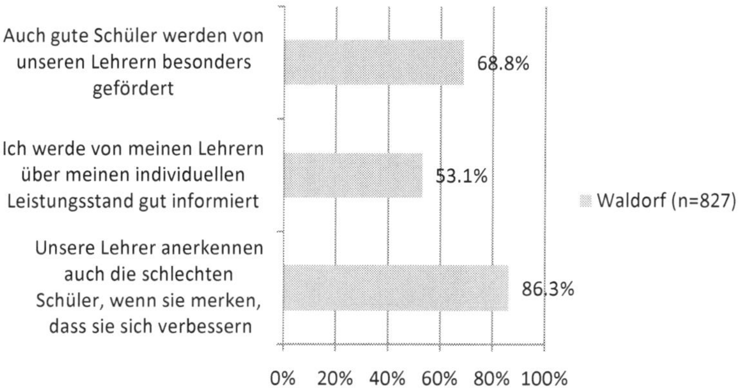

Abb. 6.4 Individuelle Förderung. Antwortmöglichkeiten „die meisten" und „viele"

6.10 Selbstwirksamkeitserwartungen

Unabhängig von der Menge der sicher erworbenen Kenntnisse und Fertigkeiten wird in der pädagogischen Diskussion immer stärker auf grundlegende Einstellungen abgehoben, die den Bereich der wahrgenommenen Selbstwirksamkeit berühren und die man auch als akademisches Selbstkonzept bezeichnet (vgl. Abb. 6.5).

Demnach verfügt der Großteil der in dieser Studie befragten Waldorfschüler über ein hohes Maß an Überzeugung, den schulischen Anforderungen gerecht werden zu können. Zudem sind sie der Ansicht, dass Schule sie darin auch unterstützt bzw. sie in ihrem Selbstvertrauen und Selbstwertgefühl stärkt. Im Sinne des Konstrukts der Resilienz sind dies wichtige Ressourcen für die Bewältigung (schul-)stressbedingter Faktoren sowie für eine gesunde körperliche wie auch psychische Entwicklung (vgl. Masten 2001). Jedoch sind auch immerhin 31,6 % der Schüler der Ansicht, die Schule habe ihnen nicht geholfen, Probleme selbständig zu erkennen. Und 33,6 % berichten, die Schule habe ihnen nicht geholfen, Probleme selbständig zu lösen. Dieser Befund verweist wiederum darauf, dass im Punkt selbstgesteuertes Lernen auch an Waldorfschulen offenbar noch Optimierungsmöglichkeiten vorhanden sind.

6.11 Lerntechniken und Ergebnissicherung

Das Lernen zu lernen gilt in der Informationsgesellschaft als eines der wichtigsten Ziele schulischer Qualifizierung. Aufgrund der Befunde zum Selbstlernen ist davon auszugehen, dass wegen des vergleichsweise hohen Anteils des lehrerzentrierten

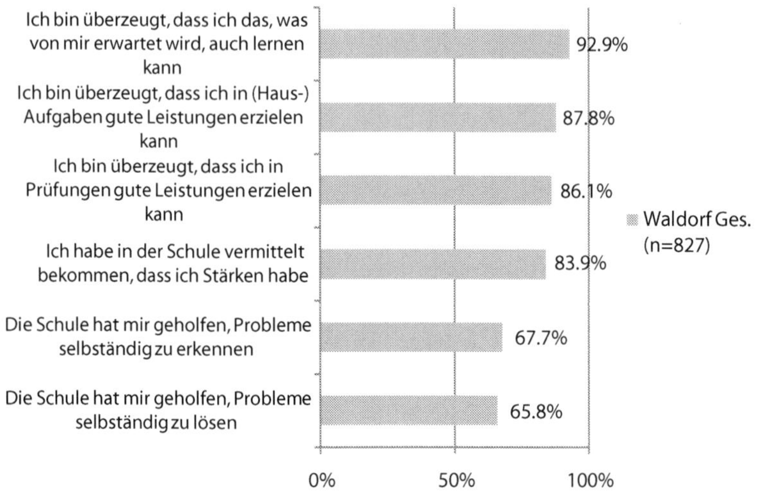

Abb. 6.5 Selbstwirksamkeitsüberzeugungen (Antwortmöglichkeiten „trifft genau zu" & „trifft eher zu")

Unterrichts die Lerntechniken der Waldorfschüler weniger breitgefächert und erprobt sind als an Regelschulen. Überraschend indes, dass hinsichtlich der meisten Techniken Waldorf- und Regelschüler in ihrer Selbsteinschätzung fast gleichauf liegen (vgl. Abb. 6.6). Offensichtlich werden diese z. T. in den lehrerzentrierten Unterricht integriert, andernteils zu Hause, z. B. beim Bearbeiten der Hausaufgaben, angewendet.

Dass Waldorfschüler ihrer Einschätzung nach seltener gelernt haben, Nachschlagewerke zu nutzen, dürfte mit dem Verzicht der Waldorfschulen auf konventionelle Schulbücher zusammenhängen, der bis in die Mittelstufe hinein besteht. Dass die Zustimmung zu diesem Item mit dem Alter kaum zunimmt, ist eventuell als Hinweis darauf zu lesen, dass Nachschlagewerken im Waldorfunterricht eine weniger bedeutende Rolle als an staatlichen Schulen zukommt. Bei den Items „Diagramme interpretieren" und „zwischen Sachdarstellung und Meinung unterscheiden" lässt sich indessen ein erheblicher Alterseffekt ausmachen, der mit der späteren Platzierung dieser Lerninhalte im Waldorflehrplan übereinstimmt. Wie auch in der DIPF-Stichprobe geben in unserer Waldorfstichprobe mit zunehmendem Alter deutlich mehr Schüler an, dass sie gelernt hätten Diagramme zu interpretieren: In Klasse 9.–10. sind es 64,3 %, bei den älteren (11.–12. Klasse) 78,6 %. Ähnlich ergibt sich beim Item zur Differenzierung von Sachdarstellung und Meinung eine Zunahme von 68,8 % auf 78,6 %.

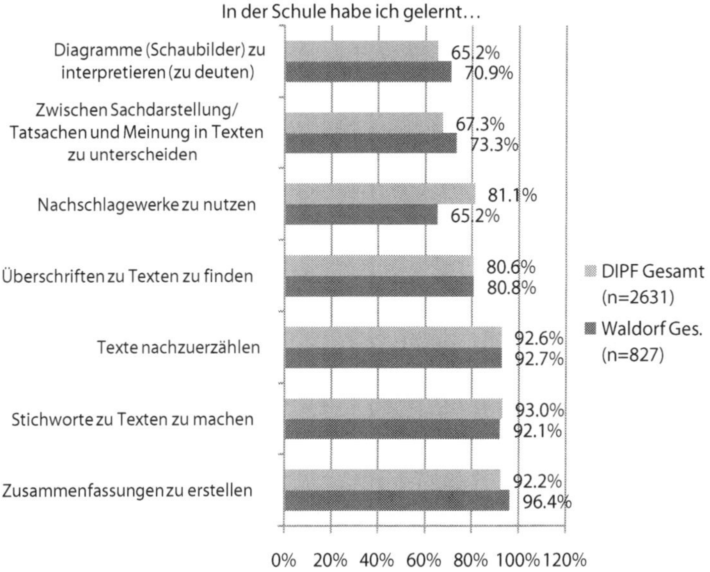

Abb. 6.6 Lerntechniken (Antwortmöglichkeiten „trifft genau zu“ und „trifft eher zu“)

Die Sicherung der Ergebnisse einer Unterrichtsstunde gilt als relevantes Unterrichtsprinzip und wird als Abschluss einer jeden Unterrichtseinheit vorgeschlagen (vgl. Wiater 2008). Offensichtlich wird dieses Prinzip – in unserer Studie operationalisiert über das Item „In der Lerngruppe halten wir Rückblick auf das, was wichtig ist“ (in allen Stunden/in den meisten Stunden/in einigen Stunden/nie) – nur begrenzt umgesetzt, an Waldorfschulen noch signifikant seltener als an den Gesamtschulen, die in die DIPF-Stichprobe einbezogen waren (in allen bzw. den meisten Stunden: DIPF 65,1 % vs. Waldorfschüler 53,8 %), ohne dass ein signifikanter Alterseffekt auftritt.

6.12 Epochenunterricht – ein überzeugendes Unterrichtsformat (Ulrike Keller)

> Als sie dieses Stück erarbeitet haben [lernten die Schüler] erst amerikanische Geschichte und dann haben sie sich Stück für Stück zu diesem Klassenspiel vorgearbeitet“. […] Das war wunderbar aufgebaut und da hat sie richtig grandios Englisch gelernt. (E♀12b)

Eine unterrichtspraktische Besonderheit der Waldorfpädagogik ist der sog. Epochenunterricht, in dem über einen Zeitraum von mehreren Wochen im täglichen Hauptunterricht, d. h. in den ersten beiden Stunden des Vormittags, ein Gegenstandsbereich behandelt wird. Das jeweilige Schwerpunktthema wird dabei interdisziplinär erschlossen, so dass z. B. in einer Chemieepoche, in der es um Verbrennungsvorgänge geht, auch Balladen („Der Feuerreiter") einbezogen werden oder in einer Geschichtsepoche zur Französischen Revolution auch französische Lieder gesungen werden. In den qualitativen Interviews wurde Eltern und Schüler dementsprechend Gelegenheit gegeben, ihre Wahrnehmungen und Einschätzungen zum Epochenunterricht zu formulieren und auch der Schülerfragebogen enthielt drei Items dazu.

Den Epochenunterricht finden 80,8 % von 827 Schülerinnen und Schülern zum Zeitpunkt der Befragung sehr gut bzw. eher gut, davon etwa ein Drittel (34,1 %) sehr gut. Auch die Gespräche mit den Schülern und den Eltern weisen darauf hin, dass die meisten den Hauptunterricht in Epochen schätzen und viele Vorteile darin sehen. Manche sind uneingeschränkt vom Epochenunterricht überzeugt:

> Hauptunterricht … wir haben das ja immer so in Epochen. Vier Wochen einen Unterricht. Das finde ich eigentlich sehr passend, dass das nicht immer durcheinander ist, sondern dass man sich immer die ersten zwei Stunden am Tage auf ein Thema konzentrieren kann, Geschichte oder so. (S♂9g)

> Finde ich gut, da kann man sich auf eine Sache konzentrieren. Man muss dann auch drei Wochen lang nur die Sachen von dem einen Fach mitbringen […] dann schreibt man die Arbeit und kann das Thema wieder abhaken. (S♀9b)

> Finde ich sehr gut. Hat eigentlich keine Nachteile. Wenn ich an meine eigene Schulzeit zurück denke, wo man eine Stunde Geschichte in der Woche hat – dagegen ist das tiefe Eintauchen in die Epoche eine wahnsinnige Chance. (E♀9a)

Nach einer Epoche befragt, die ihr besonders gefallen hat, schildert eine Schülerin diese Konzentration auf einen Unterrichtsgegenstand und die zunehmende Vertiefung des Themas im Epochenunterricht sehr anschaulich:

> Biologie mal, ich fand das sehr spannend zu erfahren, wie der menschliche Körper aufgebaut ist. Jeden Tag wurde es etwas mehr, was wir gelernt haben, jeden Tag hat man den Menschen mehr verstanden, wie man sehen kann, wie man hören kann, was für Muskeln der Mensch hat. (S♀10b)

Fast die Hälfte scheint zumindest auch gewisse Vorbehalte zu haben, da sie sich nur für die Antwort „eher gut" entschieden. Einig sind sich diese Schüler in der persönlichen Befragung im Hinblick auf die Vorzüge des Epochenunterrichts. Das

Lernen „ist halt viel intensiver" (S♂13) und „wesentlich effektiver" (S♂12a) und man kommt „relativ weit" (S♀9e). Dem entsprechen im Wesentlichen die Antworten der Eltern, wo sich auch Hinweise auf die fächerübergreifende Charakteristik finden (z. B. E♂12b). Dass sich der Epochenunterricht durch Interdisziplinarität auszeichnet, die für den Lernerfolg ebenfalls förderlich sein kann, zeigte schon die Absolventenstudie (vgl. Barz und Panyr 2007, S. 285). Dort berichteten ehemalige Waldorfschüler, dass in ihren Epochen „ja nicht nur Wissen in einem schmalen Bereich" erworben wurde, man schaute „auch ein bisschen über den Becherrand hinaus" (Barz und Panyr 2007, S. 285).

Knapp ein Fünftel (17,9 %) der Schüler beurteilt den Epochenunterricht als eher nicht gut oder nicht gut, 5,3 % davon lehnen ihn dezidiert („nicht gut") ab. In den Interviews finden sich Hinweise auf Aspekte, die für die Ablehnung ausschlaggebend sein könnten. Etwa, dass „die Pausen [...] zu lang" seien (S♀12e), dass man „zu viel in zu kurzer Zeit" lerne, „das man dann auch wieder vergisst" (S♀12f) und dass „man den Faden verliert" (S♂9a). Als nachteilig wird beschrieben, „dass man sehr viel vergisst und im nächsten Jahr oft wieder bei Null anfängt" (S♀12a) und „die Lehrer dann fast eine Woche brauchen, um den alten Stoff dann wieder präsent zu holen" (E♀9c). Und es wird das Problem angesprochen, dass es schwer falle, sich nach längeren Pausen wieder auf Chemie oder Physik einzustellen (S♂9d).

Natürlich spielt auch die jeweilige Vorliebe oder Abneigung gegenüber bestimmten Fächern eine Rolle, wobei sich dies mal als Vorteil, mal als Nachteil des Epochenunterrichts darstellt:

> Hat Vor- und Nachteile. Jeden Tag Mathe morgens, ist jetzt auch nicht so toll. Aber es ist schon angenehmer, weil man lange die Fächer nicht hat, die man nicht mag. (S♀12d)

> Da hat man mal ein paar Wochen ein Fach stark, wo man schwach drin ist und man denkt sich jeden Morgen, uff ... Andererseits hat man dann auch mal ein Fach, was Spaß macht, da ist es dann schade, wenn die Epoche zu Ende ist [...]. Manchmal denke ich, dann hätte ich das schöne Fach am liebsten jeden Tag und das andere auch, dann ist es nicht so lang. (S♂12b)

Dass die temporäre Nichtbefassung mit unangenehmen Fächern auch eine große Erleichterung sein kann, zeigt die Aussage von Eltern, deren Sohn im Grundschulalter auf die Waldorfschule gewechselt hat (vgl. Keller 2008, S. 219). Mathematik sei immer sein „Angstfach" (Dyskalkulie) gewesen. Durch den Epochenunterricht sei es indessen möglich geworden, „den nötigen Abstand zu bekommen, um dann wieder frisch ans Werk gehen zu können." Dies genieße ihr Sohn sehr. Er brauche keinen Förderunterricht mehr zu besuchen.

Einige Eltern blicken auf die Klassenlehrerzeit mit anderen Augen als auf die Oberstufe. Was sie für jene noch gut befanden, „weil man wirklich mal tief in was eintauchen kann" (E♀9g), „bis zur achten Klasse ist das wunderbar" (E♀13/11), gilt nicht mehr in gleicher Weise für die Oberstufe, da wohl im Hinblick auf die Abschlussprüfung andere Kriterien in den Vordergrund rücken:

> Gerade in den ersten Jahren finde ich das gut. […] Aber in der Neunten, jetzt gibt es eine Bio-Epoche und eine Kunstgeschichts-Epoche und wenn er die vergeigt hat, dann hat er sie vergeigt […], dann finde ich es auch wenig, da wird drei Wochen intensiv an einem Thema gearbeitet und dann liegt es brach bis zum nächsten Schuljahr. Ich würde es begrüßen, wenn wie bei den Fremdsprachen – die werden ja auch durchgehend unterrichtet – manche Fächer durchgehend unterrichtet werden. (E♂9b)

> Anderseits, und das betrifft auch wieder die Oberstufe, sehe ich, dass sie dann zum Beispiel in einem Jahr, nur eine einzige Epoche in einem Fach haben. Und wenn das vier Wochen sind, und sie sind zufällig drei Wochen von dem krank, was ja mal passieren kann, dann haben sie zwei ganze Jahre, zum Beispiel kein Physik oder irgend was gehabt. Da frag' ich mich, wo nachher das Wissen herkommen soll am Ende. Also ob man sich das dann alles ab der Dreizehnten aneignen muss. Also in einem halben Jahr Abitur-Vorbereitung … das versteh' ich nicht so ganz. (E♀9g)

Problematisch wird der Epochenunterricht aus Sicht einiger Eltern hauptsächlich in jenen Fächern, die der Übung bedürfen. Die Fächer Deutsch und Mathematik werden in diesem Zusammenhang öfter genannt. Der Unterricht in den Fremdsprachen erfolgt eher im Ausnahmefall im Epochenformat – und es werden durchaus unterschiedliche Erfahrungen artikuliert. Während einige die Überzeugung formulieren, dass Epochenunterricht in Fremdsprachen keinen Sinn mache, berichtet eine andere Mutter (s. o.) begeistert von einem englischsprachigen Klassenspiel.

Das nur vereinzelt angesprochene Problem der hohen Stoffmengen im Epochenunterricht findet sich auch in der Literatur. Ein Hinweis in dieser Richtung gibt eine Fallstudie zur Physik-Epoche des zehnten Schuljahrs an einer Waldorfschule. Es wird u. a. auf das oben genannte Qualitätsproblem hingewiesen, dass Lehrer und Schüler wegen der Stoff-Fülle und des Lerntempos unter einem starken Zeit- und Leistungsdruck gestanden hätten (vgl. Ullrich 2008, S. 120, S. 123 f.). „Die zeitliche Konzentration des Fachunterrichts auf eine einzige dreiwöchige Epoche im Hauptunterricht kann zu einer hohen Unzufriedenheit der Lehrperson – und zu massiven Aneignungsbarrieren bei vielen Schülerinnen und Schülern – führen, wenn sie nicht auch noch durch eine inhaltliche Konzentration des Lehrstoffs auf das Elementare ergänzt wird" (Ullrich 2008, S. 124). Es ließe sich ergänzen, dass der Epochenunterricht eine durchaus große Herausforderung an die Lehrkräfte darstellt, z. B. dahingehend, den Stoff sinnvoll auszuwählen und einzuteilen oder den Unterricht konsequent und geordnet zu halten.

Neben der direkten Bewertung des aktuell erlebten Epochenunterrichts wurde in den Fragebögen auch danach gefragt, wie gut die Schüler im Epochenunterricht nach eigener Einschätzung lernen. Obwohl 17,9 % der Jugendlichen den Epochenunterricht als eher nicht gut bzw. nicht gut beurteilen, sind es hier nur 11,5 %, die angeben, im Epochenunterricht im Unterschied zum Fachunterricht weniger gut bzw. überhaupt nicht gut zu lernen. Diese Differenz lässt sich eventuell so erklären, dass diese Jugendlichen den Epochenunterricht zwar momentan auf Grund des Faches, der Lehrperson oder deren Art, den Unterricht zu geben als nicht gut bzw. eher nicht gut empfinden, aber grundsätzlich die Erfahrung gemacht haben, dass er für sie zum Vorteil ist.

> Da ist es unglaublich wichtig, wie der Kontakt zu den Lehrern ist […]. Da ist der Inhalt eigentlich zweitrangig. (E♂9f)

> Epochenunterricht und auch sonst so der Aufbau vom Unterricht ist schon ganz gut. Aber es kommt halt immer auf den Lehrer an. Diesen praktischen Unterricht mag ich nicht so gerne – ich bin kein praktischer Mensch. (S♀12a)

> In Mathe ist es schrecklich. Wenn es eine Epoche ist, die interessant ist, ist es schön. (S♂12c)

Die große Mehrzahl der Jugendlichen gibt in der schriftlichen Befragung (88 %) an, gut bis sehr gut im Epochenunterricht zu lernen. Für diese Jugendlichen scheint die Pause zwischen den Epochen also kein oder kein großes Problem darzustellen. Vielleicht haben sie auch den von der Waldorfpädagogik intendierten tieferen Sinn des Vergessens und Wiederaufgreifens einer Sache erfahren – die Reifung und Anreicherung eines Gegenstandsbereichs gerade auch einer Phase, in der dieser im bewussten Denken und Erleben keine Rolle spielt. Dass „das nicht voll Verstandene […] plötzlich leicht und selbstverständlich wiedererscheinen" kann (Carlgren 1990, S. 51) gehört jedenfalls zu den eigentümlichen Grundüberzeugungen der Waldorfpädagogik. Zwar wurde dies von keinem der persönlich befragten Schülerinnen und Schüler so bewusst erfahren, dass sie es benannt hätten, doch erkennt eine Schülerin der zwölften Klasse für sich, dass das Vergessene „eigentlich […] relativ schnell wieder" komme: „Dann macht man am Anfang der Epoche eine Wiederholung". Sie glaubt, „man vergisst nicht so viel, wie man eigentlich meint" (S♀12c). Dies können einige Eltern bei den Gesprächen, die mit ihnen geführt wurden, bestätigen. Es wird deutlich, dass sie sich tiefer mit den Hintergründen des Epochenunterrichts beschäftigt haben und diese in der Realität bestätigt sehen:

Glaube ich überhaupt nicht [dass das Gelernte vergessen wird]. Ich habe den Eindruck, da wird was aufgebaut. Es hat ein Ende, es hat einen Abschluss, es ist rund. Dann kann man es auch mal beiseitelegen. Und wenn ich dann wieder anfange, weiß ich wohl, dass das eine oder andere nicht mehr so präsent ist. Aber ich denke nicht, dass es vergessen ist, sondern dass es in mir schlummert, und auch wieder aufweckbar ist, und dann darauf wieder aufgebaut werden kann. Es braucht sicher die Wiederholung, den Wiedereinstieg, aber das kann man ja machen. (E♀9f)

Aber eben dieser Gedanke, dass etwas auch ruhen oder reifen muss, das finde ich auch einleuchtend. (E♀9e)

Der Hintergrund dieses Epochenunterrichts ist ja, dass die Fähigkeiten, die geistigen und Willenskräfte auch in der Nacht wirken, das ist der Hintergrund. Beim Chemie-, Biologie- und Physikunterricht machen sie am Ende des Tages den Versuch und gehen unreflektiert nach Hause. Und am nächsten Tag besprechen sie … Das ist dann klarer. (E♂12c)

Der Epochenunterricht natürlich, den fand ich sehr spannend … und das funktioniert. Und ich muss sagen, dass es wirklich so ist, die Sachen, wenn Sie sich wirklich intensiv mit einem Thema beschäftigen und das dann absinken lassen und nach 'ner Zeitlang das dann wieder auffrischen, dass es dann wirklich so tief angelegt ist, dass es einfach da ist. Das find' ich schon mal sehr spannend. (E♂9d)

Ob beim Wiederholen des Stoffes in der nächsten Epoche eine höhere Stufe des Begreifens und Erfahrens bei den Schülern erreicht wurde, wird durch die Gespräche mit ihnen nicht belegt. Doch spielt dabei, wie es ein Junge der zwölften Klasse schildert, die Art des Unterrichtens eine Rolle:

Was Steiner gesagt hat, man soll Urbilder schaffen, gerade für Kleinere, bildlich unterrichten und das funktioniert wirklich. Dort, wo bildhaft erzählt wurde, blieb es hängen. (S♂12c)

Besonderen Eindruck hinterlassen auch erfahrungsintensive Epochen:

Mit unserem Klassenlehrer noch die Feldbauepoche […]. Wenn wir morgens um acht aufs Feld gegangen sind und gepflügt haben, das hat uns total zusammengeschweißt. (S♂12e)

Oder die Geographie-Epoche, ja das ist vielleicht die einprägsamste bei Lisa. Die hatten einen Lehrer, der unglaublich gerne Geographie unterrichtet hat und der ist irgendwie durch Deutschland durchgegangen anhand der Elbe, von Norden bis zur Quelle in Tschechien und hat die einzelnen Regionen dann durchgenommen, die so dran liegen. Und hat dann, als er in Sachsen war, hat er den gesamten Unterricht auf sächsisch gemacht. Und das ist natürlich toll, das begeistert die Kinder auch. (E♀9g)

Differenziert man die Antworttendenzen zum Epochenunterricht nach Klassenstufen (9.–10. vs. 11.–13.) dann bewerten die Älteren den Epochenunterricht etwas besser als ihre jüngeren Mitschüler. Statistisch signifikant ist z. B. der Alterseffekt bei den Antworten zum *erfolgreichen Lernen* im Epochenunterricht. Nahezu zehn Prozent mehr Jugendliche der älteren Jahrgänge geben an, „sehr gut" (37,2 %) zu lernen. Interessant erscheint, dass auch bei der Befragung von Absolventen von Waldorfschulen die Überzeugung, Epochenunterricht sei sinnvoll, von den jüngeren zu den älteren Jahrgängen ansteigt (vgl. Randoll 2007, S. 177). Die wahrscheinlich plausibelste Erklärung für diese Alterseffekte dürfte darin liegen, dass mit fortschreitendem Alter und größerer Lebenserfahrung immer stärker Aspekte des nachhaltigen Lernens im Vergleich zum kurzfristigen Prüfungswissen in den Vordergrund treten.

Jene Jugendlichen, die seit der ersten Klasse die Waldorfschule besuchen, sind dem Epochenunterricht insgesamt noch mehr zugeneigt als jene, die in die Waldorfschule quereingestiegen sind. 92,1 % der Schüler, die in die Waldorfschule eingeschult wurden, lernen im Epochenunterricht gut bis sehr gut. Bei den Quereinsteigern sind es 82,8 %, d. h. über 9 % weniger. Man könnte angesichts dieser Daten spekulieren, ob die zwar immer noch sehr hohe, aber im Vergleich zu den grundständigen Waldorfschülern etwas eingeschränktere Zustimmung als Hinweis auf die besseren Vergleichsmöglichkeiten der ehemaligen Regelschüler oder als Hinweis auf Eingewöhnungseffekte zu interpretieren ist.

Die Daten zeigen weiterhin, dass mit zunehmend positiver Beurteilung der Waldorfschule insgesamt auch der Epochenunterricht zunehmend positiver gesehen wird. Interessant ist auch die Tatsache, dass selbst bei jenen Schülern, die ihre Waldorfschule eher nicht gut bewerten, doch noch nahezu zwei Drittel bzw. bei denjenigen, die ihre Schule als „überhaupt nicht gut" einstufen immer noch ein Viertel den aktuellen Epochenunterricht eher gut bis sehr gut finden. Wie schon in der Absolventenstudie zeigt sich auch hier, dass eine positive Einstellung zum Klassenlehrerprinzip einhergeht mit einer besseren Beurteilung des Epochensystems (vgl. Randoll 2007, S. 209).

Als Fazit kann festgehalten werden, dass die allermeisten Waldorfschüler den Unterricht in Epochen schätzen. Es sollte jedoch auch jene kleine Minderheit in den Blick genommen werden, die offenbar Schwierigkeiten hat, in diesem Format mit Erfolg zu lernen. Gerade weil nicht davon ausgegangen werden kann, dass diese Gruppe in konventionellen Unterrichtssettings besser lernen würde, sollten alle Anstrengungen unternommen werden, den Unterricht in Epochen zu verbessern, so dass alle Schüler davon profitieren. Die ultimative Zielvorgabe wurde von einer Mutter im Gespräch über den Epochenunterricht idealtypisch auf den Punkt gebracht:

> Ja eben, dass sie das Wissen auf eine Art und Weise erlernen, dass sie es auch nicht mehr vergessen. Die kennen sich einfach aus in Geschichte oder sie kennen sich aus in der Erdkunde oder so. (E♂9d)

Wie das im Unterricht Entwickelte zum bleibenden Besitz wird, dazu formulierte Rudolf Steiner Anregungen, die durch die heutigen Erfahrungen von Schülern und Eltern bestätigt werden. Tragende Elemente der Erinnerung sind die Ansprache des Gefühlslebens des Lernenden, Humor und Spannungen bzw. Erwartungen, die hervorgebracht werden.

> Es [...] sind viele Erinnerungshilfen vorhanden für das Kind, wenn wir versuchen, [...], in einer temperamentvollen Weise den Unterricht zu begleiten mit Gefühlsmäßigem; wenn wir mit anderen Worten so in den Unterricht eingehen, daß wir ihn immerfort durchspicken mit der Möglichkeit, daß das Kind zu einem sanften, inneren, nicht ganz herauskommenden humorvollen Lächeln über das eine oder das andere kommt, oder auch zu einer gewissen Herbigkeit oder Traurigkeit kommt; wenn wir also versuchen, niemals bloß bei dem Intellektuellen zu bleiben, sondern überzugehen zu Gefühlsbegleiterscheinungen des Unterrichtens.
>
> [...] Wir sollten zum Beispiel auch beim Physikunterricht, beim Geometrieunterricht, beim trockensten Unterricht versuchen, das Gefühlsleben des Kindes in Regsamkeit zu bringen. Wir sollten dasjenige, was wir gerade im Gedankengang haben, auf unmittelbar Naheliegendes ablenken, [...], indem wir anknüpfen an das eine oder das andere Kind, [...]: Wenn du dies machst und dir dabei das passiert – [...], namentlich dasjenige hineinmischen, was bei dem Kinde Spannungen hervorbringt, was Erwartungen hervorbringt und Entspannungen, die eintreten sollen, wenn wir das Kind auf etwas führen sollen. (Steiner 1978, S. 13f)

Auch das bildhafte Unterrichten, durch das im Menschen eine Vorstellung geweckt wird, die wiederum an seine Gefühle anknüpft, lässt ihn das Erlernte erinnern. Dass die emotionale Beteiligung das Lernen und die Behaltensleistung erheblich verbessert, beruht nicht nur auf unseren Erfahrungen, sondern ist neurobiologisch erforscht und nachgewiesen.

> Ganz allgemein lässt sich Folgendes festhalten: Was den Menschen umtreibt, sind nicht Fakten und Daten, sondern Gefühle, Geschichten und vor allem andere Menschen. [...] Ein Lehrer muss in der Lage sein, über Sachverhalte seines Faches interessante Geschichten zu erzählen. (Spitzer 2009, S. 160, 194)

Die Erfahrung zeigt, dass auch bei „konventionell portioniertem" Unterricht in den Regelschulen Inhalte von abgeschlossenen Themen vergessen werden, wenn sie im wahrsten Sinne des Wortes *abgeschlossen* bleiben. Verschiedene allgemein anerkannte didaktische Prinzipien wie das Spiralprinzip, das Prinzip des Übens und der Wiederholung, der Selbsttätigkeit helfen, das Erlernte zu sichern und auszubauen. Auch Rudolf Steiner weist auf diese Elemente hin:

> Sie lehren, will ich sagen – wie es dem kindlichen Gemüte angemessen ist –, die Addition im 1. Schuljahr, Sie kommen auf die Addition im 2. Schuljahr wieder zurück und lehren mehr darüber; im 3. Jahre kommen Sie ebenfalls wieder darauf zurück. So daß sich derselbe Akt wiederholentlich, nur in progressiven Wiederholungen abspielt. (Steiner 1990, S. 89 f.)

Das zeitweise Vergessen der Inhalte in den Phasen zwischen den Epochen ist von der Waldorfpädagogik nicht nur eine lästige Begleiterscheinung des Unterrichtens, sondern bewusst gewollt:

> Was die Nacht zwischen den Unterrichtstagen, das bedeutet die Pause zwischen den Epochen eines Faches. Um aus Kenntnissen Fähigkeiten zu bilden, ist das Erinnern und Wiederbegegnen des Untergesunkenen genauso wichtig wie das Erwachen aus dem Schlaf. (Carlgren 1990, S. 51)

Für das Lernen und Üben grundlegender Inhalte vor allem in Mathematik oder auch in der Rechtschreibung scheint der Epochenunterricht indes nicht immer auszureichen. Das mag auch daran liegen, dass die Pausen vielleicht bisweilen zu lange dauern. So erscheint es als eine sinnvolle Einrichtung der Waldorfschulen, zusätzlich zum Epochenunterricht ab einer bestimmten Klassenstufe Üb- bzw. Fachstunden anzubieten. Dies wird im Hinblick auf den Beginn und auf die Anzahl der Stunden von Waldorfschule zu Waldorfschule sehr unterschiedlich gehandhabt. Auch bereits in der Klassenlehrerzeit, vielleicht schon mit Beginn der dritten Klasse kann mindestens eine Übungsstunde wöchentlich mit jeweils der halben Klasse eingeführt werden (vgl. Keller 2008, S. 367), die sich später auf zwei oder drei Stunden erhöht. Im Hinblick auf die große Zahl der Waldorfschüler, die Nachhilfeunterricht erhalten (vgl. Kapitel „Nachhilfe“), scheint dies dringend notwendig. Auch wäre zu diskutieren, ob die prüfungsrelevanten Fächer im letzten Jahr der Prüfung durchgehend unterrichtet werden sollten, wie es teilweise bereits, zumindest in der dreizehnten Klasse, geschieht (S♂13).

Dennoch darf das Prinzip des Epochenunterrichts in vielerlei Hinsicht als wichtige methodische Besonderheit auch durch die Befunde der vorliegenden Studie als bestätigt gelten, wie durch ein letztes Zitat unterstrichen wird:

> Andererseits so ein Thema wie Parzival oder Faust kann man sich gar nicht anders vorstellen wie als Epoche, weil das [andernfalls] total zerrissen wäre. (S♂13)

6.13 Lehrerpersönlichkeiten

Die Frage, was einen guten Lehrer ausmacht, beschäftigt die Forschung schon viele Jahre. Aus Sicht von Schülern hat das Lehrerhandeln dann hohe Qualität, wenn es sich auszeichnet durch verständnisvolle Umgangsformen, Konsequenz, Gerechtig-

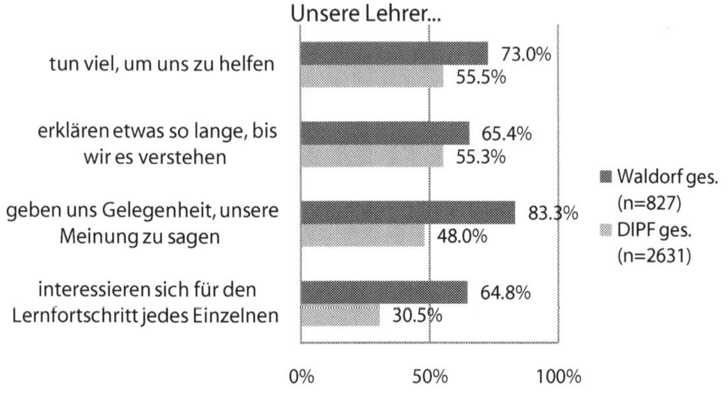

Abb. 6.7 Unterstützung durch die Lehrkräfte im Vergleich zwischen Waldorfschülern und Gesamtschülern

keit, Geduld, das Herstellen von Ruhe und Ordnung und Arbeitsmöglichkeiten. (vgl. Apel 2002, S. 13)

Gutes Lehrerhandeln wird aktuell häufig über effektive Klassenführung operationalisiert. Die Forschung über effektive Klassenführung hebt Vertrauen und aktive Vertrauensbildung als wesentliche Qualität der Interaktion zwischen Lehrpersonen und Lernern hervor. Als weitere ausschlaggebende Merkmale gelten: Das Aktivieren und Motivieren der Schüler, die Unterrichtsorganisation, der effektive Umgang mit Störungen, die didaktische Kompetenz der Lehrkräfte, die methodische Vielfalt im Unterricht sowie der Wechsel zwischen Instruktion und Konstruktion (vgl. Kiel 2010, S. 780).

Was aber verstehen Waldorfschüler und -eltern unter einem „guten" bzw. „schlechten" Lehrer(handeln)? Dieser Frage wurde in der vorliegenden Studie sowohl in der Fragebogenerhebung als auch in den Interviews nachgegangen.

Die Antworten von Schülern und Eltern an Waldorfschulen weisen in dieselbe Richtung: ein Lehrer gilt als gut, wenn er zentrale Unterrichtprinzipien verwirklicht. Das *Prinzip der Schülerorientierung* steht dabei im Zentrum. Sie wird im Vergleich mit Regelschülern (DIPF) an Waldorfschulen offenbar sehr viel besser erfüllt (vgl. Abb. 6.7):

57,9 % der Schüler hatten auf die Frage, weshalb ihre Eltern die Waldorfschule gewählt haben, angegeben, dass diese erwartet hätten, dass dort mehr auf die Schüler eingegangen würde. Die vorliegenden Befunde bestätigen diese Annahme.

Im Folgenden werden einige Zitate von Schülern und Eltern vorgestellt, die das Prinzip der Schülerorientierung berühren.

> Der Deutsch- und Geschichtslehrer, den ich jetzt noch habe. [...] der macht halt ganz viel Projekte, macht nicht so Frontalunterricht, stellt sich nicht nach vorne und erzählt was, sondern bezieht uns mit ein, lässt uns selber denken und denkt sich immer was aus, dass wir Spaß daran haben, was Kreatives. Und dann lernt man, ohne es richtig zu merken. Macht einfach Spaß bei ihm [...] Dass er sich darum kümmert, was wir lernen wollen. Und dass er guckt, wie weit wir uns konzentrieren können, ab welchem Punkt wir vielleicht etwas anders machen sollten, weil wir einfach nicht mehr zuhören können. Dass er einfach auf uns eingeht. (S♀9e)

> Meine Sportlehrerin, mit der habe ich auch ein gutes Verhältnis. Wir haben Barrenturnen, ich mache das schon mit, für mich ist das eine Überwindung, weil ich vor solchen Sachen schon Angst habe und sie ermutigt mich dann und freut sich, wenn ich es schaffe. (S♀10a)

> Das ist immer so, dass die guten Lehrer die sind, die sich für die Kinder interessieren und engagieren. (E♂12f)

> Die Eurythmielehrerin ist sehr engagiert, emotional auch. Sehr klar von den Anforderungen her, geht da auch sehr souverän mit den Kindern um, hat auch viel Spaß, mit denen zu arbeiten [...]. Am besten sind die Lehrer, die einfach herzlich und engagiert sind. Wo die Kinder sich auch angenommen fühlen. Und gut vorbereitet sind, und selbstsicher vor der Klasse stehen. (E♀9c)

Ein weiterer Aspekt der Schülerorientierung ist das Interesse am Lernfortschritt der Schüler, das vergleichend mit der DIPF-Studie ausgewertet wurde (vgl. Abb. 6.8).

Insgesamt ergibt sich ein eher uneinheitliches Bild: Waldorflehrer scheinen in stärkerem Maße als die Gesamtschullehrer darum bemüht, Lernfortschritte ihrer Schüler zu honorieren. Demgegenüber scheinen Lehrer an hessischen Gesamtschulen vergleichsweise häufiger darauf Wert zu legen, Aufgaben an die Schüler zu stellen, bei denen sie über etwas Neues nachdenken müssen oder für die im Unterricht bereits eine Musterlösung gefunden wurde. Das könnte für eine stärkere Förderung des Transferdenkens in den Gesamtschulen sprechen – andererseits werden neue Lösungswege stärker von Waldorf- als von Gesamtschullehrern wertgeschätzt.

Die Schülerorientierung hängt weiter eng mit der Rückmeldung über den eigenen Leistungsstand zusammen, die in der Fragebogenerhebung weniger günstig eingeschätzt wurde – nur 53,1 % der Schüler fühlen sich von ihren Lehrern über ihren individuellen Leistungsstand gut informiert. Vergleichbare Hinweise ergab schon die Waldorfabsolventenstudie (Randoll 2007, S. 206). Die besondere Förderung guter Schüler wird dagegen von mehr Befragten als gegeben bewertet (vgl. Abb. 6.9).

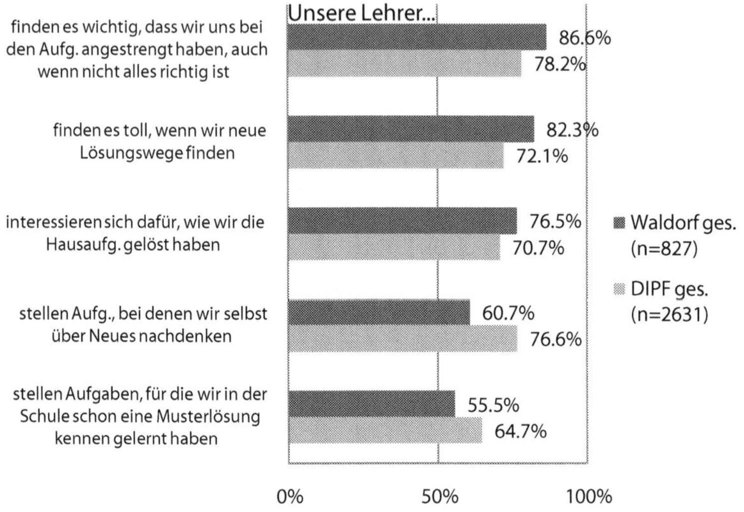

Abb. 6.8 Interesse am Lernfortschritt im Vergleich zwischen Waldorf- und Gesamtschülern

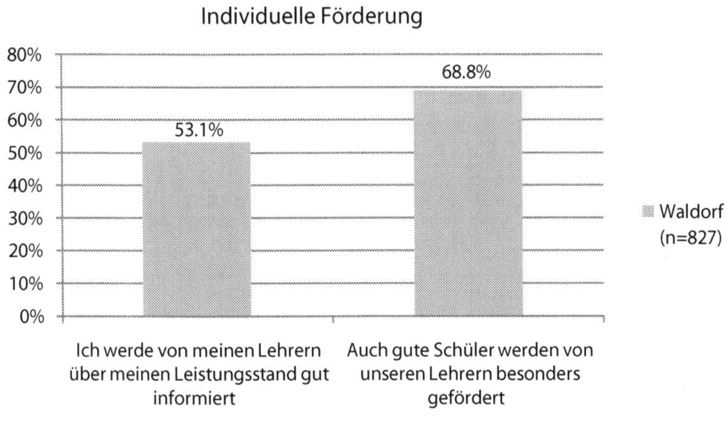

Abb. 6.9 Individuelle Förderung (trift zu für „die meisten Lehrer"/ „viele Lehrer")

Der *Aspekt der Sachorientierung* wird überraschenderweise nur vereinzelt aufgegriffen, oft in den höheren Jahrgangsstufen im Rückblick auf die eher mangelnde Sachorientierung der Klassenlehrer.

> Ich schätze meine Geschichtslehrerin wegen ihrem Wissen sehr, sie kann super Zusammenhänge erkennen und vermitteln. (S♀12a)

> Viele, es gibt sehr viele, die ich wahnsinnig schätze. Mein Chemielehrer, der auch mein Biologielehrer ist, den schätze ich sehr, mit dem unterhalte ich mich im Gang auch immer lange. Der weiß so wahnsinnig viel, wenn man ihn fragt, ‚der Specht, der müsste doch eine Gehirnerschütterung haben vom vielen Klopfen'. Da weiß er auch sofort eine Antwort. (S♀10a)

Als zentral wird weiter das *Unterrichtsprinzip der Motivierung* erachtet, das in der Praxis wie auch in den Erläuterungen der Befragten eng verknüpft ist mit dem *Prinzip der Lebensweltnähe*:

> Das ist die beste Lehrerin der Schule: total freundlich, mögen alle, bringt uns gut was bei, erklärt prima, macht mit uns Sachen, z. B. mal eine CD laufen lassen mit einem Lied, das wir gerade durchgenommen hatten [...] Meine Sportlehrerin, sie guckt halt, dass sie uns was beibringt, was wir brauchen können, dass wir nicht immer das gleiche machen, dass sie unseren Wünschen auch nachkommt, da guckt sie, dass sie einen Termin findet, z. B. Weitsprung zu machen, oder z. B. Fußball spielen im Unterricht vor der EM. (S♀9c)

> Mathe und Bio [...] die Motivation, die man beim Lehrer sieht, die Begeisterung für das eigene Fach, das überträgt sich dann auf die Schüler. (S♀12b)

> Die Musik ist so eine Art Bewegung. Eine Art von Geräuschen. Wir können Vorträge halten über unsere Lieblingsrapper, das habe ich gleich zwei Mal gemacht, weil ich das so cool fand, zu sehen, wie die zu ihrer Musik gekommen sind. Die meisten Rapper hatten ja keine so coole Jugend und so sehen, wie die dann dahin gekommen sind, die wirklich etwas erlebt haben und etwas zu sagen haben. Mc Bogy, lebt in Berlin, schon als Kind hatte er unkontrollierbare Aggression, keine Bilderbuchkindheit. Du kannst dich in ihm widerspiegeln. (S♂9a)

> Der Klassenlehrer selbst und die Religionslehrerin ist fantastisch. Die Religionslehrerin spricht Themen mit den Kindern an, da hätten unsere nicht im Traum dran gedacht, das zu machen. Sterben, da sind sie auf Friedhöfe gegangen, in die Leichenhalle. (E♀9d)

Abgesehen von Unterrichtsprinzipien werden häufig die Persönlichkeit bzw. *Persönlichkeitsmerkmale der Lehrkräfte* in den Fokus gerückt, teilweise mit Verweis auf die *Grundprinzipien guter Klassenführung* wozu nicht zuletzt *natürliche Autorität* und *Durchsetzungsvermögen* gehören:

> Er muss selbst an seinem Stoff interessiert sein und er muss streng sein. Schon ein gewisses Maß an Humor, aber die Grenzen aufzeigen. (S♂13)

Auf jeden Fall klare Führung und Herzlichkeit noch dazu. (E♀11)

Das ist die Französischlehrerin, das ist eine Person, die hat Autorität, bei der ist es ruhig in der Klasse. So verrückt wie das ist, aber die Kinder nervt das selbst, wenn das total laut ist, wenn sie sich nicht konzentrieren können. Und sie lernen viel, üben auch und sie ist trotzdem sehr menschlich, sehr weich, verständnisvoll. (E♀9b)

Unterschiedlich. Manche sind Menschen mit Ecken und Kanten, die einfach echt sind. Und deswegen von den Kindern auch akzeptiert oder respektiert werden, und andere sind einfach talentierte Lehrer. Die haben so viel Ideen und wissen spontan in Situationen mit großen Schülergruppen umzugehen. (E♀9g)

Als wichtige Voraussetzungen für guten Unterricht finden sich Hinweise auf *Humor, Authentizität, innere Ruhe und Kompromissbereitschaft:*

Die Chemielehrerin. Die Frau ist einfach gut drauf, sie hat den Ruf, dass sie nichts anderes kann als lachen, ich habe sie auch immer nur so gesehen. Oder der Schmieden-Lehrer ist ein netter Mann, für Späße bereit, klasse. (S♂12b)

Unsere Englischlehrerin und Eurythmielehrerin. Das kommt vielleicht daher, dass sie jünger sind. Die meisten Lehrer, echt 80 %, sind über 50 und man hat nicht mehr so die Beziehung zu ihnen. Bei unserer Englischlehrerin, die ist Mitte 30, mit der lachen wir total viel, wir haben eine sehr gute Beziehung und allein schon deshalb ist es uns wichtig, dass wir aufmerksam sind. (S♀12e)

Was die Schüler beeindruckt, ist, wenn das authentische Persönlichkeiten sind. Egal, ob man die als Eltern so toll findet oder nicht, wenn das einfach ein Charakter ist, wenn da Hintergrund ist. (E♂9g)

Die [„guten" Lehrer] können das vermitteln. Die [Kinder haben] mindestens in der Mittel- und Oberstufe ein zutreffendes und feines Gefühl dafür, ob das was Aufgesetztes ist, oder ob die Lehrer authentisch sind, die Authentizität. Waldorflehrer können sich nicht tarnen, ob sie wirklich an sich selber konsequent arbeiten und sich wirklich transformieren können oder ob das ihre Pflichtaufgabe ist. (E♂12h)

Er ruht sehr in sich selber. Er hat eine sehr starke innere Kraft. Sehr ruhig und sehr gelassen. [Auf der Klassenfahrt] war er stets verhandlungsbereit. Hat schon gesagt, ‚jetzt Feierabend', und dann war immer noch nicht Feierabend, und er war da immer noch kompromissbereit, und verhandlungsbereit [...]. Er hat es damit geschafft, die Schüler für sich einzunehmen. Damit hat er den Zugang offen gehalten. (E♀9f)

An diesem Beispiel, das dem Ruf nach mehr Strenge oder Autorität entgegenzustehen scheint, wird deutlich, dass das wirkliche Interesse an den Schülern den Ankerpunkt für die Bewertung einer Lehrkraft bildet – ist dies erfüllt, ist die Frage wie

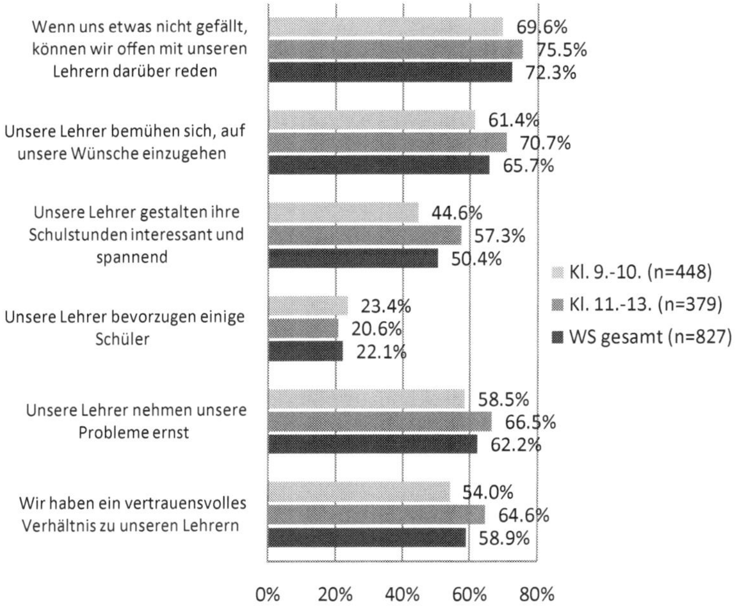

Abb. 6.10 Einschätzung des Verhältnisses zu den Lehrkräften

streng oder permissiv sie agiert eher sekundär. Insgesamt wird das Zusammenspiel zwischen den genannten Faktoren als optimal erachtet:

> Begeistert, einen interessanten Unterricht machen, eine Autorität darstellen, aber dennoch ein Vertrauensverhältnis zu den Schülern haben. (E♂9c)

Auf Basis der Quantifizierung zeigt sich, dass ein überwiegender Teil der Schülerschaft das Verhältnis zu den Lehrkräften im Sinne der obigen Beschreibungen als positiv beurteilt. Dabei fällt auf, dass die Oberstufenschüler ihre Lehrkräfte positiver beurteilen als die jüngeren Schüler – möglicherweise aufgrund der Pubertät, in der die jüngeren Schüler Autoritäten grundsätzlich stärker in Frage stellen, möglicherweise auch aufgrund dessen, dass das Lehrer-Schüler-Verhältnis mit zunehmendem Alter egalitärer wird (vgl. Abb. 6.10).

Zwei der in diesem Zusammenhang den Waldorfschülern zur Beantwortung vorgegebenen Fragen wurden wiederum der SEL-Studie des DIPF entnommen. In beiden Stichproben (Waldorfschüler und Gesamtschüler aus Hessen; 12. Jahrgangsstufen) vertreten jeweils zwei Drittel die Auffassung, dass die meisten/viele Lehrer die Probleme der Schüler ernst nehmen würden. Hingegen attestieren bedeutend mehr Waldorf- (57,3 %) als Gesamtschüler (21 %) ihren Lehrern eine interessante und spannende Unterrichtsgestaltung. Ein Befund, der sich bereits in der vergleichenden Studie von Randoll (1999) ergeben hat. Ein Interpretationsansatz bezieht sich auf die Freiheit vom Lehrplan und die Freiheit von Leistungsbeurteilung im Sinne der klassischen Bewertung mit Ziffernnoten. Diese Merkmale ermöglichen es Waldorflehrern offensichtlich, sehr viel stärker schülerorientiert und motivierend zu unterrichten. Hinzu kommt, dass die Waldorfpädagogik sehr viel grundlegender als der Regelschullehrplan Lerninhalte vorsieht, die die Kinder emotional mit sich verbinden können – dass „insbesondere im Hinblick auf die Motivation für lernen [...] die emotionale Komponente wesentlich" ist (Mandl 2010, S. 21), ist vielfach belegt.

6.14 Was machen schlechte Lehrer anders?

Zu der Frage, was einen „schlechten" Lehrer ausmache, wirken die Einschätzungen der Eltern differenzierter als die der Schüler – so werden selten nur die positiven bzw. ausschließlich die negativen Seiten einer bestimmten Lehrkraft beschrieben. Ein Beispiel für diese Differenziertheit ist die Aussage zu einem ehemaligen Klassenlehrer:

> Das ist ein Künstler, durch und durch, also ein Geiger. Und das war seine einzige Klasse als Klassenlehrer, die er je gehabt hat. Sonst ist er Musiklehrer gewesen. Der hat alles, was er gemacht hat, durchdacht und gewusst, warum er das macht, also jede Kleinigkeit. Das war natürlich wunderbar, weil er jedes Kind so im Blick hatte und Dinge extra so und so gemacht hat, weil es für dieses und jenes Kind gut ist. Der Nachteil war, dass er immer ein Stückchen über dem Boden schwebte und die Dinge nicht auf die Reihe gekriegt hat oft, weil es einfach viel zu viel ist. Weil man manchmal so pragmatisch einfach Dinge durchziehen muss, damit man den Alltag überhaupt bewältigt. Und dafür hat er sich einfach zu viel Gedanken gemacht. Aber im Großen und Ganzen ist das ein ganz echter Mensch gewesen an dem man sich so bilden kann, eigentlich. (E♀9g)

Die Aussagen der Schüler sind meist eher schwarz-weiß: Wird eine Lehrkraft als sehr gut eingeschätzt, gilt das für alle Facetten ihrer Persönlichkeit, ihres Unterrichts und häufig sogar für ihr Unterrichtsfach (z. B. mehrfach „die beste Lehrerin der Schule"). Umgekehrt gilt diese Regel ebenfalls, was teilweise zu sehr harten Urteilen über „schlechte" Lehrkräfte führen kann, wie folgendes Beispiel zeigt:

> Wir haben einen bescheuerten Englischlehrer, der kann nichts und wird auch nie etwas können, der ist wirklich doof. Völlig unfähig, total fehl am Platze, im Leben fehlgeschlagen. Ich mag diesen Menschen nicht. Er ist nicht verheiratet, lebt allein mit seinem Hund, trägt rosa Hemdchen als Mann, kriegt einen Bierbauch im zarten Alter

> von 40 Jahren. Er ist unecht, ist unsympathisch. Ich mag echte Menschen sehr gerne, die das sind, was sie sagen [...] Sein Unterricht war nie strukturiert. Er für sich wäre in England und Amerika sehr gut klargekommen, er kann Englisch sprechen, schreiben, sich ausdrücken. Unterrichten konnte er es nicht. (S♂12a)

Häufig wird der Aspekt der mangelhaften Motivierung der Schüler aufgrund fehlender Lebensweltnähe illustriert:

> Ich will jetzt nicht immer so viel Unsinn bauen, mich bessern in allen Fächern. Mit meiner Russischlehrerin muss ich jetzt irgendwas machen. Im letzten halben Jahr war Russisch bei meiner Lehrerin schlafen, abschalten, nichts machen. Ich bin, wie man sich denken kann, in der B-Klasse. Ich habe einen Jungen in meiner Klasse, der schläft jeden Russisch-Unterricht, der schläft wirklich, dann kommt die Lehrerin und sagt, ‚du wachst jetzt auf!', weckt ihn, dann schickt sie ihn raus, ‚geh' mal paar Runden, damit du nicht wieder einschläfst', dann geht er ins Schülercafé und pennt weiter. Sie hat auch kein Interesse. Statt ihn zu motivieren, eine Musik abzuspielen, die er mag auf Russisch, machen wir halt: ‚ich bin so und so alt'. (S♂9a)

Unfaires, verletzendes oder demütigendes Verhalten von Lehrkräften z. B. aufgrund von Leistungsschwächen oder Antipathien sind ebenfalls öfter genannte Gründe, die angeführt werden um zu begründen, weshalb eine Lehrkraft abgelehnt wird:

> Es gibt einen Lehrer in der Oberstufe, mit dem die meisten ihre Probleme haben, der macht Deutsch und Geschichte. [Er ist] sehr konservativ, liebt es auch unter Nennung der Namen schlechte Beispiele vorzulesen [...] und hat Leute vor der Klasse runtergemacht. (S♀12g)

> Der geht nicht so auf die Schüler ein. Der versucht immer sein Ding durchzuziehen. Und ist dabei auch meistens ungerecht. Und irgendwie, der fühlt sich irgendwie auch besser, oder so was. Der gibt einem immer irgendwie das Gefühl, als ob der uns alle für doof erklärt. Er ist schon blöd. (S♀9a)

> Unsere Französisch-Lehrerin. Ich hatte bei ihr einen Stein im Brett, mich hat sie schon immer gut behandelt. Aber zu anderen war sie echt richtig fies, in der 5. hatten viele richtig Angst vor ihr. (S♀12e)

> Es gibt auch Lehrer, mit denen ich nicht gut klar komme. Vor allem ein Lehrer, bei dem haben wir darstellende Geometrie und der ist einfach ziemlich komisch. Der bevorzugt immer Mädchen und hat die Jungs auf dem Kieker. Besonders die Mädchen mit 'nem tiefen Ausschnitt mag er besonders gerne. (S♀9b)

Diese Ungerechtigkeit kann sich auch darin äußern, dass verschiedene Maßstäbe angesetzt werden, der Lehrer also seine Vorbildfunktion nicht wahrnimmt.

> Es gibt Lehrer, die sagen ‚wehe, ihr gebt irgendwas zu spät ab, dann gibt es heftige Strafen'. Und dann bekommt man erst nach einem dreiviertel Jahr die Arbeit zurück,

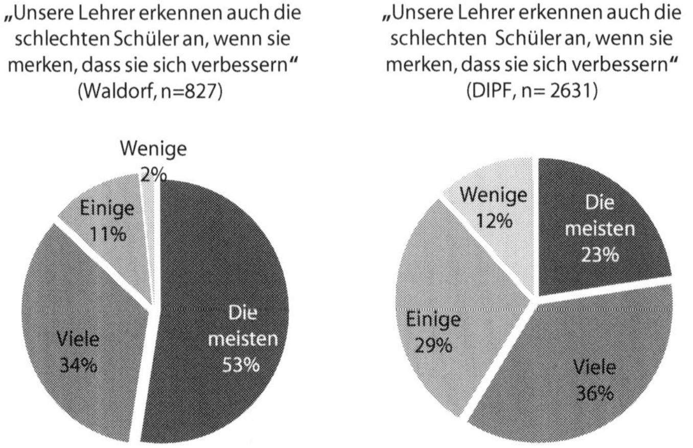

Abb. 6.11 Leistungsunabhängige Anerkennung der Schüler im Vergleich zwischen Waldorfschulen und DIPF

> wenn man schon nicht mehr genau weiß, worum es eigentlich ging [...]. Das sind falsche Maßstäbe, wenn man sagt, ‚beim Schüler muss alles perfekt sein, aber was der Lehrer macht, ist egal'. (S♀12c)

Ähnlich argumentieren auch die Eltern, wenn ihnen deutlich wird, dass Lehrkräfte ihre Kinder wenig wertschätzen:

> Da war eine Religionslehrerin, da habe ich mir nur gedacht, ‚meine Güte!' Die überhaupt nicht auf die Kinder geachtet hat, sie hat mal gesagt: ‚hat der [Sohn der Befragten] einen Dachschaden?' Null Gefühl. (E♂12f).

> Der Klassenlehrer. Er hatte keine Beziehung zu den Kindern oder nur zu denen, die aus seiner Sicht besonders gut waren. Er war Musiklehrer, die musikalischen hat er gefördert, die anderen hat er nicht wahrgenommen. (E♂9c)

Als problematisch gilt in der schulpädagogischen Forschung (vgl. z. B. Meyer 2004) eine *leistungsabhängige Wertschätzung den Schülern* gegenüber, die an Waldorfschulen deutlich seltener vorzukommen scheint als an Regelschulen, wie Abb. 6.11 zeigt.

Der Übergang von der stark lehrerzentrierten Unterrichtsführung in der 8-jährigen Klassenlehrerzeit zur Waldorf-Oberstufe mit der viel stärkeren Betonung von Freiheit und Eigenverantwortung der Schüler wird nicht immer als ideal gestaltet wahrgenommen. Hier werden gelegentlich Disziplinprobleme berichtet:

> Der macht keinen guten Unterricht, der macht die Oberstufe. Der hat keine Disziplin in der Klasse, der übernimmt in der Regel die 9. Klassen in Englisch und der hat eine ganz andere Methode als in der Unter- und Mittelstufe,...da gibt es so einen Bruch, er hat so die Einstellung, die mit Sicherheit auch gut und richtig ist, später: ‚Ich mache Euch ein Angebot zu lernen, oder ihr lasst es bleiben', z.B. ‚wer den Test mitschreiben will, der kann ja bleiben und der Rest kann gehen'. Wir hatten schon diverse Elternabende, auch im Beisein der Kinder, wo ganz klar ist, die Kinder suchen ihre Grenzen, aber die setzt er nicht. Und das ist ein Bruch, man kann die nicht so von der 8. in die 9. Klasse schicken, das muss eine langsamere Entwicklung sein. (E♀9b)

Im Großen und Ganzen äußern die Eltern sich in der freien Exploration kaum über die *Erziehungspartnerschaft* mit den Lehrkräften. Vereinzelt wird von Versuchen der Einflussnahme auf Erziehungsfragen berichtet:

> Andere wurden einmal angesprochen, dass sie ihre Kinder nicht so partnerschaftlich erziehen sollen, da die Lehrer ein Problem darin gesehen haben. (E♀12a)

> Es war mal ein Thema mit dem Fußballspielen. Es sei ein aggressives Spiel und nicht gern gesehen. Die Eltern haben dann kritisiert, dass die Waldorfschule speziell auf Mädchenbedürfnisse konzentriert ist, die Jungs waren aggressiv, sie wollten Fußball spielen in den Pausen. Das durften sie nicht, aber später haben es die Lehrer dann erlaubt und dann war es gut. (E♂9c)

Während sich in der Literatur bisweilen Klagen über mangelnde echte Mitgestaltungsmöglichkeiten der Eltern finden (vgl. Barz 1996, S. 115 ff.), kam in den Interviews das Problem zu stark ausgeprägter Elternmacht, in diesem Fall bezogen auf Personalentscheidungen, zur Sprache:

> Wir waren eine sehr schwierige Klasse und das Problem ist, dass die Eltern so viel Macht haben, dass sie Lehrer einfach rausschmeißen können und das passiert oft an der Waldorfschule. Gerade in den unteren Klassen, da beschwert sich so ein kleiner Pups bei seinen Eltern und wenn das mehrmals vorkommt, dann werden die Eltern zum Mob. Es gab Lehrer, die reihenweise an uns kaputt gegangen sind. (S♂13)

Einzelne Eltern kritisieren das Ungleichgewicht zwischen Verausgabung und Belohnung (vgl. „efford-reward-imbalance", Siegrist 1996) an Waldorfschulen:

> Es gibt schon beeindruckende Lehrerpersönlichkeiten, aber irgendwie sind die doch alle überlastet. Sie haben auch im Gespräch nie so die Ruhe, weil sie immer wissen, was noch nachkommt. Das hängt auch mit dem Verdienst zusammen. Wenn man seine Lehrer nicht richtig bezahlen kann, kann man auch nicht erwarten, richtig gute Leute zu bekommen. (E♂12g)

Auf die Frage, welchen Einfluss die positiven bzw. weniger erfreulichen Beziehungen zu den Lehrkräften auf die Entwicklung der Kinder nehmen, argumentieren die meisten Eltern so, dass die Gegebenheit positiver wie problematischer Beziehungserfahrungen eben als Tatsache genommen werden müsse, an der man – so oder so – wachsen kann:

> In den unteren Klassen der Klassenlehrer. In der 7./8. nicht mehr so stark, aber er hat ihn sehr geprägt... Der Klassenlehrer hat ihm vom Temperament sehr entsprochen, er war sehr kreativ, musisch, leicht melancholisch. Johann hat ihn geliebt. Als mal mein Mann sagte, er würde vielleicht auch noch Lehrer werden, meinte der Johann: ‚nein, Papa, soviel wie der Herr F. weißt du nicht'. (E♂9g)

> Positiv. Das ist für mich Alltag, das ist soziales Leben [...]. Das ist auch ein Motto: ich kann mir die Eltern nicht aussuchen, die Verwandten nicht aussuchen, aber ich muss damit ein Stück Respekt haben, und Achtung haben, und ich muss mich soweit kümmern. Ich muss nicht herzlich sein, aber ich muss irgendwie damit umgehen [...]. Die Lehrer sind eine Autoritätsperson, die mir was beibringt, da kann ich nicht sagen, ‚der muss weg'. (E♀9d)

> Wir haben eine Lehrerin, die ist, sie ist lesbisch und das merkt man auch ein Stück weit. Und die hat öfter schon mal Äußerungen gemacht, wo man das Gefühl hat, dass sie Jungs nicht so gut leiden kann wie Mädchen. Und das ist sehr spannend, wie geht ein Jugendlicher mit diesem Thema um? Und ich denke, es hilft ihm doch auch, ja, er wird erwachsen, er muss ja Reibungspunkte haben, und dann tut ihm das gut, mal zu sehen: ‚ja, welches Thema habe ich mit der? Wie kann ich da trotzdem rauskommen? Wie kann ich trotzdem meine Sachen lernen, ohne gleich mit ihr in den Clinch zu kommen?' [...] Da habe ich aber das Gefühl, das tut ihm gut. (E♂12b)

> Also bei den negativen würde ich sagen, das gehört zum Leben dazu, dass man schlechte Lehrer hat. Aber ich denke, die haben viel mehr gute Lehrer, als ich jemals hatte. Und das hat einen sehr positiven Einfluss. Weil man erinnert sich oft nicht an die Inhalte, sondern an den, der die Inhalte vermittelt hat, und ich glaube, darin bildet sich auch Persönlichkeit aus, wenn man einfach mit interessanten Menschen so richtig viel zu tun hat. (E♀9g)

Bezogen auf die Schulleistungen sind Eltern und Schüler sich einig, dass die Lernmotivation abnimmt, wenn die Beziehung zu den Lehrkräften belastet ist:

> Er lehnt Lehrer ab, die vorne stehen und sehr viel reden, da schaltet er ab und redet mit seinen Freunden. (E♂9b)

Weniger gelassen beurteilen die Eltern den Einfluss einer aus ihrer Sicht schlechten Klassenlehrkraft. Eltern, deren Kinder negative Erfahrungen mit der Klassenlehrkraft gemacht haben, schätzen den Einfluss dieser Person auf die kindliche Entwicklung als sehr belastend und zu massiv ein. Diese Einschätzung, dass die Klassenlehrkraft enormen Einfluss auf die kindliche Entwicklung nimmt und dabei gleichzeitig der Zufall darüber entscheidet, ob man an eine gute oder weniger gute Lehrkraft gerät, teilen offensichtlich auch die Eltern, deren Kinder positive Erfahrungen gemacht haben: Die Wendungen „zum Glück" oder „glücklicherweise" fallen sehr häufig in Zusammenhang mit der Beschreibung einer aus Sicht der Eltern guten Klassenlehrkraft.

> Man ist halt doch sehr abhängig von der einen Lehrerin und das kann dann doch mal ein großes Problem sein. (S♀12a)

> Wenn sie es überlebt, macht es sie stärker, es kann sie auch zerbrechen... So bisschen Stärke hat sie eingebüßt. (E♀12b)

Die Schüler antworten auf die Frage nach dem Einfluss der Lehrer-Schüler-Beziehung auf sie gänzlich anders als ihre Eltern. Aus Sicht der Schüler nehmen negative Beziehungen zu den Lehrkräften auch negativen Einfluss, z. B. auf den Lernerfolg bzw. die Motivation für ein Fachgebiet:

> Jetzt merke ich, welche Fächer mir liegen und welche nicht, und es liegt halt immer genau an den Lehrern [...] Es ist nicht unbedingt gut, wenn schlechte Lehrer unterrichten, weil dann hat man direkt Probleme [...] Der Unterricht [Englisch] ist einfach nicht gut, der macht keine spannenden Themen. Das langweilt uns halt, der zeigt immer nur Filme und Filme. Und irgendwann will man halt einfach nicht mehr. Dann macht es keinen Spaß und dann tut man auch nichts mehr. Und dann wird man immer schlechter. (S♀12d)

> Wenn man mit einem Lehrer klar kommt, dann kann man viel besser mitkommen im Unterricht... Wenn man nicht klarkommt, hat man auch keinen Bock, mitzuarbeiten. (S♂12b)

6.15 Klassenlehrerzeit (Ulrike Keller)

> Das ist an der Waldorfschule immer ein Glücksspiel. (E♂9d)

Die Klassenlehrerzeit umfasst in der Waldorfschule planmäßig die ersten acht Schuljahre. Explizite Fragen zum Klassenlehrer wurden in die Studie aufgenommen vor dem Hintergrund, dass seit einigen Jahren darüber diskutiert wird, inwiefern dieses Prinzip der Waldorfpädagogik heute noch zeitgemäß ist. Es geht bei dieser Diskussion nicht in erster Linie um die grundsätzliche Bestreitung der Institution Klassenlehrer, sondern vor allem um die Frage der Dauer bzw. darum, ob heutige Beschleunigungen des Entwicklungstempos junger Menschen eventuell einen früheren Abschluss der Klassenlehrerzeit nahelegen. Einzelne Waldorfschulen experimentieren dementsprechend in den letzten Jahren mit neuen Mittelstufenkonzepten.

Unter Berücksichtigung dieser Diskussion über das Klassenlehrerprinzip muss es überraschen, dass sich in den Befunden eine überwiegende Zufriedenheit damit findet. Rückblickend empfinden zwei Drittel (65,5 %) der Schüler die Dauer der Klassenlehrerzeit als angemessen.[4] Allerdings ist der Prozentsatz der Schüler, die die Klassenlehrerzeit als zu lange empfanden, unter denjenigen Schülern höher, die angeben, tatsächlich 8 Jahre Klassenlehrerzeit erlebt zu haben im Vergleich zu denen, die das nicht erlebt haben (29,2 % vs. 24,5 %).[5] Auch gilt es hier zu berücksichtigen, dass nur ungefähr die Hälfte der von uns befragten Waldorfschüler tatsächlich über 8 Jahre vom selben Klassenlehrer unterrichtet wurde. Bei mindestens 26 % gab es einen Wechsel des Klassenlehrers, weitere 24 % haben selbst erst später als Quereinsteiger auf die Waldorfschule gewechselt.

Drei Viertel der befragten Schüler finden das Klassenlehrerprinzip an ihrer Schule „eher gut" (50,2 %) oder „sehr gut" (23,5 %). Ein ähnliches Ergebnis fand sich bereits in der Ehemaligenstudie (vgl. Randoll 2007, S. 177). Auch fast alle in Einzelgesprächen interviewten Schüler sprechen sich für das Klassenlehrerprinzip aus – ein Großteil befürwortet ebenfalls die 8-jährige Dauer. Sie erzählen, dass sie ihre Klassenlehrerin bzw. ihren Klassenlehrer vor allem als kleines Kind „vergöttert" oder „sehr geliebt" hätten (S♀12g). Sie hätten sich „wohl" (S♀12f) und „behütet" (S♀12d) gefühlt und zu ihren Lehrern ein Verhältnis wie zu Mutter und Vater entwickelt – z. T. einschließlich Körperkontakt und Umarmungen.

> Die Klassenlehrerzeit war „toll, viele Projekte, Ausflüge, Segelschein, sollte nicht kürzer sein". Den Klassenlehrer „fand ich damals richtig toll [...] der hat viele Interessen geweckt. (S♂12f)

> Man hat sich einfach geborgen bei ihr gefühlt [...], wie eine Mama. (S♀12h)

> War wie so ein zweiter Papa so, unser Lehrer. War immer da und so. (S♀9e)

Ähnliches schildern auch einige Eltern. Die folgende Antwort zeigt darüber hinaus, dass durch die Klassenlehrerin bzw. den Klassenlehrer z. T. auch familiäre Defizite aufgefangen wurden:

---

[4] 26,4 % empfinden sie als zu lange und 1,1 % als zu kurz.

[5] Hier ist einschränkend darauf hinzuweisen, dass der Prozentsatz derjenigen, die die Klassenlehrerzeit für angemessen halten, zwischen beiden Gruppen kaum differiert (68,5 % und 69,5 %). Während diejenigen, die die Klassenlehrerzeit als zu kurz einschätzen, bei beiden Gruppen nur bei geringfügigen 1 % liegen, ist der Anteil derjenigen, die hier keine Angabe gemacht haben, bei der Gruppe ohne 8-jährige Klassenlehrerzeit deutlich größer (4,5 % vs. 1,4 %).

> Wir waren allein in Berlin und entwurzelt und diese Frau war wie eine Mami, sie hat ihr eine Heimat gegeben. Es war ihr wie eine Heimat, wo sie unheimlich gern hingegangen ist, weil wir auch nichts hatten. (E♀12c)

Die Begleitung als „drittes Elternteil" kann sich über die 8-jährige Klassenlehrerzeit erstrecken und im Erleben der Eltern zu einer gemeinsamen Arbeit an der Entwicklung des heranwachsenden jungen Menschen werden, in der sich die Lehrerpersönlichkeit durch ihre besonderen Kenntnisse einbringt (E♂9a).

Die Schüler sprechen davon, dass sie immer einen Ansprechpartner und eine Vertrauensperson gehabt hätten, mit der sie über alles reden konnten, die bei Problemen oder Krisensituationen half und vermittelte, sich für sie interessierte, ihnen zuhörte, sie ernst nahm und sie verstand. Ein Neuntklässler, der die Waldorfschule erst ab der siebten Klasse besuchte, mochte besonders seinen Klassenlehrer, „der, trotzdem er für 44 Schüler da war, für *jeden* da war" (S♂9d). Eine besondere Nähe zur Klassenlehrerin bzw. zum Klassenlehrer besteht z. T. auch über die Klassenlehrerzeit hinaus, so dass der junge Mensch dort gegebenenfalls weiter Halt und Hilfe finden kann:

> Meine alte Klassenlehrerin ... als es mir letztes Jahr schlecht ging, als ein Mannschaftskollege von mir gestorben war, konnte ich mit ihr über alles reden. (S♂9e)

> Ich hatte das Glück, wirklich acht Jahre den gleichen Lehrer zu haben. Unsere Lehrerin kam auch immer jedes Jahr ein- bis zweimal zu Besuch. Sie hat sich angeschaut, wie ich lebe, was für ein Lebensumfeld ich habe. Wenn es Probleme gab innerhalb der Klasse, dann war sie die Ansprechpartnerin, zu der hatten wir Vertrauen, mit der sind wir groß geworden. Ich hatte immer eine Ansprechperson in der Schule. (S♀12e)

> Auch jetzt, sie können zu ihnen hingehen, können Dinge mit ihnen bereden. Ich hab von einem Mädchen in Davids Klasse mitgekriegt, die zu ihrer ehemaligen Klassenlehrerin halt hin ist, weil sie bestimmte Probleme hat und das wirklich mit ihr besprochen hat und die dann auch gemeinsam eine Lösung gefunden hat, wie die das jetzt bewältigen kann. Also einfach so ein Vertrauensverhältnis, was sich... ja, weit über die Schule hinaus erstreckt. (E♂9d)

Schüler und Eltern beschreiben immer wieder Beispiele, in denen ehemalige Klassenlehrer in sozial schwierigen Situationen als Ansprechpartner und Mediator in Erscheinung treten. So erzählt eine Neuntklässlerin, ihre Freundinnen hätten nicht mehr mit ihr geredet und sie sei als Streberin bezeichnet worden. Auf einen Brief hin, den sie dem Klassenlehrer gegeben habe, habe er sich der Situation angenommen und sie durch Klassengespräche gelöst (S♀9c). Eine Zehntklässlerin meint:

> Unsere Klassenlehrerin hat immer sehr drauf geachtet, dass die Klassengemeinschaft gut ist und auch sowas wie Kehren und so gut klappt. (S♀10b)

Die Klassenlehrerin von Felix ist eine ganz tolle Lehrerin. Die hat es von Anfang an geschafft, die Schüler auf ihrer Seite zu haben. Sie hat es irgendwie geschafft, eine ganz tolle Klassengemeinschaft zu bilden. Das hat die Frau H. geleistet. Ich weiß nicht wie, aber irgendwie hat sie den Schülern klargemacht, dass es nur miteinander geht. Die haben wir Eltern sehr verehrt. Jetzt schwärmt eigentlich immer nur jeder Lehrer, der diese Klasse bekommt, von dieser tollen Klasse. (E♂9e)

Eine wichtige Rolle in den Antworten der Jugendlichen wie der Eltern spielen auch Freundlichkeit, Zugewandtheit und Einfühlungsvermögen der Lehrerpersönlichkeiten. Auf die Frage nach einem für sie sehr guten Lehrer, antwortet ein Mädchen aus der neunten Klasse:

Der Klassenlehrer, der war immer freundlich. (S♀9c)

Sie war immer sehr offen, hat immer direkt gesagt, was sie gestört hat. (S♂9e)

Exorbitant, wunderbar und wenn es einfühlsame Lehrkräfte sind, dann ist es definitiv etwas wunderbar Schönes. (E♂9a)

Pädagogische Fähigkeiten, die auch die richtige Mischung aus Autorität und Kindorientierung beinhalten, werden wahrgenommen und geschätzt:

Nicht zu streng, aber auch nicht zu sanft. (S♂9d)

Ich fand es sehr angenehm, dass es einen sehr klaren, eindeutigen Ansprechpartner gab. Der Klassenlehrer hat auch immer formuliert, er habe kein Problem mit dieser großen Gruppe, das glaube ich ihm sofort. Er konnte da sehr klare Anweisungen geben, die auch umgesetzt wurden. (E♀9f)

war sehr herzlich, aber auch bestimmt [...] hat auch uns unsere Freiheiten gelassen. (S♀12g)

Vor der hatte ich ganz großen Respekt. [...] Kann gut mit Kindern umgehen ... sehr gut. (S♂12d)

Zuspruch erfährt auch die fachliche Kompetenz, insbesondere die Fähigkeit, die Schüler mit dem Unterricht zu erreichen (vgl. E♀9d):

Er hatte immer tolle Ideen, mit der Klasse zusammen etwas zu machen. [...] Er hat auch den Unterricht sehr, sehr schön gestaltet. Es hat einfach jeder aufgepasst. (S♂9d)

Die hat ganz tollen Unterricht gemacht. [...] Die hatte eine Fähigkeit Geschichten zu erzählen, das habe ich noch nie bei einem anderen Menschen erlebt. (S♂12d)

Ich fand ihn sehr gut, er war ein sehr musikalischer ... sehr leidenschaftlich [...]. (S♂9h)

> Eine Schülerin der 12. Klasse charakterisiert ihre Lehrerin als „ziemlich temperamentvoll“, die es „immer geschafft“ hat, „die Klasse so zu bewegen, wie es andere Klassen nicht so geschafft haben“. So haben sie zum Beispiel „zweimal eine Kinderoper aufgeführt“. Dieses Engagement zeigte diese Lehrerin aber auch im Stillen, wenn sie „fünf Legastheniker in der Klasse“ „extra noch gefördert“ hat. (S♀12h)

Diese mitunter ganz persönliche, außerunterrichtliche Förderung von Kindern durch die Klassenlehrerin bzw. den Klassenlehrer wird auch durch eine Quereinsteigerstudie bestätigt (vgl. Keller 2008, S. 192). Neben dieser insgesamt positiven Bewertung des Klassenlehrerprinzips werden auch Nachteile genannt.

Schwierig kann es werden, so beschreiben es einige wenige der befragten Schüler, wenn man sich mit der Klassenlehrerin bzw. dem Klassenlehrer nicht versteht:

> aber man kann natürlich Pech haben, weil wenn man mit dem nicht auskommt, dann ist das natürlich Scheiße, aber ich bin mit der Lehrerin auch relativ gut klar gekommen. (S♂9b)

> Wenn man einen Klassenlehrer nicht mochte, hatte man ein Problem. (S♀12d)

Ein Schüler aus der zwölften Klasse formulierte sein Urteil zur selbst erlebten Klassenlehrerzeit unumwunden als „Kacke, wegen der Lehrerin“.[6] Er wurde gemobbt:

> Meine alte Klassenlehrerin ist schuld, dass es das überhaupt gibt in der Klasse. Wir haben nur eine Klassenfahrt gemacht in acht Jahren, das ist sehr, sehr wenig für die Klassengemeinschaft. Dann war sie seelisch nicht so stark und hat sich dann immer zwei, drei Leute ausgesucht, die schuld waren an den Problemen ... die wurden dann das Klassenopfer ... Das war ihre Auswahl. Eigentlich war ich am Anfang sehr beliebt, aber dann habe ich immer von ihr gehört, wie schlecht ich sei. (S♂12b)

Vor allem Eltern unterscheiden zwischen „guten“ und „schlechten“ Lehrern – wobei das achtjährige Klassenlehrerprinzip bei guten Lehrern auf jeden Fall gut sei – dieses allerdings bei schlechten Lehrern zur „Katastrophe“ führen und „das Leben eines Kindes wirklich zur Hölle machen“ (E♂9a) könne.

Für das Verhältnis zu den Kindern und Jugendlichen spielen die menschlichen Qualitäten einer Lehrerpersönlichkeit eine entscheidende Rolle. Sie wollen sich von ihrer Lehrerin bzw. ihrem Lehrer verstanden fühlen und ernst genommen werden. Eine Schülerin drückt ihre Abneigung und die ihrer Klassenkameraden („Also, das ist so ziemlich die Mehrheit, die den ziemlich blöd finden“) gegen den

[6] Der Junge scheint nicht grundsätzlich die Klassenlehrerzeit abzulehnen. Durch seinen Bruder erlebt er, wie es ist, wenn es funktioniert: „Mein Bruder hat eine bessere [Lehrerin], die darauf achtet, dass es kein Mobbing gibt. Die haben auch eine viel bessere Klassengemeinschaft [...]“ (S♂12b).

Lehrer, den sie zwei Jahre als Klassenlehrer hatten und nun erneut in einem Fach haben, folgendermaßen aus:

> Der geht nicht so auf die Schüler ein. Der versucht immer sein Ding durchzuziehen. Und ist dabei auch meistens ungerecht. Und irgendwie, der fühlt sich irgendwie auch besser oder so was. Der gibt einem immer irgendwie das Gefühl, als ob der uns alle für doof erklärt. Er ist schon blöd. (S♀9a)

Weil es vorkommen kann, dass man eine Klassenlehrerin bzw. einen Klassenlehrer bekommt, mit dem man nicht zurechtkommt, lehnen einzelne Schüler das Klassenlehrerprinzip ab:

> Ich finde es besser, wenn man viele Lehrer hat. Wenn du so einen schlimmen Lehrer als Klassenlehrer hattest, dann hast du halt Probleme fast in allen Fächern, wenn du jetzt [nach Ende der Klassenlehrerzeit] Probleme hast, hast du halt in einem Fach Probleme. (S♂9a)

Es liegt wohl in der Natur der Sache, dass die Klassenlehrerzeit umso positiver bewertet wird, je länger sie zurückliegt. So finden sich bei den älteren Jahrgängen immer wieder ausgesprochen anerkennende Beurteilungen:

> Ich fand das eigentlich immer ganz gut, jeden Morgen das gleiche Gesicht zu sehen, auch wenn man in der sechsten Klasse einen Hass auf die hat, in der siebten und achten natürlich noch mehr […]. Der Lehrer ist sozusagen der kleine Mentor dieses kleinen Schülers. Im siebten und achten Schuljahr kann der Schüler nicht schätzen, was der Lehrer da geleistet hat. Jetzt, rückblickend, würde ich sagen, dass das allerhand ist, was die Lehrer da leisten. Hut ab! Ich glaube, dass das jedem Kind gut tut, sich auf eine Person einstellen zu können. (S♂12a)

Jene Schülergruppe, die sich zu den guten Schülern zählt, votiert in größerer Anzahl für die Klassenlehrerzeit als jene mit durchschnittlichen bzw. mit schlechteren Leistungen (83,5 % vs. 69,6 % vs. 60,4 %). Auch mit dem erhaltenen Nachhilfeunterricht korrespondiert die Bewertung der Klassenlehrerzeit: Schüler ohne Inanspruchnahme von Nachhilfe bewerten die Klassenlehrerzeit öfter positiv als diejenigen mit Nachhilfe (78,2 % vs. 69,2 %). Die Frage nach der Kausalität indessen lässt sich nicht leicht beantworten. Ob also leistungsschwächere Schüler dazu tendieren, die Klassenlehrerzeit kritischer zu beurteilen, oder ob umgekehrt wegen der schlechteren Erfahrungen mit dem Unterricht durch den Klassenlehrer die Schulleistungen schlechter ausgefallen sind – darüber lassen sich nur Vermutungen anstellen. Ein Schüler aus einer zwölften Klasse beschreibt die möglichen Auswirkungen auf das Lernverhalten und die Leistungen in Abhängigkeit von der Lehrer-Schüler-Beziehung:

> Wenn man mit einem Lehrer klar kommt, dann kann man viel besser mitkommen im Unterricht. [...] Wenn man nicht klarkommt, hat man auch keinen Bock mitzuarbeiten. (S♂12b)

Eine achtjährige Klassenlehrerzeit erlebten in der vorliegenden Studie 68,5 % der Befragten, die die Waldorfschule bereits vor der 9. Klasse besucht haben; 26,8 % verneinen dies und 4,6 % machten keine Angabe. Von ca. der Hälfte dieser Schüler, die keine achtjährige Klassenlehrerzeit erlebten, wurden nähere Angaben zu den Gründen gemacht: Nur 1,6 % dieser Gruppe nannten eine von der Schule vorgegebene Verkürzung der Klassenlehrerzeit als Ursache, bei 25,7 % dieser Gruppe war ein Lehrerwechsel, bei 23,8 % eine späterer Quereinstieg in die Waldorfschule der Grund.

26,4 % der Gesamtstichprobe empfinden die achtjährige Klassenlehrerzeit im Rückblick als zu lang; 65,5 % halten sie hingegen zeitlich für angemessen. Interessant ist dabei, dass diejenigen, die eine achtjährige Klassenlehrerzeit erlebt haben, die Waldorfschule signifikant besser bewerten als diejenigen, die dies nicht selbst erlebt haben („Ich würde nur ungern auf eine andere Schule gehen“: 81 % vs. 73 %). Weiter fällt auf, dass wiederum Schüler mit besseren Schulleistungen, die Dauer der Klassenlehrerzeit häufiger befürworten als die schlechteren Schüler (70,9 % der „guten“ vs. 58,3 % der „schlechteren“). Dieser Befund könnte darauf hindeuten, dass einige Schüler mit schlechteren Schulleistungen sich zumindest die Frage stellen, ob ihre Leistungsdefizite in Zusammenhang mit dem Klassenlehrerunterricht stehen. Für eine Verkürzung der Klassenlehrerzeit gibt es von Schülerseite zwei wesentliche Argumente. Zum einen wurde erlebt, dass die Klassenlehrerin bzw. der Klassenlehrer nicht mehr in der Lage war, die Klasse in den letzten Schuljahren in allen Fächern kompetent zu unterrichten:

> Aber ich finde am Ende hat sich das ziemlich hingezogen. Weil der Klassenlehrer so ziemlich alle Fächer unterrichtet und jetzt am Ende, der konnte dann die meisten Sachen irgendwie nicht mehr vermitteln, weil er es selber vielleicht auch nicht so gut konnte oder so. Und dann war ich schon froh, dass sich das dann geändert hat. (S♀9a)

> Ich hatte irgendwann das Gefühl, dass sie das fachlich nicht mehr schafft, sonst war es gut mit ihr. In der Fünften war das ja noch nicht so wichtig, da haben wir uns gedacht, okay, jetzt lernen wir hier nicht so viel, ist ja cool ... Aber in der Siebten und Achten wurde es krass. Wir hatten eine total gute, intelligente Schülerin mit auch sehr intelligenten Eltern und wir hatten das Gefühl, die weiß mehr als unsere Lehrerin. (S♀9d)

Eltern berichten ähnliche Wahrnehmungen:

> Nach der fünften oder sechsten Klasse war bei dem Lehrer das Wissen nicht mehr vorhanden. [...] In Mathematik zum Beispiel, da wurden teilweise falsche Sachen ver-

mittelt. […] Aber man konnte immer drüber sprechen, der Lehrer hat es auch eingesehen, dass er es nicht kann und dann die Konsequenz gezogen […]. (E♂9f)

Die Folgen sehen Schüler wie Eltern darin, dass „[…] man nicht das gelernt [hat], was man hätte lernen müssen, weil sie nicht in jedem Fach gut sind" (S♀12f). Selbst derartige Schwächen können aber offenbar auch positive Nebenwirkungen entfalten. So interpretiert etwa ein Junge aus einer neunten Klasse die fachlichen Mängel des Klassenlehrers zu seinem Vorteil:

Von der ersten bis achten Klasse hat man einen Lehrer […] Wenn man ihn etwas fragt, weiß er das auch nicht unbedingt, muss immer erst mal nachschauen. […] Man wird selbständig. Unser Lehrer hat immer gesagt: ‚Glaubt mir nichts'. (S♂9c)

Zum anderen bekennen sich einige Schüler und etliche Eltern in den Gesprächen zu einer verkürzten Klassenlehrerzeit, da es ab der Pubertät – manchmal schon ab der sechsten Klasse, in anderen Fällen ab der siebten oder in der achten Klasse – Schwierigkeiten im Umgang zwischen Lehrerpersönlichkeit und der Klasse gab:

Und am Ende war es sehr anstrengend. Weil ich glaub', die Wandlung, die wir dann mitgenommen haben, als wir so langsam in die Pubertät kamen, die konnte er nicht so richtig mitmachen. Er dachte immer noch, wir wären die kleinen Erstklässler. Das war einfach nur noch anstrengend. Der hat uns nicht im Griff gehabt. Und ich hätte mir gewünscht, dass wir nach der Fünften oder Sechsten einen neuen Lehrer hätten. Und ab dem Punkt, wo wir dann den Deutsch- und Geschichtslehrer bekommen haben, wo wir dann Oberstufenlehrer bekommen haben, da waren wir dann auf einmal wieder eine total tolle Klasse. Und beim alten Klassenlehrer waren wir einfach nur laut und man hat nichts gelernt. (S♀9e)

Acht Jahre Klassenlehrerzeit ist schon sehr kritisch. Ab der sechsten Klasse kippte das und es war Zeit, dass jemand anderes kam. (E♂12g)

Die Klassenlehrerzeit ist zu lange, weil die Kinder kommen heute früher in die Pubertät, acht Jahre ist deutlich zu lang, höchstens sieben, wenn nicht sechs Jahre. Weil das ist eine Qual für alle Beteiligten […], weil die Kinder sich dann massiv auseinandersetzen mit den Lehrern und dieses Verhältnis zwischen Kindern und Lehrern, das geht eigentlich in die Brüche […]. […] Für die Kinder ist die Lehrerin, die sie sechs Jahre lang toll fanden, plötzlich superdoof. (E♀9b)

Einzelne Eltern sehen es als Problem für viele Lehrer an, wenn sie „nicht mehr so angebetet werden: Auf beiden Seiten und auch bei den Eltern herrscht dann ganz viel Frust" (E♀9b). Ähnliche Erfahrungen werden von mehreren Schülern und Eltern berichtet – auch wenn diese meist nicht explizit für eine kürzere Klassenlehrerzeit eintreten und trotz dieser Erfahrungen im Nachhinein acht Jahre für angemessen halten:

> Nach der achten Klasse war das schon schwierig, dass wir die nicht mehr hatten. Das war eine große, große Umstellung [...]. Auch wenn man vorher gesagt hat, die nervt mich so ... (S♀10a)

> Wo wir sie hatten, dachten wir schon manchmal, es wird zu lang. Aber jetzt denke ich, es war gut so. (S♀10b)

So lautete auch die Aussage eines Elternteils auf die Frage nach einer besonderen Lehrkraft:

> Also, eigentlich ihren Klassenlehrer, den sie bis zur achten Klasse hatte, wobei das in den letzten Jahren sehr schwierig war – für ihn mit der Klasse. Und sie war irgendwann... hatte die Nase voll von ihm und hat nicht mehr gut von ihm gesprochen. Aber ich glaube, es ist ein sehr wichtiger Mensch über die Jahre hinweg gewesen und ich glaube, das war sehr gut für sie, dass sie den als Lehrer hatte. (E♀9g)

Das Fazit der vorliegenden Studie im Hinblick auf die Bewertung der Klassenlehrerzeit in den letzten zwei bis drei Schuljahren entspricht weitgehend demjenigen der Ehemaligenstudie (vgl. Barz und Panyr 2007, S. 261 ff.) insofern die positiven Aspekte jeweils überwiegen. Damit können und sollen die in der empirischen Rekonstruktion einiger weniger Klassenlehrer-Schüler-Beziehungen an Waldorfschulen von Helsper und Ullrich et al. herausgearbeiteten Schwierigkeiten nicht bestritten – wohl aber relativiert werden: „Insgesamt, so ist zu resümieren, verlaufen die Beziehungen zu den Klassenlehrern bis zum Ende der achten Klasse nur dann weniger krisenhaft, wenn den Lehrern in Entsprechung zur individuellen Entwicklung der Schüler und ihren daraus entspringenden Verselbständigungsbewegungen *eine reflexive Dynamisierung und Modifizierung des Autoritätskonzeptes* gelingt" (Höblich 2007, S. 531). Aus der vorliegenden Studie ergeben sich Hinweise, dass es offenbar einem größeren Teil der Lehrkräfte gelingt, die mit fortschreitendem Alter zunehmenden Individualisierungs- und Abnabelungsprozesse ihrer Schüler produktiv in die Beziehungs- und Unterrichtsgestaltung zu integrieren.

Abbildung 6.12 zeigt, dass die überwiegende Mehrzahl den Unterricht ihrer Klassenlehrerin bzw. ihres Klassenlehrers in der Retrospektive als interessant empfindet. Zudem attestieren ca. drei Viertel ihrer Klassenlehrerin bzw. ihrem Klassenlehrer eine gute fachliche Vorbereitung. Fast vier Fünftel der Schüler haben den Eindruck gewonnen, dass sich ihr Lehrer um den Lernfortschritt jedes einzelnen Schülers bemüht hat. Trotz der guten Beurteilung des Unterrichts auf breiter Basis finden es nur 38,8 % im Nachhinein positiv, so viele Fächer bei einem Lehrer

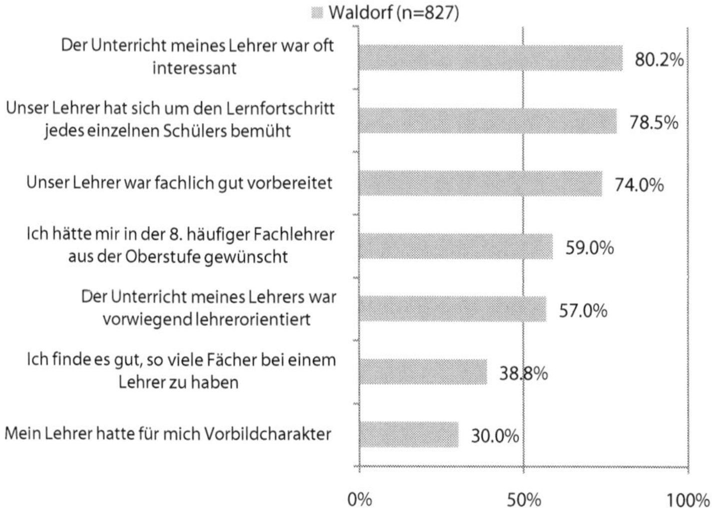

Abb. 6.12 Erfahrungen mit der Lehrkraft in der Klassenlehrerzeit (Antwortmöglichkeiten „trifft ganz genau zu" und „trifft eher zu")

gehabt zu haben, und mehr als die Hälfte hätte sich bereits in der achten Klasse gewünscht, häufiger von Fachlehrern der Oberstufe unterrichtet zu werden. Die Schüler erlebten, dass ihr Lehrer nicht jedes Fach gut beherrschte (s. o.):

> Ich glaube, dass in der achten Klasse der Stoff schon zu viel ist, als dass ein einziger Lehrer das meistern kann. [...] Vielleicht kann man auch so einen Mischmasch machen, dass sie unsere Klassenlehrerin ist, aber dass bestimmte Sachen auch von anderen gemacht werden. (S♀9d)

> Ein Klassenlehrer kann keine Chemie-Experimente machen. (S♀12c)

Die dadurch entstandenen Lücken zeigen sich – das formulieren Eltern wie Schüler in den Interviews – möglicherweise erst in der Oberstufe:

> Hmmm, ja ich hab manchmal erlebt, dass wir Themen wissen sollten, von unserem Klassenlehrer, die wir so in der siebten so gehabt hätten. Und dann gemerkt: ‚huh, das hatten wir überhaupt nicht. Das hat er uns gar nicht so gesagt.' Und das ist halt ein bisschen unangenehm [...]Ich glaube, das ist bei allen so. Aber bei jedem Lehrer auf einem anderen Feld. Weil der Klassenlehrer muss sich ja jedes Fach aneignen. Und dem liegt das mehr und dem liegt das mehr, und dann fehlt einem das, was ihm nicht so gut gelegen hat. Was sehr schade eigentlich ist. (S♀9e)

> In Mathematik ist es sehr krass. [...] Das müssen wir jetzt alles wieder nachholen, weil der uns wirklich nichts beigebracht hat ... also wenig. (S♂9g)

Auch die Erleichterung des Übergangs von der Klassenlehrerzeit zur Oberstufe kann für einen stärkeren Einsatz von Oberstufenlehrern in der siebten und achten Klasse sprechen:

> Da werden wir auch drauf vorbereitet [auf die unterschiedlichen Lehrer], weil in der siebten Klasse ist dann der Lehrer aus der Oberstufe dazugekommen. Oder Chemie haben wir mit dem Chemielehrer der Oberstufe gemacht ... das ist auch nicht so schlimm, das ist ja auch ganz normal. (S♂9b)

Als Vorbild sieht indessen nur knapp ein Drittel der Jugendlichen ihre Klassenlehrerin bzw. ihren Klassenlehrer. Dieser Befund lässt sich eventuell sogar insofern positiv werten, als man darin eine sinnvolle und notwendige Distanzierung sehen kann. Auch liegt hierin vielleicht ein Hinweis darauf, dass allzu sehr familienähnliche Verhältnisse letztlich doch erfolgreich vermieden wurden. Darauf weisen übrigens auch die Befunde der aufwändigen Beobachtungen und Analysen von Helsper und Ullrich et al. über die Bedingungen einer gelungenen versus misslungenen Klassenlehrer-Schüler-Beziehung hin: „Obwohl in den rekonstruierten Beziehungen keiner der Klassenlehrer explizit aus der Sicht der Schüler als persönliches Vorbild bezeichnet wird, bietet die auf Autorität und Führung angelegte Rolle der Klassenlehrer für einzelne Kinder und Jugendliche Orientierung bei der Bewältigung ihres Alltags" (Höblich 2007, S. 529). Dass die Klassenlehrerin bzw. der Klassenlehrer für mehr ältere (32,5 %) als jüngere Schüler (27,9 %) Vorbildcharakter hatte, fügt sich ins Bild der jugendlichen Ablösungsbestrebungen: Mit der Pubertät der Jugendlichen beginnt nicht nur die Ablösung und Abgrenzung vom Elternhaus, sondern ebenso vom langjährigen Klassenlehrer. Spätestens nach der achten Klasse empfinden die meisten Schüler, dass es nun an der Zeit ist, dass etwas anderes kommt.

> In der Achten hat man sich extrem an den Lehrer gewöhnt. Aber ich finde es schon gut, dass man sich dann von ihm trennt, um dann auch wieder einen eigenen Weg zu gehen. Sonst hat man den Lehrer die ganze Zeit als Unterstützung. (S♂9d)

> Mitte bis Ende der Achten sind eigentlich alle soweit, dass sie das Gefühl haben, ‚den brauche ich nicht mehr'. (E♂12c)

Für eine abgeklärtere Sicht der älteren Jahrgänge sprechen auch die Ergebnisse der Absolventenstudie (Randoll 2007, S. 189), wo die Befragten mit zunehmendem Alter ihren Lehrern vermehrt Vorbildcharakter attestieren (Alterskohorte 62+: 72,3 %; 50+: 62,7 %; 30+: 47,2 %), obgleich sich hierin eventuell auch Spuren des intergenerationellen Wertewandels identifizieren lassen, insofern als die Bereitschaft, ein natürliches Autoritätsgefälle zwischen Älteren und Jüngeren zu akzeptieren, rückläufig ist. Es verwundert dann auch nicht, dass sich die interviewten Eltern deutlicher im Sinne des Vorbildcharakters der Klassenlehrer äußern als die Schüler selbst, bei denen sich eher indirekte Thematisierungen der Beziehungsqualität finden. Etwa wenn eine Schülerin formuliert: „die konnte alles, wusste alles, nett und freundlich" (S♀12d). Oder es in einem anderen Interview heißt, dass man „später merkt [...] dass man auch ihre Werte übernommen hat", z. B., dass man „ehrlich ist", „ruhig Fehler machen" könne. Oder auch: „man kommt zur Not überall wieder raus" (S♀12g).

> Die Klassenlehrer waren sehr wichtig für meine Kinder, sind zum Teil wirklich Vorbild in ihrer Wirkung und Tätigkeit. (E♀9a)

> Ja – Florian hat ihn immer sehr bewundert. Er ist ein sehr kreativer Mensch. (E♂12g)

Über die Hälfte der Schüler gibt an, dass der Unterricht überwiegend lehrerorientiert gewesen sei. Interessant erscheint, dass Schüler, die in einzelnen Fächern ihre besonderen Stärken sehen (63,5 %), dem signifikant häufiger zustimmen als jene mit guten (56,5 %) und schlechteren Leistungen (35,4 %). Dass der hier angesprochene lehrerzentrierte Unterricht nicht unbedingt als defizitäres didaktisches Format einzuordnen ist, wird aus den Angaben der Schülerinnen und Schüler zu den Lernformen deutlich. Dort findet sich der Befund, dass die Lernformen „Durch Erzählungen/Beispiele der Lehrer" (64,2 %) und „Durch Erklärungen der Lehrer" (63,2 %) am häufigsten als diejenigen Lernformen genannt wurden, die für das eigene Lernen günstig beurteilt wurden. Weniger gut – aufgrund ihrer eigenen Angaben – lernen auf diese Weise lediglich 8,5 % bzw. 9,9 %.

6.16 Problemlösekompetenz

Um der heute zurecht immer stärker geforderten Vermittlung von Problemlösekompetenzen statt Prüfungswissen Rechnung zu tragen, wurde in der hier vorgestellten Studie ein indirekter Weg zur Erfassung der Selbsteinschätzung der Schüler in Sachen Bewältigung neuer Herausforderungen gewählt. Statt also die Schüler direkt um eine Einschätzung ihrer Problemlösekompetenz bzw. zum schulischen Einfluss zu bitten, wurde ihnen ein Szenario angeboten: Sie sollten sich vorstellen, ihre Großmutter hätte ein Hotel, das sie ihnen aus gesundheitlichen Gründen in einem halben Jahr überschreiben müsse. Sie hätten also ein halbes Jahr Zeit, sich alle notwendigen Kenntnisse und Fähigkeiten anzueignen, um das Hotel übernehmen zu können. In diesem Kontext wurden auch etwa Fortbildungsperspektiven und Kriterien zur Auswahl des Personals eruiert sowie die Frage erörtert, ob und inwiefern sie sich durch die Schule auf solche und ähnliche Herausforderungen vorbereitet fühlten.

Die spontanen Reaktionen der Schüler angesichts eines solch abrupten Einschnitts schwankten zwischen Freude, Aufregung, „vielleicht auch Stolz" (S♀9a), „geehrt" (S♂9b & S♀12e) und sehr unangenehmen Gefühlen (S♀12h) bis hin zur Unlust, das Hotel zu übernehmen, meist entsprechend der individuellen berufsbezogenen Neigungen:

> Ich fände es ganz witzig. Das würde schon gehen, dass es gut bleibt. Mein Freund will auch in die Richtung gehen und meine Schwester kellnert. (S♀10a)

> Ich fänd es total geil, jetzt ein Hotel zu leiten, erstens fände ich es super Verantwortung zu haben, endlich mal. Ich würde Geld verdienen. […] Ich würde es auch annehmen. (S♂12e)

> In meiner momentanen Situation würde ich sagen: ‚das geht nicht, tut mir leid, Oma, du musst dir jemand anderes suchen'. Das würde mich einengen und mir meine Zukunft verbauen. (S♂13)

> Überfordert, das ist mir zu viel Stress noch, hätte ich keinen Bock zu, bin ich noch nicht so weit im Leben. (S♂12b)

Auf die Frage, welche Ressourcen sie im Fall der Übernahme des Hotels nutzen würden, um sich Kenntnisse und Fähigkeiten anzueignen, verweisen die meisten Schüler auf „Learning by Doing": Sie überlegen außerdem, die Großmutter zu befragen und im Hotel der Großmutter oder in einem anderen Hotel ein Praktikum zu absolvieren:

> In andere Hotels reinschauen und mir bei meiner Oma Ratschläge holen, wie sie das gemacht hat und auf was sie Wert gelegt hat und das dann in ihrem Sinne weiterführen. (S♀10b)

> Und ich würde das dann lernen dadurch, dass ich da bin. (S♀12e)

> Das meiste lernt man durch das Praktische: Selbst machen, probieren, selber mal probieren wie es geht, wenn man nicht liest, sondern einfach sieht. (S♂9d)

> Ich würde mich informieren über das Hotel, und schauen wie es da steht, auch vom Geld her. Mit den Mitarbeitern sprechen, wie die das so empfinden, und auch mit den Kunden, was die vielleicht verbessern würden. Würde mich da so ranarbeiten. Erst mal das Unternehmen kennen lernen, das Hotel. […] Man könnte bei jemandem

vielleicht mal über die Schulter schauen, wie der das macht. Und irgendwie so eine Art Praktikum machen, oder so, dass man das dann lernt. (S♀9a)

Erst mal in den Betrieb gehen, alles angucken, mit allen reden, wie es gehen würde. Da muss man offen sein, nicht arrogant, zeigen, dass man die Leute schätzt. Praktikum in einem anderen Hotel machen, in einem Nobelhotel 2–3 Wochen, den Rest würde ich in meinem Hotel machen. (S♂12e)

Dabei würden die Schüler sehr stark auf die Kompetenz und Erfahrung der Mitarbeiter vertrauen:

Wenn ich der Boss wäre, würde ich mir einfach kompetentes Personal organisieren, Leute, die es drauf haben... Dass ich ein gutes Team habe. (S♂13)

Hilfe von anderen Leuten holen. (S♀12b)

Erst mal bei ihr informieren, was sie gemacht hat. Auch mit Leuten die damit zu tun haben. (S♀12d)

Ich würde die Angestellten einfach da lassen. Würde selber erst einmal meinen Abschluss und meine Ausbildung machen wollen. (S♀9b)

Vereinzelt würden die Befragten eine gezielte Fachausbildung anstreben:

Gucken, was man können muss. Sobald wie möglich irgendwelche Kurse suchen und gucken, was ich lernen muss. Wahrscheinlich noch irgendwelche fachkundige Hilfe holen, die da auch arbeitet, dass ich da nicht alleine dastehe. Ja, und dann würd' ich's probieren. (S♀9e)

Ich würde dann eine Ausbildung zur Hotelfachfrau machen und mich irgendwie informieren. (S♀9b)

Weiter wurden die Schüler danach befragt, nach welchen Kriterien sie ihr Team zusammenstellen bzw. Personal auswählen würden. Die Schüler argumentieren bis auf eine Ausnahme rein oder hauptsächlich persönlichkeitsbezogen, eine Orientierung an formalen Kriterien wie Schul- oder Berufsbildung ist kaum gegeben. Möglicherweise spiegelt sich schon hier der Einfluss der Waldorfschule wider, die explizit Persönlichkeitsbildung vor die Aneignung formaler Qualifikation stellt.

Das relevanteste Kriterium scheint den Schülern die soziale Kompetenz, z. B. im Sinne von Umgangsformen, Teamfähigkeit und vor allem Freundlichkeit der Angestellten zu sein:

> Freundlichkeit muss da sein. Wenn ich schlechte Laune habe oder einen schlechten Tag erwischt habe und dann auch so zu den Gästen bin, das geht nicht. (S♀10a)

> Ob sie selbständig handeln können, ob sie zu Gästen zuvorkommend sind. [...] Wenn man jetzt im öffentlichen Bereich arbeitet, muss man auf die Gäste zugehen und sich beherrschen können, auch wenn der Gast einen zum x-ten Mal anschreit und man kann nichts dafür. Man muss mit solchen Situationen umgehen können. (S♀12e)

> Ob die Leute freundlich sind. (S♀9a)

> Dass sie freundlich sind, auf die anderen auch eingehen. Dass sie denen entgegenkommen, dass sie hilfreich sind, also nicht irgendwie nur auf das Gehalt achten. Dass ich merke, dass es ihnen Spaß macht. Und dass sie eben freundlich sind. (S♂9d)

> Dass sie alle gepflegt sind und nicht so, irgendwie mit fettigen Haaren, hergelodert und stinkend irgendwie daher kommen. Sondern, dass das einigermaßen gepflegte Personen sind und gute Manieren haben. Dass die irgendetwas von ihrem Beruf überhaupt verstehen. (S♂9f)

Ist Freundlichkeit gegeben, bestehen kaum noch Hinderungsgründe für eine Einstellung, wie folgendes Beispiel veranschaulicht:

> Wenn das jetzt wie bei den Rappern ist, dass sie schon viel Probleme mit der Polizei hatten wegen Graffiti oder Waffenbesitz, dann würde ich schon sagen, dann würde ich ihn schon einstellen. Wenn es jetzt ein gemeiner Dieb wäre, dann würde ich schon sagen, dann nicht. (S♂9a)

Weitere Einstellungsaspekte sind das echte Interesse, die Motivation und das Engagement für die Arbeit, die wieder der formalen Qualifizierung vorgezogen werden:

> Ob die schon ein bisschen Erfahrung gesammelt haben, oder zumindest irgendwie Spaß daran haben, was Neues zu lernen, und sich mal reinzuhängen in den Job. (S♀9a)

> Dass die Leute freundlich sind, dass ich mit denen zurechtkomme, dass sie mit mir zurechtkommen, dass sie nicht alles ausplaudern, dass sie sich für das Hotel einsetzen. (S♀9c)

Sehr deutlich distanziert sich demnach ein Großteil der Schüler von der Fokussierung formaler Qualifikation – diese sei, so die Schüler, entweder unwichtig oder im Vergleich zur Persönlichkeit, sozialen Kompetenz oder Arbeitsmotivation nebensächlich:

> Wenn mich jemand beeindruckt, aber nicht so die Qualifikation hat, dann würde ich den einstellen. (S♂13)

> Fachliche Kompetenz, der Koch muss kochen können, klar, aber dann würde ich gucken, dass ich mit denen klar komme, dass ich mit denen auch in die Stadt gehen und ein Bier trinken könnte. (S♂12a)

> Ich denke, es können auch Leute, die nur einen Hauptschulabschluss haben freundlich sein, wirklich was können, und nur Hauptschulabschluss machen. Also wenn ich jetzt merke, der hat auch keine Lust dazu, und macht nur damit sein Geld, dann würde ich mal mit ihm reden, dass ich dann vielleicht über Kündigung überlegen würde. (S♂9d)

> Auf jeden Fall auf ein gutes Team, dass man gut zusammen arbeitet, dass einfach die Stimmung stimmt, und natürlich die Voraussetzung soll man haben, aber es nützt einem ja nichts, wenn jemand fünf Sprachen kann, und toll rechnen kann, aber ein Einzelgänger ist. Ich glaub', ein Team wär' mir ganz wichtig. (S♀9e)

Eine Ausnahme bildet nur eine Schülerin, die formale Qualifikationen als zentral erachtet, weil sie darin einen Ausdruck von Motivation und Persönlichkeit sieht:

> Auf ihren Abschluss. Vielleicht bin ich ein bisschen falsch in der Ansicht, aber für mich ist es wichtig, dass man ein Abitur hat. Für mich ist Bildung unglaublich wichtig. Ich kenne auch Leute, die einen Realabschluss haben und ich finde schon, dass sie anders mit der Welt umgehen. Viele Leute von meinem Bekanntenkreis sind auch sozialer als andere, die von der Realschule kommen. Ich finde, dass Bildung das Höchste ist. [...] Die Leute, die jetzt Abitur machen, sind jeden Morgen pünktlich um 8 Uhr da und die, die es nicht machen, sind um 9 Uhr da. (S♀12f)

Die Schüler fühlen sich fast ausnahmslos von der Schule auf solche und ähnliche Herausforderungen vorbereitet. Dabei erwähnen sie praktische Kompetenzen, die z. B. durch den handwerklichen Unterricht gefördert würden, Selbständigkeit und Problemlösekompetenz, die z. B. in den Jahresarbeiten verlangt seien, Selbstbewusstsein, das z. B. bei größeren Präsentationen gefördert würde, Selbstorganisationskompetenz, Durchhaltevermögen und die Fähigkeit, durch praktisches Handeln zu lernen, die z. B. in den Praktika erprobt würde und nicht zuletzt Teamfähigkeit, die in der Klassengemeinschaft z. B. bei gemeinsamen Projekten ausgebaut würde:

> Gerade auch mit der Jahresarbeit, das ist für viele eine große Herausforderung, da müssen viele einfach selber alles in die Hand nehmen. [...] Auch mit dem Vortrag, da spricht man vor 500 Leuten und dem Kolloquium, das muss man sich einfach trauen. (S♀12b)

> Auf jeden Fall besser als auf einer staatlichen/normalen Schule [...]. Dass wir halt, ja, den Umgang mit Menschen, so was lernen wir halt gut. (S♂9g)

> Dass man sich selbständig um Sachen kümmert oder sich selbständig Wissen aneignet. [...] Jahresarbeit, dass man sich ein Jahr lang selber mit einem Thema beschäftigt. Eigentlich mit einem Thema, mit dem man vorher so gar nichts zu tun hatte. (S♀12c)

> Also in gewissen Dingen – man lernt auf jeden Fall, viele Sachen selber zu machen. Eine Freundin von meiner Mutter ist mit einem Weinbauer liiert. Und die war auch auf einer Waldorfschule und hat gleich mit anpacken können bei der Renovierung des Hauses. Wenn so eine Situation kommt, dass man sich nicht aufregt, sondern die Zeit nützen sollte, um eine plausible Lösung zu finden. Man sieht, dass dieses Aufregen nichts bringt. Und was man auch lernt ist, Kompromisse einzugehen. (S♀12e)

> Ja, dass ich das Selbstbewusstsein habe, mich dahinzustellen und zu sagen: das lerne ich jetzt. (S♀12e)

> Insgesamt mit einer Situation umzugehen, der man sich erst nicht gewachsen fühlt. Verantwortung zu übernehmen hab' ich viel gelernt, geduldig mal zu sein, und einfach mal einen klaren Kopf zu bewahren, und nicht irgendwie reinzugehen, sondern mal mit System einfach. So geordnet was anfangen. (S♀9e)

Die wenigen Schüler, die sich auf ähnliche Herausforderungen nicht durch die Schule vorbereitet fühlten, zeigen häufig eine sehr am vorgegebenen, konkreten Beispiel orientierte Argumentationsweise verbunden mit einem geringen Abstraktionsniveau, etwa mit Verweis auf das Landwirtschaftspraktikum:

> Nein, auf ein Hotel nicht. Wenn ich einen Bauernhof übernehmen sollte, dann könnte ich das. (S♀12d)

> Ich finde, dass es weniger die Aufgabe der Schule ist... Man kann nicht die ganze Klasse drauf vorbereiten, wenn 5 % das brauchen. (S♂12b)

Auch in den Gesprächen mit Waldorfeltern spielen Aspekte von individueller Problemlösekompetenz immer wieder eine Rolle. Hinsichtlich der Frage, inwiefern selbständiges, selbstgesteuertes Lernen an Waldorfschulen erlernt und unterstützt würde, sind die meisten Eltern der Ansicht, selbstaneignendes Lernen würde erst in der Oberstufe erwartet und erst dann, z. B. durch die Einführung offener Unterrichtsformen, gefördert:

> Das ist in Unter- und Oberstufe verschieden: Insgesamt würde ich sagen wird das schon gefördert, obwohl ich da manchmal in der Mittelstufe meine Probleme hatte, da hätte man das offener fördern können, da war der Sprung von frontal, man kriegt alles serviert zu ‚jetzt macht mal' zu groß – das könnte etwas geführter sein. (E♂9g)

> Also in den letzten zwei Jahren ist da in der Richtung viel passiert, vorher war das unterentwickelt […]. Da könnte man das Kollegium durchgehen und sagen, da werden die Kollegen unterschiedlich mit fertig, manche retardieren, manche sind forsch und regen das an. (E♂12h)

Teils verbinden die Eltern diese Einschätzung mit der Kritik, die Schüler würden plötzlich und abrupt mit dieser Erwartung, selbsttätig zu lernen konfrontiert, ohne angemessen darauf vorbereitet bzw. dazu hingeführt worden zu sein:

> Eher weniger. Ich sag mal, es gibt da wirklich einen deutlichen Bruch… von der Mittel- zur Oberstufe. Ab einem bestimmten Zeitpunkt wird erwartet von den Kindern, dass sie selbständig lernen, aber es ist von der Schule aus nicht angelegt… Es wird erwartet,…funktioniert dann aber nicht, weil sie es nicht gelernt haben. […] Wir haben dann halt mit dem Lehrer auch gesprochen und der hat ihr dann Tipps gegeben, wie sie das hinkriegt… Aber da muss man schon gezielt danach fragen, das ist nicht ganz so optimal. (E♀9b)

> Da fehlt manchmal die praktische Anleitung, zum Beispiel lernen sie nicht: ‚wie such ich gescheit im Internet'. Also das ist eher so ein bisschen verpönt. Aber ohne das geht's ja eigentlich nicht mehr, und sie haben hier nicht wirklich Zugang zu guten Bibliotheken oder so. Ich finde, sie nutzen es sowieso, da könnte man ihnen beibringen wie man's richtig macht. Ein bisschen praktische Anleitung fehlt. (E♀9g)

> Bedingt. Es gibt Situationen, wo ich das Gefühl habe, man könnte sie noch mehr anleiten, mal Themen in Gruppenarbeit zu machen. Es gibt die Biografiearbeit, wo sie ein Thema ausführlich selbständig bearbeiten. Das Gros der Klasse hat schon ein Problem bei der Literaturauswahl, die ganzen Bücher zu lesen und arbeitstechnisch das zu bewältigen. Besser wäre öfters mal kleinere Themen, 5 Seiten oder so selbständig zu bearbeiten oder kleinere Referate zu machen – das könnte mehr sein. (E♂9b)

Vereinzelt sind Eltern der Ansicht, das selbstaneignende Lernen würde – auch in der Oberstufe – überhaupt nicht gefördert:

> Nein, die werden überhaupt nicht gefördert. Das muss alles von uns kommen – es ist einfach zu wenig strukturiert angeboten. Er hat eigentlich immer nur in Form von Nacherzählungen seine Deutsch-Epochen gelernt, ab und zu gab es vielleicht mal ein bisschen Grammatik. Es gibt keine Aufzeichnungen und kein Buch – die Eltern rufen da manchmal echt verzweifelt an [bei der Interviewpartnerin in ihrer Funktion als Elternbeirätin]. (E♂12g)

> Selbständig lernen, das geht nicht auf: in der Unterstufe verstehen sie es nicht, in der Mittelstufe haben sie keinen Bock und in der Oberstufe wird es dann vielleicht so sein, dass sie sich mühsam alles nachholen müssen, da müssen sie dann richtig ranklotzen. Das finde ich schade, das müssen sie ändern. (E♀9d)

> Einmal durch den Frontalunterricht, der so lange und bei vielen Lehrern überhaupt nicht in Frage gestellt wurde [...] Manchmal ist es berechtigt, wenn ein Schüler nicht so mit Freiarbeit umgehen kann oder es ist auch altersabhängig, aber ich fand es ein bisschen zu stark. (E♀9e)

Andere Eltern hingegen vertreten die Meinung, durch die starke Betonung von Kunst, Theater und Musik sowie der Praktika (s. auch Kapitel „Lerntechniken und -formen") würde die Förderung im Sinne von Learning by Doing bereits sehr früh und ausgiebig erfolgen, gleichzeitig würden Kreativität, Aufgabenorientierung und Schlüsselkompetenzen wie Teamfähigkeit erlernt.

> Emotionale Intelligenz ist etwas, was sie auf der Waldorfschule mitnimmt, absolut. Da sind sie unschlagbar. Alles, was soziale Beziehungen angeht. Sie würde nie darauf kommen, Minderheiten auszugrenzen. Nicht nur so einen sozialen Touch reinzutragen, alles auf einer Sänfte, sondern sich damit auch auseinanderzusetzen. Sie haben ein lernbehindertes Kind in der Klasse, und da hat sie gesagt, ‚die sollt ihr nicht so schonen, sie kann das schon, ihr müsst sie mehr rannehmen' und das wurde sehr positiv aufgenommen. (E♀9d)

> Grundsätzlich, dieses selbständig was zu erlernen, Fragen zu stellen einfach, wie auch einfach andere Schlüsselkompetenzen, wie in einer Gruppe zu arbeiten, oder Ideen haben, kreativ sein, naja, sich mal alleine durchbeißen, das lernen sie schon im hohen Maße. (E♀9g)

> Ich glaube, dass er gelernt hat, selbständig zu lernen... Das haben sie absolut gelernt, das haben bisher alle seine Arbeitgeber [in den Praktika] gesagt, sie haben ihm ganz hoch angerechnet, dass er über Umgangsformen verfügt. Ich habe gesagt, ‚das kann ich mir jetzt nicht vorstellen'. (E♂12c)

> Sie werden auch schon früh in Dinge reingesteckt, wie Theater, oder Projektarbeit. Sie haben schon einen Teil mehr als an anderen Schulen, an Praktika auch mehr, dass sie sich draußen bewähren müssen. (E♀9c)

6.17 Leistungsbegriff und Leistungsrückmeldungen

Fragen rund um den Leistungsbegriff stellen ein besonders spannungsreiches Themenfeld dar. Auf der einen Seite rührt die Anziehungskraft der Waldorfpädagogik für viele Eltern gerade daher, dass die an Regelschulen übliche Leistungsbeurteilung durch Notenzeugnisse und Sanktionen mangelhafter Leistungsfähigkeit in Form von Klassenwiederholungen wegfallen. Auf der anderen Seite ist es ein häufig – inzwischen auch waldorfintern – zu hörender Kritikpunkt, dass Leistungsrückmeldungen oft fehlen und Leistungspotentiale von Schülern öfters nicht abgerufen würden. In gewisser Weise berührt die Frage, welche Bedeutung Leistung an Waldorfschulen hat, also sozusagen das „Eingemachte" der Waldorfpädagogik. Die Befunde, die wir dazu aus unseren Interviews und Fragebögen gewinnen konnten, werden in den folgenden Abschnitten vorgestellt. Wichtige Aspekte, die dabei thematisiert werden, sind etwa, welchen Leistungsbegriff Eltern und Schüler vertreten, inwiefern Leistungsdruck und Leistungskonkurrenz, eventuell auch Überforderungen erlebt werden, sowie auch umgekehrt: inwiefern es Erfahrungen von Unterforderung sowie daraus resultierende Probleme gibt. Schließlich inwieweit Leistung als etwas Sinnvolles und Lustvolles empfunden wird.

Die Frage, ob Leistung eine Bedeutung an der Waldorfschule hat, bejaht die Mehrheit der Eltern und Schüler. Einschränkend verweisen sie darauf, dass ein alternativer Leistungsbegriff zugrundegelegt würde. Schüler beziehen den Leistungsbegriff meist auf sichtbare Schulleistungen:

> Leistung ist, wer mitarbeitet, wer ein gutes Heft hat, zumindest vom Inhalt her. Arbeiten auch mal gut schreibt. (S♀9a)

> Leistung ist: Hausaufgaben machen, was lernen, gescheite Noten. (S♀12b)

> Wenn ich etwas nicht so gut kann und mich trotzdem anstrenge, das zu lernen. Mich zumindest hinsetze, um was zu tun. (S♀12e)

Eltern beschreiben ihren Leistungsbegriff komplexer und bringen ihn in Zusammenhang mit Vollendung, Anstrengung oder Konzentration, wie folgendes Beispiel illustriert:

> Ich erlebe, dass sich Menschen darüber freuen, wenn sie etwas geleistet haben, in Anführungszeichen, wenn ihnen etwas gelungen ist, wenn sie etwas Schönes produziert haben. Das ist für mich Leistung […]. Leistung ist natürlich auch, wenn ich es geschafft habe, mich konzentriert mit einer Sache zu beschäftigen. Auch wenn kein Ergebnis dabei rauskommt […] Geschaffenes Werk, geschaffene Arbeit oder geschaffene Aufmerksamkeit. (E♀9f)

Ein Großteil der Befragten vertritt die Ansicht, dass Leistung an der Waldorfschule im Verhältnis zum Alter der Kinder eine zu geringe Rolle spiele:

> Jetzt in der 9. habe ich schon oft das Gefühl, es ist zu entspannt. Wenn ich mir seine Kumpels in der Regelschule so ansehe. Er muss ja auch darauf vorbereitet werden, dass man nicht immer so ein lockeres Leben hat. Das hat auch so bisschen mit Leistung zu tun, jetzt kommen so langsam die Noten, das kennen die nicht und sie sind echt überrascht, wenn eine Leistung, die sie ganz okay finden, höchstens eine Vier-Minus ist. (E♂9b)

> Hm – schwierig. Ich finde, dass die Schüler dort sehr viel leisten müssen, wenn sie es gut machen wollen. Es gibt ganz viele verschiedene Zusatz-Anforderungen. Eurythmie, viele Praktika, ganz viele Projekte, künstlerische Aufgaben, usw. Aber trotzdem schaffen es auch viele Schüler, sich da durchzumogeln. Und wenn es dann um die Abschlussfrage geht, dann wird es bei vielen Schülern schwierig [...] Johanna fühlt sich oft unterfordert. Das wird jetzt etwas besser, weil die dann das Kurssystem in der Oberstufe machen. Das findet bei uns aber etwas zu spät statt. Man könnte da noch viel mehr differenzieren. Man orientiert sich in der Schule eher an den schwächeren Schülern. Die wirklich starken Schüler gehen dann eher aufs Gymnasium. (E♀9a)

> Das Lernen existiert nicht. Meine Tochter lernt aus eigenem Antrieb, nicht unter Zwang, aber sie kriegt ja nichts angeboten. Das Tempo ist bestimmt von den Null-Bock-Typen, die kommen, wann sie wollen [...]. Leistung ist null, spielt keine Rolle. Gruselig. Ich habe das Problem mit meiner Tochter nicht, die empfindet lernen als Privileg, das hat sie wahrscheinlich aus der früheren Schule. Ich weiß, meine Tochter weinte früher am Wochenende, wenn sie nicht in die Schule durfte. Hier wird dieses ‚Null-Bock' toleriert. Die Lehrer haben auch keine Struktur, sie machen, was sie wollen. Es gibt keine Übergänge und keine Absprachen. Intelligente Kinder schaffen später das Abitur nicht, weil sie nicht da herangeführt werden, dass Lernen toll sein kann [...]. Spätentwickler sind bestens aufgehoben, Frühentwickler verloren. (E♀12c)

> Ja, an der Waldorfschule wenig, viel zu wenig. Vielleicht bewerten wir es auch über, weil wir beide sehr leistungsorientiert aufgewachsen sind und auch arbeiten und leben [...]. Aber die Anja sagt immer, ‚ja, es gibt Hausaufgaben, aber ich mache sie nicht, interessiert ja eh keinen'. Oder jetzt ist Praktikum, das wurde auf drei Wochen verlängert. Anja hat mit ihrer Praktikumsstelle gesprochen und es auf drei Wochen verlängert. Aber es gibt viele, die machen nur zwei Wochen. Es ist aber keine Schule, also haben sie dann eine Woche frei. Das war eine Fehlplanung, weil die Lehrer haben vergessen, dass sie eine Fortbildung haben und nicht da sind. Und Anja sagt, ‚das ist ungerecht, die anderen haben eine Woche frei' [...]. Und das ist überall so, das empfinden die Kinder, die Leistungen zeigen, als ungerecht. (E♀9d)

Eltern sehen die Ursachen für die beschriebenen Schwierigkeiten unter anderem in Disziplinproblemen:

> Schulmüde Kinder. Da muss auch die Frage gestellt werden, ob ich die Kinder noch halten will, wenn die disziplinarisch so einen großen Raum einnehmen und die Elternhäuser auch nicht zu bewegen sind [...]. Die Kinder müssten deutlichere Maßnahmen mitbekommen, von der Schule, das ja. Jetzt passiert ihnen absolut nichts. Sie werden nicht der Schule verwiesen, das dauert alles unendlich [...]. Viele Lehrer machen keinen Unterricht, weil sie nur über, ‚bist du jetzt ruhig', oder ‚hast du dein Material da'... Also da finde ich die Lehrer, bei uns an der Schule, viel eben, schlecht, wie soll ich sagen, pädagogisch. Unvorbereitet, unstrukturiert, nicht klar in den Aussagen. Haben keine Regeln. Und wenn man ihnen welche sagt, auch nicht anwenden [...] Sie haben ein zu großes Herz. (E♀9c)

Vereinzelt sind die Eltern der Ansicht, dass Leistungen eine Bedeutung hätten, allerdings in anderer Hinsicht als an Regelschulen:

> Ich denke, die gleiche [Bedeutung] wie in anderen Schulen auch. Nur sind es halt zum Teil andere Leistungen. Wenn man es so sieht, dass es bestimmte Anforderungen gibt, dann sollen die auch erfüllt werden. Nur sind halt die Anforderungen andere. Zum Beispiel ist die Anforderung ‚Lesen Lernen' halt nicht auf einen bestimmten Zeitraum beschränkt, sondern es ist halt auch okay, wenn ein Kind erst in der 6. Klasse richtig lesen und schreiben lernt. (E♂9e)

Schüler verweisen darauf, dass Leistung an Waldorfschulen oft nicht an objektiven Maßstäben gemessen sondern in Relation zu den jeweils individuellen Fähigkeiten bewertet wird. In der Terminologie der Schulpädagogik würde man von einer stärker an der individuellen als an der sozialen oder kriterialen Bezugsnorm[7] orientierten Leistungsbeurteilung sprechen.

> Jeder muss Leistung bringen und das sehen die Lehrer. Wir haben eine in der Klasse, der fliegt alles zu, die ist in einem Fach super und es gibt welche, die sich wirklich anstrengen und bleiben auf einer drei oder vier und das sehen die Lehrer auch und so schreiben die das auch ins Zeugnis rein. (S♀10a)

> Ich finde es eigentlich gut, dass man, wenn man sich angestrengt hat und trotzdem nicht gut war, dass der Lehrer einem auch sagt, dass man gut für seine Verhältnisse mitgearbeitet hat und nicht da eine Note steht, die total deprimierend ist. (S♂9h)

Dass auch der Leistungsbegriff der Waldorfschule in seiner Orientierung beschränkt sein kann und bisweilen einschränkend wirkt, darauf verweist folgender Bericht:

> Der Mensch wird geboren, und er nimmt sich das, was in ihm ist. Bei ihm [Sohn] habe ich gebogen und gebogen und er hat mehr Energie darauf verwendet, das von sich zu weisen, wo ich heute sage, das hätte ich besser nicht gemacht, dann hätte er mehr Energie darauf verwenden können, was in ihm ist, dass er sich um die Sachen kümmert, die ihn wirklich interessieren: und das ist z. B. Fotografieren, Snowboarden, das hört sich jetzt nur nach Fun an, aber das hat unglaubliche Qualitäten. Oder z. T. konnte er bei jedem einzelnen Spieler auf der ganzen Welt sagen, welchem Fußballverein er angehört. Das ist ein Wissen und auch ein Teil in seinem Gehirn, was zu

[7] Das Konzept der Bezugsnormen geht davon aus, dass es unterschiedliche Bewertungsmaßstäbe für Schülerleistungen geben kann: Wird hauptsächlich die individuelle Fähigkeit, der individuelle Leistungsstand herangezogen, spricht man von der individuellen Bezugsnorm, wird vorwiegend auf die Vergleichsgruppe (z. B. den Klassenverband) als Vergleichsmaßstab rekurriert, spricht man von der sozialen Bezugsnorm; geht man eher von den im Gegenstandsbereich gelegenen objektiven Wissens- oder Kenntnisbeständen aus, spricht man von der kriterialen Bezugsnorm.

> anderem nutzbar ist. Er sagt manchmal, er wäre besser auf eine Regelschule gegangen, da wäre er nicht so unterdrückt worden von manchen Lehrern. (E♂12f)

Auf die Frage, welche Konsequenzen auf nicht erledigte Hausaufgaben folgten, geben die Schüler fast ausnahmslos an, es folgten keine oder keine effektiven Konsequenzen:

> Nein, die [Lehrer] können ja auch nichts machen. Die sagen einem das Lernangebot, aber man muss es nicht annehmen […]. Es ist nicht dramatisch, wenn man es nicht macht. (S♀12d)

> Es wird aber, und das finde ich schade, nicht ganz so streng gehalten wie im Gymnasium. Dass die Lehrer wirklich sagen, ‚dann mache ich einen Strich und schreibe es in das Klassenbuch, bei drei gibt es dann eine richtige Strafarbeit, oder eben einen Anruf'. Oder einfach, dass es richtiger kontrolliert wird. (S♂9d)

> Ja, jetzt kommen sie so, die Lehrer tun so als ob sie jetzt so streng wären auf einmal […]. Heute zum Beispiel, hatten mehrere ihre Hausaufgaben nicht. Und dann hat sie gesagt: ‚Wenn einer die Hausaufgaben vergessen hat, dann muss er um sieben kommen.' Aber es kommt keiner um sieben morgen, also. So ein Möchtegern-streng immer, aber das ziehen sie dann nicht durch, die Lehrer […]. Es gibt keine Konsequenzen, eigentlich. (S♂9f)

> Heute sagen die Lehrer, ‚das ist dein eigener Mist'. Es gibt Lehrer, die sagen, ‚die Hausaufgaben sind für dich da'. (S♀12e)

> Passiert nicht viel. Ich glaub', da gibt's so gut wie gar keine Sanktionen. Ist ja nicht nur so, dass keine Hausaufgaben gemacht werden. Zum Teil wird geschwänzt im guten Stil und so. Naja, ab und zu gibt's dann mal eine Kampagne, dass sie dies und jenes nicht dürfen, und irgendwelche Strafen eingeführt werden. Aber ich seh' das nie, dass das durchgezogen wird. Also, die Schule ist da extrem. Ich weiß nicht, ob man dazu ‚liberal' sagen sollte, oder ‚ohnmächtig'. (E♀9g)

Vereinzelt wird darauf hingewiesen, dass dieses Prinzip nicht für alle schulischen Anforderungen gelte, z. B. nicht für die Vorbereitung von Theater- oder anderen Aufführungen:

> Bei einem Klassenspiel hat es gravierende Konsequenzen, wenn einer seinen Text nicht kann. (E♀9f)

6.18 Pro und contra Berichtszeugnisse und Zeugnissprüche

Im Zusammenhang mit dem Thema Leistungsbegriff und Leistungsbewertung wurde mit Eltern und Schülern auch über ihre Erfahrungen mit Waldorfzeugnissen gesprochen. Aus den Gesprächen mit den Eltern ergab sich der Eindruck einer starken Polarisierung. Entweder Eltern befürworten diese Art der persönlichen Leistungsrückmeldung begeistert oder aber sie wird strikt und in aller Schärfe abgelehnt.

Ein Teil der Eltern befürwortet die Waldorfzeugnisse aufgrund der individuell gehaltenen Rückmeldungen sowie aufgrund der deutlich differenzierteren Bewertung im Vergleich zu Notenzeugnissen:

> Jedes Jahr habe ich ganz intensiv das Bedürfnis, hoch an die Schule zu rennen und jeden Lehrer zu umarmen. Z. B. in dieser Unterstufenzeit, dass die Klassenlehrerin … dieses Phlegma von Julius hat sie immer sehr schön ausdrücken und formulieren können, welche Qualitäten sie darin sieht und auch im Laufe der Jahre, welche Entwicklung sie darin sieht… Im Regelbereich wird so ein Mensch eher ausgesondert, weil er so ist. (E♂12c)

> Was sind Noten? – Das ist ja eine Katastrophe. Die Reduktion auf irgendeine Nummer, das ist ja wirklich nun völliger Schwachsinn […]. Eine Reduktion auf eine Nummer, das ist völlig aussagelos. Es ist wichtig, im Dialog mit der Schule, also auch mit dem Lehrkörper, mit den eigenen Kindern zu sein, um das Ganze zu begreifen. Und der Text in den Zeugnissen ist ein kleines Mittel dazu. Ganz wichtig ist über den Text hinaus, den es ja nur einmal im Jahr gibt, dass es einen ständigen Dialog von Eltern und Schülern, oder immer in diesem Dreieck gibt, also Eltern, Schüler und Lehrkörper. Wo sich dann auch erst dieser Text zu einem Verständnis von einem, was ein Menschenwesen darstellt, erst erweitert. (E♂9a)

> Das [Notenfreiheit] ist wichtig. Ich habe das beim Ingenieurstudium erlebt, da wurden wir mit drei Stellen hinter dem Komma bewertet, da habe ich meinen Prof. einfach ausgelacht: ‚Wie wollen Sie diese 2,152 begründen?' (E♂12h)

> Also in der Unterstufe ist das ein großes, längeres Blätterwerk. In der vor allen Dingen der Klassenlehrer das Kind beschreibt und da wo es in seiner Entwicklung steht. Auch kommt da drin vor, was im Vorjahr so ein bisschen gelehrt wurde und wie das Kind sich in den einzelnen Epochen verhalten hat oder mitgekommen ist. Aber da wird auch wirklich das Kind beschrieben, von seiner Persönlichkeit her. Deshalb wird auch immer viel Wert drauf gelegt, dass in den kleineren Klassen, dass die das selber nicht lesen. Und dann gibt's auch noch so ein Blatt, wo jeder Fachlehrer so einen kleinen Vierzeiler schreibt über sein Fach. Und in der Oberstufe gibt's Epochenzeugnisse, da schreibt jeder Lehrer nach 'ner Epoche ein Epochenzeugnis, wo drin steht, was sie gemacht haben, bestimmte Kompetenzen sind da aufgezählt und da wird der Schüler selbst angesprochen und so. ‚Sie haben gut mitgearbeitet', und so […]. Dass da mehr,

vor allen Dingen in den bis zur Mittelstufe geschriebenen Zeugnissen, dass da viel mehr die Entwicklung des Kindes herauskommt, als wenn ich da nur immer eine zwei, eine drei, oder eine eins sehe. (E♀9g)

Das finde ich sehr eindrucksvoll. Das lese ich wirklich richtig gerne, auch die Großeltern und andere Menschen, die unsere Kinder besser kennen. Diese Zeugnisse sind wirklich eine große Leistung von den Lehrern und da steckt sehr viel Arbeit und Mühe darin. (E♂12g)

Die Eltern, die Waldorfzeugnisse befürworten, sind in der Regel auch der Ansicht, dass sie die Leistungen ihrer Kinder und die Kinder ihre eigenen Leistungen aufgrund der Zeugnisse problemlos einschätzen können:

Das war ein weicher Übergang. Die haben so gegen Ende der siebten ausgedrückt, ‚wir wollen jetzt mal Noten' und der Lehrer hat ihnen dann Noten gegeben. Und was ich erstaunlich finde, sie können sich sehr gut einschätzen, sie sagen meistens ihre Noten richtig voraus [...]. Meine Kinder sind beide keine Überflieger und da kommt natürlich, bei Julius im Sprachlichen, auch das Negative durch. Aber das Negative ist immer mit einem wohlwollenden Vorzeichen versehen. (E♂12c)

Ich finde das wunderbar. Ich kann immer ganz genau einschätzen, wo steht mein Kind. Sehr viele Lehrer machen sich das sehr schwer, und geben sich große Mühe, die können einem wirklich den Verlauf der Entwicklung des Kindes innerhalb des Schuljahres auch dokumentieren. Die sagen: ‚Am Anfang des Schuljahres war es so, dann kam es so, dann war es so.' Und da kann man sehen, hat sich das Kind jetzt positiv entwickelt oder ist es auf dem absteigenden Ast, das ist in der Pubertät wichtig. Wann fängt das an, wo die zu sind? Und mir hilft das. Was nutzt das, wenn da steht drei, zwei, vier oder irgendwas, das sagt mir nicht so viel. Und deswegen, ich weiß auch genau, dann steht dann da, an dieser Stelle könnte mehr sein, da ist es sehr gut. Dann ergibt sich so ein Bild. Und ich habe am Ende des Schuljahrs immer ein Bild von meinen Kindern. Das ist nicht immer rosig, das sieht auch manchmal ganz schön Sch.... aus. Aber wenn da nur Fünfen ständen, dann hätte ich gar nichts von. Wenn dann aber steht, ‚und da kann er jetzt mal ein bisschen reinhauen', oder so, dann kann ich auch als Eltern sagen, vertiefen wir das. Ich finde das sehr hilfreich. (E♂12b)

Insbesondere in der Klassenlehrerzeit erlebte ein Teil der Eltern die Zeugnisse als sehr subjektiv wertend. Diese Bewertung des Kindes durch die Klassenlehrkraft, die sich nicht nur auf den Leistungsstand sondern auf die gesamte Persönlichkeit des Kindes bezieht, stellte für einen Teil der Eltern eine emotionale Herausforderung dar, die wohl als weitaus unangenehmer einzuschätzen ist, als man das für ein – fast ausschließlich auf Leistungen bezogenes – Notenzeugnis annehmen muss.

Am Anfang hat mich das sehr mitgenommen, wenn dein eigenes Kind von einem anderen bewertet wird, dann kann das dich verletzen oder bestätigen, es löst auf jeden Fall starke Gefühle aus, es ist nicht immer angenehm und einfach ein Zeugnis zu lesen

> […]. Ich finde, dass es gar nicht notwendig ist, ein Zeugnis zu schreiben, man sieht ja das Kind selbst. Ich kenne Eltern, die nach der 1. Klasse die Schule verlassen haben, weil sie das so schlimm fanden, das Zeugnis. Die haben sich offensichtlich nicht wiedergefunden. (E♂9c)

> Ich habe mal ein Zeugnis zurückgegeben, weil ich wollte, dass das geändert wird. Das war was im Sozialverhalten […]. Ich weiß, dass er das schwer hat, dass er der Außenseiter in der Klasse ist usw. Sie [Lehrerin] hat es dann widerwilligst geändert. (E♂12d)

> Wohlwollend. Aber später stand dann z. B. auch drin, dass er faul war oder dass sie sich nicht gekümmert haben, dass sie abwesend waren oder voller Desinteresse gestrotzt haben. (E♀12d)

Ein weiterer Teil der Eltern bemängelt, dass die Leistungen der Schüler aufgrund der waldorftypischen Zeugnisse schwer einschätzbar seien. Dieser Teil der Eltern plädiert eher für Notenzeugnisse:

> Ne, es fängt ja schon bei den Zeugnissen an, dass die nicht klar sind. Unsere Russischlehrerin ist die einzige, die schon seit Jahren mit Noten bewertet und das danke ich ihr 1000x, weil ich weiß, wo ich stehe. (S♀12f)

> Manche Lehrer geben sich da Mühe und versuchen, ein klares Bild vom Kind zu geben und benennen auch die Schwächen. Manche Lehrkräfte beschönigen zu sehr und da meine ich, müsste auch eine klarere Rückmeldung vom Kind gegeben werden: ‚der Luis macht zu selten seine Hausaufgaben'. (E♂9b)

> Seitenlang, seitenlang und im Vergleich zu dem an Staatsschulen absolut blöd. Jedes Fach, jede Aktivität, Schauspiel, Eurythmieaufführung, ja, sogar die Klassenfahrt wird beschrieben. Ich weiß, wie meine Tochter in der Schule gesehen wird und sich verhält, aber ob sie jetzt in Deutsch eine zwei hat oder eine fünf, das weiß ich nicht. Wir hatten das letzte Zeugnis, das muss man sich mal vor Augen halten, der Lehrer hat gesagt, sie hat sich super entwickelt, sie kriegt ein bombastisches Zeugnis, Sie können sehr zufrieden sein. Ich gehe nach Hause, super. Dann kommt dieses Zeugnis: Hefte nicht abgegeben, nicht weitergemacht, bei Russisch stand drin, wenn sich das Verhalten nicht ändert, hat der Unterricht keinen Sinn. Wir sind am nächsten Tag in Urlaub gefahren, ich war soweit, den Urlaub abzubrechen, weil die Erwartungen von mir waren so hoch und von meinem Mann auch, weil ich hatte ihm das erzählt. Und ich habe mich gefragt, wo ist jetzt das bombastische Zeugnis? Vielleicht können wir es auch nicht lesen, wir lesen immer nur das Negative und warten auf Noten. Mich interessiert der Text nicht, mich interessieren die Noten. (E♀9d)

> [In der Realschule] hat er eine klare Differenzierung mitbekommen: ‚ich kann nicht schreiben, da bin ich schlecht, aber ich kann naturwissenschaftliche Fächer'. Und das war in dieser Waldorfschule so alles ein Pudding, ein Brei. (E♀9c)

Während in den Elternäußerungen zu den Waldorf-Berichtszeugnissen entweder ein recht radikales Pro oder ein ebenso radikales Contra zu finden ist, sprechen sich die Schüler fast ausnahmslos für eine Kombination aus Wort- und Notenzeugnis aus. Jüngere Schüler, die z. T. noch keine Noten erhalten, bemängeln dies und haben den Eindruck, sich aufgrund der reinen Textbeurteilung in ihrem Leistungsstand schlecht einschätzen zu können:

> ‚Sie hat es sehr gut gemacht', da wusste man, es ist eine eins. Aber der Rest war undeutlich. ‚Sie hat das gemacht und das nicht', da dachte man sich immer, was ist das jetzt für eine Note? Ich finde Notenzeugnisse besser. (S♀12f)

> Schon die Noten, weil man da genau weiß wo man steht. Im Schriftlichen weiß man nie genau, was wollen die denn jetzt? Ist das gut oder schlecht? Man konnte sich die Note fast aussuchen. Eine strikte Note ist natürlich besser. (S♀12d)

> Noten kann man immer so schätzen [anhand des Wortlauts], eigentlich, wenn man sich so ein bisschen daran orientieren will. Aber das ist halt auch schwer, weil das halt so ein bisschen positiv irgendwie ist, schöngeredet wird vielleicht auch. (S♀9a)

In der Klassenlehrerzeit erhält jeder Schüler mit dem Zeugnis einen individuellen Sinnspruch für das kommende Schuljahr. Dieser Sinnspruch wird entweder vom Lehrer selbst getextet oder übernommen aus den Beständen der Dichtung oder auch aus den inzwischen von Waldorfpädagogen vorgelegten Zeugnisspruchsammlungen.[8] Diesen Zeugnisspruch tragen die Schüler über das ganze Schuljahr hinweg jede Woche am Wochentag ihres Geburtstags vor. Auf Nachfrage erinnern sich nur zwei Schülerinnen an einen ihrer Zeugnissprüche im Wortlaut. Die beiden Zeugnissprüche, die erinnert wurden, lauten:

> Schwankt auch das Schiff deines Lebens in den Wogen des Meeres der Zeit, halte nur fest in den Händen, das Steuer mit dem du dich lenkst. Blick empor zu den Sternen des Himmels, die dir im Herzen erglänzen und spüre im Herzen Vertrauen, dass Gott dich niemals verlässt. (S♀9c)

> Die beste Medizin des Menschen ist der Mensch selber. (S♂9d)

Schülern fällt es schwer, die längerfristige Bedeutung der Zeugnissprüche zu artikulieren. Im ersten Beispiel bezieht ihn die Schülerin auf ihr Leben, das sie als schwankendes Schiff sieht, dessen Lenkung sie nicht aus der Hand geben sollte, das aber gleichzeitig beschützt und geleitet wird. Die meisten Schüler erinnern sich

[8] Z. B. Klonk (2005) und Jurock (2011).

kaum an die Aussagen „ihrer“ Zeugnissprüche, was die Vermutung nahelegt, dass die Bedeutung bei den meisten Schülern temporär begrenzt war.

Ein Teil der Schüler fühlte sich unwohl mit den jeweiligen Zeugnissprüchen, z. B. weil sie sie an eigene Schwächen erinnerten oder sich Mitschüler deshalb über sie lustig gemacht haben:

> Ich kann mich an meinen ersten Zeugnisspruch erinnern, weil ich deswegen immer verarscht wurde: ‚Der Bauer bestellt den Acker…‘. Alle haben mich verarscht, standen so da, als wenn ein Bauer säen würde. (S♀10a)

> Einmal ging's um einen Teppichweber, der seine Teppiche nur so flüchtig und ungeduldig webt. Hat auch zu mir gepasst. Aber das fand' ich natürlich nicht so toll, mir jeden Montag zu erzählen, wie ungeduldig und pfuschig ich arbeite. Es hat mich schon so in meiner Würde ein bisschen angekratzt. Ich weiß nicht, inwieweit es geholfen hat. Bin immer noch ein bisschen ungeduldig. (S♂9g)

6.19 Leistungsdruck und inverse Leistungskonkurrenz

In der Quantifizierung zeigt sich, dass mehr als die Hälfte der Schüler an der eigenen Schule durchaus Leistungsdruck wahrnimmt. 85,5 % berichten eine Zunahme der Leistungsansprüche in den letzten beiden Schuljahren. Ein solcher Befund lässt vermuten, dass auch entsprechende Auswirkungen, wie z. B. Leistungskonkurrenz (46,9 % nehmen diese wahr) auftreten (vgl. Abb. 6.13).

Signifikante Unterschiede zwischen den Klassen 9.–10. versus 11.–13. bestehen hinsichtlich der Wahrnehmung von Leistungsdruck überhaupt und der Einschätzung zur Zunahme des Leistungsdrucks in den letzten beiden Schuljahren. Beides lässt sich vor dem Hintergrund der näher rückenden Abschlussprüfungen interpretieren. Erstaunlich ist, dass der zunehmende Leistungsdruck offensichtlich keine Zunahme der Leistungskonkurrenz in den höheren Jahrgangsklassen bewirkt.

In den Interviews berichten eher Schüler als Eltern von Leistungsdruck. Und als Ursache sehen die Schüler weniger die schulischen Vorgaben oder Erwartungen, sondern vielmehr die eigenen Ansprüche, z. B. bezogen auf staatliche Abschlussprüfungen:

> Meine Angst ist, dass ich ein schlechtes Abi habe. Das wäre für mich schlimmer, als wenn ich durchfalle. Ich würde lieber eine Ehrenrunde drehen. Manche sagen, ‚egal, Hauptsache Abi‘ aber ich glaube, mit dem Studium fängt es dann erst richtig an. (S♂13)

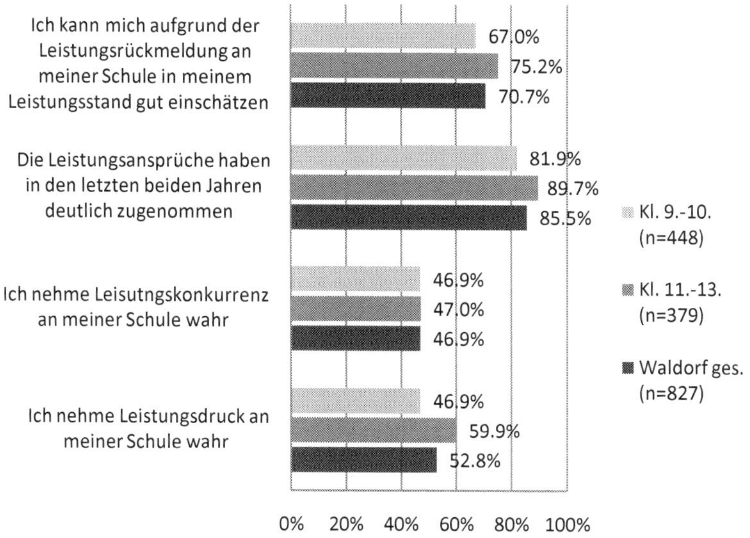

Abb. 6.13 Wahrnehmung von Leistungsdruck (Antwortmöglichkeiten „trifft genau zu" und „trifft eher zu")

> Es ist nicht so, wie oft behauptet wird, dass gar kein Leistungsdruck da ist. Der Leistungsdruck ist definitiv da, ob er nun von den Lehrern, den Eltern, den Schülern oder einem selber kommt. (S♀12g)

> Ein Lehrer ist ziemlich vorangegangen, er hat keine Rücksicht genommen, auf die, die nichts machen. Er hat gesagt, wir sind Oberstufe und müssen schauen, dass wir mitkommen und wer das nicht macht, der muss sich Nachhilfe holen oder schauen, wer ihm helfen kann. (S♀12e)

Im Folgenden wird die Gruppe der Schüler (52,9 %) näher betrachtet, die Leistungsdruck an der Waldorfschule empfinden. Z. B. wurden sie genauer zu den Auswirkungen des schulbezogenen Leistungsdrucks befragt (vgl. Abb. 6.14).

Auffallend ist die signifikant stärkere Belastung der Mädchen hinsichtlich aller drei Fragestellungen. Eine mögliche Erklärung ist, dass Mädchen von somatischen Beschwerden grundsätzlich stärker betroffen sind als Jungen. Mädchen neigen zu internalisierenden, Jungen hingegen zu externalisierenden Formen des Problemverhaltens. In diesem Falle wurde aber nur nach somatischen Beschwerden und damit nach den eher „typisch weiblichen" Verarbeitungsmustern gefragt. Hinsichtlich der Selbsteinschätzung zur Belastung durch Leistungsdruck dürfte bei Mädchen auch ein höheres Problembewusstsein bestehen. Möglich ist aber auch, dass

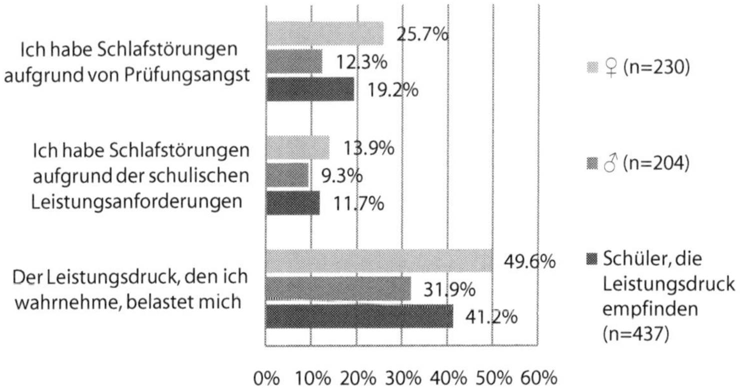

Abb. 6.14 Auswirkungen des Leistungsdrucks. (nur Schüler, die Leistungsdruck empfinden; Antwortmöglichkeiten „trifft genau zu" und „trifft eher zu")

dieser erhebliche geschlechtsspezifische Unterschied realistisch ist. Denn Jungen gelten als weniger ehrgeizig als Mädchen, was auch eine geringere Belastung durch schulische Anforderungen nach sich ziehen kann (vgl. z. B. Andresen 2006; Faulstich-Wieland 2008).

Die Befunde zur wahrgenommenen Leistungskonkurrenz ergeben zunächst kein kohärentes Bild. Überraschend und schwer interpretierbar erscheint, dass in den Interviews weder Eltern noch Schüler über Leistungskonkurrenz berichten, während 46,9 % der in der Fragebogenerhebung Befragten diese wahrnehmen. Denkbar ist etwa, dass in der Anonymität der schriftlichen Befragung selbstkritische Aspekte eher offengelegt werden können. Denkbar ist auch, dass Leistungskonkurrenz weniger im Blick auf das Streben nach Bestleistungen interpretiert wird, sondern vielmehr umgekehrt als Ausgrenzung gerade der leistungsstärkeren Schüler verstanden wird, über die auch in den Interviews berichtet wird: Wenn die Schüler überhaupt sich untereinander vergleichen würden, dann eher so, dass diejenigen ausgegrenzt oder belächelt werden, die sehr leistungsbereit sind. Dieser Effekt einer Art inversen Leistungskonkurrenz – Leistungsstreben ist uncool und wird sozial geächtet – dürfte indessen kaum ein Spezifikum der Waldorfschulen sein:

> Die spornen sich nicht gegenseitig an, das ist eher so, aber das hängt mit der Pubertät zusammen, dass die Kinder, die sich viel melden, immer ihre Hausaufgaben haben, als Streber gelten. (E♀9d)

> Insofern, als Leistung als negativ angesehen wird. Es wird sehr genau hingeguckt, wer etwas tut, und das wird negativ bewertet. Eine Ausgrenzung von Schülern, die gerne etwas lernen wollen. (E♀12c)

Ein anderer Teil der Befragten berichtet, dass Leistungskonkurrenz im üblichen Sinne eher fehlt, weil das soziale Miteinander der Schüler so ausgeprägt sei, dass Stärkere und Schwächere voneinander lernten:

> Also nicht ich bin im Stande Leistung zu bringen, egal wie groß die Gruppe ist [...]. Ich wüsste bei keinem [...] Waldorfschüler, der in irgendeiner Weise seine individuelle Leistung als besonders wichtig herausstellt. Es ist nicht unwichtig, sich einzubringen, [...] und seine maximalen Amplituden zu erreichen, aber das wird als wichtig für die Gruppe erachtet, dass die Gruppe damit weiterkommt. (E♂9a)

> Die Schüler unterstützen sich eigentlich gegenseitig und arbeiten auch zu Hause und am Wochenende viel in Kleingruppen. (E♀13/11)

> Die Mitschüler helfen viel. Ein ziemlich starkes soziales Netz. Wir helfen uns alle gegenseitig [...] Wir geben uns gegenseitig Nachhilfe. (S♀12d)

6.20 Unterforderung

Weil in Waldorfschulen formal keine Leistungsselektion stattfindet, ist gleichzeitig davon auszugehen, dass die Klassen auch noch in der Mittel- und Oberstufe eine große Leistungsheterogenität aufweisen. Aus diesem Grunde wurden den Schülern nicht nur Fragen zum Leistungsanspruch, sondern auch zu leistungsbezogenen Unterforderungen vorgelegt. Wie bereits dargestellt, sind 85,5 % (89,7 % der Kl. 11.–13.) der Schüler der Ansicht, dass die Leistungsanforderungen in den letzten Schuljahren zugenommen hätten. Dennoch beschreibt sich sowohl in den Interviews als auch in der Fragebogenerhebung ein erheblicher Anteil der Schüler als unterfordert (vgl. Abb. 6.15).

Signifikante geschlechtsspezifische Unterschiede bestehen nur in Mathematik – hier fühlen sich deutlich mehr Mädchen als Jungen unterfordert (♀26,7 % vs. ♂18,2 %). Dieser Befund, dass im Bereich der sprachlichen Unterforderung keine überzufälligen Differenzen bestehen, überrascht aufgrund der vielfach festgestellten Leistungsunterschiede zwischen Jungen und Mädchen in international vergleichenden Studien (vgl. zusammenfassend Faulstich-Wieland 2008). Schüler, die ihre Schule negativ beurteilen fühlen sich zu einem sehr viel größeren Anteil unterfordert als diejenigen, die sie positiv beurteilen (vgl. Abb. 6.16).

Erinnert sei in diesem Zusammenhang auch daran, dass 38 % der Waldorfschüler angegeben haben, sich in der Schule/im Unterricht oft zu langweilen. Dies wird

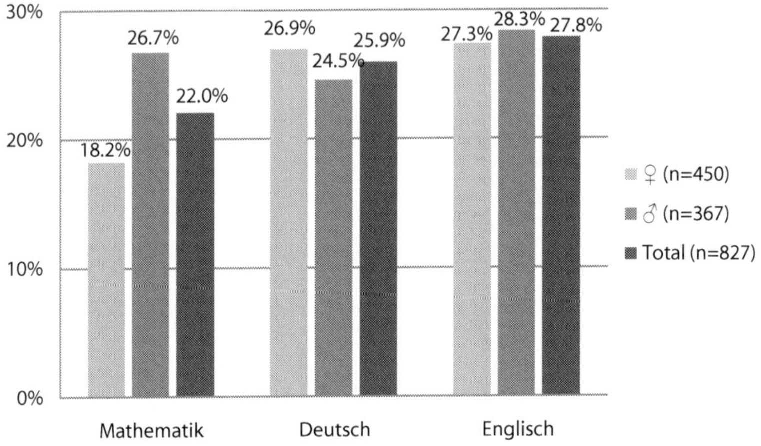

Abb. 6.15 In der Schule fühle ich mich oft unterfordert in… (Antwortmöglichkeiten „trifft voll zu" & „trifft eher zu")

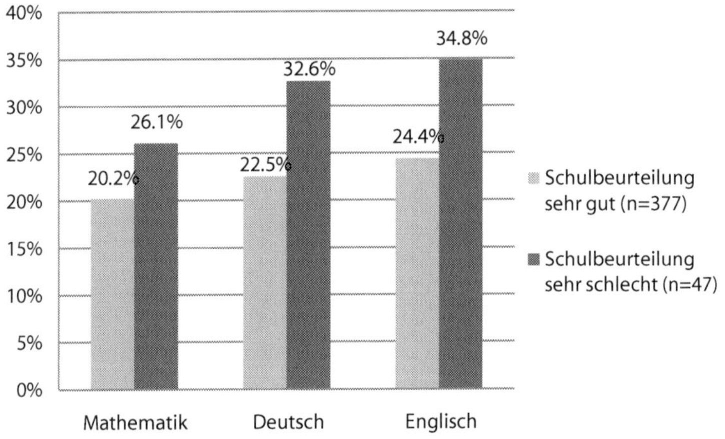

Abb. 6.16 In der Schule fühle ich mich oft unterfordert in… (Antwortmöglichkeiten „trifft voll zu" & „trifft eher zu")

vor allem von jenen Schülern als zutreffend angegeben, die sich in ihren schulischen Leistungsfähigkeiten zu den schlechteren zählen (66,7 %), die Nachhilfe in Anspruch nehmen (42,1 %) bzw. die sich durch den Leistungsdruck belastet fühlen

(54,9 %). Aus diesen Daten wird deutlich, dass Langeweile nicht immer der Überdruss der Besseren und Unterforderten ist – sondern offenbar auch aus Überforderung resultieren kann. Diese Ergebnisse verweisen aber möglicherweise auf das Problem der Differenzierung des Unterrichts an Waldorfschulen. Darauf deutet auch die in den Interviews häufig aufkommende Kritik hin, die Schule hätte schon früher höhere Leistung anfordern müssen um Unterforderung zu vermeiden und das nun Nachzuholende kaum zu leisten sei (vgl. Kapitel „Nachhilfe").

> In der 9. Klasse wird die Beurteilung dann schon wichtig, weil es dann darum geht, ob der Schüler Mittlere Reife oder Abi macht. Ich glaube aber, dass die Schüler an der Waldorfschule insgesamt doch zu wenig darauf vorbereitet werden und der Druck am Ende der Schulzeit dann plötzlich sehr hoch wird [...]. Bis zur 10. Klasse habe ich mich unterfordert gefühlt. Aber jetzt fühle ich mich gut gefordert und auch gefördert. Mir taugt das eigentlich. (S♀12a)

> In gewissen Sachen nicht [ausreichend gefördert]. Gerade in Musik nicht. Ganz klar kritisieren muss ich, dass ich da zu wenig gefördert wurde. Auch im Vergleich zu allgemeinbildenden Gymnasien [spielt an einem Gymnasium in der Nähe in der Big Band]: sehr anspruchsvoll und sehr positiv: Die können ihr Abitur in Musik machen, das können wir nicht. Das finde ich verdammt schade [...]. Es wird zu sehr Rücksicht genommen auf diejenigen die mit Musik gar nichts zu tun haben [...] Es wäre besser, wenn die Fächer aufgeteilt würden, einmal die „Basics" und einmal als Leistungskurs [...] in allen Fächern wär's eine positive Möglichkeit. [In der Gesamtklasse] wird der Stoff wieder und wieder erklärt, bis es wirklich auch die Langsamsten verstanden haben. Das ist schon gut, aber wir langweilen uns. (S♀12f)

> Also, nicht überall genug gefordert. Wenn ich das so bewerten sollte, zwischen 1 und 10, 10 wäre ganz schlecht, dann würde ich das [Passung der Leistungsanforderungen] vielleicht bei 7, 8 einordnen. (E♂12h)

Diese Einschätzung, dass die Heterogenität groß und dass die damit eigentlich erforderliche Differenzierung nicht immer realisiert wird, teilen alle Befragten. Würde differenziert, so läge der Fokus dennoch eher auf den Lernschwächeren als auf den Leistungsstarken:

> Ich fühl mich nur immer wieder unterfordert [...]. So generell ist das immer, wenn ich so ein bisschen besser gelernt habe. Und meistens hab' ich dann schon fertig gemacht, und dann saß ich da. Und manchmal hätte ich schon gerne Noten gehabt, damit ich sehen kann, wie ich mich noch steigern kann, Druck zu haben. Vor Tests hab ich auch nicht wirklich gelernt, weil ich wusste, wird sowieso gut, wenn ich es mir abends noch einmal angucke. Und ich hätte mir manchmal noch eine extra Förderung gewünscht. Also jetzt ist es mir egal, aber damals wär's vielleicht, dass ich einfach beschäftigt gewesen wäre, so war ich einfach unruhig, weil ich nichts mehr zu tun hatte. (S♀9e)

> Im Moment bin ich unterfordert, eigentlich eher, an der Schule. Sind die meisten Fächer ziemlich langweilig, oder weil ich das schon kann […]. Also wenn einige unterfordert sind, dann passiert da nicht so viel. Höchstens mal, ‚du kannst dich mal hier informieren' oder so. Also so ein paar Tipps. Die gehen eigentlich auf die ein, die dann überfordert sind, die da ein bisschen Hilfe brauchen […]. Vor allem in Sprachen oder so, da sind wir auch ein bisschen geteilt. Und halt die, die nicht so gut sind, die werden halt viel gefördert. Da fragt der Lehrer auch häufiger mal nach, warum die Hausaufgaben nicht gemacht sind, oder ob die nicht verstanden worden sind. Und die Besseren, die werden dann meistens auch nicht drangenommen. Weil der Lehrer dann irgendwie vielleicht auch weiß, dass die das richtig haben. (S♀9a)

> In Mathe geht es mir auf die Nerven, weil unser Lehrer ein lieber Typ ist und fragt so ungefähr: ‚was ist 1 + 1?' Einer schreit: ‚2' und er schreit ‚sehr gut'. Und dieses ‚sehr gut' ist so bescheuert, das kann man nicht mehr hören. Meistens fühle ich mich unterfordert. In Englisch erst recht, da könnte ich mir einen lauen Lenz machen, müsste nicht mal die Hausaufgaben machen und würde mit einer guten zwei bestehen. (S♀12f)

> Ich bin unterfordert, weil auf jeden Schüler Rücksicht genommen wird […] Überfordert bin ich nicht, so blöd bin ich nicht, dazu muss man ziemlich doof sein, um auf unserer Schule überfordert zu sein. (S♂12a)

Bemerkenswert bleibt angesichts dieser häufigen Klagen, dass die Befragten nichtsdestotrotz eine äußere Differenzierung auf Basis der Leistungsselektion, wie sie an Regelschulen üblich ist, problematisieren:

> Aber das ist jetzt kein Plädoyer für eine Elite-Schule, sondern eigentlich finde ich's gut. Aber es wäre gut, wenn die Lehrer die Kapazitäten hätten, die Kraft und die Zeit hätten, noch mal individuell zu gucken, die Leute mit mehr Sachen zu füttern, die sich sonst langweilen. (E♀9g)

6.21 Nachhilfe

Das Gegenstück der Unterforderungswahrnehmung eines guten Viertels der Schüler liegt in der recht hohen Nachhilfequote. Nachhilfe jedenfalls wird – glaubt man den verfügbaren Zahlen – von Waldorfschülern offenbar sogar häufiger in Anspruch genommen als von Schülern an Regelschulen. In den letzten 12 Monaten Nachhilfe regelmäßig erhalten haben in unserer Waldorfschülerstichprobe 24,4 %, weitere 21,5 % gelegentlich. Die letzte Shell-Jugendstudie von 2010 berichtet von 24 %, die gelegentlich oder regelmäßig Nachhilfe in Anspruch nahmen. Allerdings

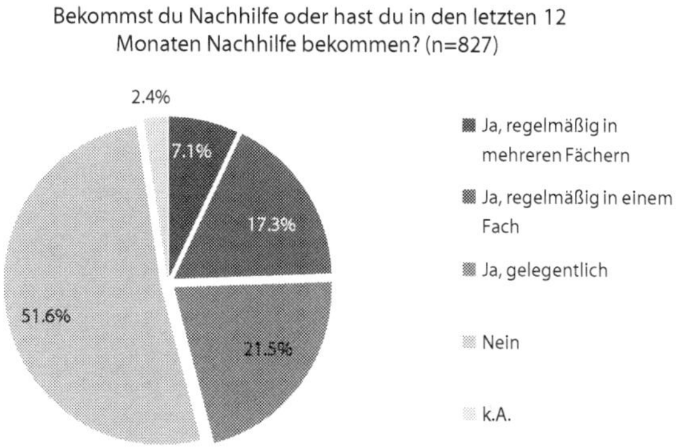

Abb. 6.17 „Bekommst du Nachhilfe oder hast du in den letzten 12 Monaten Nachhilfe bekommen?"

geben in der „Bildungsstudie 2007" (Focus und Microsoft 2007) 59 % der Eltern[9] an, immer oder gelegentlich Geld für Nachhilfestunden auszugeben.

Die meisten Schüler, die Nachhilfe in Anspruch nehmen, lassen sich in Mathematik (45,5 %) gefolgt von Englisch (35,3 %) und anderen Fremdsprachen (Russisch, Französisch) helfen. Nicht unerheblich wird der Nachhilfebedarf allerdings durch die Quereinsteiger verstärkt: Von ihnen erhalten 31,4 % regelmäßig Nachhilfe, während diejenigen, die ab Klasse 1 die Waldorfschule besuchen, nur zu 20,5 % regelmäßig Nachhilfe in Anspruch nehmen. Auch spielt die Vorbereitung auf staatliche Abschlussprüfungen, insbesondere das Abitur, eine Rolle: Waldorfschüler fühlen sich naturgemäß schlechter auf staatliche Abschlussprüfungen vorbereitet als Schüler an Regelschulen (sehr gut & gut: Waldorfschüler: 64,3 %; DIPF: 81,1 %). Ein dritter Aspekt könnte darin liegen, dass an Waldorfschulen öfter ältere Schüler als Nachhilfelehrer eingesetzt werden, während die Inanspruchnahme kommerzieller Institute an staatlichen Schulen heute einen erheblichen Anteil des Nachhilfeaufkommens ausmachen dürfte.[10]

Nachhilfe ist also eine von Waldorfschülern vielfach genutzte Dienstleistung. Laut der Fragebogenerhebung nehmen mit 45,9 % immerhin annähernd die Hälfte der Schüler regelmäßig oder gelegentlich Nachhilfe in Anspruch (vgl. Abb. 6.17,

[9] Eltern mit Schulkindern (Sekundarstufe) im Alter von 10–19 Jahren in allgemeinbildenden Schulen in der Bundesrepublik Deutschland; Fallzahl: 810 (vgl. http://www.bildungsstudie-deutschland.de). Zum wenig erforschten Nachhilfe-Betrieb an Deutschlands Schulen vgl. auch Dohmen et al. (2008).

[10] Diese Vermutung kann im Rahmen der vorliegenden Studie noch nicht verifiziert werden. Es wäre nicht nur angesichts der hier ausgeführten Nachhilfe-Problematik aber lohnend, das Thema Über- und Unterforderung an Waldorfschulen in einer eigenen Studie zu fokussieren.

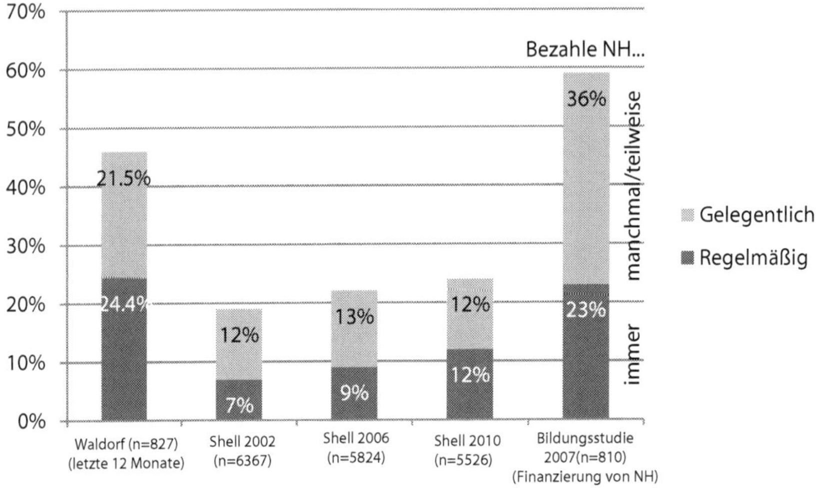

Abb. 6.18 Inanspruchnahme von Nachhilfe bzw. Finanzierung von Nachhilfe

6.18)[11]. Bei diesen Schülern ist davon auszugehen, dass sie – gleich aus welchem Grund – in dem jeweiligen Fach überfordert sind, u. a. weil die Differenzierung bezogen auf das einzelne Fach nur unzureichend gelingt.

In diesem Zusammenhang erhärtet sich die aus den qualitativen Interviews generierte These, dass es sich insgesamt negativ auf die Schulbeurteilung auswirken kann, wenn Schüler den Unterricht als zu wenig auf die eigenen Fähigkeiten abgestimmt erleben. Tatsächlich sind aus den Gruppen, deren Schulbeurteilung eher oder sehr negativ ausfällt, sowohl die Anteile der Nachhilfeschüler und auch der Unterforderten signifikant höher als bei denjenigen, die insgesamt ein eher oder sehr positives Urteil über die Schule abgeben. Auch wenn man theoretisch eine umgekehrte Kausalität konstruieren könnte, spricht wenig dafür, dass eine vorgängig negative Haltung zur Schule im Sinne einer selbsterfüllenden Prophezeiung negative Erfahrungen – etwa auch Unter- oder Überforderungen – bewirkt haben könnte.

Es ergeben sich geschlechtsspezifische Differenzierungen dahingehend, dass Mädchen etwas häufiger Nachhilfe in Anspruch nehmen als Jungen, wenn man die Kategorie „gelegentlich“ mit einbezieht (♀49,3 % vs. ♂42,0 %). Dieser Befund kann möglicherweise auf die durchschnittlich stärker ausgeprägte Strebsamkeit

[11] Fehlende Werte an 100 %: Rundungsfehler.

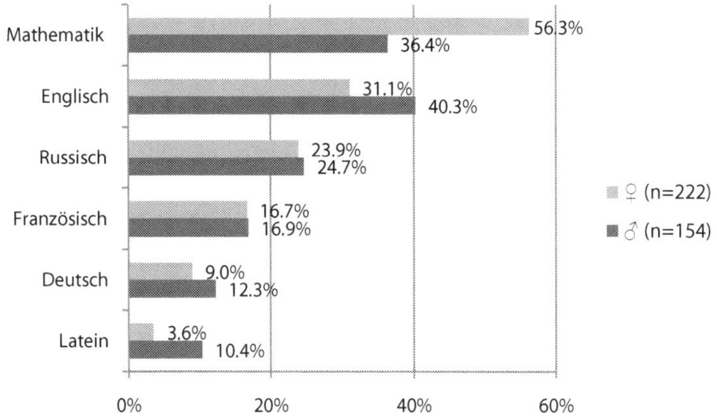

Abb. 6.19 Inanspruchnahme von Nachhilfe nach Fächern (Nur Schüler, die Nachhilfe in Anspruch nehmen)

von Mädchen zurückgeführt werden. Weiter nimmt die Nachhilfeaffinität mit zunehmender Klassenstufe und damit der Nähe zu den staatlichen Abschlussprüfungen erwartungsgemäß zu (9.–10. Kl. 41,3 % vs. 11.–13. Kl. 51,5 %). Weiter korreliert die Art der Schulbewertung mit dem Nachhilfeanteil: Schüler, deren Urteil über die Schule „sehr gut" ausfällt, nehmen mit einem Anteil von 40,8 % Nachhilfe; Schüler hingegen, die ihre Schule als „sehr schlecht" beurteilen, mit einem Anteil von 58,7 %. Somit scheint die starke Angewiesenheit auf Nachhilfe von einem Teil der Schüler der Schule angelastet zu werden und sich auf die Schulbeurteilung niederzuschlagen.

Diejenigen, die acht Jahre Klassenlehrerzeit durchlaufen haben, nehmen seltener Nachhilfe als die Gruppe, die über eine kürzere Klassenlehrerzeit berichtet (8 Jahre 43,2 % vs. kürzer 51,4 %). Diejenigen, die die Waldorfschule bereits ab der 1. Klasse besucht haben, nehmen zu 41,3 % gelegentlich oder regelmäßig Nachhilfe und damit deutlich seltener als die Quereinsteiger (53,0 %). Diese Unterschiede zeigen sich vor allem in den nachhilfeintensiven Fächern Mathematik und Russisch, während in anderen Fremdsprachen (Englisch, Latein und Französisch) Quereinsteiger sogar seltener Nachhilfe beanspruchen.

Bei Betrachtung der Fächer, in denen Nachhilfe in Anspruch genommen wird, fallen starke geschlechtstypische Differenzierungen ins Auge: Mädchen nehmen am häufigsten Mathematik-, Jungen Englischnachhilfe. Es folgen andere Sprachen einschließlich Deutsch. Nur ein verschwindend geringer Anteil der Schüler nimmt Nachhilfe in einem anderen Fach als Sprachen und Mathematik in Anspruch (vgl. Abb. 6.19).

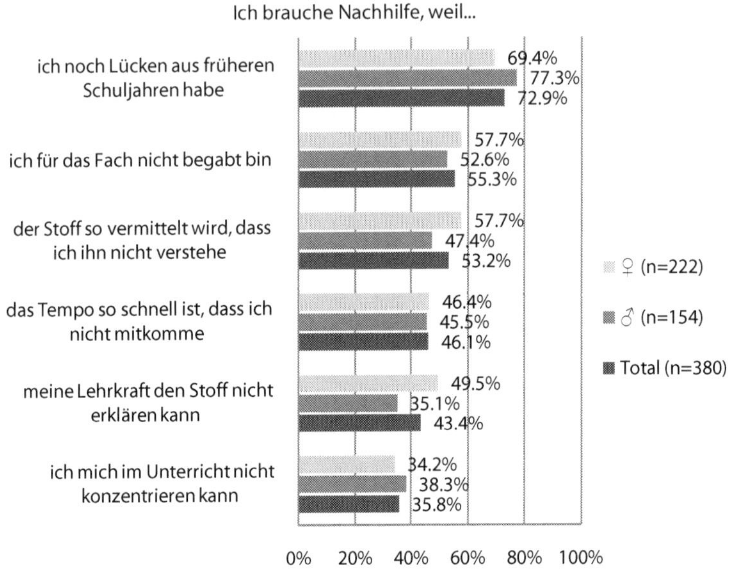

Abb. 6.20 Gründe für die Inanspruchnahme von Nachhilfe nach Geschlecht (nur Schüler, die Nachhilfe in Anspruch nehmen)

Diese geschlechtsspezifischen Differenzierungen, die besonders eklatant in Mathematik auftreten, decken sich mit Untersuchungsergebnissen internationaler Schulleistungsvergleichstests. Baumert kommt bspw. angesichts der TIMS-Studie zu dem Schluss, dass Mädchen „ihre allgemeinen schulischen Fähigkeiten und insbesondere ihre Fähigkeiten in den Fächern Mathematik und Physik systematisch unterschätzen. Bei gleichen Leistungen schreiben sie sich geringere Fähigkeiten zu, während Jungen die eigenen fachlichen Fähigkeiten optimistisch überschätzen" (Baumert et al. 1997, S. 173). Daraus könnte sich ein subjektiv als dringlicher empfundener Nachhilfebedarf für die Mädchen ergeben, der sich besonders im mathematischen Bereich niederschlägt.

Bei der Betrachtung der Gründe für Nachhilfe aus Schülersicht ergeben sich deutlich geringere geschlechtsspezifische Differenzen (vgl. Abb. 6.20). In der Fragebogenerhebung erscheinen mit 72,9 % die Lücken aus früheren Schuljahren als am häufigsten genanntes Motiv – hier bestehen eher minimale, nicht signifikante Differenzen zwischen Quereinsteigern und Schülern, die die Waldorfschule bereits ab Klasse 1 besucht haben. Von Jürgens/Dieckmann befragte Regelschüler geben „Schließen von Wissenslücken" nur zu 45 % als Motiv für Nachhilfe an (2007).

Möglicherweise macht sich hier die unterschiedliche Gewichtung, die die Wissensvermittlung an Waldorfschulen gerade in den Schuljahren der Klassenlehrerzeit hat, bemerkbar. Kritiker des Klassenlehrerprinzips könnten in diesem im Vergleich zu Regelschülern als größer empfundenen Nachholbedarf in den letzten Schuljahren Argumente für die frühere Einbeziehung von mehr Fachlehrern finden.

Unter den Eltern gibt es dementsprechend auch kritische Stimmen, die im Zusammenhang mit dem Nachhilfethema Verärgerung, Hilflosigkeit oder Enttäuschung äußern:

> Nachhilfe ist der einzige Deutsch-Unterricht, den sie hat. Ich finde es gruselig und es ist Stress. Gute Leute, die unheimlich intelligent sind, geben nach und machen kein Abitur. Es ist auch so eine Resignation da, sie fühlen sich schlecht und geben sich die Schuld. Uns geht es auch schlecht, sie [die Tochter] ist überfordert und ich bin überfordert. (E♀12c)

> Ich habe mir überlegt, den Schulbeitrag um diesen Betrag [Nachhilfe] zu kürzen, weil ich das eigentlich von der Schule erwarte [...] Aber, Fremdsprachenunterricht an der Waldorfschule ist ein Thema für sich, ist ausbaufähig. (E♂12d)

> Sie hatte in Englisch Nachhilfe und das hat einfach was damit zu tun, dass sie schlechte Englischlehrer haben... das ist ein Phänomen der Schule, dass die Fremdsprachenlehrer oftmals schlecht sind. (E♀9b)

Von Eltern wird im Zusammenhang mit Nachhilfe auch explizit der Aspekt der mangelnden Differenzierung des Unterrichts angesprochen:

> Der Unterricht müsste einfach ein bisschen üppiger sein. Aber das ist schwierig, weil die Klasse so auseinander klafft. (E♂12g)

6.22 Besonderheiten der Oberstufe

Der Wechsel von der Klassenlehrerzeit (bis einschließlich 8. Klasse) hin zur Waldorf-Oberstufe (ab der 9. Klasse) geht einher mit dem Systemwechsel vom Klassenlehrer- zum Fachlehrerprinzip. Welche Chancen und Belastungen dieser Wechsel mit sich bringt wird im Folgenden aus Sicht von Schülern und Eltern dargestellt.

Wie Abb. 6.21 veranschaulicht, ist ein erheblicher Anteil der Schüler der Ansicht, die Leistungsansprüche hätten in den letzten beiden Jahren deutlich zugenommen. Dabei besteht ein signifikanter Unterschied zwischen Schülern der 9.–10. Klassen, die erst vor kurzem in die Oberstufe gewechselt haben und den Schülern der 11.–13. Klassen. Es ist somit davon auszugehen, dass sowohl mit dem Eintritt

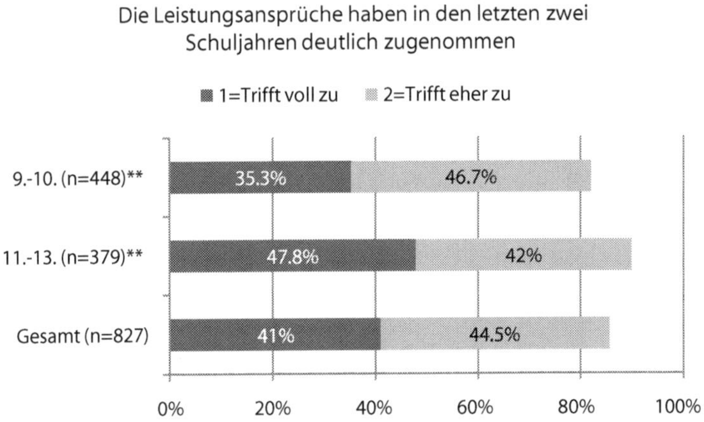

Abb. 6.21 Zunahme der Leistungsansprüche nach Klassenstufe (**hochsignifikanter Unterschied)

in die Oberstufe die Leistungsansprüche deutlich zunehmen (81,9 % der 9.–10. Klässler sind dieser Ansicht) als auch, dass während der Oberstufenzeit eine weitere „deutliche" Zunahme der Leistungsansprüche wahrgenommen wird (89,7 % der Schüler der 11.–13. Klasse nehmen dies wahr).

Die meisten Eltern und Schüler sind der Ansicht, dass der Wechsel von der Klassenlehrer- zur Oberstufenzeit ein sehr einschneidender gewesen sei, teilweise wird er als abrupt, zu wenig vorbereitet und überfordernd beschrieben. Nur vereinzelt beschreiben Schüler den Übergang als weich und langsam.

Während viele Berichte über den Übergang zur Waldorfoberstufe fast Assoziationen an die „Vertreibung aus dem Paradies" wecken können, betonen andere die „Erlösung" von der Klassenlehrerzeit. Wie bereits im Kapitel „Klassenlehrer" beschrieben, kritisiert ein Teil der Eltern und der Schüler die abnehmende Professionalität der Lehrkräfte gegen Ende der Klassenlehrerzeit – sie seien zu stark auf die Fächer spezialisiert, die ihren Neigungen und Talenten entgegen kommen, und könnten der Anforderung, alle Fächer qualitativ hochwertig zu vermitteln, immer weniger gerecht werden:

> Ich hab' manchmal erlebt, dass wir Themen wissen sollten, von unserem Klassenlehrer, die wir so in der 7. gehabt hätten. Und dann haben wir [in der Oberstufe] gemerkt: ‚huh, das hatten wir überhaupt nicht. Das hat er uns gar nicht so gesagt.' Und das ist halt ein bisschen unangenehm. […] Ich glaube das ist bei allen so. Aber bei jedem Lehrer auf einem anderen Feld. Weil der Klassenlehrer muss sich ja jedes Fach aneignen. Und dem liegt das mehr und dem liegt das mehr. Und dann fehlt einem das, was ihm nicht so gut gelegen hat. Was sehr schade eigentlich ist. (S♀9e)

> In Mathematik ist es sehr krass [...]. Das müssen wir jetzt alles wieder nachholen, weil der uns wirklich nichts beigebracht hat, also, wenig. (S♂9g)

> Das ist ja auch ein großer Kritikpunkt und da wird daran gearbeitet. Die Klassenlehrer können einfach komplett ihren Stiefel machen. (E♂12g)

> In den unteren Klassen war es eigentlich noch kein Unterricht. War ja nur so Spaß-Unterricht, und so was. Und jetzt eher so ein bisschen ernst so. [...] Ich find's besser, jetzt so. Diesen Sprung fand ich jetzt nicht so leicht. Aber wenn man es geschafft hat, oder drin ist, dann ist's leichter, besser. Nicht leichter, sondern besser. (S♂9f)

> Was man an Wissen lernt ist schon ordentlich gestiegen, [...] die Lehrer haben das studiert, [...] die haben so richtig viel Ahnung davon [...] ein Klassenlehrer kann keine Chemie-Experimente machen. (S♀12c)

Ein Teil der Eltern und Schüler begrüßt die Einführung des Fachlehrersystems ab der 9. Klasse. Dabei bemängelt dieser Teil der Befragten besonders stark die aus ihrer Sicht nun immer deutlicher hervortretenden Mängel aus der Klassenlehrerzeit und kritisiert, dass die Schüler sowohl inhaltlich als auch methodisch zu wenig auf die Oberstufe vorbereitet seien. Das Anschlusshalten an die zunehmenden Leistungserwartungen sei sehr herausfordernd und z. T. nur mit Nachhilfe möglich.

Ein Teil der Schüler betont explizit, erleichtert zu sein, der Abhängigkeit vom Klassenlehrer zu entkommen. Es wird als Befreiung erlebt, eine Vielzahl an Lehrkräften zu haben, weil eine einzige Lehrer-Schüler-Beziehung damit nicht übergreifend für alle Fächer gilt und positive und negative Erfahrungen sich eher die Waage halten können:

> Ich finde es besser, wenn man viele Lehrer hat. Wenn du so einen schlimmen Lehrer als Klassenlehrer hattest, dann hast du halt Probleme fast in allen Fächern. (S♂9a)

> Wenn man einen Klassenlehrer nicht mochte, hatte man ein Problem. Jetzt rotiert es einfach so. Da ist mal ein Lehrer, den man mag, und mal einer, und den man nicht mag. (S♀12d)

Ein anderer Teil der Befragten (ausschließlich Eltern) bemängelt demgegenüber, dass die Fachlehrer der Oberstufe oftmals in der Waldorfpädagogik zu wenig oder gar nicht ausgebildet seien bzw. kaum anthroposophisch ausgerichtete Pädagogik praktizierten. Die diesbezügliche Erwartung gegenüber Waldorflehrern hängt für diesen Teil der Eltern so eng mit dem Begriff der Fachkompetenz zusammen, dass sie die Oberstufenlehrer oft auch als „fachlich" unqualifiziert beschreiben:

> Ich würde mir in der Oberstufe mehr wünschen, dass die Lehrer aus diesem Waldorfhintergrund kommen […]. (E♂9g)

Teilweise wird die Oberstufen- mit der Regelschulpädagogik verglichen:

> bis zur Achten super und seither grottenhaft schlecht. Ziehen sich auf Argumente zurück, ‚ja, so ist das an der Staatsschule auch […]', da könnte ich mir das Geld auch sparen und meine Kinder auf die Staatsschule tun. (E♂12f)

Dementsprechend kritisieren diese Eltern eine abnehmende Orientierung an der Individualität und Persönlichkeit jedes Einzelnen in der Oberstufe:

> Am gravierendsten ist für mich gewesen, dass die Oberstufenlehrer sich nicht explizit mit den Persönlichkeiten befasst haben, die sie da aus der Unterstufe übernommen haben. Beim Julius hat das dahin geführt, dass er bis zum letzten Zeugnis [der Klassenlehrerzeit] gespiegelt gekriegt hat, dass seine ruhige und besonnene Art sehr angenehm ist und wenn seine Antworten kommen, dass er ganz präzise ist. Wir sind dann aus allen Wolken gefallen, als wir den Notenspiegel bekommen haben und haben bemerkt, dass dieses ruhige und besonnene für die Oberstufenlehrer keine Qualität ist, sondern jemand, der sich nicht äußert. (E♂12c)

Auch die Schüler beobachten, dass waldorfpädagogischen Besonderheiten immer weniger Bedeutung zukommt:

> Mehr Gedichte, mehr Lieder, Singen, mehr Musik […], aber das wird auch immer weniger, je höher die Klasse wird. (S♀12b)

> Der Unterschied ist schon sehr stark darin zu sehen, dass viel gezielter gelernt wird. In den unteren Klassen ist es doch eher noch dieses ganzheitliche Lernen. In der Oberklasse wird es dann immer fächerspezifischer. Man merkt natürlich auch, dass die Kinder keinen Klassenlehrer mehr haben: Sie müssen mehr eigene Entscheidungen treffen und es geht mehr so in die Richtung, wie man es auch von der Regelschule her kennt. (E♂9e)

6.23 Verstärkte fachliche Anforderungen und Abschied von der heilen Waldorfwelt

Ein erheblicher Teil der von uns Interviewten – hier sind Befürworter und Kritiker des Klassenlehrerprinzips sich einig – bemängelt die abrupte Zunahme der Leistungsanforderungen, die gekoppelt sei an eine geringe Rücksichtnahme der Lehrkräfte auf Lücken aus der Klassenlehrerzeit und an einen ebenfalls plötzlich eintretenden Anspruch an die Schüler, selbständig und eigenverantwortlich Anschluss zu halten: Die Fachlehrer würden auf Nachhilfe setzen, wenn die Lücken aus der

Klassenlehrerzeit zu groß seien. Der Begriff der Leistung bzw. des Leistungsdrucks wird häufig eingebracht (vgl. auch Kapitel „Leistung“).

> In den unteren da war alles noch so spielerisch. Da ging's wirklich nicht darum, ob man gut schreiben kann oder schlecht. [...] Jetzt geht's schon darum, wie man Tests schreibt, ob man mündlich gut mitmacht und so. Das ist schon ein Unterschied, Leistung ist schon ein Unterschied, dass es jetzt wichtig ist und früher war das einfach egal. Und früher war noch viel Spielen dabei, und wenig Hausaufgaben. Und heute haben wir viele Hausaufgaben, und der Unterricht wird einfach durchgezogen mit, ja mit richtig Unterricht halt. (S♀9e)

> Der Unterricht in der unteren Klassen [...] da singt man, da spielt man, da wird man vorbereitet auf die oberen Klassen. In den oberen Klassen ist es halt ganz normaler Unterricht, also. (S♂9g)

> Dann in der 5. Klasse zieht es an, und da wird es heftig. [...] beim Mittleren wurde es zu heftig. (E♀12d)

> Es kommen auf einmal viele, viele Lehrer, die nach ganz anderen Unterrichtsprinzipien arbeiten... Viel, viel leistungsorientierter. (S♂12b)

> Die unteren Klassen sind weniger von Leistung geprägt, eher das Spielerische, Künstlerische, Musizieren, Theater spielen, in Gemeinschaft sprechen, vortragen... Weniger leistungsorientiert, es gibt keine Tests oder Arbeiten. Es zieht dann plötzlich an. Da haben auch einige Kinder Schwierigkeiten, weil es so ein abrupter Wechsel ist. (E♂9c)

> Ich hatte allerdings den Eindruck, dass die Anforderungen sehr viel höher werden. Es ist schon so, dass sie sehr viel mehr zu arbeiten hat. Sehr viel mehr Unterricht nachzuarbeiten hat, viel mehr Hausaufgaben. [...] Die Woche ist viel vollgepackter, und sie arbeitet dann auch oft abends. (E♀9f)

> In den unteren Klassen steht das Spielen schon noch im Mittelpunkt und in den oberen Klassen entsteht jetzt schon ein gewisser Leistungsdruck. (S♀12a)

> In der Oberstufe, da kam die Katastrophe. Für kleine Kinder mag das [Waldorfschulsystem] gut sein. Danach sollte man wechseln. Man wird sowieso ein Jahr verlieren. [...] Sie bieten Abitur an, aber die Kinder werden nicht drauf vorbereitet, grundsätzlich nicht. Ich dachte, das sei ein Fehler, aber das ist System. [...] Die machen ihren Waldorfabschluss mit der 11. Klasse und dann bieten sie an, in einem halben Jahr auf das Abitur vorzubereiten. [...] In der 12. sind sie auf dem Stand der 10, höchstens 11. In dem halben Jahr danach müssen sie sich den ganzen Stoff der Oberstufe des Gymnasiums einbläuen. Können Sie sich das vorstellen? Viele Kinder zerbrechen daran, viele allein erziehende Mütter zerbrechen. (E♀12c)

Von vielen Schülern wird auch die Umstellung von einer (sehr vertrauten) Lehrkraft zu vielen verschiedenen, die meist nur Ansprechpartner für ihr eigenes Fach sind, als große Herausforderung erlebt. Einerseits wächst der Leistungsanspruch und andererseits fühlen sie sich allein gelassen und wenig unterstützt. Die fachliche Unterstützung der Fachlehrer stößt auch an Grenzen, wenn die Lücken zu groß sind. Dann würde bewusst auf Nachhilfe verwiesen:

> In der Oberstufe, keine Kontinuität mehr, Lehrerwechsel ohne Ende, plötzlich werden die Kinder nicht mehr umarmt, werden gesiezt, behandelt, als wären sie fremd... (E♀12c)

> Das ist ein ganz schöner Umschwung. In der 8. hat man ja immer noch den Klassenlehrer und in der 9. Ist man auf sich alleine gestellt und der Druck wird größer. (S♀10b)

> Früher haben sie uns gesagt: ach, hier müssen wir euch helfen, das habt ihr noch nicht usw. Jetzt ist es plötzlich so: das ist unser Problem. (S♀12e)

> Untere Klassen sind sehr geführt, sehr große Klassen (35, 36, 37 Kinder), sehr spielerisch. Das Spielerische, das bleibt ganz lange oder dass man sagt, ‚ja gut, das Kind kann das noch nicht, aber das wird dann schon kommen in der Entwicklung'. Und auf einmal heißt es, ‚es ist nicht mehr gekommen, ganz schlecht, was machen wir jetzt?' Da ist schon ein sehr großer Bruch zwischen Mittel- und Oberstufe. (E♀9b)

Die Kehrseite der von vielen kritisierten reduzierten Unterstützung sind die zunehmenden Freiheiten, die sich mit dem Wechsel in die Oberstufe ergeben und die durchaus geschätzt werden:

> Danach ist es für die Schüler doch sehr viel freier. (E♀12b)

> In der Oberstufe wird man mehr als Erwachsener und Selbstverantwortlicher gefordert. [...] Und ab der 10. Klasse wird man gesiezt. (S♀12g)

> Ich bin sehr zuversichtlich, dass das eher eine anregende Auswirkung hat, so in Richtung Selbständigkeit. [...] Es gibt zwei Betreuer für die Klasse, einen Mann und eine Frau, das finde ich sehr gut. [...] es eröffnet Möglichkeiten zur Selbständigkeit. (E♀9e)

> Die Veränderung bringt ja schon mit sich, dass die Kinder reif sind, für eine neue Epoche. Losgelöstheit von einer ganz bestimmten Bezugsperson, hin zu viel mehr. Wie sich die Welt ihnen auch in den Jahren geöffnet hat, und das ist also auch nur eine richtige und logische emotionale Weiterentwicklung. (E♂9a)

6.24 Vorbereitung auf staatliche Abschlussprüfungen und Berufsleben

Der Gesamtbefund zur Selbsteinschätzung der eigenen fachlichen Kenntnisse im Vergleich zu Regelschülern ergibt für die Waldorfschüler ein relativ ausgewogenes Bild, insofern die Gruppe derjenigen, die sich mehr Kenntnisse zuschreiben und die Gruppe derjenigen, die eher Vorteile auf Seiten der Regelschüler sehen, annähernd gleich groß sind – bei leichten Vorteilen für die Waldorfschüler (eher mehr Kenntnisse als Regelschüler: 43,9 % vs. eher weniger: 38,6 %). Ein Alterseffekt ist hier nicht feststellbar. Aber der bekannte Geschlechtereffekt findet sich auch hier: Mädchen schätzen ihre eigenen Fachkenntnisse in allen erfragten Fächern als vergleichsweise geringer ein als Jungen (vgl. Abb. 6.22) – die Differenz beträgt teilweise sogar über 10 %:

Hinsichtlich aller einbezogenen Fächer schätzen Jungen sich signifikant positiver ein als Mädchen. Dieser Befund spiegelt den vielfach belegten Unterschied in der Selbsteinschätzung zwischen Jungen und Mädchen wider, nämlich dass Mädchen ihre schulischen Fähigkeiten, besonders in Mathematik und Physik, systematisch unterschätzen. Sie schreiben sich bei gleicher Leistung geringere Fähigkeiten zu – Jungen hingegen tendieren dazu, ihre Fähigkeiten zu überschätzen (z. B. Köller und Klieme 2000).

Weitere signifikante Unterschiede ergeben sich hinsichtlich des Alters der Schüler bezogen auf Deutsch und die naturwissenschaftlichen Fächer: In den Naturwissenschaften schätzen in den 11. und 12. Klassen signifikant weniger Waldorfschüler ihre Fachkenntnisse besser im Vergleich zu Regelschülern ein, als dies in den 9.–10. Klassen der Fall ist (9.–10. 54 % vs. 11.–13. 39,8 %). Umgekehrtes gilt für die Deutschkenntnisse: hier schätzen nur 40,2 % der 9.–10.-, jedoch 60,2 % der 11.–13.-Klässler ihre Fachkenntnisse als etwas oder viel mehr im Vergleich zu Regelschülern ein. Obwohl man natürlich derartige Selbsteinschätzungen (in beiden Richtungen!) nur äußerst vorsichtig interpretieren darf, ist es doch immerhin denkbar, dass die die starke Betonung des „lebendigen Wortes“, des Erzählens und Beschreibens, Vorlesens und Theaterspielens an Waldorfschulen tatsächlich zu besseren Deutschkenntnissen führt. Waldorfschüler werden sich dessen möglicherweise erst später bewusst. Dass Waldorfschüler möglicherweise auch in Naturwissenschaften zwar weniger breit, dafür aber vertiefter, weil anschaulich, experimentell und interdisziplinär lernen, ist einem Teil der Befragten allerdings durchaus bewusst, wie folgendes Zitat zeigt:

> Wenn die [Gymnasiasten] nur lernen und denken, lernt man natürlich mehr, aber bei uns ist es, dass es mehr im Kopf bleibt. (S♂9h)

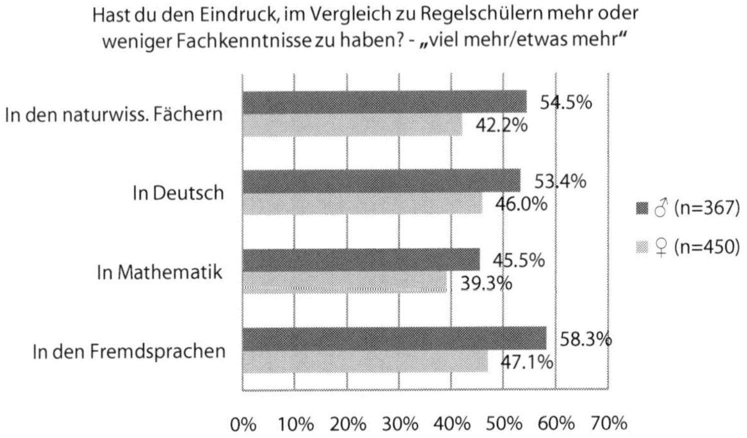

Abb. 6.22 Einschätzung der Fachkenntnisse im Vergleich mit Regelschülern

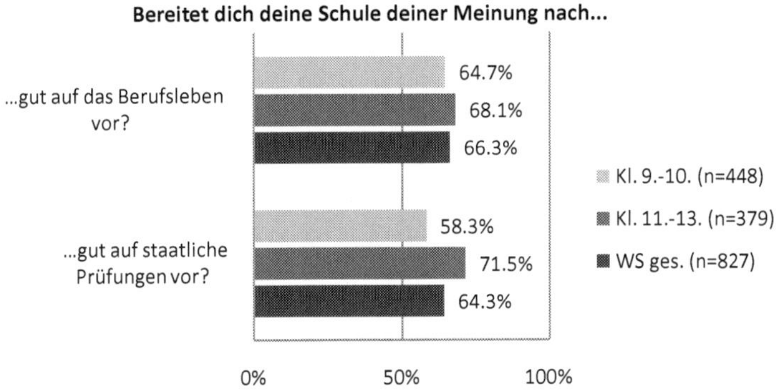

Abb. 6.23 Vorbereitung der Schule auf Berufsleben bzw. staatliche Prüfungen (Zustimmung „trifft genau zu“ und „trifft eher zu“)

Bei der Frage, inwiefern die Schule auf staatliche Abschlussprüfungen bzw. den Beruf gut vorbereitet, unterscheiden sich jüngere und ältere Schüler signifikant (vgl. Abb. 6.23).

Dass Waldorfschüler mit zunehmendem Alter der Schule in höherem Maße attestieren, dass sie gut auf staatliche Prüfungen und auf das Berufsleben vorbereitet, kann darauf hindeuten, dass die Waldorfschule ihre dahingehenden Vorbereitungen mit zunehmendem Alter der Jugendlichen intensiviert. Inso-

Abb. 6.24 Bereitet deine Schule dich deiner Meinung nach gut aufs Berufsleben vor?

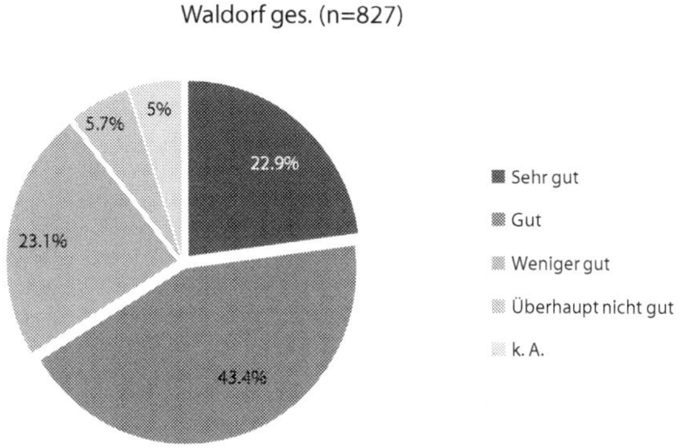

fern jüngere Schüler sich mit derartigen Perspektiven naturgemäß noch weniger beschäftigen, ist diese Tendenz gut nachvollziehbar. Dass immerhin über ein Viertel auch der älteren Schüler sich weniger gut auf staatliche Prüfungen und Beruf vorbereitet fühlen, kann als Hinweis auf Verbesserungsmöglichkeiten verstanden werden.

Hinsichtlich der Vorbereitung auf staatliche Abschlussprüfungen ist weiter der Unterschied zwischen Jungen und Mädchen signifikant – Jungen fühlen sich zu 68,4 %, Mädchen nur zu 61,6 % gut oder sehr gut vorbereitet. Dieser Befund ist vor dem Hintergrund der grundlegend kritischeren leistungsbezogenen Selbsteinschätzung von Mädchen im Vergleich zu Jungen interpretierbar, die allerdings nichts mit den realen Leistungen zu tun hat (s.o.).

Die Berufsvorbereitung hat in der Waldorfpädagogik durch die vergleichsweise häufigen Praktika und die praktischen Elemente im Curriculum sowie die Jahresarbeiten einen hohen Stellenwert. Etwa zwei Drittel (66,3 %) der Waldorfschüler fühlen sich dann auch sehr gut (22,9 %) oder gut (43,4 %) auf den Beruf vorbereitet (vgl. Abb. 6.24)[12]. Die qualitativen Interviews geben genauere Auskünfte darüber, worin die Stärken, aber auch die Schwächen der waldorfschulischen Berufsvorbereitung aus Sicht der Schüler und Eltern liegen.

Besonders Schüler, die vorhaben, einen Beruf zu ergreifen, der im künstlerischen oder handwerklichen Bereich angesiedelt ist, fühlen sich durch die Schule in der Regel sehr gut auf ihren Beruf vorbereitet. Ausdrücklich erwähnt werden in diesem Zusammenhang z. B. die zahlreichen Praktika und kunsthandwerklichen Unterrichtsfächer bzw. Projekte (z. B. Schülerzeitung in Bezug zum Berufswunsch Journalistin) der Schule. Die Befragten sind sich weiter bewusst, dass die vielen

[12] Werte > 100 %: Rundungsfehler.

schulinternen Aufführungen und Auftritte zu Selbstbewusstsein führen und soziale Fähigkeiten einüben:

> Durch die ganzen Monatsfeiern, auf der Bühne stehe ich seit der 1. Klasse. Mein Stiefvater hat sich […] gewundert, dass ein 12.-Klässler nicht schüchtern, sondern total extrovertiert auf der Bühne steht und sagt, ‚tut mir leid, unser Lehrer ist krank, aber wir versuchen das jetzt trotzdem'. Er war total begeistert, dass wir so locker und frei auf der Bühne sind. (S♀12e)

> Ja, weil wir auch viele Praktika haben. Und viel Handwerkliches: Schmieden, Kupfertreiben, Tonen. Mit Holz haben wir viel gearbeitet. Da wird man schon drauf vorbereitet, weil man so ungefähr weiß, wo man hingeht. (S♀10a)

> Die haben mich immer gefördert, ja. Mir wurde viel beigebracht [Musik], ich habe Instrumente gelernt und ein Musikverständnis. (S♂12c)

Häufig wird auch beschrieben, dass die Schule das Interesse am gewünschten Beruf geweckt habe:

> Schneiderin. Ich habe als Klassenarbeit ein Dirndl genäht. Daher ist das. Auch weil wir in der Mittelstufe auch Handarbeiten hatten, da habe ich einen Rock genäht und eine Tasche. Das hat mir so Spaß gemacht, deshalb ist das mein Traumberuf. (S♀10a)

Hinsichtlich der Praktika wird auch auf den Aspekt hingewiesen, dass diese ein realistisches Bild vom angestrebten Beruf eröffnen und manchmal auch zur Revidierung des Berufswunsches führen können. Beschrieben wird dies z. B. für Praktika bei Modedesignern, auf dem Bauernhof (s. o.) oder in der Buchhandlung:

> Ich find eigentlich sehr gut dadurch, dass die Praktika stattfinden. Das gibt sehr viel Selbständigkeit. […] Und das ist eben auch was, dass die Schule ermöglicht hat, dass die Kinder jeweils ein viertel Jahr fehlen [für einen Auslandsaufenthalt, in diesem Fall England]. Die haben da drüben keinen Schulplatz bekommen, und haben gearbeitet, also Freiwilligenarbeit gemacht. Und das hat die Schule mitgetragen, und das ist ja auch nicht selbstverständlich. Und ich finde einfach, dass sie Arbeitserfahrung jetzt haben, mal was anderes gemacht haben als nur in der Schule zu sitzen, das bereitet sie schon sehr gut vor. […] Und sie gucken auch in viele verschiedene Bereiche. Also Sozialpraktikum, und Landwirtschaft, und Berufspraktikum wo sie's sich selber aussuchen dürfen. Dadurch schnuppern sie schon in sehr viele Bereiche rein. (E♀9g)

Eltern geben z. T. zu bedenken, dass der Fokus auf der Persönlichkeitsbildung mit einer Vernachlässigung der kognitiven Inhalte einhergehe, dieser Umstand allerdings wird nicht überwiegend negativ bewertet:

> Bildungstechnisch nicht [auf den Beruf vorbereitet], aber alles andere wohl, diese Vielfalt, diese Lebensnähe, zeitweise ist da ein Programm, wo ich mir denke: ‚warum

war ich nicht auf einer Waldorfschule?' Natürlich kommt dann die intellektuelle Bildung zu kurz. (E♀9d)

Gelegentlich wird auch erwähnt, dass gerade der Inselcharakter der Waldorfschulen Selbstfindung ermögliche, dass gerade der Umstand, dass Schüler Zeit und Schonraum zur Interessen- und Berufsfindung ermöglicht werde, die Berufsvorbereitung fördere:

> Ich habe schon das Gefühl, dass die Schule sie vorbereitet. Nicht so sehr im Konkreten, ‚jetzt muss ich das und das und das tun' sondern mehr in dem, wie man überlegt, was man tun will. Man wird nicht festgenagelt, man hat die Möglichkeit, mal zu träumen, vielleicht das, vielleicht das. [...] Einfach mal Träume zu äußern, fördert die Schule. (E♀12e)

Ein Teil der Eltern und der Schüler – meist mit einen Berufswunsch, der nicht im künstlerischen oder handwerklichen Bereich angesiedelt ist – ist der Ansicht, die Schule würde schlecht oder gar nicht auf den Beruf vorbereiten und wünscht sich demzufolge hier mehr Initiative. Vorschläge sind z. B. Bewerbungstrainings, mehr Praktika, Stärken-Schwächen-Analysen und gezielte Berufsberatung. Diese konkrete bzw. formalisierte Berufsvorbereitung bzw. -orientierung findet an den untersuchten Waldorfschulen in der Regel nicht statt.[13]

Hinzu kommt der Eindruck, dass die Waldorfschule v. a. auf künstlerische Berufe vorbereitet. Diesen Eindruck teilen auch Schüler, die sich selbst im Hinblick auf ihre eigenen Berufswünsche als gut vorbereitet beschreiben:

> Ein Freund von mir will Mathe studieren, wir haben guten Mathe-Unterricht, aber ich denke auf einer naturwissenschaftlichen Schule, wo Mathe stärker hervorgehoben ist, wird man vielleicht besser drauf vorbereitet. (S♀12e)

> Darauf [Technik] bereitet die Waldorfschule nicht vor, wenn du was Handwerkliches machst oder Schmied, dann ja. (S♂12b)

> Nee, überhaupt nicht. Die haben damit [Berufswunsch Pilot] überhaupt nichts zu tun, eigentlich. Denen ist, eigentlich, ziemlich egal was man macht, wenn man groß ist. Hauptsache Schule fertig und dann schauen, was man macht. (S♂9f)

[13] Gleichwohl existieren viele Projekte an Waldorfschulen, die die Schüler auf den Übergang ins Berufsleben vorbereiten – wenngleich eher jenseits der üblichen Berufsberatungs-Bewerbungstrainings-Rituale. Ein Beispiel wäre eine Waldorfschule in München, in der ein Projekt existiert, im Rahmen dessen die Eltern in die Schule kommen und ihre Berufe vorstellen (www.projekttage-schwabing.de). Ein anderes das Abschlussportfolio der Arbeitsgemeinschaft der Waldorfschulen NRW, das u. a. Hilfen für Bewerbungen bietet (www.waldorfabsolventen.de).

Ein anderer, gelegentlich kritisierter Aspekt betrifft die fehlende frühe Konfrontation mit Leistungsdruck und die Befürchtung, damit unvorbereitet auf den ansonsten im gesellschaftlichen Leben und in der Berufswelt üblichen Leistungsdruck zu treffen und ihm nicht gewachsen zu sein:

> Ich kann mir vorstellen, dass wir dadurch, dass wir nicht so einen großen Druck haben, später vielleicht gar nicht dem großen Druck gewachsen sind. Dass wir einfach so raustreten aus unserer Schule, und vielleicht gar nicht so gewohnt sind. [...] Es ist gut, dass es das bei uns nicht gibt, dass wir so heile aufwachsen können. Aber ich glaube, manchmal müssten wir erleben, wie es ist, sich durchzusetzen. (S♀9e)

6.25 Elternmitarbeit

An Reformschulen wird in der Regel deutlich mehr Engagement von den Eltern erwartet als an Regelschulen. In der Einschätzung des Umfangs der Elternarbeit kommt es zu sehr differenzierten Angaben in unseren Interviews mit Waldorfeltern. Meist wird die Arbeit als je nach Saison mal intensiver, mal ruhiger wahrgenommen. Die regelmäßige, z. B. wöchentliche Belastung im Alltag wird meist als weniger ausgeprägt beschrieben:

> Saison abhängig. Manchmal in einer heißen Phase dann wirklich jede Woche irgendeine Sitzung. In ruhigeren Zeiten einmal im Monat. Aber zwischendurch viel Telefoniererei, und zu Zeiten, als die Kinder noch klein waren, habe ich auch selber viel irgendwie hergestellt für den Bazar, und das kann sehr zeitintensiv sein. (E♀9g)

> Das ist nicht so wahnsinnig viel, weil es betrifft hauptsächlich die Monate vor diesem Markt. Also Ende des Schuljahres und am Anfang vom neuen Schuljahr. Und dann natürlich um den Markt herum ist es sehr viel. (E♂9d)

> D. h. ich bereite den [Gesamtelternrat] vor, mit zwei anderen Kolleginnen, heißt also, Gesprächsführung, Moderation, Sachen zusammensuchen. Der tagt einmal im Monat. [GP gehört auch dem Wirtschaftsrat an]: Der tagt einmal im Monat. Das ist ein Gremium, das sich um die Finanzen kümmert, und zwar steht an im Moment eine neue Beitragsordnung, weil wir mit dem Geld nicht auskommen. Wir haben finanzielle Schwierigkeiten. (E♀9c)

In einer vorläufigen Typologie könnte man die Eltern vielleicht entsprechend der Intensität ihres Engagements in drei Gruppen einteilen: „sehr Engagierte", „durchschnittlich Engagierte" und „Passive bzw. tendenziell Überforderte". „Sehr engagierte Eltern" bemängeln öfter, dass so viel Arbeitsbelastung für sie anfalle, weil ein erheblicher Teil der Eltern sich nicht oder nur im notwendigsten Minimalumfang einbringe. Ein Teil dieser Eltern fordert, das zu erwartende Engagement der Eltern als Aufnahmekriterium zu werten oder aber Strafzahlungen für nicht geleistete Arbeitsstunden zu erheben:

> Manche Eltern tun nichts, da müsste man bei der Auswahl stärker drauf schauen. (E♂12f)

> Man würde sich wünschen, dass mehr Eltern mehr machen, andererseits haben die Eltern auch unterschiedlich Zeit und unterschiedlich Kraft. (E♂9g)

Auch Eltern, die noch selbst an der Gründung der Schule beteiligt waren, beschreiben starke Unterschiede zwischen der Identifikation mit der Schule in ihren und den jüngeren Jahrgängen.

> Elternmitarbeit ist einfach das Thema. Als wir angefangen hatten, waren es die Renovierungsaktionen und Martinimarkt, wo es darum geht, Geld für die Schule zu organisieren. Ich merke da einen Unterschied bei den neuen Eltern. Auch bei den Kindern steckt da unheimlich viel Herzblut drin. Die neuen Eltern, die das alles so fertig vorfinden, nehmen das nicht mehr so wahr und gehen mit einer gewissen Oberflächlichkeit ran. […] Wenn dann in die Wand getackert wird für Karnevalsaktivitäten, blutet mir das Herz. Während die anderen Eltern: ‚ja, ist halt ein Loch in der Wand, wird irgendwann renoviert'. (E♂12c)

Eltern, die der Gruppe der „durchschnittlich Engagierten" zuzurechnen sind, bringen sich etwas mehr als mindestens erforderlich ein. In dieser Gruppe finden sich in aller Regel Eltern, die vollständigen Familien angehören und bei denen mindestens ein Elternteil ganz zu Hause ist oder in Teilzeit arbeitet. Sie beschreiben die Klagen der „sehr Engagierten" aus größerer Distanz, fühlen sich nicht angesprochen, äußern aber gleichzeitig Verständnis für beide Positionen:

> Man kann auch mal nein sagen und sich abgrenzen, es gibt Situationen, in denen kann man nicht so viel machen. Manche prangern im Elternabend an, es sind immer die gleichen, die sich engagieren. […] Ich denke, das sind ganz normale Gruppenprozesse. Es gibt viele Alleinerziehende in Berlin, anders als an anderen Waldorfschulen, […] die schaffen das einfach nicht, der Wille ist da. […] Ich habe den Eindruck, dass viele Familien ein sehr improvisiertes Leben führen, auch was den Arbeitsbereich angeht. […] Das macht es anstrengend, man hat auch überhaupt keinen freien Freitag, wo man sich auf den Bazar stellen kann. […] Die Schüler Berlin Mitte kommen ja nicht aus Grunewald, die kommen hier aus Prenzlauer Berg, Kreuzberg. Wenn die morgens aus der U-Bahn aussteigen, dann haben sie mindestens vier Dealer gesehen, zehn Drogensüchtige, Menschen mit extremen sozialen Problemen. […] Ich denke, das macht etwas mit denen. Der Verkehr, der Gestank, diese Lautstärke, das, was hier immer, immer präsent ist, muss man integrieren. […] Das ist schon extrem anstrengend, schon allein der Schulweg. Wenn ich da einen netten Schulweg habe von einer Viertelstunde, dann ist das was anderes. Es ist anstrengend in einer Großstadt mit Kindern zu leben. (E♂9b)

> Das [die Engagierten] sind lange nicht alle. Und früher, als ich sehr aktiv war, fand' ich das natürlich auch blöd, dass andere Eltern nicht aktiv waren. Andererseits, für bestimmte Aktivitäten, zum Beispiel beim Bazar, da muss jede Klasse was Bestimmtes machen. Und da sind es Leute in der Klasse, die das transportieren müssen, und mit viel Motivation kriegt man fast alle dazu, da doch was zu machen. Und heute seh' ich das so: Es gibt Zeiten im Leben da kann man das machen, es gibt Zeiten im Leben, da kann man das eben nicht machen. Da sind andere Dinge wichtig und das muss, bitte schön, auch akzeptiert werden. Jetzt kenn' ich irgendwie beide Seiten und das [wechselnde Engagement] ist in Ordnung. (E♀9g)

Diese Gruppe sieht z. T. die Unterschiede zwischen Engagierten und Überforderten nicht als so erheblich an, möglicherweise, weil der Einblick in die zusätzliche Arbeitsbelastung der Gruppe fehlt, die z. B. in verschiedenen Arbeitskreisen mitwirkt:

> Es sind eigentlich schon alle involviert. Wobei es natürlich eine Typsache ist, wer mehr oder weniger macht. Aber zumindest insofern, dass jeder für so Anlässe wie den Markt einen Kuchen mitbringt oder einen Salat. Also es ist jeder so ein bisschen dabei, und die Elternabende, und auch noch diese Renovierungsarbeiten an der Schule, da gibt's zweimal im Jahr 'nen Tag, da muss eigentlich jedes Elternhaus, jede Familie muss so und so viele Stunden ableisten, und wer es nicht macht, muss halt zahlen. Also von dem her, mei, es gibt halt immer welche, die das dann zahlen, aber es sind eigentlich alle, auf gewisse Weise, involviert. (E♂9d)

Ob es zufälliges Spezifikum unserer Stichprobe war oder ob sich darin ein Trend abzeichnet, muss offen bleiben, jedenfalls berichten in den Interviews viele Eltern davon, sich aktuell deutlich weniger in der Schule zu engagieren, als dies in früheren Jahren der Fall und erforderlich war:

> Ich war viele viele Jahre im Eltern-Lehrer-Rat. Jetzt wachse ich so langsam aus der Schule raus und das tut mir auch gut. (E♀13/11)

> Ich war einige Jahre in diesem Eltern-Lehrer-Gremium, aber im Moment mache ich jetzt nicht mehr so viel. Ich finde das aber schon ganz wichtig, ich gehe regelmäßig auf die Elternabende, helfe, wenn Reparaturen gemacht werden müssen oder im Garten mitgearbeitet werden muss. Das ist schon wichtig. (E♂9e)

> Im Moment sind wir ein bisschen schlapp, aber wir haben das schon so viele Jahre gemacht. […] Die erste Zeit haben wir noch mehr in der Schule gemacht. Aber ich habe bereitwillig auch das Feld den jüngeren Eltern überlassen. (E♂12b)

Die Gruppe der passiven, von den Anforderungen der Elternarbeit tendenziell „Überforderten" kam in unseren Interviews nicht zu Wort – möglicherweise, weil auch an dieser Stelle die Zeit und Möglichkeit fehlte, einen weiteren mehrstündigen Sondertermin zur Durchführung des Interviews einzuplanen. Laut der Berichte anderer Eltern muss es diese Gruppe aber durchaus geben. Mutmaßlich setzt sie sich überdurchschnittlich aus Alleinerziehenden und Eltern aus Familien, in denen beide Elternteile arbeiten, zusammen.

Allerdings empfinden auch Eltern, die sich nicht überfordert fühlen, die Elternarbeit temporär als sehr beanspruchend oder auch belastend:

> Wenn man mehrere Kinder hat, dann wird es zum Teil schon viel. Ich versuche aber zu jedem Elternabend zu gehen und weiß das auch zu schätzen. (E♀9a)

> Es ist manchmal zu viel. (E♀12d)

Nichtsdestotrotz äußert kein Elternteil den Wunsch, die Elternarbeit auf Regelschulniveau herunterzufahren. Zu stark wiegen die positiven Effekte dieses Engagements auf die Identifikation der Kinder mit der Schule, die schulinternen Beziehungen, die Erziehungspartnerschaft zwischen Lehrkräften und Eltern und nicht zuletzt auf die Beziehungen zwischen den Eltern:

> Freundschaften haben sich daraus auch entwickelt, man zieht am selben Strang, man versteht die Sachen auch besser und ist mit den Lehrern besser in Kontakt. (E♀12b)

> Ich find' das sehr wichtig, weil mehr so ein Gefühl entsteht, ‚naja, das ist unsere Schule'. Also, ich bin da jetzt schon ein bisschen raus, weil ich gar nicht mehr so oft da bin. Aber diese ganze Elterngemeinschaft von den Jüngeren, die eben auch oft auf dem Schulgelände sind, da besteht mehr das Gefühl, das ist unser gemeinsames Projekt. Und dadurch gibt's auch nicht dieses ‚Lehrer gegen Eltern' so doll, oder dieses Kind, was die gegeneinander ausspielen kann. Sondern da besteht viel mehr Kontakt und Verantwortlichkeit. Ich glaub', dass das auch auf die Kinder abfärbt. Dass Schule nicht nur etwas Blödes ist, was man kaputt macht, ich mein', machen sie ja trotzdem, aber irgendwie eine andere Identifikation mit der Schule, und dass das so ein Stück zuhause ist. (E♀9g)

Die Möglichkeiten, sich zu engagieren, werden von den Eltern als breitgefächert wahrgenommen. Ein Großteil der Tätigkeiten, in die auch alle Eltern einbezogen werden, gilt praktisch-handwerklichen Hilfen beim Putzen oder der Renovierung der Gebäude oder Unterstützung im Umfeld von Feiern und Märkten, bei Ausflügen und Klassenfahrten:

> Kuchenbacken, Weihnachtsmarkt, bei Klassenspielen abbauen helfen und bei der Essenszubereitung helfen. (E♀12b)

> Zum Beispiel gehe ich in die Schule und trage etwas von A nach B, ganz oft, irgendwas aus dem Keller. Tische tragen, bei den Veranstaltungen. (E♀9e)

> Ich helfe bei Festen mit, richte das Klassenzimmer her, gehe bei Ausflügen mit usw. (E♀9a)

Weiter werden „die häufigen Elternabende“ (E♀9e) als Elternarbeit wahrgenommen. Auch bieten die verschiedenen Gremien und Kreise die Möglichkeit der Mitarbeit. Als Beispiele werden der Wirtschaftskreis, der Baukreis, der Festkreis, der Kreis Öffentlichkeitsarbeit oder der Gesamtelternrat genannt. In diesen Gremien finden sich fast ausschließlich Eltern, die sich selbst als engagiert beschreiben.

Hinsichtlich der Frage, ob die Elternarbeit wirklich als echte Mitarbeit im Sinne von Mitgestaltung konzipiert ist oder eher an Zuarbeiten im Sinne von notwendigen Hilfsdiensten ohne größeren Gestaltungsspielraum gedacht ist, finden sich unterschiedliche Wahrnehmungen. Praktisch-helfende Tätigkeiten werden ausnahmslos als Zuarbeiten wahrgenommen, gleichzeitig aber als notwendig, förderlich und gemeinschaftsstiftend befürwortet.

Hinsichtlich der Gremienarbeit bemängelt ein großer Teil der engagierten Eltern die geringen Mitbestimmungsmöglichkeiten an der Schule, insbesondere den pädagogischen Bereich betreffend. Die Klagen reichen von vorsichtig artikulierter Enttäuschung bis hin zum Gefühl von Machtlosigkeit angesichts fehlender Einflussmöglichkeiten:

> Pädagogisch ist das eher Zuarbeit, sonst ist es schon eher Mitarbeit. (E♂9g)

> Hier ist es ganz klar, dass wir Eltern vor der Türe stehen bleiben, wenn es um die Pädagogik geht. Nicht wenn es um mein Kind geht, aber bei der Pädagogik. [...] Wenn wir als Finanzkreis sagen würden, wir würden uns wünschen, dass mit dem Geld dies und das gemacht wird, sagen die Pädagogen ‚stopp. Das geht uns zu weit rein in unsere Pädagogik‘. (E♂12c)

> Kein Mitgestalten. Also ganz, ganz wenig. [...] Die Lehrer haben bei uns die große Macht. Und sie kommunizieren das nicht, sie kommunizieren auch keine Entwicklung. Und sie sehen das auch nicht ein. Da haben sie auch eine ganz bestimmte, wie ich meine, arrogante Haltung, dass sie sagen, so: sie haben die Pädagogik. Während ich dann sage: ja, wenn ich alle Eltern aufnehme auf der einen Seite, und die auch keine Erfahrung haben, müsste ich eigentlich sehr viel kommunizieren in so einer Organisation. [...] Sie sträuben sich auch, bestimmte Strukturen zu schaffen, und bestimmte Entscheidungsstrukturen auch zu schaffen, das ist undurchsichtig. Das Machtgefüge ist auch undurchsichtig. [...] Im Grunde wollen sie, sage ich jetzt überzogen, dass wir Beiträge zahlen und Kuchen backen. [...] Sie wollen sich nicht kontrollieren lassen. Sie machen die Personaleinstellung, da haben sie ihre Hoheiten. [...] Und das finde ich in dieser Form ... finde ich das an unserer Schule sehr schlecht. [...] Es läuft nicht so eine kontinuierliche, harmonische, ... oder kreative Atmosphäre. Sondern es läuft immer was und dann hören sie sich uns an, und dann nicken sie, und sagen, ‚das werden wir versuchen‘. Und dann hören wir nie wieder was davon. Da empfinde ich, dass sie uns nicht ernst nehmen. (E♀9c)

> Ja. Es gibt ein paar, die wollen einem immer das Gefühl geben [...] dass da eine Hierarchie wäre, aber da stehe ich mittlerweile drüber. (E♂12b)

> Nach 12 Jahren ist eine gewisse Resignation da, weil man weiß, man bewirkt einfach nichts. (E♀9b)

Ein kleinerer Teil der Eltern beschreibt diese Situation ebenso, sieht aber auch Vorteile:

> Oder wenn Eltern vorgeschlagen haben, man sollte zusätzlich zum pädagogischen Aufnahmegespräch auch ein finanzielles führen und nur einen gewissen Anteil an Eltern aus sozial schwächeren Schichten aufnehmen. Oder in den ersten Klassen, wenn man einen Stress macht, weil die Kinder nicht lesen, dann sagen sie auch, ‚stopp, das geht in unsere Pädagogik rein'. Und das finde ich auch gut. (E♂12c)

Ein Teil der Eltern ist der Ansicht, durchaus Mitbestimmungsrechte zu haben und sieht diese teilweise sogar als zu ausgeprägt an. Einig ist sich allerdings auch dieser Teil der Eltern darin, dass hinsichtlich der Pädagogik keinerlei Mitbestimmungsmöglichkeiten bestehen.

> Sie haben schon Mitbestimmungs- und Mitgestaltungsrecht, das reicht auf jeden Fall. Ich find's manchmal zu viel. Ich würd' mir da als Lehrer was anderes wünschen. Also grad, was da so an Elternabenden grad so abläuft, und jeder meint, er muss seinen Sermon dazu tun. Wo ich mir manchmal denk': ‚Mei, die armen Lehrer.' Aber, ja, es ist schon so, dass sie mitreden und auch viel mittun. Wobei die Schule im Endeffekt, was die Pädagogik betrifft, das Sagen hat. (E♂9d)

> Es ist eine Mitarbeit. Es ist ganz klar auch ein Teil der Waldorfschule. Nicht nur, dass man zuarbeitet, sondern die Kreise sind selbst verantwortlich dafür, was sie tun. Es gibt z. B. einen Kreis Öffentlichkeitsarbeit, die sind dann auch dafür verantwortlich, gut für die Schule zu werben. (E♂9c)

> Hm, kommt drauf an. Es gibt Sachen, die werden als Mitarbeit gesehen weil der Vorstand besteht ja zum Teil aus Eltern, oder zum größeren Teil. Und diese ganzen Baugeschichten, diese ganze Politik, die da getrieben werden musste, die ganze Rechtsberatung, also unglaublich viele Sachen die mit dem Fortbestehen der Schule ganz elementar zusammenhängen, und mit dem Bau und so, das haben ja alles Eltern gemacht. Also das ist eine Mitarbeit, ganz klar. […] Aber natürlich gibt's ganz viel Zuarbeit, wo man jetzt sagen könnte wer jetzt die Beete sauber macht oder Festkreis oder so. Das sind Leute die haben nichts Wichtiges zu entscheiden oder so, schon gar keine Pädagogik. Die Pädagogik liegt ganz klar bei dem Lehrer. (E♀9g)

> Es gibt ein Elternparlament, Elternkonferenz, ein runder Tisch, das finde ich schon gut. […] Es war erst nicht so. Die Eltern haben sich dann stark gemacht, dass die Eltern in alle Gremien der Lehrer, wenigstens als Beisitzer hineinkommen, und das haben sie erreicht. (E♀9e)

Inwieweit die hier wiedergegebenen Berichte über zu geringe Elternmitwirkungsmöglichkeiten auf systematische Probleme der Waldorfschulen hinweisen oder sich komplexen Konstellationen im Einzelfall verdanken, kann nicht entschieden werden. Denkbar ist immerhin, dass es auf Seiten einzelner Eltern Missverständnisse über die Waldorfpädagogik in der Richtung gibt, dass Waldorfschulen eine in ihren pädagogischen Prinzipien durch Elternbeschluss zu verändernde Pädagogik als Grundlage hätten. Tatsache ist demgegenüber, dass den Waldorfschulen ein fixes Set an Prinzipien und Methoden zugrunde liegt, das größtenteils auf Steiner zurückgeht und allenfalls im einvernehmlichen Beschluss des Lehrerkollegiums punktuell verändert wird, wie das Beispiel der an manchen Waldorfschulen veränderten Mittelstufenkonzepte (sanfte Abkehr vom 8-jährigen Klassenlehrerprinzip) zeigt.

Die in unseren Interviews vereinzelt auch angesprochenen Personalentscheidungen, die auf Unverständnis und Widerstand bei Eltern gestoßen sind, können wohl kaum als Beleg für ein selbstherrliches oder gar sektenhaftes Regime des Schulvorstands oder des Trägervereins gewertet werden. Denn in Personalangelegenheiten, etwa auch hinsichtlich von Kündigungsgründen, muss eine Schule auch die Rechte des ausscheidenden Lehrers wahren und kann kaum offen über etwaige persönliche oder pädagogische Verfehlungen oder Leistungsschwächen informieren. In Fällen, wo Lehrer dementsprechend – sei es aus persönlichen Gründen und eigenem Entschluss oder weil die Schule ihnen gekündigt hat – eine Schule verlassen, sind einer offensiven Kommunikationspolitik enge Grenzen gesetzt. Weil andererseits ein Lehrer, der die Schule (und damit vielleicht auch die Stadt) verlassen hat, kaum noch für Gespräche oder Erklärungen zur Verfügung steht, kann für Eltern der Eindruck des „plötzlichen Verschwindens" entstehen. Dass andererseits dadurch Gerüchte, Mutmaßungen bis hin zu Unterstellungen in Richtung Mobbing gegen einzelne Lehrer entstehen können, ist verständlich. In solchen – in der Praxis nicht immer vermeidbaren – Fällen kann es wohl nur noch um sehr sensible Schadensbegrenzung gehen.

„Feedback zum Feedback" – Wie die Waldorfpädagogik die Ergebnisse der Schüler- und Elternbefragung einordnen und was sie lernen kann

7

7.1 Zur Klassenlehrerzeit (Peter Loebell)

Die Gründung einer neuen Waldorfschule ist mit höchsten Ansprüchen und weitreichenden Erwartungen verbunden. Das galt für die erste Schule in Stuttgart, die eine „wirkliche Kulturtat" sein sollte und von Rudolf Steiner im Zusammenhang mit einer umfassenden gesellschaftlichen Reform gesehen wurde. Das gilt aber auch für die folgenden Gründungen, die ohne eine kraftvolle Initiative, Enthusiasmus und mitreißendes Engagement kaum möglich gewesen wären. Auch die künftigen Lehrerinnen und Lehrer finden ihre Motivation häufig in der Aussicht, die Kinder und Jugendlichen für bedeutende Erkenntnisse zu begeistern, zu befähigen und – wie Steiner sagt – „das Göttlich-Geistige, das ja in jedem Menschen, der geboren wird, neu erscheint und sich offenbart, in der Erziehung zu pflegen" (Steiner 1919, 1992, S. 206).

Wer am Aufbau einer Waldorfschule beteiligt ist, kann Unvollkommenheit und Improvisation erleben, aber auch Gemeinschaftsbildung, Positivität und Motivation durch hohe Erziehungsideale. Nach einigen Jahren, wenn die ersten Schulabschlüsse erreicht wurden, sobald Eltern und Lehrer hinzu kommen, die die Gründungsgeschichte nicht mit erlebt haben, weicht die Euphorie einem distanzierteren Blick auf Unzulänglichkeiten im Alltag der Beteiligten und auf die Qualität der Lernergebnisse. Der Vergleich zwischen pädagogischen Zielsetzungen und dem Erreichten fällt nicht immer wunschgemäß aus. Aber die Schlussfolgerungen aus solchen Analysen können sehr unterschiedlich sein. Da wird einerseits bekräftigt, dass die eigenen Ziele und Ansprüche noch konsequenter zu verfolgen seien. Andererseits werden auch Anpassungen an veränderte gesellschaftliche Bedingungen und Voraussetzungen der Pädagogik angemahnt.

Wie die Geschichte einer einzelnen Schule von der Euphorie über eine Versachlichung bis hin zur selbstkritischen Reflexion und zu neuen Konzepten führen kann, so zeigt sich auch in der Entwicklung der Waldorfpädagogik als Gan-

S. Liebenwein et al., *Bildungserfahrungen an Waldorfschulen*,
DOI 10.1007/978-3-531-19090-7_7,

© VS Verlag für Sozialwissenschaften | Springer Fachmedien Wiesbaden 2012

zer eine neue Ebene der Reflexion. Über Jahrzehnte waren die Bemühungen der beteiligten Lehrkräfte, Seminardozenten und Eltern vor allem darauf gerichtet, die Fülle der ursprünglichen Anregungen zu verstehen, selbständig nachzuvollziehen, in eine produktive Erziehungskunst zu überführen und weiter zu entwickeln. Auch das Bedürfnis nach Anpassungen, Kompromissen oder neuen Methoden wird schon seit Jahrzehnten artikuliert und wirksam in vielfältigen Unterrichtskonzepten realisiert. Verschiedene Standpunkte stehen dabei oft unvermittelt gegenüber.

Seit einigen Jahren ist nun die Zahl empirischer Studien über die Praxis der Waldorfpädagogik ganz erheblich angewachsen (vgl. Randoll 2010). Mit dem vorliegenden Band werden erstmals Ergebnisse einer umfangreichen Befragung von Schülerinnen und Schülern publiziert, aus denen sich neue Erkenntnisse und Handlungsperspektiven für die Praxis der Waldorfpädagogik ergeben könnten. Voraussetzung dafür ist eine unvoreingenommene und selbstkritische Würdigung der Befunde auf Grundlage der selbst gesetzten Ansprüche der Akteure. Dabei soll der Blick zunächst auf die Klassenlehrerzeit gerichtet werden oder genauer auf drei Fragen:

- Welche Erkenntnisse ergeben sich aus den Antworten von Oberstufenschülern über die zurück liegende Zeit der ersten acht Schuljahre? (Interpretation)
- Welche Schlussfolgerungen lassen sich – bei aller Vorsicht – aus den Befragungsergebnissen ableiten? (Bewertung)
- Welche Perspektiven könnten sich daraus für die künftige Entwicklung der Waldorfschule ergeben? (Perspektiven)

Diese Fragen richten sich im Wesentlichen auf drei Bereiche, die den Gegenstand der Befragung bildeten, nämlich die Beschreibung der Lernvorgänge, die Rolle der Lehrerpersönlichkeiten und die persönliche Reflexion der befragten Schüler.

7.1.1 Lernen an der Waldorfschule

Die Lernvorgänge an der Waldorfschule sollen während der Klassenlehrerzeit in erster Linie durch das natürliche Lernbedürfnis der Kinder veranlasst werden. Steiner deutet den Eintritt der Schulreife als eine Entwicklung, während der sich die bildenden und formenden Kräfte des Leibes verinnerlichen und zur Grundlage der erwachenden kognitiven Fähigkeiten werden. Der Unterricht soll daher während der ersten acht Schuljahre grundsätzlich bildhaft gestaltet sein und die Fantasie der Kinder anregen. Die Lernmotivation erfolgt nicht durch angestrebte Ergebnisse einer (benoteten) Leistungsüberprüfung oder durch den Vergleich der Kinder untereinander, sondern durch die Herausforderung der eigenen Fähigkeiten. Die Kinder sollten erleben, dass ihre Möglichkeiten von den Lehrkräften erkannt und angemessen gefordert oder behutsam gefördert werden.

Tatsächlich geben Waldorfschüler vergleichsweise häufig an, dass sie ihren Unterricht meist interessant fanden und Freude am Lernen verspürten. „Bildhafter Unterricht" bedeutet auch, dass die Lehrkräfte durch lebendige Schilderungen und freies Erzählen die Voraussetzungen für eine innere Bildgestaltung im Nachvollzug schaffen. Diese Qualität lässt sich nur in einem lehrerzentrierten Unterrichtsarrangement erreichen. Es ist daher nicht überraschend, dass die Methoden des Erklärens und Erzählens offenbar besonders häufig angewandt wurden und dass annähernd 2/3 der Befragten angeben, auf diese Weise gut gelernt zu haben.

Gleichwohl gehört es zu den zentralen Maximen der Waldorfpädagogik, eine Individualisierung der Schüler zu ermöglichen. Dieser Anspruch kann einerseits durch selbständige Arbeitsformen eingelöst werden, die neben den Darstellungen der Lehrer einen wesentlichen Raum einnehmen sollten. Dennoch geben einige Schüler (zwischen 2,4 % und 8 %) an, im Unterricht noch nie etwas selbständig erarbeitet zu haben und fast ein Viertel der Befragten verneint die Formulierung, dass sie im Unterricht lernen, selbständig zu arbeiten. Ob sich diese Angaben auf den Hauptunterricht der Klassenlehrerzeit oder der Oberstufe bzw. auf den Fachunterricht beziehen, bleibt offen; dennoch geben die Antworten Anlass, die Methoden im Hinblick auf die Anleitung selbständiger Arbeitsformen selbstkritisch zu reflektieren. Die Tatsache, dass weniger als die Hälfte der Befragten (genau 43,5 %) gelernt hat, sich in Einzel- oder Gruppenarbeit etwas selbständig zu erarbeiten, legt die Frage nach einer differenzierteren, fachbezogenen Analyse nahe. Denn Fächer wie Geschichte oder Biologie können durch die gut vorbereiteten, bildhaften Darstellungen der Lehrer lebendig werden, aber in Mathematik oder Deutsch lassen sich viele Inhalte unter Begleitung der Lehrkräfte selbständig erarbeiten, sofern Fragestellungen und Methoden gut eingeführt wurden. Allerdings erfordert diese Unterrichtsform in der Regel einen hohen Aufwand für Vor- und Nachbereitung.

Eine andere Form der Individualisierung besteht in der Möglichkeit, in den heterogen zusammengesetzten Klassen differenzierte Aufgaben zu stellen. Dennoch fühlt sich immerhin etwa ein Viertel der Befragten regelmäßig unterfordert. Wenn aus den Interviews hervorgeht, dass vielfach zwar die langsameren Lerner gefördert, aber besonders begabte Schüler kaum gezielt gefordert würden, so drängen sich einige Fragen auf:

- Erregen die weniger begabten Schüler die Aufmerksamkeit der Lehrer etwa durch ein auffälligeres Verhalten oder durch Intervention der Eltern?
- Neigen begabte Kinder leichter zur Resignation und zum Ausweichen in unterrichtsferne Beschäftigungen?
- Haben die Lehrkräfte genügend Fantasie, fachliche und methodische Kompetenz, um besonders begabte Schüler angemessen zu fordern?

Unterricht in begabungs- und leistungsheterogenen Klassen ist anspruchsvoll, wenn er allen Kindern gleichermaßen gerecht werden soll. Daher liegt hier eine besondere, strukturell bedingte Herausforderung der Waldorfschule, die in der spezifischen Lehrerausbildung berücksichtigt werden muss.

Ein Ausgleich für die gemeinsam durchgeführten Lerneinheiten bilden besondere Projekt- und Jahresarbeiten, Theaterspiel und Praktika, die – mit speziellen Schwerpunkten – an allen Waldorfschulen fest eingeplant sind. Die innere Beteiligung, mit der Schüler und Eltern von solchen Ereignissen berichten, zeigt ihren hohen Stellenwert für die individuelle Entwicklung. Im Hinblick auf die Entwicklung der Kinder und deren Kompetenzerwerb wäre es interessant, nach dem Zusammenhang zwischen lehrerzentriertem Unterricht und künstlerisch-praktischen Arbeiten zu fragen. Erfahren Schüler, dass sie ihre im Hauptunterricht erarbeiteten Fähigkeiten in besonders herausgehobenen Projekten anwenden können? Entdecken sie fächerübergreifende Zusammenhänge etwa zwischen Biologie und Gartenbau oder Deutsch und Theaterspiel? Ergänzen sich die Kompetenzen, die sie in verschiedenen Fächern erwerben konnten so, dass sich Inhalte, die anfangs ohne gezielte Nutzanwendung aufgenommen wurden, als sinnvoll erweisen? Gerade wenn die Fächer mit verschiedenen Methoden zu erarbeiten sind, liegt in ihrem Zusammenklang die Möglichkeit einer intensiven gegenseitigen Steigerung.

Ein charakteristisches Merkmal der Waldorfschule liegt in der Form der Hauptunterrichtsepochen, die für Schüler zu den selbstverständlichen Gewohnheiten gehören. Die dadurch bedingte Vertiefung und innere Verbindung mit dem jeweiligen Fachinhalt werden von den allermeisten Befragten (ca. 80 %) geschätzt. Die kritische Reflexion der wenigen Skeptiker weist aber auch auf die damit verbundene Problematik hin: Während in den unteren Klassen wenige Fächer (Formenzeichnen, Schreiben/Lesen, Rechnen) mit großer Regelmäßigkeit wiederkehren, liegen bereits in der Mittelstufe die entsprechenden Epochenzeiten weit auseinander, insbesondere wenn einzelne Fächer nur ein Mal pro Jahr im Stundenplan erscheinen. Oft ist es kaum noch möglich, an den Unterricht anzuknüpfen, der ein ganzes Jahr zurück liegt; und wenn etwa durch Krankheit ein großer Teil einer Epoche versäumt wurde, lässt sich dieser Inhalt kaum nachholen. Diese Schwierigkeit ist seit langem bekannt; die Klassenlehrer haben verschiedene Möglichkeiten, ihr entgegen zu wirken, etwa durch

- Übstunden in Fächern wie Deutsch oder Mathematik, die neben den schwerpunktmäßigen Epochen eine kontinuierliche Übung erfordern, oder durch
- fächerübergreifende Didaktik und Methodik, wenn z. B. im Geografieunterricht bestimmte Inhalte der Pflanzenkunde vertieft, wenn mathematische Operationen in den Naturwissenschaften verwendet oder wenn während der Geschichtsepoche Aufsätze geschrieben und Themen der Grammatik gezielt angewandt werden.

7.1.2 Die Persönlichkeit des Klassenlehrers/der Klassenlehrerin

Die zentrale Stellung der Klassenlehrkraft in den Klassen eins bis acht ist ein besonders markantes Profilmerkmal der Waldorfschule. Es hat seinen Ursprung in dem Hinweis Steiners, dass Kinder während des zweiten Lebensjahrsiebts das Bedürfnis haben, erwachsene Bezugspersonen als Autorität wahrnehmen zu können. Dazu gehören selbstverständlich Persönlichkeitsmerkmale wie Authentizität, Verantwortlichkeit, Wahrhaftigkeit und Gerechtigkeit. Im Laufe der ersten Schuljahre verändern sich die Bedürfnisse der Kinder und damit auch die Qualitäten, durch die Klassenlehrer und Klassenlehrerin als Autoritäten erscheinen:

- Liebevolle Zuwendung, Verlässlichkeit und Unterstützung sind besonders wichtig in den ersten drei Jahrgangsstufen;
- die fachliche Kompetenz zur Vermittlung vielfältiger Unterrichtsinhalte begründet die Autorität zunehmend ab der vierten Klasse;
- hinzu kommt etwa ab dem sechsten Schuljahr die methodische Kompetenz, die Schüler in der Erarbeitung der eigenen Urteilsfähigkeit zu unterstützen.

Nur 30 % der Befragten geben an, dass ihre Klassenlehrer einen Vorbildcharakter für sie gehabt haben. Dieses Ergebnis ist nur überraschend, wenn man die anthropologischen Grundlagen der Waldorfpädagogik nicht in Betracht zieht. Steiner beschreibt die Lernstufen der Kinder so, dass sie während der Zeit vor der Schulreife vor allem durch Nachahmung lernen – in diesem Zusammenhang verwendet er den Terminus „Vorbild“: Die Kinder verspüren im Allgemeinen keine kritische Distanz zur erwachsenen Bezugsperson, sondern vollziehen aus eigenem Antrieb nach, was sie in ihrer Umgebung an den Menschen wahrnehmen; z. B. erlernen sie ihre Muttersprache durch eine unwillkürliche Nachbildung von Artikulationsbewegungen anderer Personen, ohne diese bewusst erfassen zu können. Nachahmende Kinder fühlen sich den Bezugspersonen allerdings so verbunden, dass sie diese kaum mit dem abstrahierenden Wort „Vorbild" bezeichnen würden.

Während der ersten acht Schuljahre wirken die Klassenlehrkräfte nicht als Vorbilder, sondern im Sinne einer autoritativen Anleitung. Sie setzen Ziele und Aufgaben, geben Unterstützung und Orientierung, stehen als verlässliche Helfer und Berater zur Verfügung. Steiner bezeichnet diese Funktion zusammenfassend als „geliebte Autorität"; ob Oberstufenschüler diesen Terminus im Rückblick selbst verwenden würden, sei dahingestellt. Die Beschreibung als „Vorbild" trifft jedenfalls nicht das Profil des Klassenlehrers/der Klassenlehrerin.

In Waldorfschulen wird vorausgesetzt, dass die kontinuierliche Lernbegleitung durch eine erwachsene Bezugsperson den Kompetenzerwerb und die Persönlichkeitsentwicklung der Schüler nachhaltig fördert. Tatsächlich äußert sich die überwiegende Mehrheit der Befragten im Rückblick positiv über das Klassenlehrerprinzip und über die Dauer der Klassenlehrerzeit. Die Zustimmung findet ihren Ausdruck auch in vielen Interview-Äußerungen. Aber etwa ein Viertel (26,4 %) meint doch, dass die Klassenlehrerzeit zu lang gewesen sei, und dies, obwohl etwa 80 % der Befragten den Unterricht im Rückblick oft als „interessant" wahrgenommen haben. Sowohl die fachliche Vorbereitung als auch die individuelle Förderung aller Schüler wird von den meisten Befragten positiv beurteilt. Negative Bewertungen stehen offenbar meist im Zusammenhang damit, dass sich zwischen Klassenlehrkräften und einzelnen Schülern ein gestörtes Verhältnis entwickelt hatte.

Folgt man den Hinweisen Steiners in seinen pädagogischen Vorträgen, so sollte es jedem Lehrer möglich sein, seine persönlichen Sympathien und Antipathien einzelnen Schülern gegenüber durch Interesse an deren Persönlichkeiten und durch die eigene Selbsterziehung zu überwinden. Offenbar gelingt dies nicht immer in ausreichendem Maße: Hier liegt eine große Herausforderung insbesondere für die Klassenlehrerinnen und -lehrer an Waldorfschulen. Bemerkenswert ist auch die Tatsache, dass diejenigen Schüler, denen das Lernen leichter fällt, auch die Klassenlehrerzeit besser in Erinnerung haben als die langsameren Lerner oder diejenigen, die später mehr Nachhilfe benötigen. Interessant ist dieser Zusammenhang vor allem, weil die Befragten an anderer Stelle betont haben, dass den schwächeren Schülern mehr gezielte Förderung zukommt als den besonders Begabten. Daraus ergibt sich der Anschein, dass gehäufte Unterstützung und Zuwendung im Lernen das Verhältnis zur Lehrperson langfristig eher belasten könnte; es würde sich lohnen, dieser Frage gezielt nachzugehen.

Ein Vergleich mit Lehrkräften an staatlichen Regelschulen legt die Frage nach der fachlichen Qualifikation der Klassenlehrer nahe. Sowohl für grundständig ausgebildete Lehrkräfte als auch für Quereinsteiger in den Lehrberuf gilt, dass sie eine Schulung in den anthropologischen Grundlagen dieser besonderen Pädagogik und vielfältige künstlerische Übungen durchlaufen. Auch Fachmethodik und -didaktik sowie Schulpraktika gehören regelmäßig zum Ausbildungsprogramm. Aber ein wissenschaftliches Studium der ca. 8–10 Fächer, die ein Klassenlehrer zu unterrichten hat, ist weder möglich noch angestrebt. Kritiker dieser Ausbildungspraxis übersehen leicht, dass die wissenschaftliche Ausbildung für das staatliche Lehramt gerade wegen ihrer Praxisferne immer wieder in Frage gestellt wurde. Tatsächlich haben Klassenlehrer an Waldorfschulen die verschiedenen Inhalte auf dem fachlichen Niveau einer guten Allgemeinbildung zu vermitteln, wie sie im Abitur selbstverständlich vorausgesetzt wird. Darüber hinaus benötigen sie weniger das wissenschaftliche Fachstudium als die Grundlagen einer altersgemäßen Methodik und Didaktik der Unterrichtsfächer, wie sie in der Waldorflehrerausbildung vermittelt werden.

Aus der Tatsache, dass viele Schüler in der Oberstufe Nachhilfe in Anspruch nehmen, ergibt sich auch die Frage nach der fachlichen, methodischen und didaktischen Kompetenz der Klassenlehrer. Wenn von den annähernd 46 % der Befragten, die regelmäßig oder gelegentlich Nachhilfe-Unterricht erhalten, wiederum fast 73 % dies mit Lücken aus früheren Jahren erklären, mag dies auf vielfältige Ursachen zurückzuführen sein. So ist es auffällig, dass Quereinsteiger deutlich häufiger Nachhilfe in Anspruch nehmen als „grundständige" Waldorfschüler. Das mag unterschiedliche Gründe haben, z. B.

- Defizite in Fächern wie Russisch, die in der Waldorfschule vom ersten Schuljahr an unterrichtet werden, oder
- besonders hohe Erwartungen von Eltern der Quereinsteiger, deren Ansprüche an einen qualifizierten Schulabschluss an einer staatlichen Schule nicht erfüllbar gewesen wären.

Dass die überwiegende Mehrzahl der Befragten ihren Unterricht im Rückblick meist als „interessant" bezeichnet, hängt wohl auch damit zusammen, dass Klassenlehrer den Anspruch haben, den Unterrichtsstoff stets eigenständig zu erarbeiten und lebendig darzubieten. Der Verzicht auf Lehrbücher macht die Vermittlung interessant, erschwert aber auch ein selbständiges Nacharbeiten versäumter Epocheninhalte (etwa mit Hilfe der Eltern). Das gilt in ähnlicher Weise auch für Inhalte des Fachunterrichts, da jüngere Schüler noch kein Bewusstsein für die Lückenhaftigkeit ihrer Fähigkeiten entwickeln. Das Nachholen versäumter Lerninhalte muss daher als eine besondere Aufgabenstellung in den Waldorfschulen erkannt werden, sofern davon wesentliche Grundlagen für die Arbeit in der Oberstufe abhängig sind.

In Mathematik als einem wichtigen Hauptunterrichtsfach zeigt sich der größte Nachhilfebedarf, besonders unter den Mädchen. Danach folgen die Fremdsprachen, also Fächer, die nicht von den Klassenlehrkräften unterrichtet werden. Und: Wer acht Jahre Unterricht beim Klassenlehrer/bei der Klassenlehrerin hatte, ist offenbar weniger auf Nachhilfe angewiesen (43,2 %) als Schüler, die eine verkürzte Klassenlehrerzeit durchlaufen haben (51,4 %). Aus den Ergebnissen hinsichtlich des Nachhilfeunterrichts lässt sich daher nicht schließen, dass der Unterricht der Klassenlehrer besonders große Mängel aufweist. Dennoch gibt es einige Hinweise auf einen Verbesserungsbedarf im Hauptunterricht der Mittelstufe, denn

- fast 60 % der Befragten hätten sich in der Mittelstufe mehr Unterricht durch Oberstufenlehrer gewünscht;
- und mehr als die Hälfte findet es im Nachhinein nicht gut, so viele Fächer bei einem Lehrer gehabt zu haben.

Aus diesen Zahlen geht deutlich hervor, dass sich die Bedürfnisse der jungen Menschen in der siebten und achten Jahrgangsstufe stark verändern. Die entsprechende Weiterentwicklung der Methodik und Didaktik aller Fächer bildet schon seit der Gründung der ersten Waldorfschule eine bedeutende Herausforderung für die Lehrkräfte, die sich in neuerer Zeit durch gesellschaftliche Veränderungen verschärft. Besonders von den Klassenlehrern wird eine außerordentlich große Wandlungsfähigkeit und Selbstüberwindung gefordert, wenn sich ihre Beziehung zu den vertrauten Schülern tiefgreifend verwandeln soll. Das Konzept der Waldorfpädagogik erlaubt es jeder einzelnen Schule, eigene Lösungen für diese Aufgabe zu suchen, z. B.

- Vorgezogene Ablösung der Klassenlehrkraft durch ein Mittelstufenkollegium,
- zunehmende Anteile des Hauptunterrichts durch Oberstufenlehrer,
- Kontinuität der Klassenlehrer-Betreuung bei stark veränderten Methoden und einer grundlegend verwandelten Haltung gegenüber den Heranwachsenden.

7.1.3 Reflexion

Wie bewerten Oberstufenschüler ihre Erfahrungen in der Waldorfschule und welche Schlüsse lassen sich daraus für die Klassenlehrerzeit ziehen? Der hohe Grad der Identifikation mit der eigenen Schule, die Empfindung, sich dort wohl zu fühlen und Freunde zu haben, deutet auf ein gutes Schulklima, das wahrscheinlich auch auf Erfahrungen der Klassenlehrerzeit zurückgeht: Die verlässliche, kontinuierliche Betreuung durch den Klassenlehrer einerseits, die stabile Klassengemeinschaft andererseits. Durch Verzicht auf quantifizierte Leistungsbewertung wird der Vergleich mit den Lernergebnissen der Mitschüler auf eine qualitative Ebene gehoben; spätestens ab der dritten Jahrgangsstufe nehmen die Schüler ihre Stärken und Schwächen, Begabungen und besondere Leistungen mehr oder weniger bewusst wahr. Ein Konkurrenzdruck entsteht daraus nicht, wenn jedes Kind von dem Klassenlehrer individuell wahrgenommen und gefördert wird.

Im Wunsch mancher Eltern und Schüler nach Notenzeugnissen drückt sich demgegenüber das Bedürfnis einer qualifizierten Leistungsrückmeldung durch die Lehrkräfte aus. Durch verschiedene Befragungsergebnisse wird deutlich, dass die Qualität der Reflexion den Anforderungen der Beteiligten häufig nicht genügt. Das gilt für die Ergebnissicherung am Ende einer Unterrichtseinheit, aber vermutlich auch am Ende einer Hauptunterrichtsepoche; es gilt aber auch für die Einschätzung der Lernfortschritte von Schülerinnen und Schülern. Dass durch die Benotung von Leistungen nur eine scheinbare Objektivität erreicht wird, die unweigerlich zu Konkurrenzdruck und Selektion führt, wird in der erziehungswissenschaftlichen Literatur seit langem beklagt. Deshalb bedeutet es einen fatalen Rückschritt, wenn an manchen Waldorfschulen solche Bewertungsinstrumente eingeführt werden, um den Disziplinierungsdruck auf die Schüler zu erhöhen. Andererseits haben die Betroffenen einen berechtigten Anspruch auf präzise Bewertungen ihrer Lernerfolge mit klaren Empfehlungen für weitere Arbeitsschritte. Dieser Anspruch muss auch von Klassenlehrerinnen und -lehrern erfüllt werden.

Ein besonderes Feedback an die Schüler besteht in dem Zeugnisspruch, der ihnen am Ende eines Schuljahres von der Klassenlehrkraft persönlich übergeben wird. Dieser soll so gestaltet sein, dass sich das einzelne Kind ganz damit verbinden kann: Inhalt, Rhythmus und Lautgestalt sollten seinem eigenen Wesen in besonderer Weise entsprechen. Sofern Lehrer die Sprüche für ihre Klassen jeweils selbst schreiben, kann die Erarbeitung des freien Vortrags vor der Klasse zu einer Aufgabe werden, aus der wesentliche Impulse für die individuelle Entwicklung hervorgehen. Wenn sich viele Oberstufenschüler an die Inhalte ihrer Zeugnissprüche nicht mehr erinnern, kann dies bedeuten, dass diese tatsächlich nur von temporärer Bedeutung waren: möglicherweise erfüllen aber auch die vorgefertigten Sprüche, die von den Lehrern übernommen wurden, die angestrebte Wirkung nicht in der erwünschten Weise. Die starke innere Verbindung, die ein Pädagoge herstellt, wenn er selbst einen Vers für ein bestimmtes Kind dichtet – und sei dies noch so dilettantisch – hat möglicherweise eine förderliche Wirkung, die durch vorgefertigte, ästhetisch ausgereifte Gedichte nicht erreicht werden kann.

Die Qualität der Pädagogik drückt sich letztlich in einer stabilen Selbsteinschätzung der eigenen Fähigkeiten aus: Die Erwartung, geforderte Leistungen erbringen und selbständig Probleme lösen zu können, die Wahrnehmung eigener Stärken sind wichtige Elemente einer gut entwickelten Selbstkompetenz, die offenbar bei vielen Waldorfschülern entstanden sind. Es ist daher nicht überraschend, dass ein großer Teil der Befragten sich auf lebensweltliche Herausforderungen gut vorbereitet fühlt.

7.1.4 Perspektiven für eine Weiterentwicklung der Klassenlehrertätigkeit

Die weitgehend positiven Ergebnisse der Befragung bilden für die heutigen Waldorfschulen eine wichtige Bestätigung; das gilt auch für das zentrale Profilmerkmal des Klassenlehrerprinzips, obwohl sich viele Befragungsergebnisse nicht eindeutig einem Rückblick auf die ersten acht Schuljahre zuordnen lassen. Die Befunde legen aber auch einige Überlegungen nahe, die für die weitere Entwicklung der Schulen bedeutsam sein können.

- Klassenlehrerinnen und -lehrer brauchen neben einer umfassenden, zeitgemäßen Allgemeinbildung die fachliche und methodische Kompetenz, um neue Unterrichtsinhalte lebendig und differenziert für unterschiedlich begabte Kinder darstellen zu können. Dafür sind geeignete Vorkehrungen in der Lehreraus- und -fortbildung zu treffen.
- Insbesondere erscheint es notwendig, dass die Unterrichtenden ihre Vorbereitung an den begabtesten Kindern einer Klasse ausrichten und dennoch die langsameren Lerner gezielt fördern. Wenn sich die begabten Schüler unterfordert fühlen, wirkt dies für die ganze Klasse demotivierend; Interesse und Lerneifer wirken dagegen eher mitreißend.
- Die Sicherung von Fähigkeiten und Kenntnissen erfordert neben der methodischen Einführung und Übung auch eine sachgemäße, fächerübergreifende Anwendung: Flexibilität und Fantasie der Lehrkräfte bilden dafür wesentliche Voraussetzungen.
- Insbesondere die Klassenlehrerinnen und -lehrer tragen aufgrund ihrer zentralen Stellung während der ersten acht Schuljahre eine besondere Verantwortung für die Entwicklung ihrer Schüler. Sie müssen daher lernen, sich für jedes einzelne Kind so zu interessieren, dass es sich erkannt, wertgeschätzt und individuell gefördert fühlt. Das Klassenlehrerprinzip beruht auf der Annahme, dass dies grundsätzlich jedem Pädagogen möglich ist, sofern er sich selbst erzieht, denn „jede Erziehung ist Selbsterziehung".
- Kinder und Eltern brauchen eine klare, konstruktive Leistungsbewertung, die ihnen hilft, ihre eigenen Möglichkeiten und künftige Lernschritte einzuschät-

zen. Dieser Anspruch gilt für die Jahreszeugnisse, mehr aber noch für die zeitnahe Rückmeldung auf einzelne Leistungen im Unterricht. Der Verzicht auf Benotung von Leistungen stellt höhere Ansprüche an die Fähigkeiten der Lehrkräfte.

- Die Schule kann Eltern nicht daran hindern, ihre Kinder durch Nachhilfeunterricht zusätzlich zu fördern. Aber bereits während der Klassenlehrerzeit liegt es in der Verantwortung der Unterrichtenden, die Inhalte so zu vermitteln, dass eine zusätzliche Lernförderung nicht erforderlich ist. Das gilt insbesondere für das Nacharbeiten versäumter Lerninhalte, soweit diese als Grundlagen für die Oberstufenzeit erforderlich sind. Nachhilfe muss eine – durch besondere Umstände begründete – Ausnahme sein.
- Der Übergang zum Jugendalter erfordert von den Klassenlehrerinnen und -lehrern ab der sechsten Klasse eine verstärkte innere Entwicklung (dies gilt übrigens auch für die Eltern). Schulen und die einzelnen Pädagogen sind heute stärker als zuvor gefordert, die damit verbundenen Aufgaben als Herausforderung anzunehmen und kreativ zu bewältigen.

7.2 Die Oberstufe (Wilfried Sommer)

7.2.1 Zum Übergang Mittel-/Oberstufe

Der Übergang von der Klassenlehrerzeit in die Oberstufe fand seit Gründung der Waldorfschule über lange Zeit mit dem Wechsel von der 8. zur 9. Klasse statt. Heute orientieren sich weiterhin viele Freie Waldorfschulen an dieser Zäsur, wenn auch unterschiedliche Mittelstufenmodelle in den letzten Jahren hinzugetreten sind, in denen z. B. Klassenlehrer einzelne Epochen an Oberstufenlehrer abgeben oder ein Mittelstufenkollegium den Epochenunterricht vollständig übernimmt. Dessen ungeachtet hat sich an den meisten Freien Waldorfschulen die Bezeichnung „Oberstufe“ für die Klassen 9–13 erhalten. Sie steht im Gegensatz zu Regelschulen, wo diese Bezeichnung ausschließlich für die Sekundarstufe II verwendet wird. Der Übergang in die Oberstufe liegt an Freien Waldorfschulen für die meisten Schüler mitten in der Pubertät und wird vielerorts, wie die Schüler- und Elternbefragung zeigt, als ein markanter Umschwung im schulischen Lernen und in der Lehrer-Schüler-Beziehung erlebt.

Auf die Veränderungen in der Lehrer-Schüler-Beziehung ist im vorangehenden Kapitel bereits von Peter Loebell eingegangen worden. Der folgende Abschnitt legt den Fokus auf schulisches Lernen und dort insbesondere auf den Epochenunterricht, den sogenannten Hauptunterricht. Dieser bezeichnet einen drei- bis vierwöchigen Blockunterricht mit täglich ca. zwei Unterrichtsstunden, die meist zu Beginn des Schultages liegen. Das fachliche Lernen in den Naturwissenschaften, in Mathematik und in den kulturkundlichen Fächern ist vorwiegend als Epochenunterricht organisiert.

Mit dem Übergang in die Oberstufe bleibt der Epochenunterricht erhalten, die Organisationsform eines Großteils fachlichen Lernens ändert sich nicht. Gleichwohl erleben Schüler wie Eltern verstärkte fachliche Anforderungen und einen „Abschied von der heilen Waldorfwelt". Dabei werden mit „heiler Waldorfwelt" spielerisches Lernen, Musizieren, wenig Hausaufgaben usw. assoziiert und in Gegensatz zu verstärkten fachlichen Anforderungen gesehen. Einige Eltern bemängeln zusätzlich eine nicht ausreichende waldorfpädagogische Qualifikation der Oberstufenlehrer.

Es gilt zunächst einmal festzustellen, dass ein entwicklungsgerechtes schulisches Lernen selbstverständlich mit zunehmender Klassenstufe erhöhte Leistungsanforderungen in allen Bereichen stellt. Ab der Pubertät verlangt der Unterricht von den Schülern vertiefte und selbständige Urteilsprozesse und steigert so deren intellektuelle Spannkraft. Das kann, wie ein Elternteil es formuliert, eine „richtige und logische Weiterentwicklung" sein. Spielerisches Lernen ist in vielen Fächern schon in der Vorpubertät nur bedingt angebracht, wie hier auch offen bleiben soll, ob beispielsweise Musizieren als Einleitung für kognitive Lernprozesse ein wesentliches Merkmal der Waldorfpädagogik darstellt. Dass in Waldorfschulen sich eine andere Tradition in der ausgehenden Mittel- und angehenden Oberstufe mancherorts eingebürgert hat und als charakteristisches Merkmal dann kommuniziert wird, mag zu der Erwartungshaltung führen, die aus den Eltern- und Schüleräußerungen an einigen Stellen spricht. – Schon von Steiner wurde kritisiert, musische Elemente als Vorbereitung fachlichen Lernens, z. B. für die Behandlung der Punischen Kriege, einzuführen (Steiner 1995, S. 257–258). Vielmehr ging es Steiner darum, den fachlichen Unterricht „innerlich so musisch wie möglich" zu fassen, eine künstlerische Unterrichtsführung also implizit und nicht explizit zu verfolgen.

Im Übergang von der Mittel- zur Oberstufe geht der Epochenunterricht vom Klassenlehrer- zum Fachlehrerprinzip über. Er bleibt aber als Unterrichtsform erhalten und baut, wie zu erläutern sein wird, auf spezifischen Unterrichtskonzepten auf. In den Naturwissenschaften sind es beispielsweise phänomenologische Konzepte, die sowohl in Bezug auf die didaktische Elementarisierung als auch die Unterrichtsmethodik ein eigenes Profil Freier Waldorfschulen darstellen. Sie sind vertikal über die Jahrgangsstufen vernetzt und setzen so eine spezifische Lehrerbildung voraus. – Wenn Eltern einen mangelnden „Waldorfhintergrund" der Oberstufenlehrer beklagen, so kann dies darauf zurückzuführen sein, dass sehr viele

Quer- und Seiteneinsteiger an Freien Waldorfschulen unterrichten und es einige Schulen gibt, die eine hinreichende Qualifikation der Seiteneinsteiger nicht sicherstellen. Hier liegt eine zentrale Aufgabe der Qualitätsentwicklung für Freie Waldorfschulen. Nicht zuletzt zeigt sich dies in der Tatsache, dass das Finanzvolumen, welches im Bund der Freien Waldorfschulen für Klassenlehrerbildung aufgewendet wird, um ca. den Faktor 6 über dem der Oberstufenlehrerbildung liegt.

7.2.2 Schulisches Lernen in der Rahmung des Epochenunterrichtes

Fast alle Freien Waldorfschulen stellen in der Organisation ihres Unterrichtes eine sehr grundlegende Weichenstellung an den Anfang: Offene Unterrichtsformen stehen im handwerklichen und künstlerischen Unterricht und in Projektphasen mehr im Vordergrund, kontinuierliche Übprozesse werden in Form fortlaufender Fachstunden gefasst, das fachliche Lernen in den Naturwissenschaften, der Mathematik und den kulturkundlichen Fächern sieht man vorwiegend als Epochenunterricht vor. Als ein Profil Freier Waldorfschulen zeigt sich damit, dass sich unterschiedliche Lern- und Unterrichtsformen in bestimmten Fächern konzentrieren. Die Pädagogik vertraut darauf, dass Schüler aus dem Spektrum ein Ganzes bilden können, sofern die verschiedenen Lernschritte entwicklungsgerecht angesetzt sind. Sie geht von dieser Integrationsleistung der Schüler aus. Wenn die Projektarbeit beispielsweise in einem 10-tägigen Vermessungspraktikum geübt wird, kann man das Stoffgebiet der Trigonometrie im Epochenunterricht der Mathematik weniger offen fassen.

Die Fragestellungen an die Schüler und Eltern zur Förderung selbständiger Lernformen, zum Frontalunterricht und zu Lerntechniken, aber auch zur Erlebnisintensität müssen vor diesem Hintergrund gesehen werden.

Der Epochenunterricht kann mit hoher zeitlicher Kontinuität eine Thematik aufschließen, sie exemplarisch vertiefen, Lehrende und Lernende in den Sog eines Themas ziehen und so einen Lebensvorgang für alle Beteiligten bilden. Schon Wagenschein machte darauf aufmerksam, dass dabei „die mächtige Hilfe der ‚unbewussten Arbeit' mobil gemacht" werde (Wagenschein 1968). Lernen wird zu einem Lebensvorgang, der im Epochenunterricht Freier Waldorfschulen ab der 6. Klasse in drei Schritten gegliedert ist (Steiner 1986, 3. Vortrag):

1. *Begegnung mit dem Thema.* In den Naturwissenschaften durch phänomenologische Experimentierreihen, im Literaturunterricht durch Arbeit an einem Werk, in Geschichte oft durch eine Lehrerdarstellung.

- Die Schüler sollen mit hoher Erfahrungsintensität einem Stück Welt begegnen. In Naturwissenschaft durch wache, sinnliche Präsenz, in Geschichte durch eine Lehrerdarstellung, die den Schülern eine eigene innere Bildgestaltung eröffnet.
- Am Anfang eines Themas soll nicht unterschiedliches Vorwissen, sondern eine gemeinsame Erfahrung den Unterricht prägen.
- Die Erfahrungsintensität soll pädagogisch und didaktisch professionalisiert und authentisch aufgebaut werden. Sie liegt deshalb vorwiegend in Lehrerhand. Die Lehrerzentrierung in Bezug auf die Weltbegegnung kann aber auch als Schülerexperiment oder als Stationenarbeit angesetzt sein. Dann liegt die professionelle Führung mehr in der Auswahl des Unterrichtsmaterials.

Beispiel (7. Klasse): In einer Versuchsreihe werden eine Reihe von Stimmgabeln oben an den Zinken und unten am Bogen angeschlagen. Sofern man sie an den Zinken anschlägt, klingen sie schön nach, am Bogen kaum. Danach schlägt man sie erneut an den Zinken an und taucht sie zügig in eine Wasserschüssel. Während der Ton tiefer erklingt, spritzt Wasser weg. Je nach Lage der Stimmgabel entweder zur Seite (ein Zinken schlägt flach auf das Wasser) oder nach oben (beide Zinken tauchen parallel ein). Schließlich schlagen die Schüler in Gruppenarbeit die Stimmgabeln selbst an und halten sich gegenseitig die Zinken gegen die Nasenspitze. Dort kitzelt es und bei manchen schießen Tränen in die Augen.

2. *Eigener Aufschluss des Themas.* Im naturwissenschaftlichen Unterricht werden die Experimente von den Schülern in ihrem Ablauf geordnet notiert, eine emotionale Verbindung wird unterstützt, indem die Schüler dabei auch verschiedene Gefühlseindrücke zusammentragen (Wie fühlte es sich an der Nase an?). In Geschichte ist diese Art emotionaler Verbindung ebenso möglich. Außerdem findet dort eine – oft kontrastive – Quellenarbeit statt, es werden Zeitgerüste von den Schülern zu der Lehrerdarstellung erarbeitet, beispielsweise auch eine Karikatur interpretiert.
   - Nach der starken Konfrontation mit Neuem im 1. Schritt wird die Möglichkeit eröffnet, sich selbst mit dem Neuen zu verbinden. Dies soll in einem offenen Lernklima erfolgen, das spontane Äußerungen zulässt.
   - Die Arbeitsaufträge sollen neben der emotionalen Verbindung die Erarbeitung von Zusammenhängen und die Erkenntnisgewinnung vorbereiten.
   - Die Lehrerzentrierung tritt zurück. Es dominieren als Unterrichtsformen die Individual-, Partner- und Gruppenarbeit.

   Beispiel: Die Schüler notieren sich die Versuche mit den Stimmgabeln ins Heft. An der Tafel finden sie anhand einer Skizze des Lehrers, wie man die verschiedenen Teile der Stimmgabel bezeichnet. Sie sollen anhand von kleinen Zeichnungen festhalten, wie das Wasser spritzte. Am Ende werden die Notizen kurz abgeglichen und Erlebnisse ausgetauscht: Wann spritzte es besonders stark? Wie fühlte sich die Nase an? Hat jemand die Stimmgabel auch gegen die Zunge gehalten?

3. *Erkenntnisgewinnung.* Gesetze und Zusammenhänge werden erarbeitet, zu zentralen Aussagen als Ergebnis/Lernziel verdichtet und Arbeitsaufträge bearbeitet, in denen das Erreichte anzuwenden und auszubauen ist. Letzteres erfolgt meist in individualisierter Form als Heft- oder Portfolioarbeit.
   - Die ersten beiden Schritte sollen so aufgebaut sein, dass jetzt die Schüler selbst die Zusammenhänge sich erschließen können. Im Idealfall stellt der Lehrer zu Beginn eine offene Frage und übernimmt danach nur noch eine moderierende Rolle.
   - Neben dem Lehrer-Schüler-Gespräch können hier Podiumsdiskussionen, Gruppenarbeit zu einzelnen Aspekten oder auch Partnerarbeiten angebracht sein.
   - In einem interaktiven Unterricht können die Schüler eigene Ideen einbringen, verschiedene Lösungsvorschläge diskutieren, Zentrales von Nebensächlichem trennen und so das Ergebnis selbst finden. Grundlage für die eigene Erkenntnisbemühung bildet ein Thema, dem alle im 1. Schritt begegnet sind und das sie sich im 2. Schritt aufgeschlossen haben.

   Beispiel: Das Tafelbild enthält ein Zeichnung der Stimmgabel und zwei Skizzen mit den charakteristischen Spritzbewegungen des Wassers. Die Frage „Was macht die Stimmgabel, während sie erklingt?" leitet das Unterrichtsgespräch ein. Aus ersten Antworten, sie vibriere oder sie bewege sich, wird schrittweise analysiert, dass die Zinken gegenläufig schwingen. Nur so sind die Wasserbewegungen verständlich. Dabei bleiben zwei Stellen des Bogens in Ruhe. Deshalb kann man auch dort die Stimmgabel nur sehr schlecht anschlagen und zum Klingen bringen. Am Ende des Gespräches beherrschen die Schüler den Begriff der Quer- und Längsschwingung: Querschwingung der Zinken, Längsschwingung des Stiels.

Die Eigenaktivität wird im Erkenntnisvorgang von allen Schülern verlangt, weil alle auf eine gemeinsame Erfahrung – im Beispiel die schwingende Stimmgabel – zurückgreifen können. „Typisch Waldorf" am Epochenunterricht ist, dass das fachliche Lernen als Lebensvorgang angelegt wird, der in den genannten drei Schritten verläuft. Er zielt auf eine empathische Bildungserfahrung. Im Übergang vom 1. zum 3. Schritt findet ein zunehmender Wechsel von der Lehrer- zur Schülerzentrierung statt. Es wäre ein Zerrbild, wenn man aus der lehrerzentriert gestalteten Begegnung mit dem Thema folgerte (1. Schritt), der Epochenunterricht liefe als reiner Frontalunterricht mit dominierenden Lehrerdarstellungen oder einem engmaschigen Lehrer-Schüler-Gespräch.

Die dreischrittige Gliederung des Epochenunterrichtes wurde von Steiner so konzipiert, dass zwischen dem 2. und 3. Schritt die Zäsur der Nacht liegt. Ohne an dieser Stelle die Rolle des Schlafes für das Lernen zu thematisieren, bleibt festzuhalten, dass durch die Zäsur der Nacht der Unterschied von Begegnung mit einer Thematik und der eigene Gedankenbildung zur Sache für die Schüler noch verstärkt wird (Steiner 1986: 3. Vortrag). Diese Zäsur findet bei einigen Eltern genauso Akzeptanz wie die Zäsur, welche die Zeiten zwischen den aufeinanderfolgenden Epochen eines Faches bilden.

Bei gelingendem, phasengegliedertem Epochenunterricht ist zu erwarten, dass auch durch diesen Unterricht, und nicht nur vorwiegend durch Theater und kunsthandwerkliches Gestalten, Eigeninitiative gefördert wird und Schüler lernen, selbstständig zu arbeiten. Das würde auch die hohe Akzeptanz des Epochenunterrichtes durch die Schüler untermauern.

Da der Epochenunterricht den Schulalltag der Schüler an Freien Waldorfschulen markant prägt, ist davon auszugehen, dass dieser auch einen nicht zu vernachlässigenden Anteil daran hat, dass Waldorfschüler im Vergleich zu Regelschülern häufiger angeben, Lernfreude und Interesse am Unterricht zu empfinden. Die Auswertung von Wallner-Paschon im Rahmen der Vollerhebung unter österreichischen Waldorfschülern in PISA 2006 geht in die gleiche Richtung (2009). Dort wurde der Unterricht in den naturwissenschaftlichen Fächern untersucht und detailliert ausgewertet. Dieser Unterricht wird vorwiegend als Epochenunterricht erteilt.

Eine hohe Lernfreude wie auch ein gut entwickeltes leistungs- und kompetenzbezogenes Selbstbewusstsein sind genauso zentrale Ergebnisse wie die Tatsache, dass „in den Waldorfschulen […] die interaktive Teilnahme in den naturwissenschaftlichen Fächern für über 80 % der Schüler/innen eine alltägliche Unterrichtspraxis" darstellt und sie damit weit über dem OECD-Mittel (47 %) rangieren. Dabei wird „unter interaktivem Unterricht […] ein Unterricht verstanden, an dem sich die Schüler/innen durch eigene Meinungen, Erklärungen und Diskussionen beteiligen" (Wallner-Paschon 2009, Kap. 9.6).

Nicht zuletzt folgert Wallner-Paschon, dass „die positiven Ergebnisse der Waldorfschulen hinsichtlich der motivationalen Faktoren in den naturwissenschaftlichen Fächern […] auf einen didaktisch guten Unterricht schließen" lassen (2009, Kap. 9.6). Es bleibt künftigen Studien überlassen herauszufinden, ob diese Aussage generell auf die Phasengliederung des Epochenunterrichtes Freier Waldorfschulen übertragen werden darf.

7.2.3 Heterogenität in der Rahmung des Epochenunterrichtes

In der Phasengliederung des Epochenunterrichtes Freier Waldorfschulen ist, wie oben erläutert, Lernen als ein Lebensvorgang angelegt. Die Phasengliederung zu beherrschen und gleichzeitig sicherzustellen, dass hinreichend Lerntechniken erworben und der Unterrichtsstoff geübt werden, bildet eine der täglichen Herausforderungen für Mittel- und Oberstufenlehrer. Das waldorfpädagogische Ethos, Lernen als Lebensvorgang zu pflegen, darf nicht aus dem Blick verlieren, dass durch eine Übkultur, einschließlich der Erarbeitung von Lerntechniken, methodische Fertigkeiten zu habitualisieren sind. Klassische Übzeiten im Epochenunterricht bilden vielerorts die Arbeitsphasen, welche sich an den 3. Schritt nach Erreichen des Lernzieles anschließen.

In diesen Übzeiten werden Aufgaben bearbeitet, die oft einen Bestandteil der Heft- oder Portfolioarbeit bilden. Hier entwickelt sich an vielen Freien Waldorfschulen eine Schulkultur, dass sich in dieser Zeit Schüler gegenseitig helfen, sei es, indem sie sich nochmals etwas erklären oder Hilfestellung im Bearbeiten der Aufgaben geben. Wenn also viele Schüler angeben, durch Erklärungen von Mitschülern gut zu lernen oder dadurch zu lernen, dass sie den Stoff anderen erklären, dann kann das gerade auf eine in der genannten Richtung gepflegten Schulkultur zurückgehen. Diese Erklärungen finden dann in einer Phase statt, nachdem das behandelte Thema schon unterrichtlich aufgeschlossen wurde.

Um entscheiden zu können, ob aus der Differenz zwischen dem Umfang an Schülererklärungen im Unterricht und deren Bewertung durch die Schüler der Schluss gezogen werden sollte, mehr Schülererklärungen auch in der Präsentation neuen Stoffes einzusetzen (z. B. als Gruppenpuzzle), müssen weitere Forschungen ergeben, welche die Lerntechniken nach den Unterrichtsphasen differenziert erheben.

Mit dem Blick auf die Rahmenbedingungen, unter denen in den einzelnen Bundesländern Deutschlands Waldorfpädagogik an Freien Waldorfschulen realisiert wird, muss sehr genau abgewogen werden, welcher Umfang an Fachstunden in welchen Fächern des Epochenunterrichtes ab welcher Klassenstufe hinzutreten soll oder muss. Gerade die Fachstunden spielen oft eine zentrale Rolle, um Lerntechniken zu vertiefen und Übräume zu eröffnen. Fallen diese zu gering aus, wird die Erlebnisqualität des Epochenunterrichtes nicht durch ein hinreichendes Potenzial an Fähigkeiten und Fertigkeiten der Schüler ergänzt. Hier stehen auch immer wieder Entscheidungen an, wo Schüler in heterogenen Klassenzusammensetzungen durch innere und wo durch äußere Differenzierung am besten gefördert werden können. Geraten die Fachstunden zu sehr aus dem Blick, so verlagert sich unter

Umständen ein Lernfeld an das Ende der Schulzeit und tritt als belastendes Prüfungslernen auf. Auch liegt dann der Schritt zur Nachhilfe nahe.

Innerhalb einer Klasse gibt es meist, unabhängig von der Heterogenität in den Begabungen, einige Schüler, die viele, sehr verstreut liegende Fehltage haben. Trotz stützender Maßnahmen in Zusammenarbeit mit dem Elternhaus und oft mit dem Jugendamt sind diese Schüler immer wieder drei bis fünf Tage am Stück in der Schule, dann fehlen sie ein oder zwei Tage, so dass sich nur selten eine stabile, kontinuierliche Lernsituation ergibt. Für diese Schüler ist der Epochenunterricht eine schwierige Lernsituation, bauen sich doch schnell Lücken auf und orientiert sich doch der Epochenunterricht nicht engmaschig an einem Lehrbuch. Diese nicht optimale Passung zwischen individuellen Lernfenstern und der Rahmung des Epochenunterrichtes bezeichnet eine Grenze, an der für einzelne Schüler die Unterrichtsorganisation Freier Waldorfschulen keine tragfähige Lösung darstellt. Gleichzeitig macht es auch auf eine Aufgabe aufmerksam, vor der Freie Waldorfschulen stehen: Unterrichtsmaterialien zu entwickeln, durch die in bestimmten Epochen Lücken geschlossen werden können und Einzelnes vertieft werden kann.

7.2.4 Ausblick

Das fachliche Lernen wird in Freien Waldorfschulen durch den Epochenunterricht als ein Lebensvorgang angelegt, in dem die unmittelbare, erlebnisstarke Begegnung mit der Welt und das Auffinden von Zusammenhängen in reflexiver Distanz in einem Spannungsverhältnis stehen. Dadurch sollen Partizipationserlebnisse verstärkt und Interesse geweckt werden.

Für Oberstufenlehrer bedeutet das, nicht nur fachlich souverän zu sein, sondern auch spezifische didaktische Elementarisierungen und entsprechende Unterrichtskonzepte mit einem hohen Ethos professionell handhaben zu können. Sie stehen vor der Aufgabe, während sie Lernen als einen Lebensvorgang unterrichtlich ausgestalten, gleichzeitig Lerntechniken und Übungsräume zu pflegen.

Wollen Freie Waldorfschulen ihr spezifisches didaktisches Profil im Epochenunterricht als zentrales Qualitätsmerkmal pflegen, müssen sie eine entsprechende Lehrerbildung sicherstellen. Hier liegen große Aufgaben in der Qualitätsentwicklung. Gleichzeitig haben sie eine wunderbare Chance: Ihnen ist es möglich, weitere Erfahrungen zu gewinnen, wie reformpädagogische Anliegen in anspruchsvollen, auch kognitiven Lernprozessen mit Schülern jenseits der Pubertät realisiert werden können.

Wertorientierungen 8

8.1 Traumberufe der Schüler

Die Traumberufe der Schüler, die wir in den qualitativen Interviews thematisiert haben, umfassen zwar ein breites Spektrum – weisen aber durchaus Schwerpunkte auf: Sie finden sich hauptsächlich im handwerklich-künstlerischen bzw. kreativen Bereich (Schneiderin, Theaterpädagoge, Maskenbildnerin (2 ×), Modedesigner, Kosmetikerin, Regisseurin, Musiker (2×), Autorin, Architekt (2×), Koch, Schauspieler, Fotografin). Einige Schüler sehen ihre berufliche Zukunft in sozialen, pädagogischen Bereichen (Lehrer/in, Ärztin, Gesprächstherapeut) oder im Journalismus. Vereinzelt werden auch Berufe aus dem technischen bzw. mathematischen Bereich (Techniker, Mathematiker, Pilot) oder der Wirtschaft (Manager) genannt.

Auf die Frage, ob sie die Realisierung ihres Berufswunsches als sicher einschätzen, reagieren die Befragten fast ausnahmslos sehr selbstsicher und zukunftsoptimistisch:

> Musiker sein, bin ich schon. Ist meine Berufung, mein Beruf. (S♂12c)

Auffällig ist, dass sich kaum geschlechtstypische Berufsorientierungen finden, die für Schüler an Regelschulen in zahlreichen Untersuchungen nachgewiesen wurden (Friebertshäuser und Egloff 2010; Heinz 2010; Teubner 2008). Es sind unter den Waldorfschülern sogar die Jungen, die mehr Offenheit für Berufe aus dem künstlerisch-handwerklichen bzw. kreativen Bereich zeigen. Offensichtlich gelingt es der Waldorfpädagogik, künstlerisch-handwerkliche Fächer beiden Geschlechtern gleichermaßen motivierend nahe zu bringen.

Eltern äußern keine konkreten Berufswahlwünsche für ihre Kinder, betonen jedoch umso stärker die Hoffnungen, die sie für die berufliche Zukunft ihrer Kinder hegen (s. nächster Abschnitt).

S. Liebenwein et al., *Bildungserfahrungen an Waldorfschulen*,
DOI 10.1007/978-3-531-19090-7_8,

© VS Verlag für Sozialwissenschaften | Springer Fachmedien Wiesbaden 2012

8.2 Berufswahlmotive

In den Berufswahlmotiven zeigt sich deutlich die postmaterialistische Grundrichtung der Waldorffamilien. An erster Stelle steht die Möglichkeit zur persönlichen Selbstverwirklichung. Als Voraussetzung für ein gelingendes, glückliches Leben steht eine erfüllende berufliche Tätigkeit ganz weit oben – unabhängig von Status und Einkommensklassen. Insofern ist es wichtig, die eigenen Interessen und Bedürfnisse zu kennen und selbstbewusst dafür einzustehen:

> Meine Kinder sollen die Möglichkeit haben, das zu machen, was sie gern machen möchten. […] Erfüllung auf jeden Fall. (E♀9b)

> Die sollen das machen, was sie wollen. Die können Koch werden, Friseur, Architekt. Man kann nur glücklich bei dem werden, was man will. (E♂9c)

> Authentisch sein – dass sie ihren Platz in der Welt finden – das ist mir dann völlig egal ob als Arzt oder Straßenfeger. (E♂9g)

> Ich wünsche mir, dass er sich traut, das zu wählen, von dem er das Gefühl hat: ‚das möchte ich machen', dass er so viel Gefühl für sich selbst hat. (E♂9b)

> Ich möchte, dass sie glücklich werden. Ich möchte, dass sie nicht enden mit Magengeschwüren und Herzinfarkt, sondern ich möchte, dass sie zufrieden sind. […] Es muss jeder sein Ding finden. Ein erfülltes Leben zu leben, ist so viel mehr wert, als viel Geld einzusammeln. (E♂12b)

Bedeutend erscheint auch der Abwechslungsreichtum des angestrebten Berufs: „Nicht nur am Schreibtisch sitzen", „immer wieder Neues zu entdecken". Ein gutes soziales Klima wird ebenfalls von vielen als entscheidend für die Berufszufriedenheit eingeschätzt:

> Dass man Kollegen hat, mit denen man ein bisschen mehr macht, als nur in der Kaffeepause. (S♀9a)

Bedeutend erscheinen sowohl den Schülern als auch den Eltern monetäre Aspekte, die für die Befragten eine weitere notwendige Basis der Berufszufriedenheit zu bilden scheinen („der Beruf sollte nicht an den Rand der Existenz bringen", S♂12d). So überlegt z. B. eine Schülerin, die Lehrerin werden möchte, auf die Frage, ob sie dies an Waldorf- oder an Regelschulen vorhabe: „Das muss ich mir noch überlegen, denn das Waldorfgehalt ist ja auch nicht das Beste", (S♀9b). Eltern betonen an dieser Stelle ausnahmslos, dass der Beruf neben tätigkeitsimmanenten Aspekten unbedingt *auch* einen angemessenen Lebensstandard ermöglichen soll:

> Ich wünsche mir, dass sie das machen kann, was ihr Freude bereitet. Dass sie da für sich ein Feld findet, in dem sie immer weiter lernen kann und möchte. Und dass sie damit, das gehört schon dazu, in der Lage ist, sich selber zu finanzieren. (E♀9f)

> Früher war ich sehr idealistisch und hätte gesagt: ‚Ja, etwas Gutes in die Welt zu bringen und Befriedigung für einen selber, und Selbstverwirklichung.' Das seh' ich auch immer noch so, aber in der Zwischenzeit denk' ich, man muss auch davon leben können. Und auch gerade die Frauen müssen davon leben können. (E♀9g)

Bei den Schülern setzt sich an dieser Stelle der schon genannte Befund der erstaunlich geringen Geschlechterunterschiede fort: in der Waldorfstichprobe bekennen sich beide Geschlechter zu materiellen Wünschen:

> Ich muss sagen, ich bin jemand … obwohl die Waldorfschule immer so gegen weltlichen Reichtum ist – sie wollen einen ins Geistige schicken … es ist heute in der kapitalistischen Welt wichtig, Geld zu verdienen. Auch zu lernen, damit umzugehen, wenn man Geld hat und es einsetzen kann, damit man auch glücklicher wird. Wenn ich eine Frau habe, dass ich ihr auch was bieten kann. […] Co-Manager in einem Konzern, zum Top-Manager fühle ich mich noch nicht bereit. (S♂12e)

> Klar geht es um Geld und Spaß. (S♂9e)

> Es gibt auch spannende Berufe, wo man gar nichts verdient. Aber irgendwie reizt mich das auch, irgendwann später mal gut Geld zu haben, mal los zu gehen und einzukaufen, ist natürlich auch ein Aspekt. (S♀9e)

Verhältnismäßig rar sind übergeordnete Aspekte wie „etwas Sinnvolles, z. B. über den Klimawandel zu forschen" (S♂9c):

> Sozial in Kontakt mit Leuten treten, möchte helfen. (S♀12h)

> Hat viele Aspekte [Berufswunsch Arzt]. So einmal das mit Menschen überhaupt so. Anderseits Verantwortung zu übernehmen, mag ich auch gerne. Ja, halt Menschen helfen, das klingt so klischeehaft, aber find' ich schon gut. (S♀9e)

> Dass es Sinn hat, dass es gebraucht wird. Ich habe mal gehört, dass jemand bezahlt wird, dass er Sand von einer Wüste in die andere fährt. Das ist bisschen komisch. Ich möchte schon etwas machen, was andere brauchen. (S♂9h)

8.3 Grundorientierungen und Lebensphilosophie

In der Fragebogenerhebung wurden unter anderem Skalen zur Wertorientierung aus den Shell-Jugendstudien von 2002 und 2006 übernommen. Hinsichtlich der von den Jugendlichen an Waldorfschulen aktuell vertretenen Lebensziele ergeben

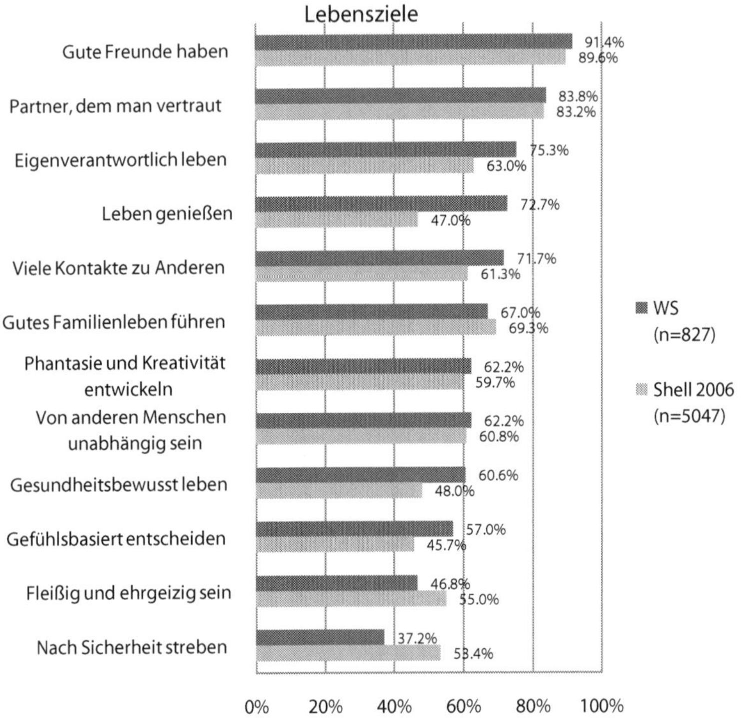

Abb. 8.1 Lebensziele (Vergleich mit der Shell-Jugendstudie 2006). „Wenn du einmal daran denkst, was du im Leben eigentlich anstrebst – wie wichtig sind dann die folgenden Dinge für dich persönlich?" („außerordentlich/sehr wichtig" – Werte 6 & 7 auf einer Skala von 1–7)

sich im Vergleich mit den Ergebnissen der für die deutsche Jugend insgesamt repräsentativen Shell-Jugendstudie erhebliche Unterschiede, jedoch auch punktuelle Gemeinsamkeiten (vgl. Abb. 8.1).

Auffallend ist, dass hinsichtlich der beiden im Ranking wichtigsten Lebensziele, nämlich „gute Freunde" und „einen Partner, dem man vertraut" keine nennenswerten Unterschiede zwischen Waldorf-, Montessori-Schülern und den im Rahmen der Shell-Studie befragten Jugendlichen bestehen. Ähnlichkeiten bestehen zwischen Waldorfschülern und den Befragten der Shell-Studie auch hinsichtlich des Wunsches nach Unabhängigkeit, nach einem guten Familienleben und der Bedeutung von „Phantasie und Kreativität". Auch liegt die Zustimmung der von Shell befragten Jugendlichen zu den sogenannten materialistischen Werten etwa gleich hoch wie bei Waldorfschülern. Dies zeigt sich z. B. im Streben nach einem „hohen Lebensstandard“ (WS 35,9 % vs. Shell 34,4 %) sowie nach „Macht und Einfluss“ (WS 12,2 % vs. Shell 14,7 %).

Zentrale Unterschiede bestehen hinsichtlich hedonistischer Werte: Dem Ziel, „das Leben [zu] genießen“ stimmen Waldorfschüler z. B. wesentlich stärker zu während sie weniger Anstrengungsbereitschaft anstreben – „fleißig und ehrgeizig sein“ ist für Waldorfschüler weniger wichtig (WS 46,8 % vs. Shell 55 %). Gleiches gilt für Werte, die die Selbstsorge und Selbstwahrnehmung berühren – Waldorfschülern scheint es sehr viel wichtiger als anderen Jugendlichen, gesundheitsbewusst und eigenverantwortlich zu leben sowie sich bei seinen Entscheidungen auch von seinen Gefühlen leiten zu lassen. Auch Ziele, die das sozialökologische Miteinander sowie die Partizipation betreffen, stoßen bei Waldorfschülern auf mehr Zustimmung: So strebt ein größerer Anteil danach, „sozial Benachteiligten und gesellschaftlichen Randgruppen [zu] helfen“ (WS 34,7 % vs. Shell 26,6 %) oder „sich politisch [zu] engagieren“ (WS 23,9 % vs. Shell 7,1 %). Ein entsprechend geringerer Anteil der Waldorfschüler erachtet es folglich als außerordentlich wichtig, „sich und seine Bedürfnisse gegen andere durch[zu]setzen“ (WS 22 % vs. Shell 29 %).

Umgekehrt stimmen Waldorfschüler konservativen Zielen weitaus seltener zu als Regelschüler dies tun: So sehen Waldorfschüler deutlich seltener folgende Items als außerordentlich wichtig an: „nach Sicherheit streben“ (WS 37,2 % vs. Shell 53,4 %), „Gesetz und Ordnung respektieren“ (WS 32,4 % vs. Shell 59,2 %) zu oder „das tun, was die anderen auch tun“ (WS 2,8 % vs. Shell 5,2 %).

Erwartungsgemäß ergeben sich bezüglich der Wertemuster erhebliche geschlechtsspezifische Differenzen: Mädchen neigen beziehungsorientierten, sozialökologischen und ganzheitlichen Werten stärker zu, während Jungen materialistische und selbstbezogene Werte und das politische Engagement stärker als Mädchen präferieren (vgl. Abb. 8.2).

Dieser Befund, dass Mädchen und Frauen stärker beziehungsorientiert und sozialökologisch denken und selbstachtsamer sind, während Jungen und Männer materialistischen Zielen stärker zuneigen, spiegelt sich in zahlreichen Untersuchungen und gilt als nicht differenziert empirisch aufklärbar (vgl. zusammenfassend z. B. Rendtorff 2006). Man nimmt heute ein Zusammenspiel zwischen Genetik und Sozialisation an. Dennoch gilt wie bei vielen geschlechtsspezifisch nachweisbaren Unterschieden, dass diese Unterschiede zwischen den Geschlechtern seit Jahrzehnten kontinuierlich abnehmen.

Die Differenzen zwischen den Klassenstufen 9.–10. und 11.–13. sind deutlich geringer als die geschlechtsspezifischen Unterschiede. Sie betreffen naheliegende Umstände, wie z. B., dass ältere Jugendliche ein stärkeres Unabhängigkeitsbestreben zeigen und deshalb Werten wie „von anderen Menschen unabhängig sein“

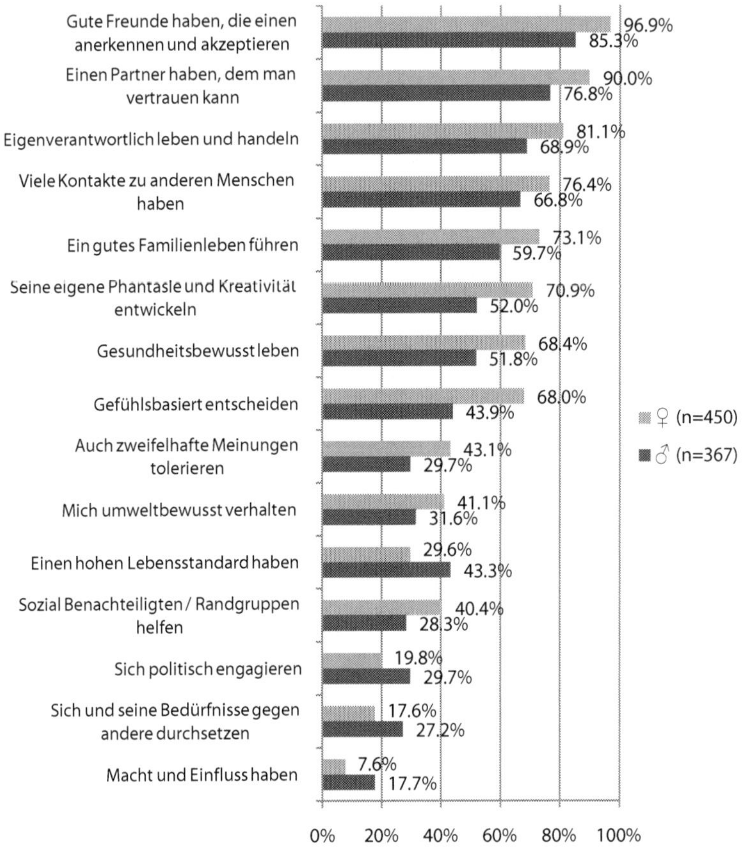

Abb. 8.2 „Wenn du einmal daran denkst, was du im Leben eigentlich anstrebst – wie wichtig sind dann die folgenden Dinge für dich persönlich?" („außerordentlich/sehr wichtig" – Werte 6 & 7 auf einer Skala von 1–7)

(9.–10. 59,2 % vs. 11.–13. 65,7 %) stärker zustimmen. Mit dem Alter scheinen materialistische bzw. auf den eigenen Vorteil gemünzte Ziele abzunehmen, z. B. „einen hohen Lebensstandard haben" (9.–10. 37,7 % vs. 11.–13. 33,8 %) oder „mich und meine Bedürfnisse gegen andere durchsetzen" (9.–10. 25 % vs. 11.–13. 18,5 %). Das Gleiche gilt für den Glauben an Gott – hier halbiert sich der ohnehin geringe Zustimmungswert mit zunehmendem Alter (9.–10. 15,8 % vs. 11.–13. 7,7 %).
Eine weitere aus der Shell-Studie übernommene Skala bezieht sich auf das soziale und ehrenamtliche Engagement Jugendlicher. Hier zeigt sich, dass Waldorfschüler

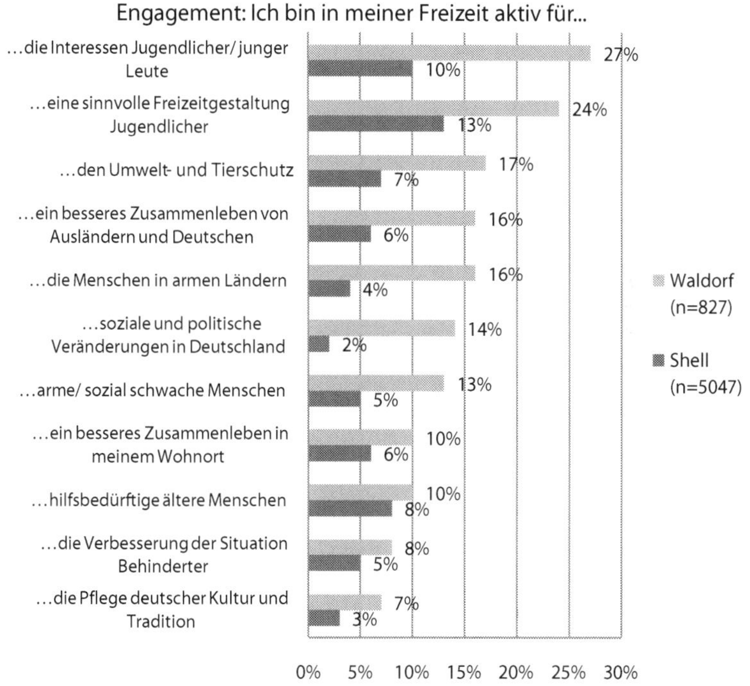

Abb. 8.3 Bist du in deiner Freizeit für soziale oder politische Ziele oder für andere Menschen aktiv? („oft")

in allen (!) befragten Bereichen erheblich engagierter sind als das für die in der Shell-Studie Befragten zutrifft (vgl. Abb. 8.3).

Diese überraschend starken Differenzen decken sich mit den Befunden der Waldorfabsolventenstudie (Barz und Randoll 2007). Es ist davon auszugehen, dass innerschulische AGs wie z. B. Schülermitverwaltung, Schülerzeitung usw. als Formen des Engagements für die Belange junger Menschen gewertet werden, was die hohen Zahlen hier erklären kann. Auch wissen wir aus den Interviews, dass an Waldorfschulen häufig Patenschaften zu Schulen aus Entwicklungsländern bestehen, denen z. B. der Erlös von Bazaren und anderen Veranstaltungen zukommt. Möglich wäre, dass ein Teil der Schüler dies unter der Kategorie des Engagements für Menschen in armen Ländern verbucht.

Wie auch für andere Bereiche ist hier stark anzunehmen, dass sozioökonomische Effekte sowie familiäre und schulische Einflüsse zusammentreffen. In den qualitativen Interviews finden sich nähere Anhaltspunkte zu den Gründen für das relativ hohe Engagement sowie die von der Schule vermittelte bzw. angeregte Wertorientierung.

8.4 Schulische Werteerziehung

Die interviewten Schüler sind sich einig, dass an der Waldorfschule keinerlei anthroposophische Werteerziehung im Sinne einer Indoktrination betrieben werde:

> Völliger Quatsch, dass irgendwelche Sachen eingeflößt werden! (S♀12b)

Im Gegenteil: die Schule würde, wenn überhaupt, die Wertorientierung hin zu mehr Offenheit, freiem Denken und Kritikfähigkeit beeinflussen:

> Ich bin lauter geworden, habe gelernt, meinen Mund aufzumachen. (S♀12f)

> Die Schule hat mich darin weitergebildet, mich zu öffnen für andere Menschen, mich weitergebracht, offen für andere zu sein. (S♂12a)

> Es wird ja das freie Denken gefördert. (S♀12e)

Die Beobachtung, dass weder im Unterricht noch im außerunterrichtlichen Umgang mit den Schülern eine Erziehung zur Anthroposophie betrieben würde, wird auch von den Eltern geteilt. Anthroposophische Inhalte würden jedoch umso stärker in der Elternarbeit vermittelt. Insbesondere die Eltern, die sich als wenig anthroposophienah beschreiben, fühlen sich Beeinflussungsversuchen ausgesetzt:

> Ich weiß nicht, wie hoch der Anteil derjenigen ist, die in der anthroposophischen Gesellschaft sind, erst recht nicht, wie viele Klassenmitglieder sind, also Repräsentanten der anthroposophischen Gesellschaft. Es wird vermittelt, dass man unabhängig ist, aber das wird nicht durchgehalten. […] Wo unterschwellig die anthroposophische Weltanschauung vermittelt wird. (E♂12h)

> Es gibt viele Veranstaltungen zu dem Thema, aber es wird keiner dazu gedrängt oder genötigt, sich mit dem Thema auseinanderzusetzen – was auch gut ist. (E♀12d)

> Wir sind ja völlig unvorbelastet da hingekommen und hatten gar keine Vorbehalte. Und ich denke schon, dass viele anthroposophisch orientiert sind. Das wird auch in den Elternabenden deutlich. Das lebt natürlich da insgesamt mit. (E♂12g)

Die Eltern nehmen trotz des Fehlens der expliziten Vermittlung im Unterricht z. T. an, dass die Anthroposophie durchaus implizit, im Sinne eines hidden curriculums, an die Schüler vermittelt wird:

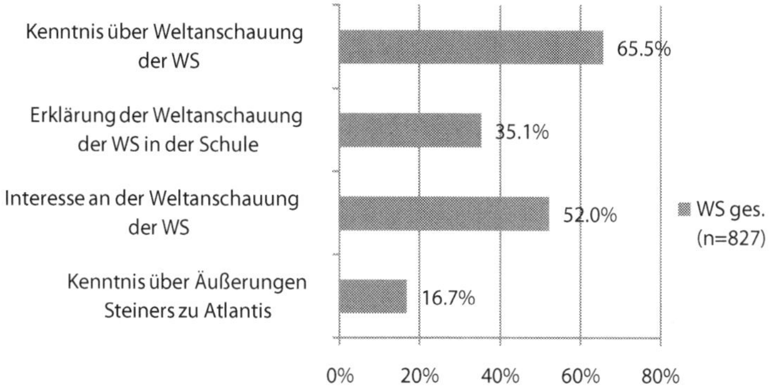

Abb. 8.4 Kenntnisse über die der Waldorfschule zugrunde liegende Weltanschauung (in %) (trifft ganz genau zu/trifft eher zu)

> Die Schule ist schon geprägt, vom Steinerschen Denken, also sprich von der Dreigliedrigkeit der Gesellschaft, von der theosophischen Ausrichtung. Und wenn jemand in der Waldorfschule unterrichtet und das entsprechende Seminar besucht, sich mit den Schriften und Gedanken Steiners auseinandersetzt, dann gehe ich davon aus, dass die in ihm sind, nicht unbedingt alle gelebt werden, dass manche bestimmt abgelehnt werden, aber dass sie schon auch hineingetragen werden, durch das da sein einfach. (E♀9f)

> Es ist mit Sicherheit eine Religion, klar. Es gibt die Christengemeinschaft. [...] Es ist auch eine Weltanschauung, weil sie noch mal ganz anders auf Dinge gucken. Das merkt man z. B., wenn es so Themen gibt wie zur Wirtschaftskrise. Wenn ich auf einen Vortrag der Anthroposophen gehen würde, dann würde ich hören, was es für eine Auswirkung auf den einzelnen Menschen oder auf das Miteinander hat. (E♀9b)

In diesem Zusammenhang wurden den Schülern auch Fragen zur Weltanschauung, auf der die Waldorfpädagogik basiert, zur Beantwortung vorgelegt (vgl. Abb. 8.4).

Mehr als zwei Drittel haben nach eigenen Angaben Kenntnisse über die hinter der Waldorfpädagogik stehende Weltanschauung, und zwar vergleichsweise mehr weibliche als männliche sowie mehr Oberstufen- als Mittelstufenschüler. Jeder zweite Schüler würde gerne mehr über die Weltanschauung der Waldorfschule in Erfahrung bringen wollen, und zwar wiederum mehr Schülerinnen (54,9 %) als Schüler (40,3 %). Allerdings steht die Vermittlung von Weltanschauungsfragen nicht notwendigerweise im Fokus des Unterrichts an Waldorfschulen. Letztlich gibt die überwiegende Mehrzahl (81,6 %) an, Äußerungen Rudolf Steiners zu Atlantis nicht zu kennen.

8.5 Friedenserziehung

Abgesehen von den weltanschaulichen Inhalten sind die Eltern der Ansicht, dass durchaus Wertevermittlung an den Schulen betrieben werde. Bezogen auf das von Waldorfschulen selbstgesetzte Ziel der Friedenserziehung argumentieren die Befragten zum einen auf der individuellen bzw. Klassenebene in die Richtung der Förderung des sozialen Miteinanders und Gemeinschaftssinns, von Offenheit und Toleranz. Zum zweiten werden konkrete Aktionen z. B. Hilfe für Schulen in Entwicklungsländern als Teil einer umfassenden sozialen Bewusstheit als Ziel der Pädagogik beschrieben.

Ein Teil der Befragten ist der Ansicht, die Schule betreibe Friedenserziehung im Sinne der Förderung des sozialen, harmonischen Miteinanders:

> Ich finde es gut, dass sie [die Schule] nicht die anthroposophische Lebensweise vermittelt. […] Ich finde, soziales Leben miteinander, das wird hochgestellt und das finde ich auch als moralischen Wert wichtig. (E♂9b)

> Dass man sich um die kümmert, die Hilfe brauchen, da sind die Waldorflehrer auch Vorbild, z. B. durch erhöhtes Engagement. […] Wenn es in der Klasse Probleme gibt, dass sie sich wirklich drum kümmern, dass sich wirklich die Zeit genommen wird, dass die Lehrer zur Verfügung stehen, die Konflikte wirklich anzugehen. […] Es gibt z. B. in der Klasse ein behindertes Kind und das wurde vorbereitet und extrem gut aufgegriffen und ist jetzt gut integriert. Da gab es Probleme am Anfang, ja. Es ist ein körperbehindertes Kind und er konnte viele Sachen nicht machen und das hat die Lehrerin gleich in der Klasse aufgegriffen. So wünsche ich mir das. (E♂9b)

> Es wird sehr stark Wert auf die Entwicklung des Individuums gelegt. Und das heißt ja auch, dass die Bedürfnisse des Einzelnen schon sehr, sehr ernst genommen werden. Krieg entsteht ja, wenn die Bedürfnisse von dem einen oder anderen […] scheinbar nicht richtig beachtet werden, oder missachtet werden. Insofern ist es eine Friedensausrichtung. […] Das ist an sich völlig drin, durch das Menschenbild, durch das Weltbild, wonach die Erde auch ein seelisches Wesen, mehr oder weniger ist, oder eine Seele hat. (E♀9e)

> Das merke ich auch schon in der 2. Klasse, die Achtsamkeit auf die Umwelt, auf die anderen Menschen, das vermittelt die Schule und nicht diesen Einzelkampf. In der Gemeinschaft denken. […] Bis zur 8. besprechen das meistens die Klassenlehrer, z. B. dass wir, weil wir hier geboren sind, sehr viel Glück haben. (E♂12g)

> Wenn man die Schüler an dieser Schule anschaut, wie sie miteinander umgehen, find' ich, wirkt sich das schon aus. […] vor kurzem… gab es eine Schlägerei. […] Aber so insgesamt, ist es ein relativ schönes Miteinander, gerade von den Größeren zu den Kleineren. Ich weiß nur, dass ich es selber an meiner Schule nicht so erlebt

habe. Dass wir immer eher Schiss hatten vor den Großen, und das ist da überhaupt nicht. (E♂9d)

Auf einer normalen Schule kann ich wetten, dass es fünfzig Mal so viele Schlägereien gibt wie bei uns. […] Ich habe einen Kumpel, der ist auf einer Realhauptschule hier in Berlin, und da gibt es jeden 3. Tag eine Massenprügelei, dass sich fünfzig zusammenschlagen, das gab es bei uns noch nie. Da wird so eine Harmonie beigebracht. (S♂9a)

Ein kleinerer Teil der Befragten ist der Ansicht, hinsichtlich des sozialen Miteinanders würden sich die Waldorfschulen kaum von Regelschulen unterscheiden:

Also da denke ich, da sind wir klassisch, auch mit Aggression, das muss man schon sehen, und Sozialverhalten. Da unterscheiden die Kinder sich nicht von anderen Schülern. Weder positiv noch negativ. Es ist genauso schlimm, Alkohol, Prügeleien, oder Auseinandersetzungen, oder Zigaretten und Drogen, sind genau das gleiche Thema wie an anderen Schulen auch. […] Das ist nicht die heile Welt. Wir haben ganz normale Kinder, wir haben normale Elternhäuser, genauso mit den normalen Medien. (E♀9c)

Einige Befragte beziehen die Friedenserziehung auf die Ebene des gezielten Engagements für Menschen in Entwicklungsländern, das ebenfalls an vielen Schulen gefördert und ermöglicht wird:

Wir haben auch eine Patenschule in Namibia. Und eine in der 12. macht eine Jahresarbeit, die gründet eine Schule in Äthiopien. (S♀10a)

Ich denke schon, dass die Schule da einen sehr großen Einfluss genommen hat. Ich bin zum Beispiel Pazifistin und auch total grün – da hat die Schule schon einen Einfluss auf meine Einstellungen genommen. (S♀12a)

Ein Teil der Eltern ist auch hier der Ansicht, dass die Schule noch zu wenig über gesellschaftliche Zusammenhänge aufkläre (s. auch „Politik"):

Zum Thema Friedenserziehung […] vom Unterricht sehr wenig. Da könnte ich mir vorstellen, dass zum Thema gesellschaftliche Entwicklung langsam ein bisschen mehr kommen dürfte. Das war jetzt immer noch sehr außen vor. Da könnte ich mir vorstellen, dass jetzt auch der richtige Zeitpunkt wäre, etwas mehr zu machen. (E♀9f)

8.6 Schulische Umwelterziehung

Auf die Frage nach schulischer Umwelterziehung reagieren die meisten Befragten im ersten Moment überrascht. Diese sei ihnen noch nicht begegnet. „Umwelterziehung finde ich vollkommen unzureichend" (E♂12h) ist eine typische erste Reaktion. Nach einigem Nachdenken sind die Befragten dann größtenteils der Ansicht, dass doch Umwelterziehung betrieben würde – diese bliebe allerdings in der Regel auf die konkret-anschauliche Ebene, z. B. des Gartenbaus oder Landwirtschaftspraktikums begrenzt:

> Das kommt im Unterricht irgendwie nicht so raus. Nur im Gartenbau, wo man dann irgendwie ganz auf Biosachen. [...] Aber eigentlich kommt das gar nicht so raus. [...] Ja, in Projekten und wie man auf die Natur guckt. Wenn man Pflanzen- und Tierkunde macht, dass man sieht, da sind Zusammenhänge. Dass man nicht einfach nur eine Pflanze abrupft, sondern sieht, wie wächst die, wie wurzelt die. [...] Das ist als Haltung einfach da, dass es erhaltenswert und schützenswert ist. (E♂9g)

> Also ein Waldpraktikum ist für mich wesentlich wichtiger, als, das heißt dort wo Leben entsteht, als umgekehrt, was weiß ich, in einer Chemiefabrik zu sehen, was weiß ich, wie da irgendein Ausstoß von irgendeinem Gas reduziert werden kann. Denn letztendlich beginnt jeder Tag wieder komplett neu, und wenn nun der Aspekt der Schöpfung im Vordergrund steht, dann habe ich auch, fühle ich mich auch viel mehr berufen, schöpferisch in meinem Leben zu sein. (E♂9a)

Nur vereinzelt wird die Meinung vertreten, die Umwelterziehung fände Eingang in den Unterrichtsalltag aller Fächer – die meisten Eltern kritisieren, dass hier noch zu wenig bewusstes Handeln gefordert und vorgelebt sei:

> Ich hab' eher das Gefühl, dass die Kinder lange vor den Problemen der Welt bewahrt werden sollen. Für mein Empfinden zu lange, da sie ja alle eh zu Hause vor der Tagesschau sitzen. Find' ich, kann man das auch in der Schule thematisieren, und ihrem Alter entsprechend aufbereiten. Und das find' ich, kommt zu spät und manchmal nicht informiert genug. [...] Ich erinner' mich an eine Klassenfahrt, die mein Mann begleitet hat, wo die Kinder mit Fahrrad und Zelt so rumgezogen sind an der Ostsee und eigentlich Entsetzen darüber herrschte, bei den Eltern und bei dem Lehrer, über das Umweltbewusstsein der Kinder. Also die haben ihren gesamten Müll einfach überall hingeschmissen und waren nur mit Mühe dahin zu bewegen, ihren Müll da wegzuräumen. Also das kann man jetzt nicht sagen, dass das schon groß abgefärbt hätte von der Schule. (E♀9g)

> Die Umweltpflege wird ja praktiziert, im Thema Ackerbau und Viehzucht in der Schule oder im Gartenbau. Da sehe ich, dass sie da freudig dabei ist. [...] Also, zum Thema Umweltschutz, könnte ich mir vorstellen, dass man noch viel mehr macht. Ich denke, die sind jetzt 14, die können schon auch eine ganze Menge selber leisten. Und dafür ist die Information schwach, da wäre mal so ein Projekt ganz gut. (E♀9f)

> Das Interesse bleibt oberflächlich, es findet keinen Eingang ins Leben. (E♀9d)

Dass nicht nur Lehrkräfte, sondern auch Eltern gefragt wären, Umweltbewusstsein vorzuleben, legt folgendes Zitat nahe:

> Umwelt ist natürlich immer mit Waldorfschule schwierig, weil ja der Fahraufwand teilweise erhöht ist. Da denke ich immer, ob das alles so nötig ist, dass die Kinder zum Beispiel zur Schule gebracht werden. Und da würde ich mir zum Beispiel wünschen, dass man das mal mehr thematisiert. Dass man sagt, ‚hallo Leute, wenn ihr eure Kinder jeden Tag zur Schule gurkt, dann hat das ja mit Ökologie recht wenig zu tun'. An anderer Stelle, dieses Landwirtschaftspraktikum, da müssen sie immer zu einem Biobetrieb gehen, am liebsten Demeter, das ist ja dann wieder ökologisch. Ich denke, viele Lehrer haben das, vermitteln das auch, aber ich glaube, dass man das noch mal ein bisschen mehr intensivieren könnte. (E♂12b)

Es ist nicht leicht zu entscheiden, ob die Eltern, die in Sachen Vermittlung von Umweltbewusstsein noch viele Wünsche unerfüllt sehen, hier besonders zivilisationskritische und ökofundamentalistische Maßstäbe anlegen – und insofern diese Kritik sogar als Hinweis auf einen pluralistischen Pragmatismus der Waldorfpädagogik vielleicht sogar positiv zu bewerten ist. Oder ob die informations- und handlungsbasierte Vermittlung von Umweltbewusstsein wirklich nur sozusagen im Ausnahmefall an Waldorfschulen praktiziert wird. Jedenfalls finden sich auch Berichte über eine gelingende Sensibilisierung der Schüler für ökologische Aspekte:

> Wenn mein Sohn nach dem Sozialkundeunterricht heimkommt und den Vorratsschrank durchschaut, was wir an Nestlé-Produkten haben und mir dann sagt, wir sollten Nestlé boykottieren und warum, was will ich mehr? (E♂12c)

> Durch die ganzen Projekte, die da stattfinden, also zum Beispiel in Prien haben wir jetzt dieses Solardach, und auch von dem Heizungssystem, was die Schüler da mitbekommen. Auch von dem her, dass darauf geachtet wird, dass nicht so ein Dreck hinterlassen wird. Dass ein Bewusstsein dafür geschaffen wird, dass man seinen Dreck auch wieder wegräumt, und so. Das halt' ich für sehr, sehr sinnvoll, ja. (E♂9d)

> In Bezug auf die Friedens- und Umwelterziehung scheint in der Schule sehr viel abzulaufen… zumindest kommen die Kinder immer wieder mit vielen Themen an. (E♂9e)

> Ja, auf jeden Fall, Umwelterziehung vor allem durch Beispiele, z. B. bei einer Feier, dass man da ein Geschirrmobil statt Plastikbecher hat. (E♀9b)

8.7 Politisches Interesse: „keine Ahnung, kein Interesse, keinerlei Vorstellung"

Waldorfschulen werden von einem Großteil der Befragten als „apolitisch" (E♀9f) beschrieben. Dass wenig Wert auf die Vermittlung bzw. Anregung politischen Verständnisses und Interesses gelegt wird, bestätigen auf den ersten Blick die Ergebnisse der Fragebogenerhebung, in der 53,7 % der Schüler angaben, Politik oder

Sozialkunde im letzten Schuljahr nicht gehabt zu haben – bei Wirtschaft und Recht waren dies sogar 72,6 %.

Folglich ist ein erheblicher Teil der Schüler der Ansicht, „nicht durchzublicken" (S♀10a), gleichzeitig wird auch wenig persönliches Interesse bekundet:

> Ich habe keine Ahnung, kein Interesse, keinerlei Vorstellung von Politik. (S♂12a)

> Ich bin schon politikverdrossen. Politik, wie sie im Moment betrieben wird, hat für mich keinen Sinn. Letztlich ist das Programm der verschiedenen Parteien so ähnlich, ich finde da kaum Unterschiede. Mich persönlich interessiert es einfach nicht. (S♂13)

> Überhaupt nicht. Für mich ist Politik: das sind 50 Leute, die haben keine Lösung, die wollen nur ihr Geld haben, die fahren die dicksten Autos. (S♂9a)

Hinsichtlich der mangelnden Vermittlung politischen Verständnisses und Interesses sind auch die Eltern sich größtenteils einig. Deshalb bezieht die Diskussion sich auch eher auf die Erklärungen für das mangelnde Aufgreifen dieser Thematik:

> Also ich kann mir ganz pragmatisch vorstellen, dass viele Lehrer einfach so mit ihrem Alltag selbst beschäftigt sind, und mit ihren Fächern, die nichts mit Politik zu tun haben, dass sie einfach selber nicht sich jeden Tag dafür interessieren. Und zum anderen glaub' ich, in der Mittelstufe, wo ich glaube, man anfangen müsste, sich dafür zu interessieren, zu sprechen, damit die Kinder über bestimmte Sachen Bescheid wüssten, dass da eher so eine Auffassung herrscht, dass man sie noch davor bewahren müsste. Also, dass zum Beispiel jemand, der zehn Jahre alt ist noch nicht unbedingt über den Holocaust Bescheid wissen muss. (E♀9g)

> Implizit ist es ja die Zurückhaltung, die vermittelt wird. Und damit vermittelt sie [die Schule] ja was. Nämlich, da gehe ich jetzt gar nicht erst hin. (E♀9f)

> Es [Politik] wird gar nicht aufgegriffen. Unsere jetzigen 12. haben das durchgesetzt, in richtig exzessivem Verfahren, die haben letztes Jahr dafür gekämpft, dass sie WiPo [Wirtschaft und Politik]-Unterricht kriegen. Sie waren ganz plan- und orientierungslos. (E♂12d)

Dass die beschriebenen Haltungen wohl auch von einem Teil der Elternhäuser geteilt werden, legt folgendes Zitat nahe:

> Es gibt keine Zeitung und keinen Fernseher in unserem Haushalt […]. Eher schon über das Internet, Politisches mitbekommen, oder über das Radio. Und die Kinder hauptsächlich durch das U-Bahn-Fernsehen. Politik ist für uns so etwas, wo wir in der Allgemeinheit darüber sprechen, aber keineswegs über Tagespolitik oder sonst einen Blödsinn. Das ist für uns ziemlich unwichtig. […] Politik eher als, als ein Element, um gesamtgesellschaftliche Ereignisse zu begreifen. Aber Politik keineswegs als etwas, wie eine Lokomotive, oder so was ganz hyperselektiv Wichtiges. (E♂9a)

An einem Teil der Schulen findet laut Quantifizierung entsprechender Unterricht statt: Immerhin beantworten auch 35,4 % der Befragten die Frage zum Politik- und Sozialkundeunterricht und 16,4 % zum Wirtschafts- und Rechtsunterricht positiv, d. h. so, dass sie entsprechenden Fachunterricht im vergangenen Schuljahr gehabt haben. An diesen Schulen bzw. in diesen Klassen hat also durchaus ein Politikunterricht stattgefunden, der Grundlagen legt und Aktualitätsbezug hat, z. B. durch das Besprechen tagesaktueller Nachrichten (zum Interviewzeitpunkt z. B. Börsencrash in den USA, Opel, Arbeitslosigkeit) oder das Fördern des Zeitungslesens durch Abonnements der Schule. Ein kleinerer Teil der Eltern beschreibt seine Kinder als interessiert und kritisch.

Man muss hier sicher berücksichtigen, dass politische und gesellschaftlich relevante Themen vielfach auch außerhalb explizit dafür ausgewiesener Fachstunden besprochen werden bzw. eine implizite Rolle spielen können. Auch dürfte es ziemlich unwahrscheinlich sein, dass entsprechende Themen in staatlichen Regelschulen stärker und unter Einbeziehung aktueller Entwicklungen konstruktiver im Unterricht präsent sein werden.

8.8 Fokus Rassismus und Antisemitismus

Völlig einig sind sich die Befragten darüber, dass die Waldorfschulen weder rassistisch noch antisemitisch ausgerichtet sind. Auf diesen Vorwurf, der bisweilen in den Medien auftaucht, aufmerksam gemacht, reagieren sie entsprechend unwillig:

> Waldorfschulen wurden im Dritten Reich geschlossen, weil sie auch Schüler von fremden ethnischen Gruppen akzeptiert haben. Ich kann nur sagen, dass es absurd ist und ich weiß nicht, warum dieser Vorwurf immer wieder aufgerollt wird. Ich kann das in keiner Weise bestätigen. Weder von den Unterrichtsinhalten her noch sonst irgendwie. (E♀9a)

Einschränkend geben die Befragten zu bedenken, dass entsprechende Haltungen sich ohnehin nicht manifestieren könnten, da an Waldorfschulen kaum ausländische Kinder zu finden seien:

> Ich weiß auch warum, weil an unserer Schule gibt es kaum Ausländer, aber das liegt daran, dass man Schulgeld zahlen muss und die meisten Leute mit Migrationshintergrund können sich das einfach nicht leisten. [...] Aber vor unserem Haus steht ein Denkmal von einem anti-faschistischen Widerstandskämpfer und das gehört auch generell zum Programm von der Waldorfschule gegen Rassismus zu sein. (S♂9b)

> Nein, denke ich eigentlich nicht. Wir haben überhaupt keine Ausländer, nichts. Wir werden mit den Problemen überhaupt nicht konfrontiert. [...] Das kann gar nicht sein, weil wir keine Ausländer haben. (S♀12d)

Der Ausländeranteil ist extrem niedrig. Und wenn, dann sind es, mehr oder weniger, Nationen, die es eh hier nicht schwer haben. Italiener zum Beispiel. (E♀9g)

Bei der letzten Monatsfeier [...] was da optisch auffällt, dass dann auf einer Bühne in der zweiten, dritten Klasse tatsächlich nur blonde Kinder stehen. Das wirkt dann schon so fast, für die hiesigen Verhältnisse weltfremd. [...] Und das sozusagen in der Waldorfschule unter Umständen aufgrund ihrer sogenannten Selektierung ihrer Schülerschaft, den Vorwurf zu machen, dass die sich dadurch in gewisser Weise rassistisch erklären, oder eventuell aus dieser prädominanten deutschen Schülerschaft etwas ableiten könnten, als dass die dann empfänglicher sind für nationale, oder wie auch immer, oder für irgendwelches Gedankengut, ist a) abwegig, und b) haben wir das in der Praxis nie erlebt. (E♂9a)

Nein. Ich weiß, dass es diese Vorwürfe gibt, aber was ich auch sagen muss, ist, dass es eigentlich keine ausländischen Kinder an der Schule gibt und wenn welche da sind, dann, wo die Eltern Akademiker sind. Das ist nicht so, dass sie aktiv abgewiesen werden, aber ich glaube, dass sie so einem Elternabend oder einer Informationsveranstaltung nicht folgen können. Aber das geht auch deutschen Mitbürgern aus der unteren Schicht so und das kann ich auch verstehen. Da hab' ich auch teilweise meine Schwierigkeiten mitzukommen. (E♀9b)

In einem einzigen Fall wird von der Verwendung einer Terminologie im Unterricht berichtet, die durch den Nationalsozialismus unbrauchbar geworden ist:

Also ich weiß nicht, ob's einen Lehrplan gibt, aber so Richtlinien. In der Geschichtsepoche [wird] tatsächlich mit der alten anthroposophischen Terminologie hantiert. Und mindestens eins meiner Kinder hat das auch gehabt, da steht irgendwo das Wort ‚Arier' im Heft. Und das find ich eigentlich unsäglich. Auch wenn das nichts mit Antisemitismus zu tun hat, ist das eine Terminologie die einfach verbraucht ist. Und dann muss man andere Worte dafür finden, auch wenn Rudolf Steiner diese Worte benutzt hat. (E♀9g)

Gesundheit

9

9.1 Gesundheitsbewusstsein

Auf die offene Frage nach ihrem Gesundheitsbegriff („was ist für dich Gesundheit?“) klassifiziert ein Teil der Waldorfschüler „Gesundheit als Vakuum“, d. h. als die Abwesenheit von Krankheit (vgl. Hoh und Barz 2010). Diese Perspektive ist für das Kindes- und Jugendalter typisch (vgl. Seiffge-Krenke 2008):

> Wenn man keine Schmerzen hat, keinen Schnupfen und keine Krankheit halt. (S♂9g)

Ein Teil der befragten Schüler definiert Gesundheit in einem weiter gefassten Verständnis als Gleichgewicht zwischen physischem, sozialem und psychischem Wohlbefinden (vgl. Hoh und Barz 2010):

> Dass man sozialen Kontakt hat, […] seelische Gesundheit auf jeden Fall. (S♂12d)

> Ich fühle mich gesund, wenn ich ausgeschlafen bin und mich einfach gut fühle. (S♀9b)

> Ja in erster Linie natürlich, dass ich körperlich keine Schmerzen hab. Dass es mir gut geht. Und ja, sobald es mir sozial nicht gut geht, wenn ich mit Freunden irgendwelche Probleme hab', dann geht's mir natürlich gleich wieder… bekomme ich Kopfschmerzen oder so was. Zum Glück nicht so oft. Aber das […] gehört auch zur Gesundheit dazu, soziales aber in erster Linie körperlich. Wenn alles so perfekt scheint, oder ist, find ich. Merke, ich hab' tolle Freunde, das Wetter spielt bei mir immer eine große Rolle, wenn die Sonne scheint, wenn in der Familie alles super ist. Dann fühl' ich mich eigentlich immer fit. (S♀9e)

Viele der von uns interviewten Eltern berichten über ein ausgeprägtes Gesundheitsbewusstsein, eine hohe Bedeutung von Gesundheit in der Lebensführung der Familie oder die Präferenz für alternative Heilmethoden:

> Wir sind schon bemüht, uns gesund zu ernähren, uns gesund zu erhalten, und unseren Körper zu pflegen, weil ich denke, es ist eines der Geschenke, die wir erhalten haben.

S. Liebenwein et al., *Bildungserfahrungen an Waldorfschulen*,
DOI 10.1007/978-3-531-19090-7_9,
© VS Verlag für Sozialwissenschaften | Springer Fachmedien Wiesbaden 2012

> […] Eine angemessene Kost, je nach Situation, je nach Lebenssituation. Eine Biokost, weitgehend, soweit es möglich ist, die auch entsprechend auf Landwirtschaft, auf regionalen Produkten aufbaut. Damit eine Kost, die sehr erdnah ist, also, die unverfälscht ist. […] Vielfältig aufbereitete Kost nehmen wir nicht zu uns. Fertigprodukte oder ähnliches. Dazu würde ich auch viele so zuckerhaltige Nahrungsmittel, die auch wertlos sind, zählen. Gemäßigter Süßigkeitenkonsum, gemäßigter Fleischkonsum. (E♀9f)

> Für mich ist es [gesunde Ernährung] überdurchschnittlich wichtig, und ich denke, ich habe meine Kinder damit zu oft konfrontiert, und das ist dann bei ihnen eher ins Gegenteil umgeschlagen, so nach dem Motto, dass etwas dann erst richtig toll ist, wenn es ungesund ist. (E♀9e)

> Ich bewege mich außerhalb der Norm, weil ich meine Kinder möglichst mit homöopathischen Mitteln, wenn es geht, konfrontiere, und essensmäßig sicher ein bisschen. (E♀9c)

> Wenn ich krank bin, dann lege ich mich ins Bett und schlafe. Ich versuche immer erst alles mit Homöopathie in den Griff zu bekommen, bevor ich auf die Schulmedizin zurück greife. (S♀12a)

Zu diesem Gesundheitsverhalten zählt oftmals auch die Ablehnung von schulmedizinisch standardisierten Impfempfehlungen. Dahinter steht die Annahme, Erkrankungen könnten auch sinnvoll, ja u. U. wertvoll sein, da die gesundheitliche Krise einen seelischen und körperlichen Wachstumsprozess ermögliche:

> Ich bin nicht impffreudig, eher zurückhaltend. […] Grundsätzlich denke ich, zu Erkrankungen, wenn einer es bekommen soll, dann bekommt er es, egal ob er geimpft ist oder nicht. Das heißt, […] es gibt einen geistigen Hintergrund. (E♀9f)

> […] und auch kaum geimpft habe. Also die ganzen Standardgeschichten an Impfereien nicht gemacht habe, da bin ich schon ausgeschert. (E♀9c)

In der Fragebogenerhebung wurden die Jugendlichen gebeten, ihr persönliches gesundheitliches Befinden auf einer Skala von eins („sehr krank") bis zehn („völlig gesund") einzuschätzen. Mit wenigen Ausnahmen schätzen die Befragten sich bei den Werten „sechs" bis „neun" ein. Einschränkungen ergeben sich z. B. aufgrund aktueller (Erkältungen, Sportunfall) oder chronischer Erkrankungen (z. B. Rückenprobleme, niedriger Blutdruck, häufige Müdigkeit usw.).

Die Jugendlichen kritisieren die aus ihrer Sicht extremen Gesundheitseinstellungen ihrer Eltern zum Teil und würden sich mehr Annäherung an den Mainstream hinsichtlich Ernährung und Arztbesuche wünschen:

> Hauptsächlich Homöopathen, gefolgt von anthroposophischen Ärzten und Heilpraktikern. Übertrieben aus Sicht einiger. Ich frage mich immer, ob ich richtig krank bin.

> Ich bin lange nicht zum Arzt gegangen, weil meine Mutter ist Anthroposophin, die hat mich immer abgehalten, zum Arzt zu gehen. Als ich 18 geworden bin, bin ich als erstes zum Arzt gegangen. (S♂12e)

Viele Mütter reflektieren, dass sie hinsichtlich des Gesundheitsverhaltens und der Einstellungen durch den Einspruch ihrer Kinder offener und toleranter geworden seien:

> Ich bin da aber auch nicht mehr so dogmatisch wie früher. Wir gehen auch mal zum McDonald's oder die Kinder dürfen sich was Süßes aussuchen. Ein gesundes Mittelmaß ist in meinen Augen halt immer das Beste. (E♂12g)

> Als die Kinder kleiner waren, war ich da dogmatischer. Ich habe mich dann mit dem Wachsen der Kinder ein Stückweit auch angepasst. Es ist nicht vollkommen aus dem Bewusstsein raus, aber es ist nicht so, dass ich die Pizza nur aus Vollkornmehl backe, sondern die Kinder essen lieber das ausgesiebte, dann mache ich sie damit. Ich schaue nur immer, dass es Bio ist. (E♂12c)

> Da hatte ich so hehre Ziele, aber mein letzter Sohn hat mich da sehr von weg gebracht. Der isst das einfach nicht […] das ist ein Drama. Da würde ich gerne viel gesünder kochen. Ich gebe mir auch viel Mühe. Ich koche auch, was er gerne mag, Quiche Lorraine, und so ein Zeug. Sobald Gemüse wieder drin ist, dann isst er es wieder nicht mehr. Das ist echt schwer. (E♂12b)

Der hohe Anspruch der Eltern an die gesunde Lebensweise der ganzen Familie scheint somit an Waldorfschulen auch vielfältig gebrochen, wie folgendes Zitat nahelegt:

> Beim Marc ist das so, sie machen sich lustig – ‚ach nein, Karottensalat, aus Bio-Karotten'. (E♂12f)

9.2 Schulkantine: „vegetarisch und vollwertig"

Waldorfschulen sind dafür bekannt, gesundes, vollwertiges, häufig auch biologisch erzeugtes Essen anzubieten. Ein Großteil der Eltern nimmt dies auch so wahr bzw. als Selbstverständlichkeit an, die keiner näheren Ausführung bedarf:

> In der Schule gibt es ebenfalls sehr gesundes, biologisches Mittagessen, von daher denke ich schon, dass die Waldorfschule da einen positiven Einfluss nimmt. Wir hatten in einer Epoche auch mal Ernährungslehre. (S♀12a)

> Von der Schule her… die Schulküche, die kochen vegetarisch und vollwertig… Das ist natürlich ein Thema. (E♀9b)

Auch deshalb wird es umso mehr kritisiert, wenn eine Schule sich dieser für Waldorfeltern fast als selbstverständlich geltenden Regel nicht unterwirft oder dies aus finanziellen bzw. organisatorischen Gründen nicht kann:

Naja. Es ist so, dass die Cafeteria billig produziert. Und die kann deswegen auch keine ökologischen Sachen kaufen, oder nicht immer, oft nicht. Immer mehr. Das ist aber trotzdem relativ teuer, so dass es billiger ist, zum Einkaufsmarkt zu gehen. (E♂12b)

Es gibt ein Schülercafé, mit dem wir Eltern überhaupt nicht zufrieden sind, es gibt dort überhaupt kein gesundes Essen, das könnte auch ein Café hier an der nächsten Ecke sein: Toast Hawai mit klassischem Toast und so etwas... Damit habe ich ein Problem, da finde ich die Schule schwach. Es gibt jetzt ganz neu ein Schulessen, das Vollwert ist, aber natürlich jetzt ist es zu spät, das essen sie natürlich nicht. Dann geht er in die nächste Bäckerei. (E♂9b)

9.3 Gesundheits- und Risikoverhalten

In der Fragebogenerhebung gaben 60,6 % der Schüler an, es sei ihnen wichtig oder außerordentlich wichtig[1] gesundheitsbewusst zu leben. Dabei ergaben sich signifikante Unterschiede zwischen Jungen und Mädchen (♂51,8 % vs. ♀68,4 %). Diese Unterschiede im Gesundheitsverhalten und -erleben ziehen sich durch das gesamte folgende Kapitel und sind auch in anderen Studien vielfach belegt: Mädchen (und Frauen) gelten als gesundheitsbewusster und -besorgter, das Wissen über eine gesunde Lebensweise stimmt stärker mit dem Gesundheitsverhalten überein. Jungen (und Männer) gelten als stärker gegenwarts-, erlebens- und genussorientiert, was ein risiko- und substanzgebrauchsreicheres Gesundheitsverhalten zur Folge hat (vgl. zusammenfassend Seiffge-Krenke 2008).

Auf die Frage, was sie unternehmen würden, um ihre Gesundheit zu fördern, gehen die meisten Jugendlichen auf Sportarten ein, die sie betreiben. Beispiele sind Reiten, Judo, Jumpen (Häuserspringen), Fußball, Tennis, Volleyball, Basketball.

Motive sind in der Regel der Spaß und die Wirkung auf das Wohlbefinden, seltener der „Kick" beim Ausüben gefährlicher Sportarten wie z. B. Bungee Jumping.

Ich bin immer sehr gut gestimmt, wenn ich vom Sport komme. (S♂9g)

Auf jeden Fall macht es mir Spaß, mich zu bewegen und ich weiß, dass ich damit erreichen kann, dass ich nicht irgendwann in einem Stuhl rumsitze und total dick bin und auch, damit ich ausgelastet bin, sonst renne ich in der Wohnung hin und her und bin total hippelig. Dass ich irgendetwas rauslassen kann. Nach dem Sport merke ich, dass ich leichter bin, nicht vom Gewicht her, sondern mich fühle. (S♀9c)

[1] Werte 6 und 7 auf einer Skala von 1–7.

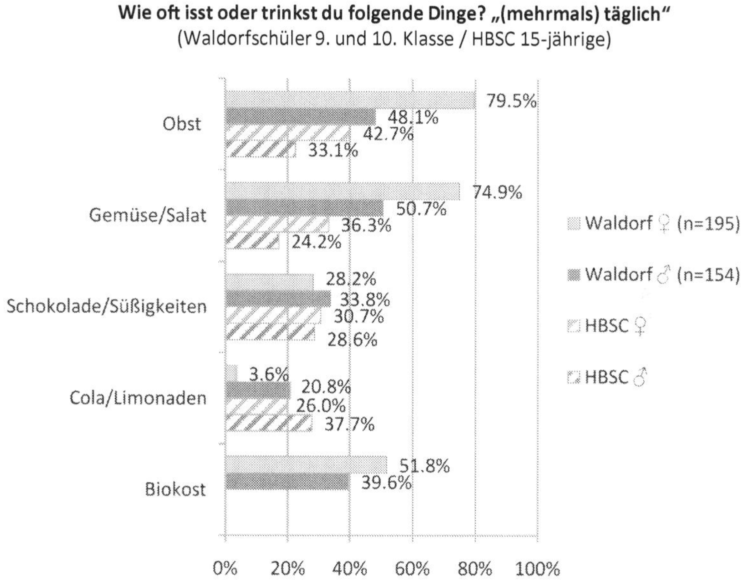

Abb. 9.1 Gesundheitsverhalten am Beispiel Essen und Trinken

Die groß angelegte internationale Jugendgesundheitsstudie (Health Behaviour in School-agend Children = HBSC) der World Health Organisation (WHO), liefert im vierjährigen Turnus Daten auch zum Gesundheits-, Ess- und Genussverhalten von deutschen Jugendlichen. Anhand der Ergebnisse aus unserer Quantifizierung lässt sich in einem Vergleich mit den HBSC-Daten konstatieren, dass Waldorfschüler mehr gesunde Nahrungsmittel zu sich nehmen als durchschnittliche deutsche Jugendliche (vgl. Abb. 9.1)[2]. Hinsichtlich dem eher als „ungesund" zu qualifizierenden Süßigkeitenkonsum ergeben sich kaum Unterschiede zu Regelschülern, während Coca Cola und andere Limonaden deutlich seltener genannt werden. Wie zu erwarten, ernähren Mädchen sich laut Selbsteinschätzung gesünder als Jungen.

Waldorfeltern wären in der Regel entsetzt, wenn ihre Kinder rauchen würden:

> Ich finde es schrecklich. Ich würde appellieren, aufklären, sie bitten, es nur draußen zu tun. Ich würde ihr wahrscheinlich furchtbar viele krasse Beispiele von Erkrankungen vorlegen. (E♀9f)

[2] Für das Item „Biokost" gibt es keine Vergleichsdaten aus der HBSC-Studie. HBSC-Daten für Schokolade/Süßigkeiten aus 2002, alle anderen aus 2010.

Sie betonen zum Teil, ihre Kinder würden – auch aufgrund der elterlichen und schulischen Prävention – ähnlich denken:

> Ja. Er findet das absolut abscheulich. Seine Freundin raucht und er möchte so gerne, dass sie nicht raucht. [...] Er hat gerade ein Referat über rauchen, über Shisha und Alkohol, Shishadrogen geschrieben. [...] Die Kunstlehrerin hatte dann auch bei einem Klassenkameraden Zigaretten gefunden und hat dann noch mal ganz groß ein Thema daraus gemacht. [...] Ich denke, dass das ein großes Thema ist. Die Stellungnahme [der Schule] hier ist definitiv sehr ablehnend. (E♂12b)

Dass die Eltern den Zigarettenkonsum ihrer Kinder erheblich unterschätzen, ist nicht nur ein Befund der vorliegenden Studie.[3] Ein Teil der Eltern schätzt realistisch ein, dass unter Waldorfschülern Suchtmittel durchaus eine Rolle spielen:

> Aber auf der Waldorfschule ist mit Rauchen und Drogen mehr los als am Regelgymnasium. Das weiß ich aus einer sicheren Quelle, weil mein Sohn vom Gymnasium viele Freunde auf der Waldorfschule hatte. (E♂12g)

Ein Blick auf die Ergebnisse der Quantifizierung scheint diese Aussage zu bestätigen: Hinsichtlich des Konsums nicht legalisierter Substanzen deuten unsere Daten auf eine höhere Neigung im Vergleich mit Regelschülern: 25 % (♀21,1 % vs. ♂30,2 %) der Jugendlichen haben in den letzten 12 Monaten „oft" oder „mehrmals" Haschisch/Marihuana konsumiert. Hier bestehen die stärksten altersspezifischen Unterschiede: Die Prozentzahl der Schüler steigt mit dem Alter um etwa 1/3 an (9.–10. Klasse: 20,3 % vs. 11.–13. Klasse: 30,6 %).

Laut Kinder-und-Jugendgesundheitsstudie (KIGGS) haben 24,7 % der 17-jährigen Jungen und 14,5 % der 17-jährigen Mädchen in den letzten 12 Monaten Haschisch geraucht (vgl. Lampert und Thamm 2007). Auch hier sind die jüngeren schwächer vertreten. Die HBSC-Deutschland-Werte für 15-jährige liegen für das Jahr 2010 bei 9,0 % der Mädchen und 13,6 % der Jungen, die angeben, dass sie schon einmal in ihrem Leben Cannabis geraucht haben (HBSC-Team Deutschland 2012). In der HBSC-Studie von 2002 lagen die Werte noch deutlich höher: Dort (WHO 2004, S. 86) wird noch für 14,9 % der Mädchen und 22,1 % der Jungen im Alter von 15 Jahren vom Konsum von Haschisch, Cannabis oder Marihuana in den letzten 12 Monaten ausgegangen Die Bundeszentrale für gesundheitliche Aufklärung (2011, S. 11) berichtet in ihrem Cannabis-Affinitätsbericht von 4,4 % der Mädchen und 9.8 % der Jungen im Alter von 14–17 Jahren, die angeben in den letzten 12 Monaten Cannabis genommen zu haben. Bei den 18–21-jährigen sind es 8,7 % und 18,3 %.

---

[3] Vgl. z. B. Jugendgesundheitsstudie 2005 (Haffner et al. 2006).

Vergleicht man die Cannabis-Konsum-Daten unserer Waldorfschülerbefragung mit den Vergleichswerten aus den verschiedenen Repräsentativerhebungen unter deutschen Jugendlichen, dann muss einschränkend darauf hingewiesen werden, dass wir hier zwar so weit irgend möglich die Vergleichsparameter hinsichtlich Altersgrenzen, Geschlecht und Bezugszeitraum (in den letzten 30 Tagen, in den letzten 12 Monaten etc.) und Intensität (einmal, 2–3mal, öfter etc.) berücksichtigt haben. Trotz dieser Annäherung und auch der Berücksichtigung von verschiedenen Erhebungszeitpunkten bleiben Unterschiede, die zumindest einen Teil der recht hohen Differenzen zwischen unserer Waldorfstichprobe und Repräsentativstichproben erklären könnten. So macht es sicher einen erheblichen Unterschied, ob in einer Befragung explizit vom „Ausprobieren" von Cannabis gesprochen wird – wie das in unserer Waldorfschülerbefragung formuliert war. Oder ob die Frage lautet „Nimmst du Drogen? Wenn ja: Welche Drogen?" (Jugendgesundheitsstudie Rhein-Neckar 2005: Haffner et al. 2006). Auch die KIGGS-, HBSC- und BZGA-Studien verwenden Formulierungen, die in Richtung „Einnehmen" statt „Ausprobieren" gehen – und von daher sicher eine deutlich höhere Bekenntnisbereitschaft auf der Seite der Jugendlichen voraussetzen. Man kann neben dem Vergleich innerhalb Deutschlands eine zweite Vergleichsdimension betrachten. Dann zeigt sich, dass die Angaben, in den vorangegangenen 12 Monaten Haschisch konsumiert zu haben, etwa 2002 in einer ganzen Reihe von Ländern deutlich höher lagen als in der BRD. Die Daten der HBSC-Studie von 2002 zeigen für Kanada, die USA oder England etwa Werte bis zu 35 und 40 %. In den 2000er Jahren haben sich die Zahlen offenbar weltweit deutlich rückläufig entwickelt, die HBSC-Daten von 2006 ergeben für Kanada 27 %, die USA 22 % und England 18,5 % (WHO 2008).

Anderen Drogen scheint sowohl in unserer Studie als auch in Vergleichsstudien eine vergleichsweise geringere Bedeutung zuzukommen, wobei der Prozentsatz der Waldorfschüler wiederum höher liegt. Amphetamine/Speed Waldorfschüler: 3,1 % vs. KIGGS: 0,7 %; Ecstasy Waldorfschüler: 1,3 % vs. KIGGS: 0,5 %[4] (vgl. Lampert und Thamm 2007). Auch der Blick auf den Gebrauch legalisierter Genussmittel zeigt, dass Waldorfschüler, insbesondere Jungen, diesen offenbar stärker zuneigen als Regelschüler (vgl. Abb. 9.2).

Insbesondere männliche Waldorfschüler konsumieren diesen Angaben zufolge deutlich mehr Zigaretten, Drogen und Alkohol als Jugendliche der Vergleichsstudien. Substanzkonsum im Jugendalter kann unterschiedliche Funktionen haben, die mit den jugendlichen Entwicklungsaufgaben verknüpft sind: Ausdruck eines individuellen Stils, Abgrenzungsbedürfnis, Bedürfnis nach Zugehörigkeit zu Peers, Unabhängigkeit von den Eltern, Grenzüberschreitung und schließlich Genuss und Spaß. Speziell an Waldorfschulen mögen – so legen die Interviews nahe – Funktio-

[4] In den letzten 12 Monaten „oft" oder „mehrmals".

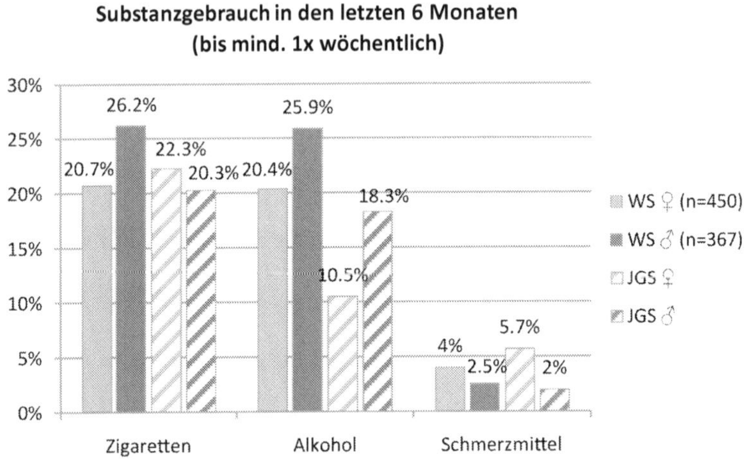

Abb. 9.2 Häufigkeit des Genusses von Zigaretten, Alkohol und Schmerzmitteln im Vergleich mit der Jugendgesundheitsstudie 2005 (JGS) bis mind. 1× wöchentlich

nen des Abgrenzungsbedürfnisses zu den gesundheitsbewussten Eltern im Sinne eines paradoxen pädagogischen Gegenteileffekts der Suche nach dem „Verbotenen" eine Rolle spielen. Auch könnte der Wunsch nach Zugehörigkeit zu Peers auch außerhalb der Waldorfwelt dringlicher sein als für Schüler aus Regelschulen. Vielleicht lässt sich für Waldorfschüler auch einfach eine stärkere Neugier vermuten. Schließlich darf nicht übersehen werden, dass die herangezogenen Durchschnittswerte aus den Repräsentativerhebungen Schüler aller Schulformen sowie bereits in Ausbildung oder im Erwerbsleben sich befindende junge Menschen zusammenfassen – und damit die bekannten Unterschiede nicht widerspiegeln, die z. B. in der Hinsicht belegt sind, dass Gymnasiasten deutlich höhere 12-Monats-Prävalenzen aufweisen als Schüler anderer Schulformen oder Erwerbstätige (vgl. BZGA 2011, S. 14 ff.). Die Schülerpopulation der Waldorfschulen dürfte aber hinsichtlich sozioökonomischer und soziokultureller Parameter am ehesten mit Gymnasiasten vergleichbar sein.

9.4 Der Einfluss der Schule auf die Gesundheit

Wie bereits oben im Kapitel über Schulwahrnehmung und Schulklima ausgeführt, ist das Wohlbefinden an Waldorfschulen insgesamt gesehen sehr hoch ausgeprägt – ganze 91,3 % geben an, sich in der Schule wohl zu fühlen, für 51 % trifft dies sogar

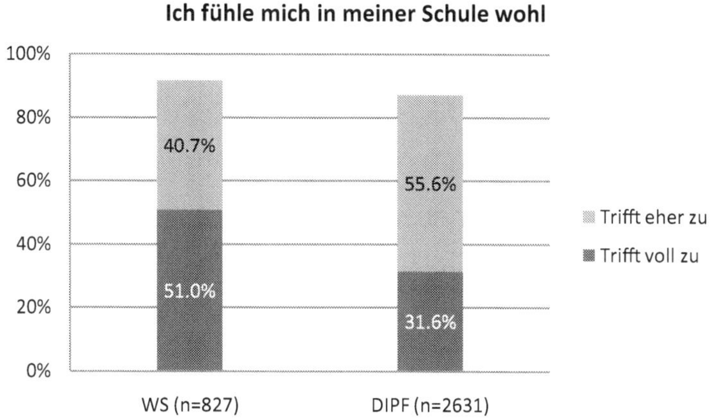

Abb. 9.3 Wohlbefinden an der Schule

„voll und ganz“ zu. Auf ähnlichem Niveau, wenngleich nicht ganz so hoch liegt die entsprechende Zustimmungsbereitschaft für Regelschüler – im DIPF-Vergleich fühlten sich ebenfalls 87,2 % der Befragten wohl, indessen nur 31,6 % „voll und ganz“ (vgl. Abb. 9.3). Die Jugendlichen wurden in den Interviews gebeten, Aspekte zu nennen, die sie als ausschlaggebend für ihr Wohlbefinden in der Schule erachten.

Den wichtigsten Einfluss schreiben die Jugendlichen der sozialen Dimension zu – wichtigster Aspekt des Wohlbefindens in der Schule sind Freunde und gute Beziehungen zu Mitschülern und Lehrkräften. Wobei in Bezug zu den Lehrern auch das Gefühl von Wertschätzung und Anerkennung eine Rolle spielt.

> Dass ich mit den Lehrern gut klar komme und dass ich wenigstens so eins, zwei, drei Freunde habe. Und dass ich mit dem Stoff klar komme. (S♂12a)

> Wenn das mit den Klassenkameraden gut läuft, dann geht es mir gut in der Schule. (S♀10a)

> Gutes Klassenklima, kein zu großer Leistungsdruck – aber es muss schon einer da sein. Es sollte nicht gemobbt werden und niemand ausgegrenzt werden. (S♀9b)

> Freundliche Menschen. […] Und auch ein Klima, ich glaube, dass das schon auch mit geschaffen werden kann durch Lehrpersonen innerhalb der Schülerschaft, die geprägt ist von Akzeptanz. Akzeptanz und Toleranz dem anderen gegenüber, und Respekt. (E♀9f)

> Dass man ihr zuhört, dass sie die Möglichkeit bekommt, etwas zu sagen. Dass das gegenseitige Interesse da ist. (E♀12e)

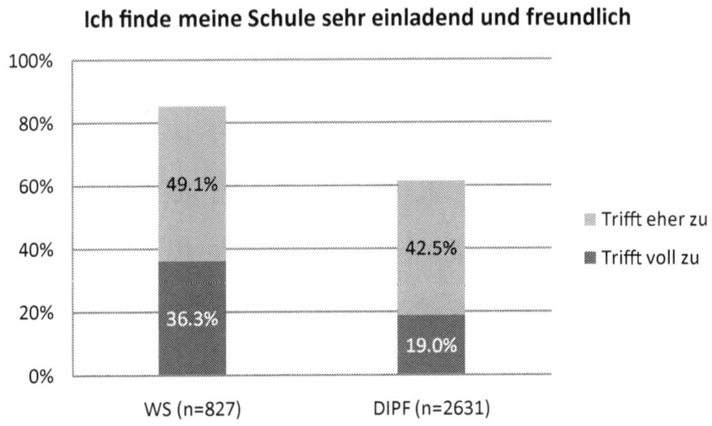

Abb. 9.4 Schulische Umgebung im Vergleich zwischen Waldorf- und Regelschulen

> In erster Linie seine Kumpels, dass er die da jeden Tag sieht. (E♂9b)

> Dass ich eine Vertrauensperson in der Klasse habe und mir zugetraut wird, dass ich den Stoff verstehe. (S♀12e)

Einfluss auf die Gesundheit und das Wohlbefinden nimmt nach Einschätzung der Schüler weiter die schulische Umgebung, die vom überwiegenden Teil der Waldorfschüler positiv beurteilt wird und über 20 Prozentpunkte über dem Niveau an Regelschulen liegt (vgl. Abb. 9.4).

Genauer beschreiben die Schüler ihre schulische Umgebung z. B. wie folgt:

> Klassenzimmer, die schön eingerichtet sind, wo man einfach gerne lernt. (S♀12d)

> Die Räumlichkeiten sind schon sehr wohltuend. (E♀9a)

> Es ist schon eher gemütlich in der Schule. (S♂9d)

Gelegentlich wird auch ein motivierender und anregender Unterricht als förderlich für das Wohlbefinden genannt:

> Die Lehrer müssen die Schüler motivieren, der Unterricht muss spannend sein, das Umfeld muss gut sein. (S♂9a)

> Und schon auch ein ansprechendes Unterrichtsgeschehen. (E♀9f)

In den Daten der Fragebogenerhebung zeigt sich, dass diese Erwartung an den Unterricht größtenteils erfüllt ist – und wiederum von Waldorfschülern beträcht-

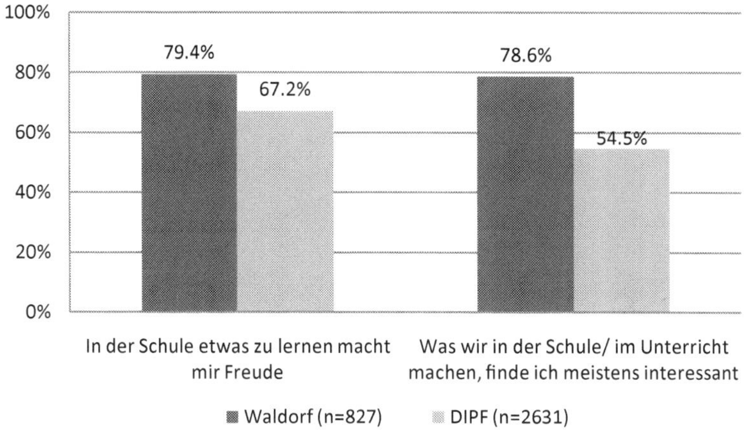

Abb. 9.5 Lernfreude und -interesse („trifft genau zu" & „trifft eher zu")

lich günstiger beurteilt wird als in der DIPF-Stichprobe unter Regelschülern (vgl. Abb. 9.5)[5].

Andererseits werden auch Einschränkungen des schulischen Wohlbefindens in den Fokus gerückt – insbesondere Leistungsdruck und Schulprobleme können sich nach Ansicht der Jugendlichen negativ auf das schulische Wohlbefinden auswirken. Beide werden im Folgenden etwas näher beleuchtet.

9.5 Schulprobleme, Gewalt, Mobbing

Wie beschrieben fühlt sich ein Teil der Schüler von Schulproblemen betroffen, die somatische Beschwerden nach sich ziehen können. Dies betrifft deutlich stärker die Mädchen – was den Geschlechterunterschieden entspricht, die aus den Forschungen zu Schulangst und Schulproblemen bekannt sind (vgl. auch das Kapitel „Leistung").

Wenngleich Waldorfschulen in Bezug auf Schulängste und damit verbundene somatische Beschwerden günstigere Werte als Regelschulen aufweisen, so berichten doch auch Waldorfschüler und ihre Eltern in den Interviews von leistungsbezogenen Versagensängsten.

[5] Auch im Kapitel über Schule und Unterricht (vgl. S. 121) wurden Ergebnisse zum Ausmaß der Betroffenheit von Schulproblemen dargestellt. Diese unterscheiden sich von den hier allgemeiner dargestellten Zahlen insofern dort nur die Teilstichprobe berücksichtigt wurde, die Leistungsdruck empfindet.

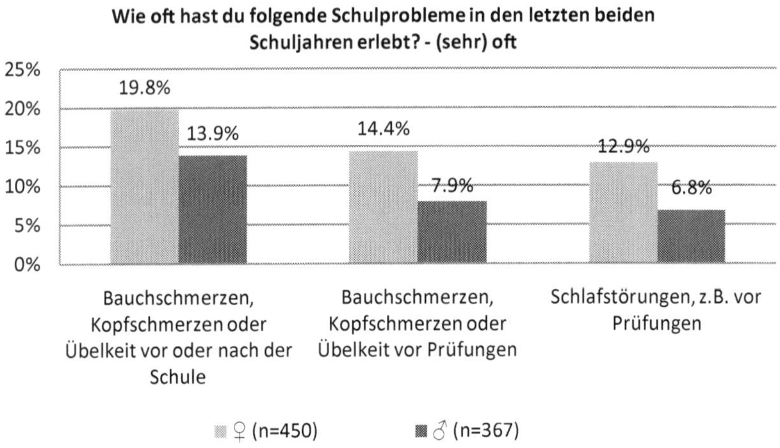

Abb. 9.6 Betroffenheit von somatischen Beschwerden

> Bei Stress bekomm' ich schon manchmal Kopfschmerzen. Ich hab' jetzt nicht wirklich Stress mit Lehrern oder so was, aber in letzter Zeit war es doch sehr stressig, und dann bekomme ich schon manchmal abends, manchmal mittags schon Kopfschmerzen. (S♀9e)

> Vom Mathe-Test bin ich richtig traumatisiert, da habe ich danach immer Kopfschmerzen, die sind richtig nervig. (S♂9b)

> Es kommt jetzt immer mehr, dass unsere Kinder auch mal Magenschmerzen und Prüfungsangst bekommen. (E♂12g)

Ein weiterer Aspekt, der im Zuge der Gesundheitsförderung an Schulen in den Fokus zu rücken ist, betrifft Gewalterfahrungen im schulischen Kontext. Wie beschrieben ist die Hauptdeterminante des schulischen Wohlbefindens das auf guten Beziehungen begründete Wohlbefinden in der Klassengemeinschaft. Der Anteil der Schüler, die die Frage, ob sie sich in der Schule wohlfühlen, verneinen (8,7 %), entspricht ungefähr dem Anteil, der angibt, dass er von Gewalt in Form von „fertig gemacht werden" oder „gehänselt werden" betroffen sei (vgl. Abb. 9.8).

Über das Ausmaß von schulischer Gewalt an Regelschulen liegen Daten aus unterschiedlichen Quellen vor. Neben den aktenkundig gewordenen Fällen, die etwa bei Versicherungen oder in der Polizeilichen Kriminalstatistik (PKS) erfasst werden oder gar vor Gericht landen, gibt es Daten aus Befragungen von Schülern oder Lehrern. Alle diesbezüglichen Daten sind freilich durch vielfältige Fehlerquellen eher vorsichtig zu interpretieren. Denn was als Gewalt erlebt und als jenseits der Bagatellgrenze empfunden wird, unterliegt sehr subjektiven Maßstäben. Ein wichtiges Stichwort ist z. B. das „Anzeigeverhalten“, d. h. die Bereitschaft von Personen, einen Zwischenfall zur Anzeige zu bringen. Man geht davon aus, dass im Zuge der Verrechtlichung und der schwächer werdenden sozialen Bindekräfte die Anzeigebreitschaft tendenziell zunimmt. Ein Ansteigen von in der PKS verzeichneten Fällen von Gewaltdelikten ist insofern nicht zwingend einem Anstieg von Gewaltdelikten selbst zuzuschreiben, sondern könnte sich auch durch verändertes Anzeigeverhalten erklären lassen. Zwischen die eigene subjektive Empfindung und die Entscheidung, etwas, was als Gewalt eingestuft wurde, auch in einem Interview oder Fragebogen zu berichten, treten wiederum weitere vielfältige Einflussfaktoren. So kann es als sozialnormativ wünschenswert wahrgenommen werden, ein möglichst niedrigschwelliges Gewaltsensorium zu demonstrieren. Oder auch umgekehrt. Gerade bei männlichen Jugendlichen ist in bestimmten Milieus auch ein „sich Brüsten“ mit Gewalthandlungen denkbar. Es überrascht daher nicht, dass die verfügbaren Zahlen zur Gewalt zwischen Schülern auf recht unterschiedlichem Niveau liegen – gerade wenn man auch verbale Gewalt hinzu nimmt oder das, was als Mobbing bezeichnet wird.

Diese Einschränkungen müssen berücksichtigt werden, wenn man den Forschungsstand bilanziert und davon ausgeht, dass etwa 5–10 % der Schüler in Deutschland, das heißt zwei Kinder pro Klasse als regelmäßige Opfer und weitere zwei Kinder als regelmäßige Täter von Gewalt zu identifizieren sind (vgl. Schubarth 2010). Die Gesundheitsstudie der WHO (2004, S. 138 f.) nennt für deutsche 15-jährige eine Zahl von 29,4 % bei Mädchen und 34,9 % bei Jungen, die angeben, in den letzten Monaten „mindestens einmal“ gemobbt worden zu sein. Als mehrfache Mobbing-Opfer bezeichnen sich immerhin noch 8,8 % der Mädchen und 13,6 % der Jungen - wobei hier durchaus auch Dinge, wie „unschöne, unfreundliche Dinge zu jemandem sagen“ oder „jemanden ausgrenzen“ als Mobbing definiert sind. Die Zahl derer, die dreimal oder öfter in physische Auseinandersetzungen verwickelt waren, ist demgegenüber geringer, nämlich bei Mädchen 2,4 % und bei Jungen bei 11,2 % (WHO 2004, S. 141). Weiter bestehen laut Vergleichsstudien deutliche Zusammenhänge zwischen Sozial- und Migrationsstatus und Gewalterfahrungen als Opfer bzw. Täter - Jugendliche mit niedrigem Sozialstatus bzw. mit Migrationshintergrund erfahren häufiger Gewalt. Aus diesem Grund könnte man annehmen, dass das Gewaltniveau an Waldorfschulen aufgrund des in der Regel hohen Sozialstatus der Elternhäuser niedriger als an Regelschulen ausfallen müsste.

Nach den Daten unserer Fragebogenerhebung scheint die Zahl der Opfer von Gewalt an Waldorfschulen demgegenüber ähnlich hoch zu liegen wie im Schnitt

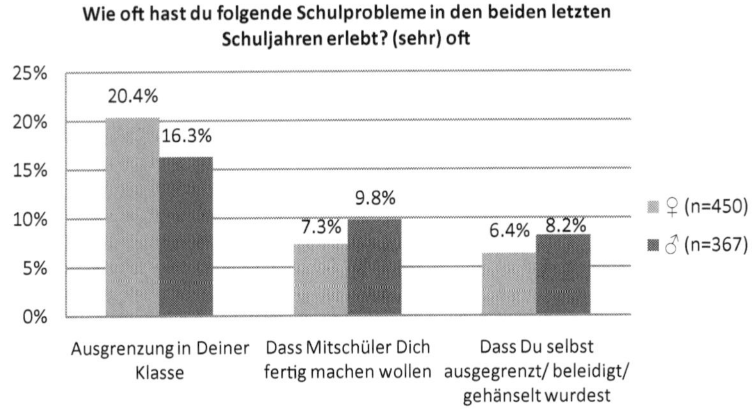

Abb. 9.7 Gewalterfahrungen in der Klasse

der Regelschulen. In unserer schriftlichen Befragung gaben beispielsweise 6,4 % der Mädchen und 8,2 % der Jungen an, in den vergangenen zwei Schuljahren „oft" oder „sehr oft" selbst Mobbing erlebt zu haben („Dass Du selbst ausgegrenzt/beleidigt/gehänselt wurdest", vgl. Abb. 9.7).

Auch einige Berichte aus den Interviews enthalten Hinweise auf subjektiv als dramatisch empfundene, wenn auch nicht quantifizierbare Gewaltbelastungen an Waldorfschulen. Gleichzeitig wirft die Art des Aufgreifens der Problematik durch die Lehrkräfte, wie sie in einigen Berichten zum Ausdruck kommt, Fragen auf, inwiefern den Waldorfpädagogen in jedem Fall adäquate und deeskalierende Interventionsmuster zur Verfügung stehen.

Schüler bzw. Eltern von Schülern, die selbst Opfer von Gewalt wurden, berichten am eingehendsten und emotional hoch betroffen von ihren Gewalterfahrungen, den damit verbundenen Gefühlen der Hilflosigkeit, gesundheitlichen und schulischen Einschränkungen sowie wenig erfolgreichen schulischen Maßnahmen:

> Diese Mobbingsachen, da lag ich wochenlang nicht krank, sondern seelisch krank und habe geheult. Ich wurde, in der 6. Klasse war es, von mehreren Jungs aus der 10. richtig grob gehänselt, so dass ich auch abgehauen bin. […] In der Klasse hatte ich mit zwei Schülern Oberärger, einer war der Obermacker, ich habe mir das nicht gefallen lassen. Wir haben Schüler von anderen Schulen bekommen, die dann aggressiv wurden, sehr aggressiv, das habe ich hautnah mitbekommen, sehr hautnah… Ich habe unglaublich darunter gelitten, ich war auch wirklich, wirklich am Ende. (S♂12a)

> Eine, die neu ist, die kann nicht richtig laufen und da hacken manche immer auf ihr rum. Das ist nur assi, aber die machen das halt so. […] Die Lehrer merken das nicht,

> wenn jemand fertiggemacht wird, sagt niemand was. [...] Sie ist ein kleines Stück anders als wir, aber das hat auch mit ihrer Gehbehinderung zu tun. Normal ist das ja an Waldorfschulen nicht, aber wir haben halt so eine Klasse. Wenn du neu kommst, musst du echt aufpassen, sonst bist du gleich das Mobbingopfer. (S♂9e)

Auf die Frage, was Schüler zu Außenseitern bis hin zu Mobbingopfern mache, reagieren Schüler mit Beschreibungen der persönlichen Schwächen, Probleme oder ungewöhnlichen Verhaltensweisen des betroffenen Opfers, die, wenn nicht zur Rechtfertigung, so zumindest zur Erklärung des eigenen Verhaltens dienen:

> Für das Mädchen wurde oft irgendwas angestoßen so. Aber es hat nie was genützt, weil es auch wirklich an ihr liegt. Sie ist so vom Denken so fünf Jahre hinter uns oder so, ist aber zwei Jahre älter. Es wurde oft versucht, uns mit ihr zu verbinden, aber es klappt einfach nicht. [...] Ich erinner' mich, dass wir früher, das war halt jetzt einfach der besondere Fall, dass wir oft auch versucht haben so: ‚Komm mal mit' und so, aber es war halt sehr, sehr, ist halt sehr schwer mit ihr. Geht einfach nicht. (S♀9e)

> Es gab mal eine Außenseiterin, aber die hat die Schule gewechselt. Wir haben da schon die Kommunikation mit ihr gesucht, aber sie hatte halt eine etwas komische Art. (S♀9b)

> Ein Mädchen, das dann die Schule auch verlassen hat, war immer nur anhänglich, hatte so eine Quietschstimme, ganz furchtbar. Man hat sich Mühe gegeben, nett zu ihr zu sein, aber sie hat gar nicht wiedergegeben, dass sie sich freut, dass wir ihr helfen wollen, in die Klassengemeinschaft. [...] Und wenn man nach einer Zeit nichts reflektiert bekommt, dass sie sich freut, oder wohl bei uns fühlt, dann hat man auch keine Lust mehr. [...] Ein Junge, hat auch die Schule verlassen, ein dickerer, wirklich dick, der hat sich immer über alle lustig gemacht, dann kam das natürlich zurück und dann wurde er auch ziemlich fertig gemacht, wegen seiner Dickheit und so. (S♀12d)

Es stimmt also nicht so ganz, das Bild von der „heilen Insel Waldorf", das als Klischee so oft strapaziert wird. Wenngleich sich auch in unseren Befunden entsprechende Hinweise finden, z. B. auch ein Bericht über ein Kind, das eine Regelschule verlassen hat und an der Waldorfschule offenbar erfolgreich integriert werden konnte:

> Die Klasse von Nina hat ein Mädchen gekriegt, das wurde an seiner alten Schule so gemobbt, dass sie wochenlang nur mit Polizeischutz in die Klasse gehen konnte, auch hier war vorsichtshalber immer ein Security-Mensch dabei, die hat jetzt hier dicke Freundinnen und fühlt sich wohl. (E♂12h)

Aber es gelingt nicht immer und so kommt es auch an Waldorfschulen trotz des Ideals der Integration dazu, dass einzelne Schüler die Schule verlassen. Das unter den Schülern, die sich als nicht integrierbar erweisen, bzw. bei denen die Integrationsbemühungen scheitern, auch oft solche sind, die als Quereinsteiger nach schwierigen Schulkarrieren die Waldorfschule angesteuert hatten, kann nur vermutet werden. Es gibt jedenfalls etliche Eltern, die berichten, dass gemobbte Kinder bzw. Außenseiter meist über kurz oder lang die Schule verlassen:

> Ein sehr interessantes Phänomen ist, zumindest über die Unterstufenjahre, dass die Außenseiter irgendwann die Klasse verlassen, und da weiß ich nicht so richtig, wie ich das finden soll. (E♀9g)

> Bis zu einem gewissen Alter, muss ich einschränkend sagen, eine hohe Fluktuation von Schülern, dass manche auch weggegangen sind, weil sie sich, nennen wir es mal so, nicht mehr verstanden fühlten, mit den anderen Klassenkameraden. Das hat man auch hinterfragt, wenn der eine oder andere wegging. (E♂12h)

Christian Pfeiffer, der ehemalige niedersächsische Justizminister und Direktor des Kriminologischen Forschungsinstituts Niedersachsen (KFN), hat in einer Studie über Gewalt an Schulen 2005 auch Waldorfschulen untersucht. In einer Stellungnahme zu einer Presseveröffentlichung im Jahr 2007 fasst Pfeiffer die wichtigsten Befunde der Studie in Bezug auf die Waldorfpädagogik (die Stichprobe enthielt auch 520 Waldorfschüler) zusammen:

> Die Waldorfschulen zeichnen sich dadurch aus, dass sich dort der mit Abstand niedrigste Anteil von fremdenfeindlichen Schülerinnen und Schülern ergeben hat (Waldorf 2,8 %, Gymnasien 8,3 %, Gesamtschulen 16,5 %, Realschulen 17,4 % und Hauptschulen 24,7 %). Ein ähnliches Bild zeigt sich zum Anteil der rechtsextrem eingestellten Schülerinnen und Schüler. [...] Wir interpretieren die Daten als klares Indiz dafür, dass die Waldorfpädagogen sich im Schulunterricht engagiert gegen Fremdenfeindlichkeit und Rassismus einsetzen. (Pfeiffer 2007, S. 1)

An den Waldorfschulen

> hat sich mit 24,2 % die niedrigste Rate von Gewalttätern ergeben. Den höchsten Wert weisen hier Hauptschulen mit 35,2 % auf. Offenkundig ist es so, dass an Waldorfschulen eine vergleichsweise kleine Gruppe von gewalttätigen Schülern als Mehrfachtäter von einfachen Körperverletzungen aktiv ist. Dieser Befund hat uns nicht überrascht. Auffallend ist nämlich, dass Waldorfschüler am häufigsten aus zerrütteten Familienverhältnissen kommen, d. h. nicht mit beiden Eltern zusammenleben (36,1 % im Vergleich zum Durchschnittswert aller Schulen von 29,6 %). Unsere Datenanalyse zeigt, dass es gerade Schüler aus solchen Familien sind, die an den Schulen besonders häufig mit Gewalttaten auffallen. Umso bemerkenswerter erscheint es, dass sich zu Waldorfschulen ein weiterer überaus positiver Befund ergeben hat: dort beklagen sich die Schüler am seltensten über massives verbales Mobbing durch Mitschüler und auch die Täterrate liegt insoweit mit 5,1 % weit unter den Vergleichsquoten der anderen Schulen mit durchschnittlich 12,2 Prozent. Dies spricht für ein weitgehend friedliches Schulklima. (Pfeiffer 2007: 2)

9.6 Sexualkunde

Eine wiederkehrende Diskussion in den Freien Waldorfschulen betrifft die Frage nach dem Zeitpunkt und der Gestaltung des Aufklärungs- bzw. Sexualkundeunterrichts (vgl. Bart und Zech 2006). Wobei dem Bericht über die Befunde unserer Waldorfschülerstudie vorauszuschicken ist, dass – eine der vielen Überraschungen bei der Recherche nach Vergleichsdaten aus der Forschung zu Regelschulen – für die Sexualpädagogik in deutschen Klassenzimmern zwar jede Menge Materialien, Empfehlungen und Richtlinien vorhanden sind. Dass es aber keinerlei empirische Evaluationen gibt, in denen geprüft worden wäre, wie die auf Basis dieser Materialien und Empfehlungen durchgeführten Unterrichtseinheiten eigentlich bei den Schülern ankommen, welchen Effekt sie haben und ob sie nicht gelegentlich gar das Gegenteil der hehren Ziele bewirken. Für die nicht immer hohe Zufriedenheit, die Waldorfschüler dementsprechend mit dem von ihnen erlebten sexualpädagogischen Unterricht artikulieren (s. u.), kann von daher nicht gesagt werden, ob sich ähnliche Bewertungen auch in Bezug auf die Sexualpädagogik an staatlichen Schulen findet.

In der Fragebogenerhebung wurden die Schüler nach Dauer, Organisation, Rahmenbedingungen und der generellen Bewertung des Unterrichts befragt, in den Interviews kamen Inhalte und Umsetzung sowie Aspekte der Beurteilung des Unterrichts zur Sprache. In der Gesamtbewertung teilen sich die Waldorfschüler in zwei annähernd gleich große Gruppen. 46,2 % äußern sich weniger oder gar nicht zufrieden und 42,6 % geben an, zufrieden oder sehr zufrieden mit dem Sexualkundeunterricht gewesen zu sein (vgl. Abb. 9.8).

60,1 % geben an, dass der Aufklärungs-/Sexualkundeunterricht für Jungen und Mädchen getrennt stattgefunden hat, bei 42,8 % ist er zudem von einem Pädagogen gleichen Geschlechts gehalten worden – Aspekte, die in der freien Exploration im Rahmen der Interviews fast durchgängig als sehr wichtig beschrieben wurden:

> Es wurde ein Frauenarzt eingeladen, das fand ich bisschen unglücklich, dass den Mädchen da ein Mann etwas über Geschlechtsverkehr erzählt. (E♂12f)

> Die Jungs waren auch bei der Klassenlehrerin, das war totaler Quatsch, ganz, ganz kurz. […] Kann kein Junge mit einer Frau drüber reden und schon gar nicht mit der Klassenlehrerin. […] Ganz wichtig: für die Jungs ein Lehrer, für die Mädchen eine Lehrerin, auch nicht nur 1x, sondern eine Woche lang intensiv. (S♂12a)

> Der Lehrer, den wir hätten haben sollen, war krank, wir haben dann eine Lehrerin gehabt, das war für uns Jungs blöd, da konnte man nicht offen fragen. In dem Alter will man noch nicht mit Frauen so wirklich drüber sprechen. (S♂12b)

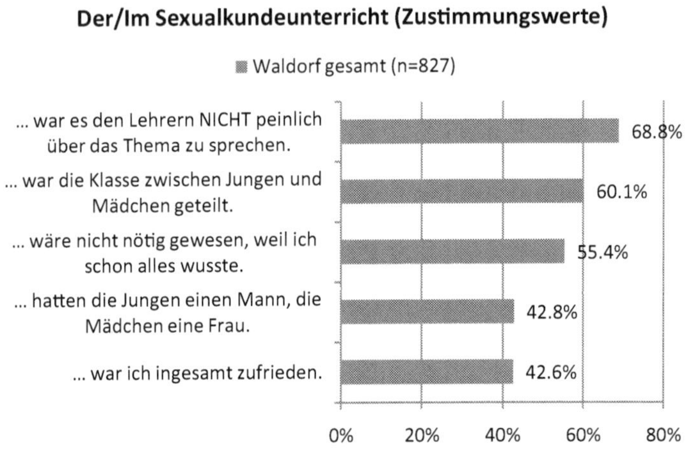

Abb. 9.8 Zufriedenheit mit dem Sexualkundeunterricht. (Legende: Dargestellt sind die Werte „trifft voll und ganz zu"/„trifft eher zu" einer vierstufigen Skala, wobei jeweils auch ein Teil der Befragten (ca. 10 %) keine Angaben gemacht hat.)

Die Dauer des Aufgreifens der Thematik schwankte von einem Tag (19,0 %), zwei Tagen (10,9 %) bis zu einem Monat (1,5 %). Wobei immerhin auch 8,9 % eine Dauer von 8 bis 14 Tagen berichten und 4,7 % zwei bis drei Wochen Dauer angeben.

Negativ wurde im Rahmen der Interviews bewertet, wenn Lehrkräfte als befangen oder peinlich berührt erlebt wurden.

> Ich glaube dem Lehrer ist das peinlicher als uns. Wir hatten einmal irgendeine Frauenärztin, die da war. (S♀9e)

> Meinem Lehrer war´s ziemlich peinlich, der ist ein bisschen verklemmt und so. Damals konnte man nicht mit ihm drüber reden. Wir hatten auch so einen Frauenarzt für die Mädchen. Das haben die Mädchen erzählt, der hat gar nichts gescheit erzählt. Der hat immer über Pheromone erzählt. Das erste, geht nicht übers Aussehen, das erste ist Geruch, das zweite ist Benehmen, das dritte ist das Kinderaufziehen oder so, das vierte ist der Körper und das fünfte ist das Aussehen und so. Irgendwie ein bisschen komisch. (S♂9f)

Anhand der Fragebögen lässt sich sagen, dass immerhin nur 20,1 % der Schüler das Gefühl hatten, es sei ihrem Lehrer „peinlich" gewesen über das Thema zu sprechen, während 68,8 % dies explizit verneinen, davon 39,3 % sogar ganz entschieden („trifft überhaupt nicht zu").

Ein weiterer Erklärungsansatz für den hohen Anteil der Unzufriedenen könnte die Einschätzung vieler Jugendlicher sein, bereits vor dem Sexualkundeunterricht ausreichend informiert gewesen zu sein. Diese Einschätzung, dass der Sexualkundeunterricht nicht nötig gewesen wäre, „weil ich schon alles wusste“ trifft der überwiegende Teil der Schüler, signifikant mehr Jungen (60,0 %) als Mädchen (51,6 %).

Die Einschätzung, ob der Unterricht als sinnvoll oder überflüssig erlebt wird, hängt auch mit dem Zeitpunkt seines Stattfindens zusammen. Die erste, z. T. auch einzige Beschäftigung mit dem Thema erfolgte laut den Interviews zwischen der 4. und der 9. Klasse. Eltern empfinden die Einführung in der 4. oder 5. Klasse ausnahmslos als zu früh, die meisten lehnen auch in der 6. Klasse noch Sexualerziehung ab. Schüler hingegen empfinden mehrheitlich einen in der 7., 8. oder gar 9. Klasse stattfindenden Sexualkundeunterricht als zu spät und damit überflüssig. Insgesamt herrscht bei dieser Thematik große Uneinigkeit:

> Und ich erinner' mich, dass in dem Elternabend vorher, wo besprochen wurde wie das so sein soll, oder wo sich die Person vorgestellt hat, die das machen würde – so eine Ärztin, die das beruflich macht – dass es da durchaus Kontroversen gab. Also es gibt Eltern die dann meinen: ‚Um Himmelswillen, in der 8. Klasse darf man doch nicht über Sex sprechen‘. Und andere wiederum die meinen, es ist eigentlich zu spät. (E♂12h)

> Wir haben es gehabt, bisschen spät, in der 9. ich habe da schon Sex gehabt. Ich habe mir das so angeeignet, habe ins Internet geguckt, gegoogelt. (S♂12e)

> Kommt in der 11. in Bio. Und unsere Klassenlehrerin hat uns in der 6. zu einem Mann [Jungen] und einer Frau [Mädchen] geschickt und die hat uns dann aufgeklärt. Das waren schon extremere Themen, das war uns bisschen zu früh. In der 8. oder 9. hätte ich es gut gefunden. (S♀10b)

> 8. Klasse. Aus meiner Sicht war es zu spät. Weil manche hatten ‚es‘ schon hinter sich. Das muss man Ende 6., Anfang 7. erklären. (S♂9e)

Zum anderen scheint die Art der Aufbereitung und die Themenwahl nicht immer die wirklichen Interessen der Jugendlichen zu berühren. „Technische“ oder rein biologische Details scheinen den Jugendlichen größtenteils schon bekannt zu sein, wobei es sich dabei durchaus um ein Halbwissen handeln könnte, wie einige Eltern zu bedenken geben:

> Ich glaube, Halbwissen hat sie. Das ist sicher noch nicht so ausgefeilt. Also, wie ein Monatszyklus aussieht, oder wie er genau aussieht, weiß sie, glaube ich, nur so ansatzweise. (E♀9f)

> Zwei Stunden ist zu kurz, nicht nur, dass sie sie beschriften können, die Geschlechtsteile, wenn sie eine Zeichnung haben. […] Ich habe meinen Sohn mal gefragt, ‚weißt du eigentlich, wann Mädchen schwanger werden können?‘ Und da hat er gesagt, ‚bei Vollmond‘. Das war Verarschung, das ist mir schon klar. (E♂12d)

> Das war schon, ich glaube in der 6. und das hatte sie auch schon im Gymnasium aber sie ist so unaufgeklärt. Wir haben davon wenig mitgekriegt, weil das sind ja auch Themen, die die Kinder zu Hause nicht erzählen und sie haben ja keine Unterlagen, keine Bücher, keine Blätter, nichts. [...] Ich glaube schon, dass es wichtig ist, das in der Schule zu machen, weil verschiedene Untersuchungen ja auch gezeigt haben, dass man denkt, die Kinder wüssten alles, aber die wissen nicht wirklich viel. (E♂9d)

Eltern plädieren dafür, stärker die Gefühlswelt der Jugendlichen in den Fokus zu rücken:

> Denn was nutzt es [biologisches Wissen], wenn die jungen Menschen auf einmal Gefühle haben und haben überhaupt gar keinen [mit dem sie reden können], und die sind so wichtig, weil sie völlig neu sind [...] ist ja so eine Hyperdroge, unter der die permanent stehen. (E♂9a)

Auf Basis der Interviews lässt sich festhalten, dass an den von uns einbezogenen Schulen der Sexualkundeunterricht in der Regel „eingekauft", also von Sozialpädagogen aus Einrichtungen wie Pro Familia e. V. durchgeführt wird:

> Sexualkunde gibt es in der Schule außerordentlich ab der 5. Klasse. Das macht kein Lehrer, sondern ein Psychologe. Da gehen die Mädchen und Jungen getrennt hin. Das ist noch ein gewisser finanzieller Aufwand für die Eltern, aber das machen jetzt eigentlich fast alle Klassen. (E♀9a)

Nur in einem Fall wird davon berichtet, dass eine Schule keine externen Referenten anwerben wollte, weil diese „die anthroposophischen Einstellungen nicht rüberbringen" könnten (S♂9b). Die Rekrutierung externer Referenten wird auch aufgrund der dadurch entstehenden Anonymität positiv bewertet:

> Wir haben zwei Therapeuten auch, die in so eine psychotherapeutische Richtung arbeiten, und die mit den Klassen zusammenarbeiten. Sie mit den Mädchen und er mit den Jungs, und dass sie dann so Treffen haben und alle Fragen stellen können, die sie wollen. Auch anonym mit Zetteln und so weiter. Also das ist auch was, was sehr gut gelöst wurde an unserer Schule. (E♂9d)

Man könnte einwenden, dass die Befassung mit Sexualität dadurch an Normalität und Selbstverständlichkeit verliert, wenn – anders als bei anderen Unterrichtsinhalten – Externe rekrutiert werden. Andererseits erinnert die herausgehobene Thematisierung an die Initiationsrituale vieler Stammesgesellschaften und vielleicht wird damit auch dem durchaus gegebenen besonderen Charakter der Themen Sexualität, Beziehung und Bindung Rechnung getragen. Einige Gesprächspartner sehen – auch aufgrund des sehr begrenzten Zeitfensters – die Gefahr einer Verkürzung der Thematik auf die rein biologische Komponente:

> In der 7. Klasse war das erst, da kam dann von außen eine Sozialpädagogin, die in einer Stunde dieses Thema abgehandelt hat. Ich finde es schade, weil das ist ein Thema, das Pubertierende sehr bewegt. Klar können sie da nichts mehr lernen, weil sie wissen ja alles, aber es geht ja auch um Gefühle. Das ist ja auch ein Defizit in unserer Gesellschaft, über Gefühle zu reden. (E♂9f)

> Wir hatten erst einmal, eine Stunde Sexualkunde, und die war eigentlich ganz locker. Da war so eine Frau da, und die hat halt was erzählt, und das war's eigentlich. [...] Also ich hab' da keine neuen Erfahrungen gesammelt. [...] Ich glaub' heutzutage ist man standardmäßig so aufgeklärt, dass da mehr eigentlich nicht nötig ist. (S♂9g)

> In der Schule und wir sind einmal zu Pro Familia gegangen. 8. vielleicht. [...] Besser als bei meiner Klassenlehrerin. Die haben mir nichts Neues beigebracht, aber es war interessant. Sexualaufklärung kommt zu kurz. Man wird zwar über die Techniken informiert, aber alles andere kommt zu kurz, kannst du mir sagen, was Sexualität für einen größeren Zusammenhang hat? (S♂12c)

Schulintern scheint der Sexualkundeunterricht nur vereinzelt stattzufinden. Häufiger wird davon berichtet, dass das Thema überhaupt nicht vorkam oder eigentlich nicht vorgesehen war und erst auf Initiative der Eltern hin dann eine externe Person engagiert wurde bzw. eine Lehrkraft sich bereiterklärte:

> Nie in dieser Schule. Nichts auch in der Art und jetzt ist es schon zu spät, jetzt hat jeder schon seine Erfahrungen gemacht. Als in der 7. auf dem Lehrplan stand, Menschenkunde, haben wir uns alle drauf gefreut, aber es kam nichts. (S♀12f)

> Wurde eigentlich nicht so richtig behandelt. Wir haben das mal eine Zeit lang im katholischen Unterricht gemacht, aber das war schon alles. Das wäre schon gut gewesen, wenn es etwas ausführlicher behandelt würde. (S♀12a)

> Wenn wir als Eltern das nicht angeregt hätten, wäre da nichts passiert, das finde ich einen Schwachpunkt. Bei Leon war das in der 8. Klasse, wo wir gesagt haben, ‚das muss jetzt passieren'. Vielleicht war das nicht vorgesehen, weil Rudolf Steiner das 1920 nicht als so wichtig befunden hat. (E♂9b)

> Da muss ich ja lachen. Es gibt ja bestimmte Lehrpläne, an dieser Schule, die aus den zwanziger oder dreißiger Jahre kommen, entsprechend der damaligen Entwicklung der Kinder. [...] Er hat über Verhütung gar nicht gesprochen, oder diese abgelehnt, erst im heiligen Stand der Ehe, das Thema sein dürfte. [...] Der Elternrat hat von außen Beratungsstellen in die Schule geholt, und von außen den Lehrern aufgezwungen, da was zu machen und auch früher. [...] Die Lehrer selber würden das Thema gerne vermeiden. (E♀9c)

Am Sexualkundeunterricht durch Lehrkräfte wird kritisiert, dass dieser oberflächlich bzw. „völlig unzureichend" (E♂12g) sei, allerdings wird diese Kritik mit dem Hinweis, man selbst als Elternteil sei ja nicht anwesend gewesen, kaum näher ausgeführt. Eltern messen den Erfolg eher am Wissen ihrer Kinder.

> Ich habe nicht das Gefühl, dass das ausgereicht hat. Wir Eltern haben da noch einmal auf Eigeninitiative hin eine befreundete Gynäkologin engagiert, die dann mit den Kindern gesprochen hat. Aber das war eigentlich auch schon zu spät – in der 8. Klasse. (E♂12g)

Es werden – trotz Nachfrage – kaum Beispiele für die Umsetzung eines aus Sicht der Befragten gelungenen Sexualkundeunterrichts genannt. Eine Ausnahme bildet das folgende Beispiel, in dem sowohl Stärken aus Sicht der Mutter als auch waldorfpädagogische Besonderheiten sowie die bereits oben angesprochene Konstellation von später Einführung und die Auslagerung aus der Schule zur Sprache kommen:

> Erst ein Teil der Fakten… Auch vom Künstlerischen. Von der Klassenlehrerin der Mann ist der Kunstlehrer. Das haben sie gemacht mit Plastizieren, da haben sie mit Ton gearbeitet, wie diese Zellteilung geht. Das haben sie begriffen im wahrsten Sinne des Wortes. Das fand ich sehr angenehm. Das haben sie mit uns auch ein bisschen am Elternabend gemacht. Sehr lebendig. Und diese Achtung vor dem Leben, jetzt auch in Richtung Abtreibung und so, das ist schön vermittelt worden. […] Ich glaube, auch alle Verhütungsmethoden, das ist, glaube ich, alles drangekommen. Wie die Lehrerin das gemacht hat, das war eine alte Lehrerin, das fand ich gut. Andere sind jetzt zu Pro Familia gegangen oder die sind an die Schule gekommen. Da habe ich von anderen Lehrern gehört, dass das nur so mechanisch war. Eigentlich sollte das lebendig in die Schule rein. [Mechanisch heißt]: welche Verhütungsmittel es wo, was gibt, wie Kondome benutzt werden, ein Diaphragma ist erklärt worden. Und sie [Lehrerin der Tochter] hat ja versucht, mehr diesen menschlichen Hintergrund zu vermitteln. Dass man eigentlich eine gewisse Reife braucht oder haben sollte – ich weiß gar nicht, ob das diese Worte sind, dass man nicht einfach nur ungeschützt Geschlechtsverkehr und einfach sich hingibt so. Mehr dieses positiv-moralische ist da eingebracht worden. Also bei mir und bei ihr ist es, glaube ich, positiv angekommen. Sie haben so in bisschen Achtung, ja, das Wort ‚Achtung' haben sie mitbekommen. Wobei, das gab es dann auch schon, ich glaube, das war 10., 11., wo dann zwei junge Damen abgetrieben haben und dann ist das etwas vorverlegt worden mit der Aufklärung. Ich glaube, rein theoretisch, vom Waldorfplan, ist die 11.-Klass-Aufklärung vorgesehen. Und das ist in die 9. verlegt worden, hat man sich der Lebenswirklichkeit angepasst. (E♂12b)

Auf die Frage, ob man in der Schule lerne, auf seinen Körper zu achten, reagiert ein Großteil der Gesprächspartner befremdet bzw. verneint dies. Einige geben zu bedenken, dass in der Schule z. B. auf Leistungsschwächen Rücksicht genommen werde und die Eurythmie zur Körperwahrnehmung und damit Gesundheit beitrage:

Teilweise schon. Die Lehrer haben ein großes Verständnis, wenn man einfach nicht mehr kann. Nach acht Stunden Schule [...] dann geht man einfach zum Lehrer und sagt, ‚ich kann nicht mehr', dann ist das o.k. (S♀12d)

Durch Eurythmie. Dieses Bewegungsgefühl im Wald. Am Anfang haben sie Waldeurythmie gemacht, da haben sie gelernt, sich im Wald zu bewegen. (E♂9f)

Weil wir in den unteren Klassen viel draußen waren, wir waren viel draußen mit unserer Klassenlehrerin. (S♀10a)

Oftmals wird bemängelt, dass bewusste Gesundheitserziehung in der Schule eher zu kurz komme:

Es müsste nicht unbedingt explizit an der Thematik Gesundheit nochmal aufgedröselt werden, sondern es wäre ganz gut, wenn so was nochmal, also quasi auch in den älteren Klassen, nochmal betont werden würde. Ich glaube, es kommt einfach zu kurz. (S♂12a)

10 Mediennutzung

10.1 Neue Medien

Viele Waldorfschülereltern wünschen sich – insbesondere bzgl. der Internetnutzung, der Nutzung von Computerspielen und des Fernsehens – mehr Abstinenz ihrer Kinder. Die Daten aus der Fragebogenerhebung zeigen allerdings, dass Waldorfjugendliche in etwa genauso häufig im Besitz eigener Multimediageräte sind wie Jugendliche aus Regelschulen. Aus der jährlich durchgeführten sogenannten JIM-Studie (= Jugend, Information, Multimedia) des Medienpädagogischen Forschungsverbunds Südwest haben wir die Daten des Jahres 2009 mit unserer Erhebung verglichen. (vgl. Abb. 10.1).

Auffallende Unterschiede bestehen hinsichtlich des Besitzes einer Digitalkamera, den Jugendliche aus Waldorfschulen deutlich häufiger angeben. Möglicherweise zeigt sich hier die selektive Wahl der Eltern – Digitalkameras stehen anders als andere Medien nicht in dem Ruf, zu übermäßiger Nutzung zu verführen oder gar jugendgefährdende Inhalte zu eröffnen. Hinzu kommen die wohl durchschnittlich besseren finanziellen Mittel von Waldorfjugendlichen – auch Gymnasiasten sind z. B. laut JIM-Studie deutlich besser mit Digitalkameras ausgestattet als Haupt- oder Realschüler. Die Angabe zum Internet-Zugang aus der JIM-Studie bezieht sich auf die Frage, ob die Jugendlichen von ihrem eigenen Zimmer aus ins Internet gehen können, die Ausstattung mit Internet im Haushalt beträgt 98 %. Eigene Fernsehgeräte besitzen Waldorfjugendliche erwartungsgemäß seltener als Jugendliche aus Regelschulen. Auch hier schlägt sich möglicherweise die elterliche Medienskepsis nieder: Diejenigen, die einen Fernseher (49,8 %) besitzen, besitzen auch fast ausnahmslos einen dazugehörigen DVD-Player (42,6 %) der die selektivere Auswahl von Filminhalten fördern kann. Dieser enge Zusammenhang gilt für die in der JIM-Studie Befragten bei weitem nicht (Fernseher 60 %, DVD-Player 39 %). Auch in der JIM-Studie besitzen Jugendliche aus höheren Statusgruppen seltener Fernseher oder Spielkonsolen als z. B. Jugendliche, die Hauptschulen besuchen.

S. Liebenwein et al., *Bildungserfahrungen an Waldorfschulen*,
DOI 10.1007/978-3-531-19090-7_10,

© VS Verlag für Sozialwissenschaften | Springer Fachmedien Wiesbaden 2012

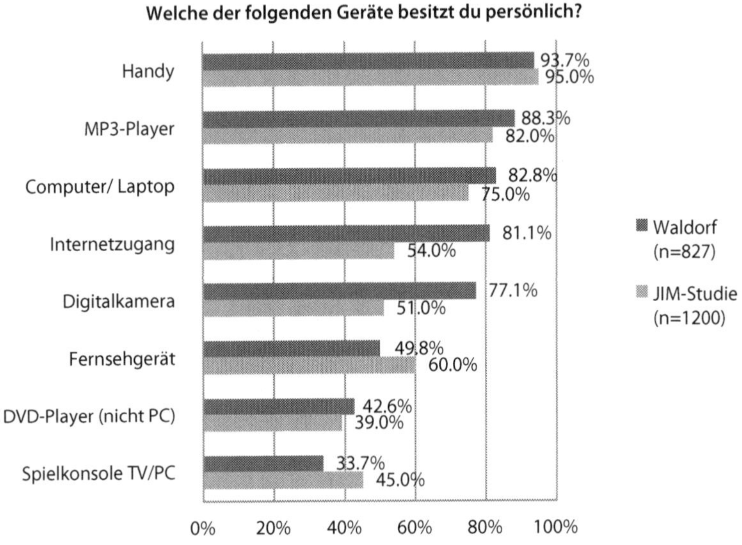

Abb. 10.1 Gerätebesitz (Mehrfachnennungen möglich)

Im Folgenden wird ein Blick auf die tatsächliche tägliche Nutzung der unterschiedlichen Medien geworfen. Wie bereits vor dem Hintergrund der qualitativen Interviews angedeutet, hat Fernsehen bei Waldorfjugendlichen einen weitaus geringeren Stellenwert als bei Jugendlichen aus Regelschulen (vgl. Abb. 10.2).

Konträre Befunde lassen sich allerdings für den Umgang mit dem PC ausmachen: Waldorfschüler scheinen PCs und Internet sogar intensiver zu nutzen als Schüler aus Regelschulen (vgl. Abb. 10.3).

Dieser Befund ist aufgrund der an Waldorfschulen nach wie vor verbreiteten Medienskepsis schwer interpretierbar. Es könnte sich – ähnlich wie bei dem erhöhten Drogenkonsum von Waldorfjugendlichen – um eine Art „pädagogischen Gegenteileffekt" handeln: Die Jugendlichen streben gerade nach dem, was im Elternhaus strikt abgelehnt und verboten ist. Andererseits ist anzunehmen, dass auch die Eltern selbst – aufgrund ihres eher überdurchschnittlich hohen beruflichen Status – PC und Internet im Alltag intensiv nutzen – es könnte sich also ebenso um einen Effekt des Vorbildlernens handeln, der nicht unbedingt intendiert sein muss. Weiter könnte es sich auch um einen Sozialstatuseffekt handeln: auch in anderen Studien wie z. B. der JIM-Studie nutzen bildungsaffinere Jugendliche PCs und Internet deutlich intensiver als solche mit geringerem Bildungsaspirationsniveau,

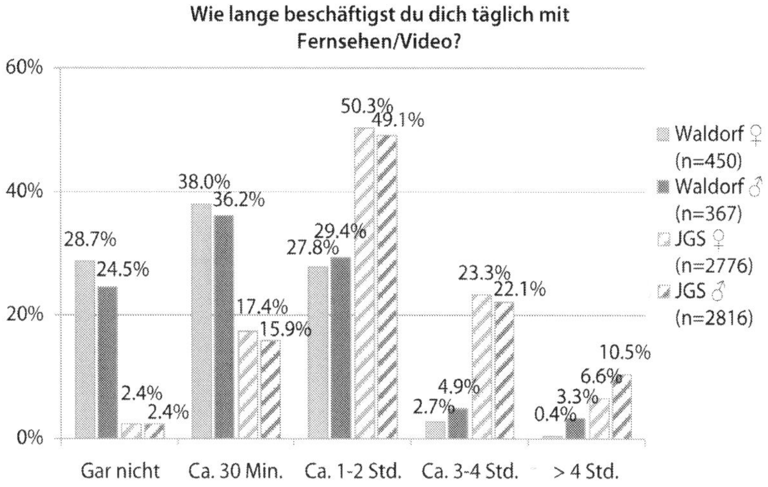

Abb. 10.2 Dauer des täglichen TV-Konsums im Vergleich zwischen Waldorfschülern und Schülern der Jugendgesundheitsstudie

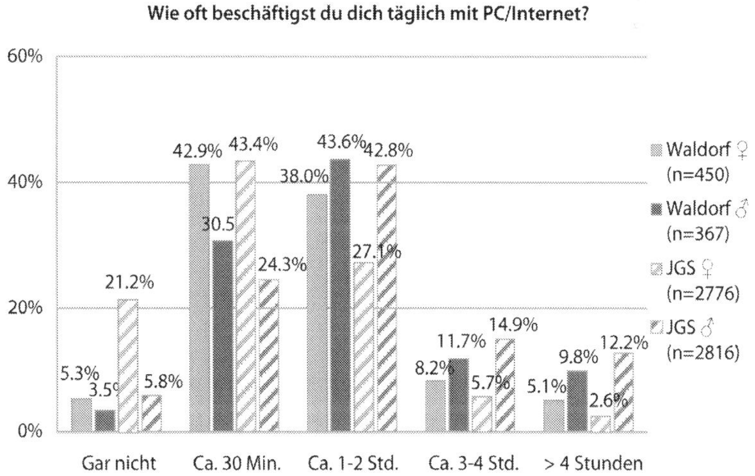

Abb. 10.3 Dauer der täglichen Nutzung von PC/Internet im Vergleich zwischen Waldorfschülern und Schülern der Jugendgesundheitsstudie

auch hier gilt für die Nutzung des Fernsehens der genau umgekehrte Effekt (vgl. JIM-Studie 2009, S. 18).

Jedenfalls berichten in den Interviews die meisten Jugendlichen von einer skeptisch-ablehnenden Haltung der Eltern zur Internetnutzung ihrer Kinder und – wie auch in der Fragebogenerhebung – z. T. von eigener intensiver Nutzung:

> Eine lange Zeit durfte ich gar nicht an den PC und keine Spiele spielen, da waren meine Eltern sehr streng… Irgendwann ist es aus der Kontrolle gegangen. Wo ich schwer fasziniert war, ist ‚World of Warcraft' und das hat wirklich ein hohes Suchtpotenzial, auch mit diesem Belohnungssystem… Irgendwann fällt einem halt auf, wie viel Zeit da verlorengeht. (S♂13)

> Ich habe ein Profil bei Schüler-VZ und auch beim brasilianischen Schüler-VZ, ich gucke illegal Filme im Internet, chatte ein bisschen, […] Auch Ballerspiele, eins meiner Lieblingsspiele war ‚der Pate'. ‚Counterstrike' ist langweilig, da rennst du durch die Gegend und schießt auf irgendwelche Terroristen, das ist total langweilig. (S♂9a)

> Was Kinder ja immer gerne wollen, ist PC und Handy und diese Dinge, PC-Spiele usw. und es war immer die Regel, 3 × so viel lesen wie PC mit der Folge, dass der Kleine gar nicht am PC sitzt, weil er nicht lesen will. […] Ich bin da sehr strikt dafür, dass die Kinder das bis 12, 13 Jahre gar nicht tun. Manuel hat jetzt mit 15 einen Computer bekommen, aber ohne Internet, nur zum Schreiben und Fotos bearbeiten. […] Computerspiele halte ich nichts davon, das würde ich schlichtweg verbieten! […] Internetanschluss hat er nicht, er kommt auch nicht ohne Weiteres ran, da muss er immer mich fragen. Also mailen kann er nicht viel. (E♂9g)

> Da mach' ich eigentlich nicht mehr viel dran, er hat erst vor einem knappen Jahr einen eigenen PC bekommen, er ist jetzt 16 geworden, sonst hat er halt bei mir am PC gemacht, der steht so, dass ich immer gucken konnte, was er gemacht hat, er hatte auch keinen freien Internetzugang. Ich guck' halt ab und zu, was er da macht und frag' ihn und klar, dann spielen sie irgendwelche Spiele, Play Station ist das auch. Ich frag natürlich immer, ob das Kriegsspiele sind, das wollte ich nicht und dann guck ich mir das auch mal an, aber alles sehr widerwillig, der hat einfach keinen Bock, dass ich mich da einmische. (E♀9b)

Insbesondere in Großstädten drängt sich der Eindruck auf, dass ein Teil der Eltern den Umgang mit Neuen Medien zwar durchaus kritisch sieht, aber dennoch insbesondere die Kommunikationsmöglichkeiten als in vielen Fällen unvermeidbare, vielleicht auch unverzichtbare und nützliche Aspekte des heutigen Lebens akzeptiert hat:

> Es gibt von uns die Vorgabe, möglichst wenig Kosten zu produzieren. Es gibt nicht das stundenlange Quatschen über das Handy. Es ist einfach, weil alle wissen, dass wir nicht unbedingt irgendwelchen Leuten das Geld in den Rachen werfen wollen, gehen wir lieber davon gemeinsam Essen. Es gibt in dem Sinne keine Restriktion. […] Es [Handy, iPhone] ist ein wunderbares Mittel um sich in einer großen Stadt, wir sind

ja alle viel unterwegs, um ein Kommunikationsnetz zu haben. Wir haben sozusagen einen virtuellen Raum, außerhalb von hier. (E♂9a)

Seine Freunde haben alle ein Handy, er hat es relativ spät gekriegt, in der 5. Klasse. Wir finden es auch nicht so gut, ein Kind dadurch zum Außenseiter zu machen. Und das andere war, dadurch, dass unsere Kinder beide schon sehr, sehr früh selbständig in Berlin unterwegs sind, mit der U-Bahn, finde ich es wichtig, dass sie uns immer erreichen können. Ich kann den ja nicht zu all seinen Schulfreunden begleiten. Dass sie immer die Möglichkeit haben, wenn sie jetzt mit einem Schulfreund nach Hause fahren, dass sie mir immer kurz Bescheid geben können. (E♂9b)

Wir hatten die Computerzeiten mal begrenzt, es hatte am Wochenende Formen angenommen, dass morgens der PC anging und abends ausging. Heute ist es mit dem eigenen Laptop, sie kommt nach Hause, sie hört Musik, da laufen die Filme, die chattet, loggt sich ein, sie schreibt auch ihr Buch darauf. Sie geht auf das Youtube. (E♀9d)

10.2 Musik

Musik hören ist der einzige in der Jugendgesundheitsstudie erfasste Bereich, in dem die Nutzungsquoten der Mädchen etwa denen der Jungen entsprechen. Waldorfschüler liegen hier etwa gleichauf mit Schülern an Regelschulen (vgl. Abb. 10.4).

Die hohe Bedeutung von Musik im Alltag der Jugendlichen wird auch in den Interviews immer wieder betont:

Ohne Musik kann ich nicht in die Schule fahren… Ohne meinen MP3-Player fahre ich keine U-Bahn-Station, gehe ich nicht die Straße runter. (S♂9a)

Ist mein Leben eigentlich. Ich höre fast alles, gute Musik. Auch stimmungsbedingt. Ich komme aus einer Musikfamilie, das ist schon, seit ich klein war, Bestandteil meines Lebens und das wird es immer sein. Ich höre gern Blues und Jazz, Reggae, Metallica, Rock, Beatsteaks, Filmmusik: Amelie, Gitarrenmusik, Jack Johnson… Nirwana ist einfach klasse. (S♀12e)

Ich find' Musik hat viel Einfluss auf die Stimmung, die man hat. Und Musik macht halt Spaß. Also auch selber Musik machen, hat mir sehr viel Spaß gemacht, eigentlich. (S♂9g)

10.3 Förderung des Umgangs mit Neuen Medien

Da können oft die Schüler mehr als die Lehrer, das trifft auch auf Waldorf-Schüler zu. (E♀12b)

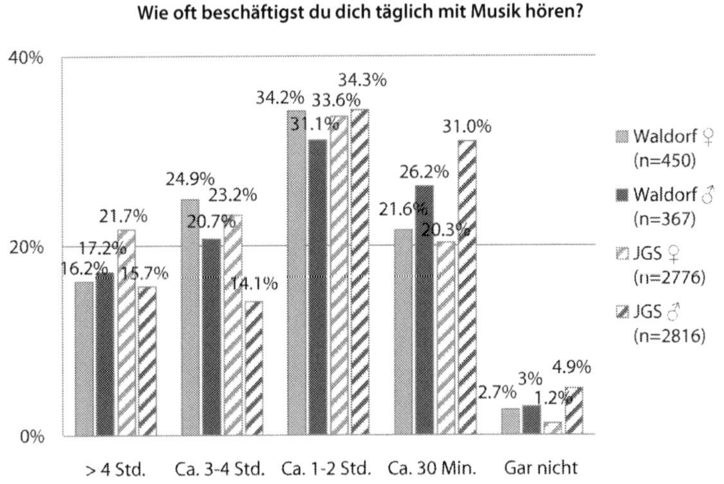

Abb. 10.4 Dauer der täglichen Beschäftigung mit Musik im Vergleich zwischen Waldorfschülern und Schülern der Jugendgesundheitsstudie

Nur 31,8 % der Schüler sind der Ansicht, ihre Schule fördere die Fähigkeit, die Qualität von Angeboten und Informationen im Internet zu beurteilen (vgl. Abb. 10.5). 75,7 % der Schüler hatten das Fach Informatik im letzten Schuljahr nicht. Diese Befunde erlauben vor dem Hintergrund der Daten aus den qualitativen Interviews auch Aussagen über die Förderung der Internetkompetenz im Allgemeinen: Die Schüler fühlen sich hinsichtlich des Umgangs mit Neuen Medien in der Schule eher gebremst als gefördert. Schüler wie Eltern attestieren der Schule eher Medienskepsis und -vermeidung. Demgemäß entstünde Fremdheit und Unkenntnis über die Lebenswelt der Jugendlichen:

> Wenn ich dann einen 5.-Klässler sehe, morgens schon im Zug, der in die 4. Klasse bei uns geht, der zockt Playstation Portable mit GTA4 drauf, wo irgendwelche Leute abgeballert werden und Blut spritzt und sonst irgendwelche Sachen passieren, die brutal eigentlich sind. Und dann sehe ich, wie dieser kleine Zwerg in der 5. Klasse auf seinen Stuhl sitzt und irgendwie ein rundes ‚C' malt mit rosa oder rot dann frage mich: ‚Wo ist das Verhältnis? Wo wird der abgeholt?' Der wird von diesem Ding so abgesaugt. […] Was, glaube ich auch, bei Jungs oft ein Problem ist, ist gerade der Umgang mit den Möglichkeiten der Pornographie im Internet. Es ist oft ein Problem ein gesundes Verhältnis zu bekommen. […] Wird überhaupt nicht thematisiert. (S♂12d)

> Da ist die Schule quasi unterbelichtet. Da könnten sie Licht ins Dunkle bringen, in die Dämonenhaftigkeit, wie auch immer, in diese Problematik, die damit auch zusam-

Abb. 10.5 Förderung der Internetkompetenz (n = 827)

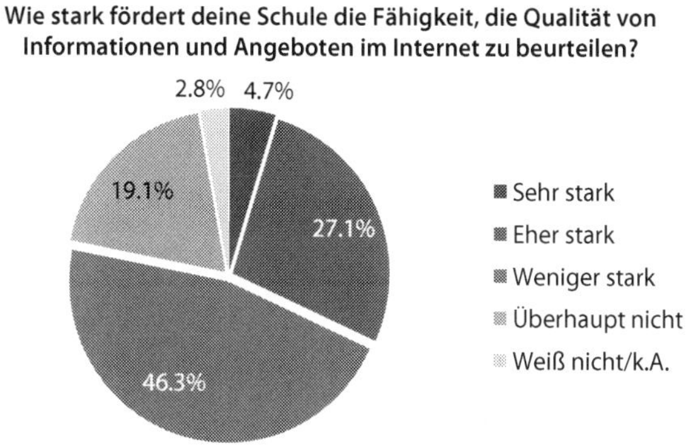

menhängt. Das wird nicht offensiv angegangen, das würde ich mir wünschen, dass ganz offensiv auch das wahrgenommen wird, dass es ein weitverbreitetes Bedürfnis ist, und dass man dem auch positive Aspekte abgewinnen kann. Dann ist es auch aus meiner Sicht eher möglich, Grenzen zu setzen. […] Das sind Instrumente in der heutigen Welt, PC, Internet, wie Auto oder Fahrrad, im physischen Bereich, und das andere im informativen Bereich, dass sie da auch so ungefähr einen Computerführerschein machen müssten. (E♀9e)

Ja in der Schule hab' ich mein Handy auch an. Aber ich hab's, jetzt zum Beispiel, auch lautlos, Tastensperre an. […] Allein, wenn man schon so aus der Tasche, ein bisschen, wird's gleich weg genommen. Wenn's einfach so rumliegt, dann wird es weggenommen bis zu drei Wochen oder so. Wenn du spielst dann wird es weggenommen ein Jahr oder so. Computer, Zehnfingersystem hatten wir jetzt in EDV. Aber sonst wird alles dagegen gesprochen. Handy, das braucht man nicht groß und so. Und Internet, eigentlich, braucht man nicht. (S♂9f)

Gleichwohl herrscht die Meinung vor, die Vermittlung von Anwenderkenntnissen auf dem Niveau des Kenntnisstands der Lehrkräfte erübrige sich. Vielmehr könnten in diesem Bereich die Schüler die Lehrkräfte „belehren":

Das ist eigentlich auch noch ein Kritikpunkt – dass es keine Lehrer an unserer Schule gibt, die Computerkurse geben können. Als ich den Austausch mit England gemacht habe, gab es dort an der Waldorfschule zweimal die Woche ganz tolle PC-Kurse. (S♀12a)

Man hat auch Informatik. Aber es ist so wie mit der Sexualkunde, man lernt alles schon vom Haushalt… Die Schule kann da noch Unterricht geben, aber das Grundwissen, was die Schule einem beibringt, das hat man schon von zu Hause. (S♀12e)

Aber ich glaube, dass die Kinder heutzutage den Umgang mit dem PC ganz automatisch lernen. (E♀9a)

Da ist die Schule noch am Anfang, die wollen auch, dass sie die Referate am PC machen, und der Spruch, ‚das schaut ihr mal im Internet nach', geht den Lehrern leicht über den Mund. [...] Ich glaube, dass da die Kinder den Lehrern etwas vormachen könnten. Die Mädels sind so fit, dass es nicht nötig ist. Das ist wie bei uns ein Taschenrechner, haben wir jemals einen Taschenrechner erklärt gekriegt? Die Zeiten sind vorbei mit Grundkurs Informatik. (E♀9d)

Fördern tut sie es gar nicht, ganz im Gegenteil. Ich glaube, die Schule hat kaum PCs. Ich finde das völlig in Ordnung, weil das ist das Einzige, was sie von alleine lernen. (E♂9f)

Ein anderer Teil der weniger computergewohnten Befragten würde sich durchaus eine Vermittlung von grundlegenden EDV-Kenntnissen im Unterricht wünschen:

Das ist eine wichtige Sache. Ich sehe eigentlich zukunftsmäßig wenig Chancen, wenn man keine Ahnung hat vom Computer. (S♂12b)

Also ich find', man könnte damit ein bisschen früher anfangen. Nicht nur mit dem Internet, sondern auch bestimmte Sachen am Computer. Also Kinder, die dazu Zugang haben zu Hause, die bringen sich das ja sehr schnell selber bei, also die sind ja manchmal fitter als die Erwachsenen, oder vielfach sogar. Aber Kinder, die nicht den Zugang dazu haben... Also ich find's schwierig heutzutage an die Uni zu kommen und nicht ordentlich mit Word oder Excel umgehen zu können. Das ist wirklich schwierig. Und ich finde, wenn man erwachsen ist, lernt's sich wirklich schwerer als wenn man noch in so einer Neugierphase ist und das alles ausprobieren möchte, wie das geht. Ich möcht' natürlich nicht, wie in hiesigen Grundschulen, die 1. Klässler dransetzen, aber einen 8. Klässler würd' ich schon dransetzen. (E♀9g)

Die Auseinandersetzung mit neuen Medien im Unterricht sei allerdings – falls sie überhaupt Unterrichtsinhalt wird – sehr von der persönlichen, meist von Skepsis oder Ablehnung geprägten Meinung der Lehrkräfte dominiert:

Unser Lehrer hat uns aufgeklärt über die Strahlung des Handys und seitdem bin ich nicht mehr erreichbar. Er hat gesagt, man kann keine Kinder mehr kriegen, wenn man es in der Hosentasche trägt und die Strahlung ist wie in der Mikrowelle. Bei mehr als zehn Minuten telefonieren wird der Kopf in einen Fieberzustand versetzt, der restliche Körper ist noch normal, nur der Kopf in einem Fieberzustand. (S♀10b)

Wir haben kein W-LAN in der Schule – Steiner hat schon über W-LAN gesprochen, über elektromagnetische Strahlung, die die Erde umfasst. (S♂12c)

Andererseits sei die Offenheit für Neue Medien auch in der Waldorfschule durchaus angestiegen, wie ein Teil der Schüler wahrnimmt:

Viele Lehrer sind da eher skeptisch, so ältere Lehrer. [...] Jetzt geht's. Früher zum Beispiel, so 7. Klasse oder so was, Referat, da wurde gleich gesagt: ‚Bitte Buch, auf keinen

Fall Internet.‘ Heutzutage macht man ein Referat fast nur aus dem Internet. Halt nicht von einer Seite, weil ich weiß, das muss nicht stimmen. Ich mach' dann meistens ganz viele Seiten und vergleich' dann so. Aber es ist halt einfach schneller als jetzt zur Bibliothek zu laufen, ein Buch zu finden, das ist auch nur eine Meinung. (S♀9e)

Es ist öfters schon so, dass Aufsätze, die man geschrieben hat, die mailt man den Lehrern, oder es wird gesagt, ‚ihr müsst das und das herausfinden, egal wie‘. (S♂9h)

Seit der 11. Klasse muss man das [Internetanschluss] haben, da ist man fast genötigt, weil dann Arbeitsblätter teilweise nur per E-Mail verschickt werden. (E♀12b)

11 Kulturelle Interessen

11.1 Rezeption von Kunst und Musik

Auf die Einstiegsfrage, welches Buch bzw. welcher Film sie in letzter Zeit beeindruckt oder gefesselt habe, wissen alle Jugendlichen etwas zu berichten. Dabei zeigten sich die Waldorfschüler stärker von Büchern als von Filmen begeistert.

Beispiele für Bücher, die die Befragten in letzter Zeit gefesselt haben, sind die „Werke von Theodor Storm", „Bootcamp" (Schullektüre auf Anregung der Schüler), „Du bist mein Geheimnis", Bücher von Stefan Zweig; „Brave New World" (Schullektüre in Englisch), „Nachrichten aus einem anderen Universum", „Biss-Reihe", „Homo Faber" (Schullektüre), „Gomorra", „Arabboy: Eine Jugend in Deutschland oder das kurze Leben des Rashid A.", „Nachtzug nach Lissabon", „Lea" „Stolz und Vorurteil", „Harry Potter", „Die Aula", „Freaks", „Die dreizehn Leben des Kapitän Blaubär", „Candy", „Herr Lehman", „Join me", „Eragon", „Krokodil im Nacken". Ein kleinerer Teil der Jungen beschreibt sich als desinteressiert am Lesen von Büchern:

> Ich lese unter Bundesliga.de […]. Wenn's über Sport ist, oder über Autos irgendetwas. Über etwas, was mich interessiert, dann les' ich das gerne. Sportteil der Süddeutschen, den les' ich immer. (S♂9f)

Eltern geben fast ausnahmslos an, das Lesen stark gefördert zu haben durch Vorlesen, Vorbild und breites Bücherangebot im Haushalt. So reagieren sie auch entsprechend enttäuscht, wenn bei einigen der Söhne kein eigenes Leseinteresse entstanden ist und versuchen, dieses mit unterschiedlichen Maßnahmen zu „fördern":

> Mein Vater hat mich gezwungen, ein total langweiliges Buch zu lesen… Das ist auf jeden Fall nichts für einen Jugendlichen, das ist vielleicht für alte Säcke wie meinen Vater was… Ich musste …, sonst durfte ich nicht in die Ferien verreisen. (S♂9a)

> Indem ich ihr sehr viel vorgelesen habe am Abend. Und auch, indem man selbst viel liest und öfters mal gesehen wird beim Lesen. (E♀12e)

S. Liebenwein et al., *Bildungserfahrungen an Waldorfschulen*,
DOI 10.1007/978-3-531-19090-7_11,

© VS Verlag für Sozialwissenschaften | Springer Fachmedien Wiesbaden 2012

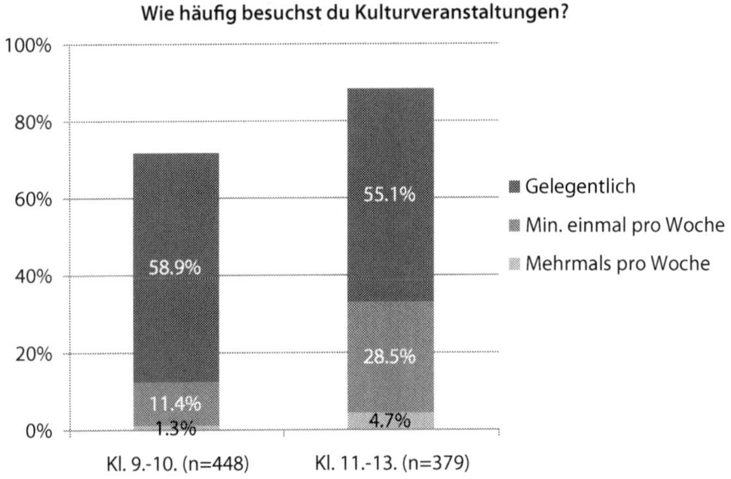

Abb. 11.1 Häufigkeit des Besuchs von Kulturveranstaltungen nach Alter

Im Rahmen der Interviewfrage nach den Filmen, die Jugendliche begeistert haben entsteht bei einem Teil der Eindruck, dass so wenig ferngesehen wird, dass kaum Filme bekannt sind. Filmaffinere Jugendliche geben überraschend häufig Filme mit politischem, historischem oder gesellschaftskritischem Hintergrund an, so z. B. „Merry Christmas", „Freedom Riders", „Brave Heart", „Der ewige Gärtner" oder auch „Der mit dem Wolf tanzt". Es folgen Filme, die dem Genre Fantasy zuzuordnen sind wie „Herr der Ringe" oder „Batman". Vereinzelt werden auch Abenteuergeschichten, Thriller oder Komödien benannt, so z. B. „Leon der Profi", „Fluch der Karibik", „Sweeney Todd", „Love Actually".

In der Fragebogenerhebung geben 22,1 % der Jugendlichen an, mindestens 1× in der Woche Kulturveranstaltungen zu besuchen. Der Wert steigt auf 79,3 %, wenn man auch diejenigen einbezieht, die „gelegentlich" Kulturveranstaltungen wahrnehmen. Es ergeben sich starke altersabhängige Unterschiede: ältere Schüler wählen signifikant häufiger die Kategorie „mindestens 1x pro Woche" (Abb. 11.1 u. Abb. 11.2).

11.2 Eigene künstlerisch-musische Aktivitäten

Die Waldorfschule hat es sich zum Ziel gesetzt, künstlerische, handwerkliche und musische Interessen im Sinne einer ganzheitlichen Pädagogik explizit anzuregen und deren Weiterentwicklung zu fördern. Dass dies – wenn man die auf die Neu-

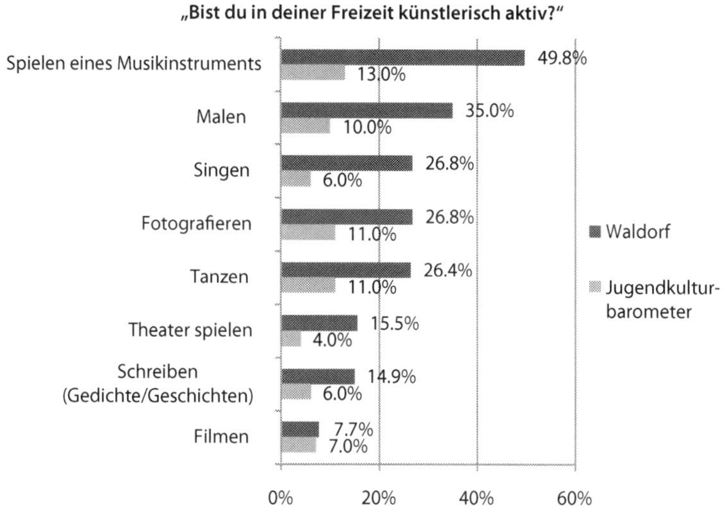

Abb. 11.2 Aktuelle künstlerische Hobbies – Vergleich Waldorfschüler vs. deutsche Jugendliche (Jugendkulturbarometer: 14–24 Jahre)

en Medien bezogene Kreativitätsförderung einmal ausblendet – auch zu gelingen scheint, legen sowohl die Daten aus der Fragebogenerhebung als auch die Berichte aus den Interviews nahe. Im Vergleich mit den Daten des Jugend-Kulturbarometers zeigt sich ein deutlich höheres aktives Interesse der Waldorfschüler an Kunst, Musik und Kultur. Künstlerische Hobbies im weitesten Sinne geben im Jugend-Kulturbarometer 48 % an (Keuchel und Wiesand 2006, S. 44), während es in unserer Stichprobe 77,8 % sind. Mädchen sind dabei generell künstlerisch signifikant aktiver als Jungen (vgl. Abb. 11.3).

Diejenigen, die angaben, künstlerisch aktiv zu sein, wurden weiter danach befragt, in welchen Bereichen sie sich aktiv zeigten. Auch hier ergeben sich erhebliche geschlechtsspezifische Unterschiede (vgl. Abb. 11.4).

Die häufigste Kategorie – das Spielen eines Musikinstruments – wurde noch weiter ausdifferenziert. Es ergaben sich hinsichtlich aller angegebenen Instrumente (mit Ausnahme der Klarinette) deutliche geschlechtsspezifische Unterschiede. Insbesondere Klavier, Geige und Querflöte scheinen sehr mädchendominierte Instrumente zu sein, während Schlagzeug, Trompete und E-Gitarre/E-Bass fast ausschließlich von Jungen gespielt werden (vgl. Abb. 11.5).

Für das Spielen eines Instruments liegen aus Repräsentativstudien keine Daten vor. Eine Annäherung an die Größenordnungen der Beliebtheit lässt immerhin das

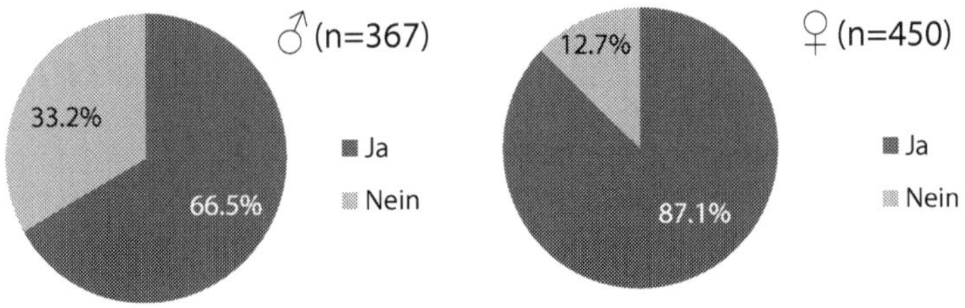

Abb. 11.3 Künstlerische Freizeitaktivität nach Geschlecht. (Fehlende Werte an 100 %: keine Angabe)

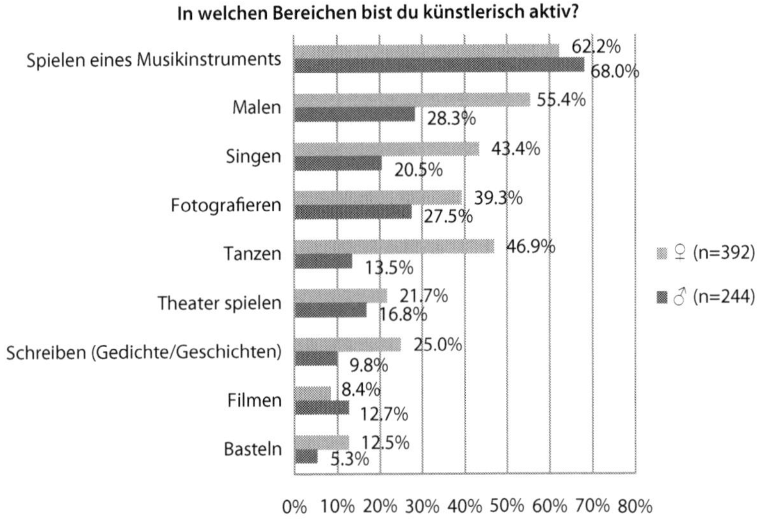

Abb. 11.4 Künstlerische Aktivität nach Bereichen und Geschlecht (nur Jugendliche, die angaben, künstlerisch aktiv zu sein)

Statistische Jahrbuch der Musikschulen in Deutschland zu (vgl. Abb. 11.6). Dabei zeigen sich Parallelen – etwa dass das Klavier beide Male auf Platz 1 der Häufigkeitsskala steht und Geige, Gitarre oder Querflöte ebenfalls zu den beliebtesten Instrumenten gehören. Es zeigen sich aber auch Verschiebungen, die eventuell dem spezifischen Waldorfmilieu zugerechnet werden können – etwa dass Gitarre in der Musikschulstatistik deutlich vor Geige liegt, während insbesondere durch die Mädchen die Geige zum zweitbeliebtesten Instrument der Waldorfschülerschaft wird. Auch taucht das Violoncello in der Top 10-Liste der Musikschulen nicht auf

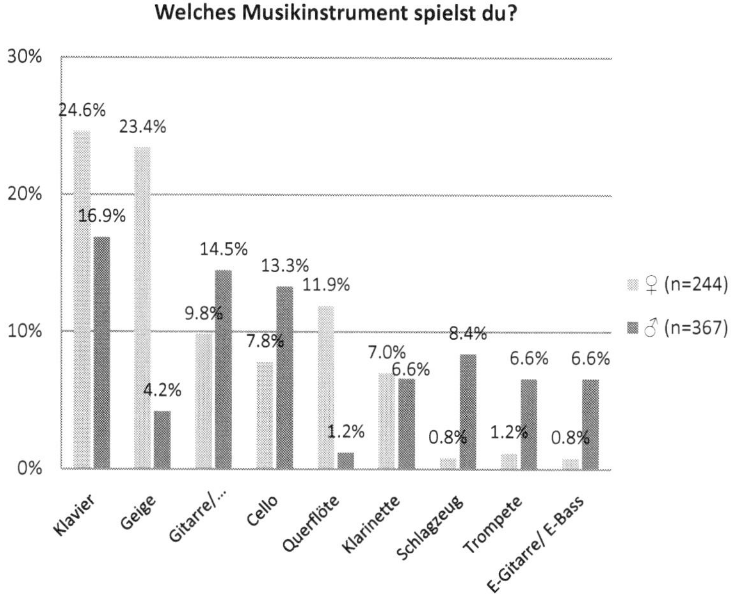

Abb. 11.5 Welches Musikinstrument spielst du? (Nur Befragte, die ein Musikinstrument spielen)

während es in der Waldorfschülerschaft auf Platz 4 der beliebtesten Instrumente kommt. Schlagzeug erreicht unter den Waldorfschülern vergleichsweise deutlich weniger hohe Beliebtheitswerte als im Schnitt deutscher Musikschulen.

Die Jugendlichen beschreiben auch in den Interviews ihre künstlerischen Aktivitäten und kulturellen Interessen als ausgeprägt und breitgefächert:

> Am liebsten gehe ich mit Freunden, zum Beispiel, ins Museum, weil es schön ist, verbindend. (S♀12d)

> Kommt immer auch auf meine Laune an – wenn ich total schlecht gelaunt bin, gehe ich in mein Zimmer und mache eine CD an und male, wenn mir langweilig ist, male ich oder lese, oder wenn ich irgendein Projekt habe, dass ich ein großes Bild habe, dann male ich nur noch, dann gehe ich nur noch zum Essen aus dem Zimmer. Sonst mache ich alles gleich gern; das Schreiben gerade weniger, weil wir keine Aufsätze schreiben in der Schule. Dann überlege ich, welche Geschichten ich schreiben könnte, mal ist mir was mitten in der Nacht eingefallen, dann bin ich aufgewacht und habe überlegt, ob ich das aufschreiben soll. (S♀9c)

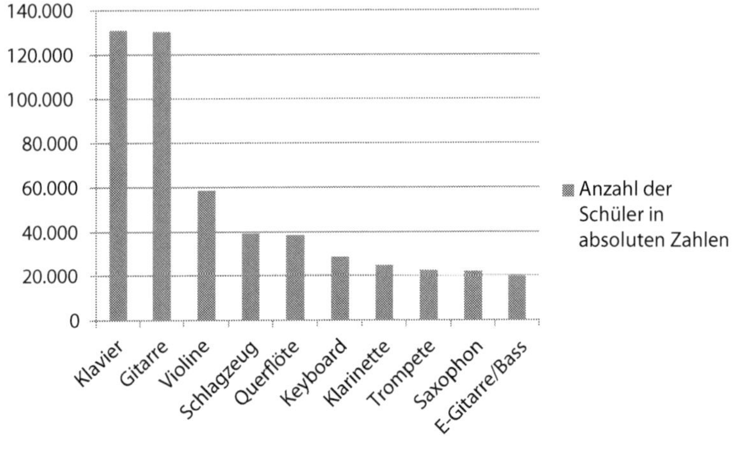

Abb. 11.6 Beliebteste Instrumentalfächer nach Daten des Statistischen Jahrbuches der Musikschulen in Deutschland 2010

Auch die Eltern beschreiben ein ausgeprägtes Kunst- und Kulturinteresse und ihr Streben, dieses auch an ihre Kinder weiterzugeben:

> Wir haben nicht so das Kulturprogramm. Wir bauen das eher so in unseren Alltag ein. Ich bin ja Architekt und wenn wir dann im Urlaub zum Beispiel in Venedig sind, dann schauen wir uns da natürlich schon viel an und ich erzähle den Kindern dann von meiner Perspektive was. (E♂9e)

> Ja. Also ich habe mit den Kindern, wir haben zuerst immer wahnsinnig viel gesungen, abends, zum Einschlafen, unendlich gesungen, so bis dann Manuel das nicht mehr schön fand. Und dann haben wir gelesen. Entweder wurde gelesen oder gesungen, abends. Leider ist es so, dass wir seit einem Jahr wieder Fernsehen haben, so dass leider weniger gelesen wird, weil der Jonas sich dann oft wünscht, zu sehen. (E♂12b)

> Spielt in unserer Familie eine sehr große Rolle. Das heißt, alle Töchter spielen Musikinstrumente. Lisa singt noch dazu. Mein Mann bringt mehr die bildnerisch-künstlerische Seite ein und ich die musische Seite. (E♀13/11)

Entsprechend dieses Eindrucks scheinen Waldorfjugendliche – dies legt der Blick auf Vergleichsstudien nahe – künstlerisch tatsächlich aktiver zu sein als Schüler an Regelschulen (vgl. Abb. 11.7).

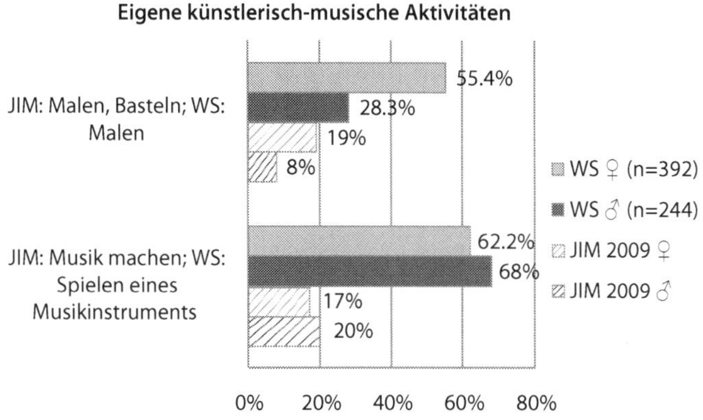

Abb. 11.7 Künstlerisch-musische Aktivitäten im Vergleich zu Regelschülern

11.3 Künstlerisch-musische Förderung durch das schulische Angebot

Die Schüler fühlen sich durch die Schule durchaus in ihrem Leseinteresse gefördert. So berichten sie z. B. über gemeinsame Klassenlektüren, die die Schüler auch mit auswählen durften, über Lesetipps der Lehrkräfte oder über Referate zu Büchern, die Schüler gelesen hatten:

> Im letzten halben Schuljahr da musste jeder ein Referat über ein Buch halten und das war so interessant, dass man das Buch auch lesen wollte. (S♀10a)

> Im Bereich Bücher… Ja schon, dass ich überhaupt zum Lesen gebracht wurde. So, dass mir vermittelt wurde der Spaß an Büchern, eigentlich. Und überhaupt das Interesse an Kunst. Nicht nur an Computer und Film und so was. (S♀9e)

87,4 % der Schüler geben in der Fragebogenerhebung an, Kunst, Musik, Theater und Tanz seien an ihrer Schule wichtig. Ältere Schüler und Mädchen sind signifikant stärker dieser Ansicht. Entsprechend ist auch der Großteil der Schüler zufrieden (sehr zufrieden: 28,7 %; zufrieden: 47,5 %) mit dem Angebot von Kunst und Musik, das die Schule macht – ältere Schüler zeigen sich zufriedener (9.–10. 66,7 % vs. 11.–13. 71,2 %).

Genauere Aufschlüsse über den Hintergrund der insgesamt positiven Einschätzung ergeben sich aus den qualitativen Interviews. Zufriedene fühlen sich in ihren Interessen von der Schule angeregt oder gefördert, dabei aber nicht bedrängt:

In Musik auf alle Fälle, weil mein Lehrer hat das Instrument für mich ausgesucht [Fagott]. (S♂9g)

Sehr, sehr viel Förderung, Kunstabschluss auf der Bühne, Jahresarbeiten auf der Bühne, es ist immer was. […] In der 12 hat man sehr viel, 3× auf der Bühne, 1× einzeln, 2× in Gruppen. (S♂12e)

Ich finde das schon sehr wichtig, weil ich ja auch kreativ bin. Dass ich das auch ausleben kann. Und in Kunst wird ja auch ein Abitur abgenommen und das ist ein Hauptfach im Moment. (S♀10b)

Eines auf jeden Fall, ich spiele Cello, da bin ich nur durch die Schule drauf gekommen. Und mache das jetzt seit sechs Jahren. Aber meine anderen Interessen, würde ich sagen, dass ich die jetzt unabhängig von der Schule gefunden hab'. (S♂9b)

Und Filme schon, weil ich hab' für mein Kunstprojekt, da hab' ich auch einen Film gemacht. Und deswegen habe ich schon ein Verhältnis dazu. […] Wir haben viel gemalt. Gerade durch den Form-Zeichen-Unterricht. Auch geometrisches Zeichnen haben wir viel gemacht. Auch räumliches Zeichnen. […] Musikalisch haben wir eigentlich durch Eigeninitiative viel gemacht. Ich habe viele Leute kennengelernt an der Schule, mit denen ich dann Musik gemacht habe. […] Theatermäßig die ganzen Stücke, die wir mit der Klasse aufgeführt haben. Oder die Theater-AG, die wir selber ins Leben gerufen haben. Da ist die Schule schon offen. Und da unterstützt sie einen schon. (S♂12d)

Theater ja, ich habe mich früher für Theater nicht interessiert… Theater hat mir gezeigt, dass ich was mit Schauspiel machen will, daran arbeiten will. (S♀12f)

In der Schule gibt es auch ein großes Angebot an Theaterkursen und es werden dann kleine Stücke vorgespielt. […] Kunst ist auch ein ganz wichtiges Thema in der Schule und es verfeinert sich über die Jahre hinweg immer mehr. Die Kinder lernen viele verschiedene Techniken und die Interessen der Kinder können da voll ausgelebt werden. […] Die Schule hat im Bereich der bildenden Künste da sicher die Interessen unserer Kinder stark geprägt. (E♂9e)

Es hat einen hohen Stellenwert. Dadurch, dass es einen hohen Stellenwert hat, dass es was Angesehenes ist, wenn man ein Instrument kann, das macht ganz viel aus. Also ich sehe den Unterschied zu mir früher, ich hab's gehasst und hab's auch aufgehört, weil es wurde überhaupt nicht angesehen, man wurde dafür verspottet. Und das ist hier was ganz anderes. Wenn man ganz gut ist und irgendwann die erste Geige spielt, das ist einfach ein Stück Status in der Gemeinschaft, an was man vielleicht in der Mathematik nicht gelangen kann oder so. (E♀9g)

Und dann ist natürlich auch so, dass im Rahmen der Schule schon sehr viel Theater und Konzerte und Aufführungen angeboten werden. Wo wir, normalerweise, schon immer hingehen. […] Also Unterrichtsfächer, es gibt Musik, natürlich, und Chor oder

> Orchester. Die müssen jetzt irgendwie in der Mittelstufe in Chor oder Orchester, eins von diesen beiden Fächern noch dazu nehmen. Es wird immer gern gesehen, wenn die Kinder noch ein Instrument lernen. Das Theater spielen ist halt im Rahmen der verschiedenen Klassenstufen sehr im Vordergrund. Wobei das nicht ein eigenes Fach ist, sondern halt in der 8. und der 12. Klasse diese Abschlusstheaterstücke. Sonst wird das auch immer gefördert, und sie haben auch Sprachgestaltungslehrer, die immer wieder mit ihnen üben. (E♂9d)

Unzufriedene kritisieren hingegen, dass die Schule kaum auf kunsthistorische Hintergründe einginge, dass sie eher hochkulturell orientierte Angebote mache, das Orchester betreffend zu viel Druck aufbaue, das Lesen nur in der Unterstufe fördere und insgesamt zu wenig Freiraum für individuelle bzw. unkonventionelle Kreativitätsentfaltung biete:

> Ist ziellos, hat nicht das Ziel kultureller Bildung. Nicht so, wie ich es aus der Schule [ihrer eigenen] kenne, man liest eine Lektüre und dann geht man auch ins Theaterstück dazu. Kunst findet auch in dem Sinne nicht statt. Es soll ja Kinder geben und unsere gehört dazu, die das nicht so toll finden, da vor einem weißen Blatt zu sitzen. [...] Sie malt das zwar dann nach, aber dieser Zugang zu Kunst, der fehlt ihr komplett. [...] Ich würde mich freuen, wenn der Deutschunterricht eine andere Qualität bekommen würde und auch wenn dieser Malunterricht mal eine Bildinterpretation oder eine Kunstrichtung den Kindern näher bringt... (E♀9d)

> In der Waldorfschule wird viel gelesen, gerade auch am Anfang, es wird viel vorgelesen, dann kommt in der Mittelstufe auch so ein Einbruch, der Leon hat in der 8. Klasse kein einziges Buch gelesen. [...] Kino finde ich bisschen schade, das ist ein Kulturmedium, das wurde gar nicht gemacht. Wir sind schon immer bewusst ins Kino gegangen, machen wir auch jetzt noch. [Musik]: Der Plan ist, dass sie zuerst Flöte lernen, damit habe ich ein bisschen ein Problem. Nicht jedes Kind ist für Flöte. Er hat sich das Cello ausgesucht, ich persönlich glaube, dass ihn der Lehrer angesprochen hat, die passen auch gut zusammen. Er spielt immer noch seit Anfang der 3. Klasse, er hat nie eine Pause gemacht. Die Schule, da habe ich Kritik, wollen, dass jedes Kind ein Orchesterinstrument lernt und die Eltern bezahlen das auch und es ist ja auch nicht einfach, das Instrument zu beschaffen. [...] Und das mit dem Schulorchester klappt überhaupt nicht: Sie versuchen, die Kinder zu zwingen, am Schulorchester teilzunehmen und das führt dazu, dass Leon sagt, ‚wenn sie mich zwingen, dann höre ich auf, Cello zu spielen, dann muss ich auch nicht am Schulorchester teilnehmen'. Da müssten sie sich mal überlegen, woran liegt das, dass die Kinder da nicht mitmachen? (E♂9b)

> Jedenfalls gibt es ein Jugendsinfonieorchester, was besteht aus dem Oberstufenorchester der Waldorfschule und dem großen Orchester der örtlichen Musikschule, der Kreismusikschule. Und das ist relativ erfolgreich, weil die Musikschüler das Niveau hochziehen. Also in der Waldorfschule sind einige Schüler, die gezwungenermaßen in dem Orchester sind, weil sie müssen das machen oder den Chor. Und wenn der Chor dann noch schrecklicher ist, dann gehen sie vielleicht in das Orchester. Ich kenn' auch die pädagogischen Argumente dahinter, aber trotzdem ist es für Kinder, die musika-

> lisch sind, und eigentlich gute Musik machen wollen, eigentlich furchtbar, wenn da Leute, oder viele Leute, dabei sind, die eigentlich stören, und das gar nicht machen wollen und so. Von da her ist es nicht auf einem sehr hohen Niveau alles, aber es findet statt, und es hat öffentliche Aufführungen, und es gibt eine Orchesterfahrt. (E♀9g)

> Es gibt auch AGs, aber da kommt man relativ schlecht rein, weil so wenige Lehrer das machen. (S♂9d)

> Kunst: Ich musste ein Bild rot anmalen, meine Freundin orange, welchen Sinn soll das haben? ‚Schwingt den Pinsel nach euren Gefühlen, lasst die Farben fließen!' Ich denke immer, ‚nein, diese schwachen Farben, diese zerfließenden Farben machen mich wahnsinnig'. Wir werden nur auf Waldorf-Kunstunterricht gefördert, nichts anderes. Musik – wir können nicht mal Noten lesen. (S♀12f)

Nun ist fraglich, ob ein breites Kunst- und Musikangebot immer geeignet ist, künstlerische und musische Interessen und Aktivitäten zu fördern. Die Ansicht, dass die Schule kulturelle Interessen fördere, teilen 68,8 % der Schüler. Signifikante Unterschiede zwischen den Gruppen ergeben sich einzig in Zusammenhang zur allgemeinen Beurteilung der Waldorfschule: der Eindruck, hinsichtlich der kulturellen Interessen gefördert zu werden, korreliert positiv mit der Beurteilung der Schule – während bspw. nur bzw. immerhin noch 50 % der sehr Unzufriedenen den Eindruck haben, ihre kulturellen Interessen würden gut gefördert gilt dies für 77,7 % der Zufriedenen.

Die Einschätzung hinsichtlich der Förderung kultureller Aktivitäten fällt noch positiver aus: 74,2 % der Schüler teilen die Ansicht, dass die Schule kulturelle Aktivitäten fördere. Hier bestehen signifikante Unterschiede nach Alter und wiederum im Hinblick auf die Beurteilung der Waldorfschule im Allgemeinen. Ältere Schüler fühlen sich stärker gefördert (9.–10. Klasse: 70,8 % vs. 11.–13. Klasse: 78,4 %), Zufriedene ebenfalls (81,2 % vs. sehr Unzufriedene 58,7 %).

Dennoch würde sich ein recht hoher Anteil der Schüler – mehr Mädchen als Jungen – noch mehr künstlerische Förderung wünschen (vgl. Abb. 11.8).

Dieser Wunsch nach mehr künstlerischer Förderung kann – auch vor dem Hintergrund der ausgeprägten Zufriedenheit – dahingehend interpretiert werden, dass insbesondere die Interessierten sich noch mehr Angebote wünschen würden. Demnach bestehen hinsichtlich dieser Fragestellung auch signifikante Unterschiede zwischen künstlerisch Aktiven und Passiven (Aktive 47 % vs. Passive 25 %)[1].

[1] Antwortkategorien „eher" und „sehr".

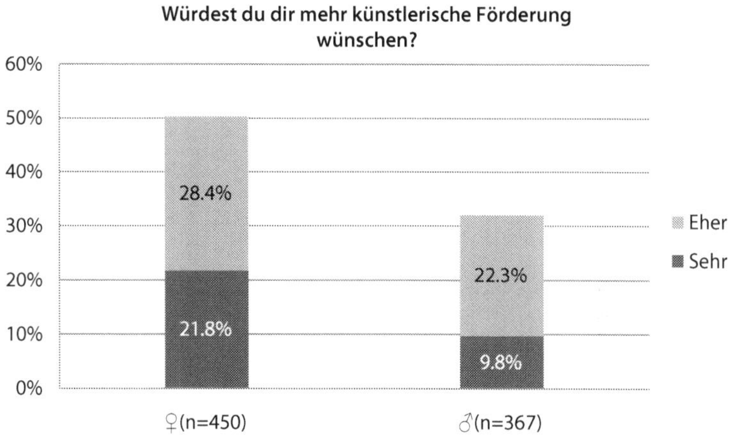

Abb. 11.8 Wunsch nach mehr künstlerischer Förderung nach Geschlecht

11.4 Assoziationsversuch „Eurythmie"

Die Eurythmie gehört zu den umstrittensten Bestandteilen der Waldorfpädagogik. Für die einen ist sie eine hellsichtige Vorwegnahme der im 20. Jahrhundert immer stärker spürbaren Erfordernisse in Richtung Bewegungserziehung und Ausdruckskunst. Zuletzt hatte die Bundeskulturstiftung mit „Tanzplan Deutschland" 2006–2011 ein deutschlandweites Förderprogramm aufgelegt, in dem es auch um die Verankerung von Tanz in Schule, Jugendarbeit und Kulturprogrammen ging (vgl. „Aufwachsen mit Tanz": Kessel et al. 2011). Für die anderen ist Eurythmie ein kopflastiges Schablonen-Ballett, dem mehr weltanschaulich-emblematischer und weniger pädagogisch-künstlerischer Wert zukommt. Dieses Spannungsverhältnis spiegelt sich auch in den Befunden wider, die wir im Rahmen der qualitativen Interviews erhoben haben. „Das ist schon eine schlaue Erfindung: Eurythmie", formuliert etwa eine Schülerin und eine Waldorfmutter äußert sich begeistert: „Für mich ist es wie das schönste Konzert, großartig, genial." Die Überwindung, die der Eurythmieunterricht teilweise von den Schülern fordert, wird gerade von Eltern immer wieder als besondere Herausforderung beschrieben: „Ich merke, dass es den Kindern sehr sehr gut tut, auch wenn sie sich da durchkämpfen – sogar gerade deswegen. Es gibt aber auch klare Abgrenzungsstatements: „Das ist mir wurscht, ich kaufe das mit" (Mutter einer körperbehinderten Schülerin).

Zum Begriff „Eurythmie“ wurden die Gesprächspartner zunächst in einem 1-minütigen Assoziationsversuch gebeten, Eindrücke und Wahrnehmungen spontan zu äußern. Die Einstiegsfrage war folgende:

> Ich möchte nun nochmals das Spiel mit Ihnen machen. Ich sage Ihnen ein Wort, und Sie sagen mir bitte eine Minute lang alles, was Ihnen zu diesem Wort in den Sinn kommt. Dabei ist es gleichgültig, ob Ihnen zusammenhängende Sätze oder einzelne Worte einfallen. Wichtig für dieses Spiel ist allerdings, dass Sie nicht lange überlegen, sondern ohne Zögern das äußern, was Ihnen spontan einfällt. Lassen Sie Ihrer Fantasie einfach freien Lauf und scheuen Sie sich nicht, auch das zu sagen, was Ihnen vielleicht unwichtig oder nebensächlich erscheint. Bei diesem Spiel gibt es weder ‚richtige‘ noch ‚falsche‘ Antworten. Oder anders gesagt: Alle Antworten sind richtig!

Die von den Gesprächspartnern genannten Worte bzw. Sätze wurden in Clustern mit ähnlicher Bedeutung kategorisiert. Die Wiedergabe auf den folgenden Seiten sortiert die Nennungen dabei nach positiven, neutralen oder ambivalenten sowie negativen Gefühlskomponenten (vgl. Abb. 11.9 u. 11.10, sowie Tab. 11.1–11.6). Zunächst werden die Assoziationen der Eltern, dann die der Schüler vorgestellt.

11.4.1 Eltern-Assoziationen zum Begriff „Eurythmie“

Tab. 11.1 Affektiv eher positiv getönte Assoziationen

Cluster	Beispiele wörtlicher Nennungen
Tanz, Kunstgenuss	Kunst/Schöne Gedichte/Ist geeignet als Bühnenkunst/Für mich ist es wie das schönste Konzert, großartig, genial, total künstlerisch, total wunderbar/Oh Gott, wir können damit überhaupt nichts anfangen und ich habe immer gedacht, was ist das bloß? Alle lachen ja immer, wir haben immer noch keinen Bezug dazu… Aber als wir das mal in so einer kompletten Aufführung gesehen haben, waren alle begeistert/Bei uns wird in der Unter- und Mittelstufe eigentlich klassische Eurythmie gemacht, aber in der Oberstufe ist ein Lehrer der sehr offen ist für experimentieren, und das sieht man in der Aufführungen die die Kinder dann in der 12. Klasse dann zum Eurythmieabschluss machen. Und das ist dann oft keine klassische Eurythmie mehr, sondern das geht ins Tanztheater rein, und Pantomime/Musik (3×)/Live Klaviermusik/So ähnlich wie Ballett, unheimlich grazil, fein, mit diesen Tüchern, etwas Zauberhaftes/Feinheit/Ist eine hohe Kunst

Tab. 11.1 (Fortsetzung)

Cluster	Beispiele wörtlicher Nennungen
Ausdrucksform	Diese Verbindung von Geschicklichkeit schulen zusammen mit ausdrücken von künstlerischen und seelischen Ausdrücken ist wichtig, die brauchen Kinder für die Entwicklung/Ist ein physisch-seelischer Ausdruckstanz mit sehr blühendem Charakter, hat feste Sprachregeln, welche Laute, Klänge, Harmonien sich mit welchen Bewegungen ausdrücken lassen/klare Sprache/Bewegung, Gedicht, Sprache (2×) und Musik in Bewegung darstellen/Bewegung, Tanz, Leichtigkeit, leichte Bewegung/Die Kinder in verschiedene Bewegung führen/Zusammenspiel zwischen körperlichen Gesten und dem innerem Ausdruck/Texte ... sehr schön, wie die Sprache in ein Bild gebracht wird/Wenn man z. B. Vokale ausdrückt oder Formen, das ist ein Körpergefühl, das kann man schlecht beschreiben. Eurythmie theoretisch zu beschreiben, klar hat das was mit Gehirnhälften und Bewegungskoordination zu tun, aber es löst auch ein Gefühl aus/Liebe ich, weil ich das selber mache seit Jahren, bevor ich Mutter war, weil man alles ausdrückt. Man kann es mit Musik oder Gedichten machen/Eurythmie, das sind gelebte Träume, gelebte Geschichten, gelebte Romane oder Theaterstücke/Sehr ausdrucksstarke Bewegungen
Körperbewusstsein	Bewegung, Koordination (4×)/Gutes Körperbild bei den Kindern/Das ist ein wunderschönes Körperbewusstsein/Eurythmie fördert einfach die Fähigkeiten, seinen Körper zu bewegen, Eurythmie bedeutet Integration der Gehirnhälften, den Körper wahrzunehmen, den Raum wahrzunehmen, den Geist zu unterstützen/Weil ich es vorher auch nicht kannte, war ich teilweise wirklich fasziniert von der Körperbeherrschung, die so Eurythmiestücke darstellen. Ich habe mir dann einige Stücke angeschaut, weil unsere Eurythmielehrerin auch auf Tournee ging mit den Oberstufenschülern... Es ist beeindruckend, sich so im Raum zu bewegen, die Körperbeherrschung/Formen erfassen können, Körperarbeit, durch das Körperliche auf geistige Beweglichkeit arbeiten/Es schult die Sinne/Bewegungskoordination kombiniert mit Muskelgefühl und Sprachgefühl, das koordiniert zu bekommen in eine physiologische Form/Da merkt man einfach, dass die gelernt haben sich zu bewegen ganz toll, und selber sich Choreographien auszudenken und so
Schönheit, Ästhetik	Finde ich eine sehr faszinierende Bewegungsform/Schönheit/schön (2×)/Ästhetisch/Eltern als Zuschauer finden es immer schön/Schöne tanzende Bewegungen. Rhythmisch schöne Sachen/Ich bin fasziniert von der Vielfältigkeit: schöne Musik und Bewegung/Es ist so das Schönste was ich kenne, neben einigen Musiksachen

Tab. 11.1 (Fortsetzung)

Cluster	Beispiele wörtlicher Nennungen
Emotionen	Unheimlich berührend/Geht sehr tief ins Innere/Es wirkt wirklich ganz tief, bewirkt etwas ganz tief drinnen, ohne dass man beeinflusst wird/Es kommt immer auf einer emotionalen Ebene etwas rüber, es kann sehr düster sein oder freundlich – alles ist denkbar und das ist das Faszinierende daran/Das ist rein vom Gefühl/Das ist ein Gefühl/So vieles dann doch mental an einer Schule ist, und bestenfalls auch andere, auch den emotionalen Körper aktiviert, ist Eurythmie fundamental wichtig, um sozusagen eine Weiterführung vom mentalen über andere Emotionen in verschiedenste Körperregionen leben zu lassen
Persönlichkeits-entwicklung	Begegnung auf einer ganz besonderen Ebene, Begegnung mit sich selbst, Begegnung mit meiner Persönlichkeit und das wiederum hilft der Persönlichkeit, sich zu entwickeln/Dass es mit eine unterstützende Arbeit sein soll, sich zu finden, sich zu erden, reif zu werden/Interessante Entwicklung was die Großen betrifft/Mir fällt eine Schülerin ein, die einen eigenen Text hat sprechen lassen, von ihrem Lehrer und den selber eurythmisch dargestellt hat, das fand ich sehr beeindruckend, ganz toll/Ich finde es großartig, mit welcher Ernsthaftigkeit auch die 16, 17, 18-Jährigen auf der Bühne stehen und Eurythmie machen
Raumempfindung	in dem Moment, wo sie Bewegungsabläufe über die Eurythmie durchgeführt haben sind sie viel eher in der Lage, das im Raum umzusetzen/Raumbewusstsein, Fähigkeit sich sehr gut bewegen zu können/Also ich denke man könnte ohne Eurythmie leben, ich bin da jetzt nicht 100 % der Fan von. Aber man sieht natürlich einen Punkt, die Kinder haben ein ganz anderes Raumempfinden. Die können zum Beispiel Rückwärtsgehen und sich im Raum sicherer Orientieren wenn sie es nicht sehen, als andere Kinder/Für sie ist das gut, weil sie durch die Lähmung kein Raumgefühl hat
Heilende Wirkung	Heileurythmie zum Gesundwerden, Heileurythmie/Kann weiterentwickelt werden für therapeutische Zwecke/Soll im körperlichen die Kräfte, oder auch die Organe stärken/Das hat sicherlich eine gute Wirkung
Freude	Freude (2×)/Lachen
Gemeinschaft, Soziales	Besondere Personen/Was Gruppendynamisches, auch wenn da Konflikte sind kann man als Gruppe wunderbar Gruppenübungen machen, um diese Spannungen rauszunehmen, dass man einfach Mensch ist und einen auf ein Grundlevel bringt/Gruppenprozesse
Charakteristikum der Waldorfschule	Ich finde das sehr gut und bin froh, dass es ein Bestandteil ist/Ohne das gibt es keine Waldorfschule/Bewegung […], Geist, Rhythmus, sehr wichtig – ein Kernfach

Tab. 11.1 (Fortsetzung)

Cluster	Beispiele wörtlicher Nennungen
Ausgleich	Gegengewicht, wenn man lange kopfmäßig arbeitet, einfach künstlerisch, oder mit Musik oder klangmäßig zu arbeiten, also einfach sich zu bewegen. Oder dem Ausdruck zu geben, wo dran man gerade gearbeitet hat/Zum Kern kommen
Kreativität	Dass so eine Pflichtübung so kreativ rüberkommt/Es wirkt kreativ
Licht	Licht/Leuchtend
Farbenfroh	Ich mag dieses Spiel der Farben
Ergänzende Erziehung	Als ergänzendes Erziehungsmittel zu Sport. Kann ergänzt werden auch durch Tanzunterricht, das ist Eurythmie nicht ganz. [...] Ich sehe nicht, dass man das durch andere Arten von Gymnastik ersetzen könnte, auch wenn heute aus der Esoterik viel Asiatisches reinkommt

Tab. 11.2 Affektiv eher neutrale oder ambivalente Assoziationen

Cluster	Beispiele wörtlicher Nennungen
Herausforderung	Aber der Weg dorthin, so etwas darzustellen, muss wirklich hart sein/Sehr schwierig/Eurythmie muss man machen, muss man spüren, kann man sonst nicht verstehen/Manches verstehe ich nicht, man müsste eigentlich einsteigen, um bestimmte Bedeutungen zu verstehen/Eurythmie ist für mich selbst so ein bisschen ein Fremdfeld, ein Gebiet wo ich zwar merke, dass es den Kindern sehr sehr gut tut, auch wenn sie sich da durchkämpfen, sogar gerade deswegen. Ich finde es aber extrem schwer/Die Verbindung aus Musik und Umsetzung der Bewegung, Kenntnis von Musik. Die müssen das intellektuell auch immer aufnehmen und dann in der Eurythmie umsetzen. Da muss ich sagen, Hut ab vor der Leistung/Ganz spontan der Kindergartenspruch: ‚Eurythmie im Leben nie'. Dass das völlig unterschätzt wird, ich habe mir jetzt ein paar Mal die 12-Klass-Eurythmie angeschaut und einen Kurs mitgemacht. Ich war völlig überfordert, das war so komplex, ich kam an den Rand meiner Möglichkeiten, ich war so überfordert/Selber auch mal probiert, aber mir war es zu schwer
Stäbe, Tücher, Gewänder	Wehende Gewänder, klingende Stäbe/Stabübungen: Stab balancieren, Stab auf dem Kopf, Stab werfen/Tanzen, Aufführungen, bunte Kleider, bügeln/Seidentücher/Schleier nähen

Tab. 11.2 (Fortsetzung)

Cluster	Beispiele wörtlicher Nennungen
Veränderung der Einstellung	Bisschen ambivalent ist die Eurythmie bei beiden Kindern. Da gab es Phasen, wo sie unheimlich begeistert und aktiv mitgemacht haben im Wechsel mit Phasen, wo es nicht so geklappt hat. Ich bin nicht ganz dahinter gekommen, was man verbessern könnte/Die Kleinen mögen es immer sehr gerne, also auch im Kindergarten, die ganz Kleinen. Dann gibt es eine Phase wo es Sie all ziemlich anödet, wo Sie es eben nicht so wahnsinnig mögen. Das heißt man kann nicht sagen, dass es alle ist, aber wo man merkt, naja es ist nicht so. Dann kommt eben in der 8. Klasse dieser Abschluss, der erste Abschluss, und da sind Sie eben noch mal richtig voll dabei und da merkt man macht es Ihnen auch dann wieder Spaß. Und in der 12. ist es ganz toll, Sie lieben es. Sie haben sogar überlegt, ob Sie es im Abiturjahr freiwillig irgendwie weiter machen könnten oder so. Dann haben Sie wieder einen ganz anderen Bezug dafür./Es gab immer so Phasen wo die Kinder geäußert haben, dass die das blöd finden, und dass das total albern ist und so
Ambivalenz	Also ich find's jetzt auch nicht schlecht/Wenn es die Leonie macht oder die Klassenkameraden auf der Bühne, finde ich manches sehr, sehr schön, anderes auf eine Art einstudiert und eingeübt, was dann für mich nicht mehr dem persönlichen Ausdruck entspricht. [...] Ich finde es nicht schlimm, sich darauf einzulassen/Das ist mir wurscht, ich kaufe das mit. [...] Durch den Raum zu wandern kann nicht schlecht sein, wenn man nichts besseres zu tun hat
Notwendigkeit der Weiterentwicklung	Vor gut 80 Jahren von Rudolf Steiner und anderen Künstlern entwickelt worden, hat Phasen der Entwicklung. Ich würde der Eurythmie wünschen, dass sie sich so weiterentwickelt, dass sie anerkannte Kunst wird. Neigt bisschen dazu, sich in sich nur zu entwickeln, bisschen abgeschlossen, das finde ich schade. Ich kenne französische, englische, schwedische, russische Eurythmie, da sieht man, dass es viel Entwicklungspotenzial noch gibt/Ich finde das sehr witzig. [...] Als Steiner gelebt hat, war Ausdruckstanz unheimlich modern. Wenn ich mir so alte Filme ansehe, sehe ich immer noch die Tänzerinnen mit den Tüchern herumrennen. Das ist da in Eurythmie unheimlich konserviert worden, in die heutige Zeit reingeholt ohne Übersetzung. Und das hat auch einen Unterhaltungswert, hat eine unfreiwillige Komik ohne Ende
Lehrkräfte	Die Schuleurythmisten werden sehr strapaziert, ich würde empfehlen, sie sollten mal 10 Jahre Schuleurythmisten sein und dann wieder auf die Bühne, was ganz anderes... Sie experimentiert viel, mehr experimentelle Eurythmie. Kommt in der Oberstufe gut an damit

Tab. 11.3 Affektiv eher negativ getönte Assoziationen

Cluster	Beispiele wörtlicher Nennungen
Vorurteile	Eurythmie ist in der Öffentlichkeit etwas schrilles, bizarres, keiner weiß so richtig, was das ist. Diese ganze Waldorfgeschichte ist in der Öffentlichkeit oftmals völlig fehlinterpretiert. Die Leute haben ganz komische Vorstellungen davon. Liegt vielleicht auch an den Berichterstattungen, wo das alles immer in die rechte Szene gesteckt wird/Bio-Karate (2×)/ auch Vorurteile, Fragen ob es notwendig ist/Eurythmie ist ja so ein Fach was Waldorfschülern so von außen vorgeworfen wird, was gerne für Spott Anlass bietet. So ‚Ich kann meinen Namen Tanzen' und so/ Leute, die sich mit dem Gedanken Waldorf nicht auseinandersetzen, können damit nichts anfangen/Namen tanzen
Widerwillen	Langeweile, Ablehnung/Unlust bei den Jungs/Unbeliebt/Ist bei den Schülern nicht beliebt/Bei manchen Kindern unbeliebt/Mir fallen die 15 jährigen Jungs ein, die damit sicher ihre Schwierigkeiten haben
Lächerlichkeit	Es ist komisch, wenn die Männer in den Gewändern da tanzen oder auch die Schüler, wenn sie älter werden, da weiß ich nicht, ob das sein muss, das ist ein Anblick, mit dem kann ich mich schlecht anfreunden. Irgendetwas passt da nicht. Wenn da so ein junger Mann mit Bart in einem weißen Seidengewand steckt… Ich fände es passender wenn der männliche auch männlich gekleidet ist, er kann ja tanzen, kann ja auch die Bewegungen machen, das ist auch schön/Für Ina war das auch schwierig, sie hat am Anfang gar nicht gemerkt, dass die Leute sie auf den Arm nehmen wollten so, ‚Ja und kannst du deinen Namen tanzen, zeig mal', dann hat sie es auch noch gemacht und wurde natürlich ausgelacht./Aber ich selber stehe ein bisschen auf dem Kriegsfuß damit, vor allen Dingen, wenn die Jungs ab der neunten Klasse, schlaksig wie sie sind, mit dem Kleidchen und mit den Bewegungen kommen, und fühlen sich selber so unwohl in ihrer Haut, auf der Monatsfeier. Ja dann, weiß ich nicht, das ist dann bei mir auch ein bisschen komisch besetzt, an der Stelle. Wo ich dann denke, müssen die sich wirklich so unwohl fühlen, ist das nötig?
Fremdheit	Fremdartigkeit/Bisschen komische Musik manchmal dabei, da kann man sicher in gewisser Weise ein bisschen anderes entwickeln/Ich empfinde es auch tatsächlich manchmal als eher fremd
Dominanz der Eurythmie	Eurythmie ist an unserer Schule sehr wichtig. Bei zentralen Prüfungen mussten in der Oberstufe Abstriche gemacht werden, in Eurythmie haben wir keine Abstriche gemacht. An der Schule unterrichten zwei Eurythmistinnen und eine Heileurythmistin, ich glaube dass das ziemlich viel ist, wo wir nur eine Kunstlehrerin haben/Und es nimmt halt einen relativ großen Raum ein. Es wird halt parallel von der Zeit zum Sport gehalten. Und ich bin nicht 100 % davon überzeugt, dass man es braucht
Zwang, Pflicht	Es wirkt meist wie eine Pflichtübung

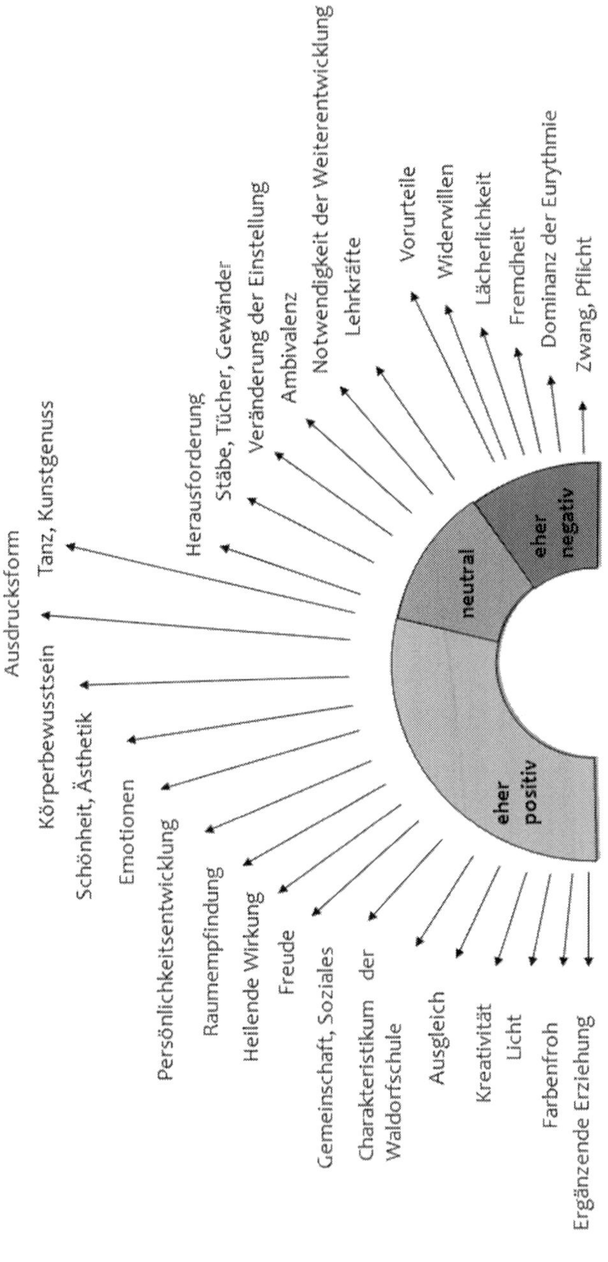

Abb. 11.9 Assoziationen der Eltern

11.4.2 Schüler-Assoziationen zum Begriff „Eurythmie"

Tab. 11.4 Affektiv eher positiv getönte Assoziationen

Cluster	Beispiele wörtlicher Nennungen
Tanz, Kunst	Bewegung, Musik, Harmonie, Entwicklung/Ich war auf einer Eurythmie Tagung und da habe ich gesehen, dass das eine echte Kunstform sein kann. Das hat mir sehr gefallen/ Die Möglichkeit sich kreativ mit dem Körper zur Musik zu Bewegen/Das ist schon eine schlaue Erfindung: Eurythmie... Das sind ja immer total die krassen schönen Formen, das verbindet sich alles und es gibt unendlich viele Formen/ Formen, Laufen, auch Tanzen/Bewegung, es ist teilweise anstrengend für die Arme/Bewegung, Musik, Tanzen (2×)/ Tanzen, eine Art von Tanzen/Tanz, Bewegung (2×)/Eine Bewegungsform, ein Tanz mit Musik und auch Anthroposophie. Eine Art Bebilderung von Sachen/Tanzen, Musik/ Man bewegt sich, Mischung aus Sport und Tanz (2×)/Und eigentlich auch mehr oder weniger zur, ja, künstlerischen Art, Ausbildung sehr gut
Ausgleich, Entspannung	Mit den Armen und Füßen eine Form zu laufen ist schon anstrengend aber es macht Platz für den nächsten Unterricht/Konzentration, Ausgleich zum Unterricht/Ich finde das schon entspannend/Manchmal guter Ausgleich/Körperliche Erholung, geistige Erholung, geistige Besinnung/Energie, Entspannung im Unterrichtsalltag, mittlerweile gemocht, weil es eine Ruheoase im anstrengenden Tag ist/Entspannung/neue Kraft kriegen/Aber eigentlich ist das so eine ganz schöne Abwechslung zwischen den ganzen Fächern, wie Französisch, Mathe, Englisch, dass man da ein bisschen Bewegung reinbringt/Eurythmie finde ich nicht schlecht. Es ist auch noch mal Abwechslung in der Schule, sozusagen. [..] Aber es ist auch noch mal Lockerung des Schulstoffs/ Ich denke, es ist gut, dass wir mal was anderes machen, als die ganze Zeit an den Tischen zu sitzen und sich da einfach mal frei bewegen zu können, manchmal macht es auch Spaß. Man lernt auch etwas, denken die Lehrer, die Schüler weniger/Entlastung/Ist halt so was Entspannendes

Tab. 11.4 (Fortsetzung)

Cluster	Beispiele wörtlicher Nennungen
Körperbewusstsein	Ich finde der Unterricht ist schon irgendwie sinnvoll. Gerade für die Motorik – auch wenn man das als kleines Kind vielleicht nicht so sieht/Dass man mit Körper und Geist, die Kontrolle über seinen Körper hat, dass man im Körper bleibt, nicht immer im Geist ist/Im Endeffekt ist es wirklich nicht schlecht, es ist gut für die Armkoordination, für Leute, die nicht tanzen/Wenn man irgendwelche Formen macht und Eurythmiekleider anhat, dann fühlt man sich leicht und frei/Körperliche Kontrolle/Koordination/Auf einem Bein mit geschlossenen Augen zu stehen, das kann nicht jeder/Zu sich selber zu finden, hier sind meine Grenzen, hier fühle ich meinen Körper/Körperkontrolle lernt man dadurch
Ausdrucksform	Ausdrücken von Gedichten oder musikalischen Stücken/Eigentlich ist es aber schon eine tolle Ausdruckform/Man lernt ja dann dazu, wie man sich auf der Bühne ausdrücken kann, eben künstlerische Darstellung/Ich glaube, man lernt vor allem mehr in sich reinzugehen, Körpersprache, Gefühle ausdrücken durch Bewegung, in sich reinzuhören/Ein freiheitliches Gefühl im Vergleich zu anderen Fächern, weil man sich künstlerisch sehr ausdrücken kann/Körperliche Aussprache, Darstellung/Sprache
Gemeinschaft, Soziales	Gemeinschaft, Gruppe, dass man zusammen arbeitet, zur Musik, zu Gedichten/Eigentlich ein positives Gruppenverhalten/Zusammen was machen/Die ganze Klasse
Heilende Wirkung	Heileurythmie/Heilung insbesondere/Es gibt ja auch noch das Fach Heileurythmie, da werden auch bestimmte Sachen trainiert, motorische Dinge, es kann schon hilfreich sein
Raumempfindung	Rhythmus, Bewegungsgefühl im Raum […] rückwärts zu gehen, ohne zu schauen, das kann nicht jeder […] man lernt, sich in einem Raum zu bewegen. Ich bin jetzt Tänzer, Standard und Latein und merke, was die Eurythmie mir alles gegeben hat/Dass man ein Gefühl kriegt für den Raum, für die Atmosphäre und so.
Freude	Spaß (2×)
Eurythmieabschluss	Eurythmieabschluss hatte ich in der 8. Klasse und vorher hat man sich immer gedacht, wie schafft man das in der 8 Klasse und wenn man dann selbst in der 8. Ist dann schafft man das locker, weil man ein halbes Jahr drauf vorbereitet wird und die ganzen Formen kennt… Wenn man eine Form hat, die man so beschrieben kriegt und dann soll man das umsetzen, das regt zum Denken an/Erfolg beim Abschluss auf der Bühne
Koordination	Bei den Kleinen für Bewegungskoordination wichtig
Energie	Man verteilt ja immer Energie, mit jeder Bewegung. Und ich glaube dafür ist es da

Tab. 11.5 Affektiv eher neutrale oder ambivalente Assoziationen

Cluster	Beispiele wörtlicher Nennungen
Formen, Buchstaben	Buchstaben, liegende 8, eurythmische 8, verschiedene Rhythmen, Eurythmie-Saal/Buchstaben, Formen, Alphabet [...] Terzen, Sekunden, Tierkreiszeichen, Töne/Eurythmie-Alphabet... Das ist das, was wir schon seit der 1. Stunde beigebracht kriegen.../Formen ausdenken, Formen machen/Formen/Formen, Dreiecke, Vierecke, alles Mögliche/Sehr formenreich
Lehrkräfte	Eurythmielehrerin/Wird von den Eurythmie-Lehrern als sehr sehr wichtig angesehen, jeder Lehrer findet sein Fach am wichtigsten. Lehrer denken, Eurythmie kann alles ändern/Es ist ein spezieller Lehrer, der Lehrer der das macht, der macht nur Eurythmie/Wir haben jetzt einen moderneren Lehrer, der macht... erklärt uns jetzt was das überhaupt so ist. Ich bin jetzt erstmal auf den Sinn gekommen, halt mit der Energie und so was, im Raum, wie man sich bewegt/Meine Eurythmielehrerin, wir haben zwei an der Schule, mit einer kann ich nicht... Ich find die sehr nett, eine Zeit lang war die mit in der Italienisch-AG, wo ich auch drin war... Oft sehr kindlich, sehr nett.../Meine Lehrerin/Da ich die Lehrerin mag, mache ich mit und gehe dahin
Musik	Musik, klassische Musik, Musikbegleitung, Klavier vor allem/Klavierspielen/In erster Linie drückt man Musik aus, oder Worte... Gedichte der Musik. Aber man versucht seine Energie darauf zu besinnen, was eigentlich das ausdrückt. Und irgendwann kann man mit der Musik eigentlich eins sein. In dem man mit der Musik, in dem man anders als normal tanzen/Man kann Eurythmie zu Gedichten machen oder zur Musik. Es gibt Laut-Eurythmie, da macht man Laute dazu, und Ton-Eurythmie, da werden die Töne dargestellt. Dann gibt es noch Stab-Eurythmie und noch ein paar Zwischensachen/Wenn die Musik schön ist, ist es positiv, aber so eigentlich nicht/Wir müssen da halt dieses Musikalische und Rhythmische machen, da ist auch ein Klavier dabei
Materialien, Farben, Gewänder	Kleider/Eurythmiekleid/Kittel in bunten Farben, Spiele als wir klein waren/Gewänder (2×), farbige Gewänder
Veränderung der Einstellung	In den unteren Klassen hat mir Eurythmie eigentlich nicht so viel Spaß gemacht, aber jetzt habe ich eigentlich kein Problem mehr damit; ist eigentlich auch manchmal ganz lustig [...] Manchmal ist es auch ein bisschen anstrengend/Teilweise künstlerisch, immer laut, teils chaotisch, manchmal sehr schöne Aufführungen, war nie mein Ding, obwohl ich es manchmal sehr gern gemacht habe, wenn wir etwas alleine entwickeln durften, wir haben z. B. mal ein Gedicht geschrieben und dazu Eurythmie gemacht/In der Oberstufe fängt man an, mehr selber zu arbeiten, man kann sich selber mehr einbringen und seinen Einsatz bestimmen

Tab. 11.5 (Fortsetzung)

Cluster	Beispiele wörtlicher Nennungen
Charakteristikum der Waldorfschule	Oh je, das ist etwas, was nicht jede Schule macht, eigentlich kaum eine, nur die Waldorfschule/Es gehört zur Waldorfschule dazu,
Wachsen am Konflikt mit Lehrkraft	Kampf der Klasse gegen den Lehrer […] im Nachhinein hat es der Klasse aber was gebracht, weil man dann gelernt hat, sich zusammenzuraufen und zu sagen, wir machen das jetzt, auch wenn die uns auf den Keks geht […] Das war in der 8. Klasse. Die Lehrerin war nicht so einfach und eine 8. Klasse ist auch nicht so einfach. […] Eigentlich erstaunlich, dass die dann trotzdem in einem Raum überleben, denn „teilweise war es schon ziemlich heftig. Da ist die Lehrerin weinend aus dem Raum gelaufen. […] Das hat die Klasse ein bisschen gestärkt
Gespaltene Schülerschaft	Manche nervt es, wenigen gefällt es. Manche denken, so ein Schmarrn, manche denken, ist ja ganz gut, mal was anderes
Herausforderung	es ist schwieriger als es aussieht

Tab. 11.6 Affektiv eher negativ getönte Assoziationen

Cluster	Beispiele wörtlicher Nennungen
Spott, Vorurteile	Sehr vorurteilsbelastet, auf jeden Fall. Man trägt grüne Kleider von der 1. bis zur 4. Klasse/Leute, die sich nicht mit Waldorf auskennen, machen sich da eher drüber lustig – die sagen dann, „da tanzt man doch seinen Namen, oder?“/Und auch wenn du irgendwo anders herkommst ‚Ja tanz mal deinen Namen‘/Namen tanzen (3×)/Bio-Karate sagen sie immer im Gymi/Eurythmie ist das größte Mysterium für die Staatsschüler/gehänselt werden von Staatsschülern über Namen tanzen halt/öfters auch von anderen Lehrern verspottet
Überflüssig	Nicht unbedingt notwendig. Künstlerischer Abschluss in der 12. Klasse, dann ist das Thema auch abgehakt, macht man halt so mit. Man macht fast so was wie Choreographien, Bewegungen im Raum. Es ist wirklich kein Tanzen, sagt man immer, aber es stimmt nicht, man bewegt sich irgendwie im Raum. An den Bewegungen wird irgendwie rumgefeilt, Armbewegungen dazu gemacht/Ja, aber ich könnte auch darauf verzichten. Das ist mir überhaupt nicht wichtig. Ich würde lieber eine Stunde früher Schluss haben, als Eurythmie haben. Wenn man schon muss, dann macht man es halt/Aber es ist mir nicht wichtig, wenn wir zwei Std. frei hätten vorher, dann würde ich das auch schwänzen, weil ich nicht wüsste, was soll ich da?/Für mich ist das eigentlich nur so rumlaufen, in der Luft rumfuchteln. Für mich hat es keine richtige Bedeutung/Aber es ist halt nicht sinnvoll, weil jeder Mensch der Welt überlebt jetzt auch ohne Eurythmie – wann werde ich das in meinem Leben nochmal brauchen? Wenn ich jetzt taub oder stumm wäre,… aber ich kann ja reden/Es muss nicht, von mir aus müsste es nicht sein, vor allem hilft es mir dann später auch nicht, wenn ich mir einen Job suche. Das interessiert, glaube ich, keinen, wenn ich sage, ich kann Eurythmie/Hat wenig Sinn

Tab. 11.6 (Fortsetzung)

Cluster	Beispiele wörtlicher Nennungen
Pflicht	Weiß ich nicht. Hat sich halt jemand ausgedacht und ist halt jetzt so ein Pflichtfach in der Schule. Aber sonst find ich das halt... [abwertendes Geräusch]/Es gehört leider auch zu jeder Monatsfeier dazu, aber mittlerweile will ich es nicht mehr sehen/Manche gucken einen schon komisch an, wenn man in der Eurythmie ist, aber es gehört halt zur Schule dazu
Lächerlichkeit	Säle sind etwas seltsam, leicht rosa Licht, Kittel furchtbar für Jungs wegen den Kleidern, in der Mittelstufe meist gehasstes Fach/Eigentlich ein ausgelachtes Fach/Manchmal ist das ein bisschen merkwürdig. Es gibt manchmal so komische Formen
Weltfremd, abgehoben	Mir gefällt es jetzt nicht speziell. Ich kenne auch keinen richtig in meiner Klasse, oder keine Jungen auf jeden Fall. Mit diesem ganzen... Allein schon dieses Gerede: ‚Ja, Seele befreien und so'. Wenn du da irgendwelche Laute machst, find' ich ein bisschen komisch [...] So ein Zeug... Find ich ein bisschen komisch, dieses Fach Eurythmie/Rudolf Steiner hat das erfunden weil er sich befreien wollte von dem ganzen Dreck der Luft, von dem Dreck der Welt. Sich irgendwie seine Seele freimachen wollte... aber dieses ganze Gerede, mit dem komm ich nicht zurecht. Find ich ein bisschen komisch alles/Gerade in der Oberstufe wirken die Lehrerinnen etwas weltfremd
Monotonie	Langeweile/Ansonsten ist es oft zu altmodisch und traditionell und man hat immer das Gefühl – ‚das hat man schon mal gesehen'

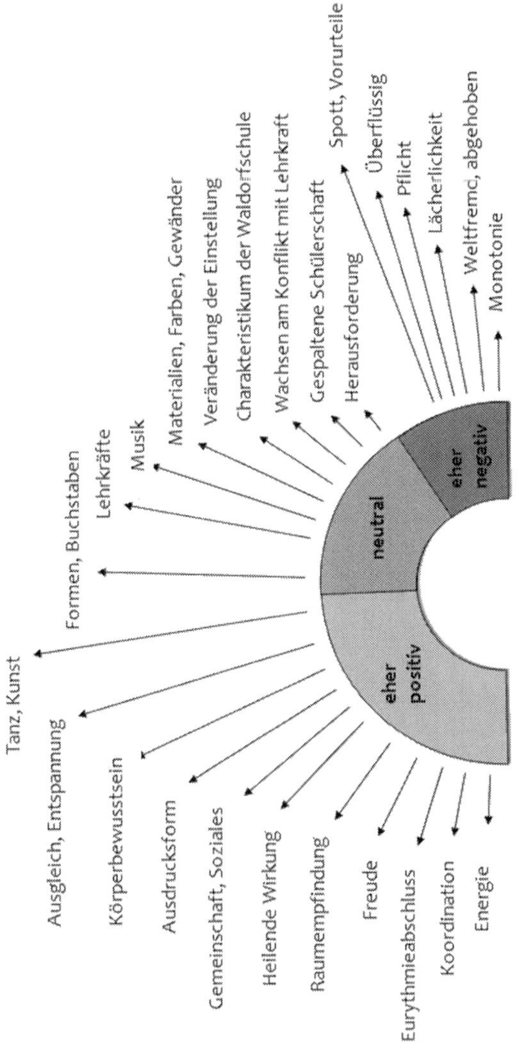

Abb. 11.10 Assoziationen der Schüler

Literatur

Andresen, Sabine/Rendtorff, Barbara (Hrsg.) (2006): Geschlechtertypisierungen im Kontext von Familie und Schule. Opladen: Budrich.

Apel, Hans Jürgen (2002): Herausforderung Schulklasse. Klassen führen – Schüler aktivieren. Bad Heilbrunn: Klinkhardt.

Bart, Malis/Zech, Michael (2006): Sexualkunde in der Waldorfschulpädagogik. Herausgegeben von der Pädagogischen Forschungsstelle beim Bund der Freien Waldorfschulen. Gerlingen: DMZG.

Barz, Heiner (1984): Der Waldorfkindergarten. Geistesgeschichtliche Ursprünge und entwicklungspsychologische Begründung seiner Praxis. Weinheim: Beltz.

Barz, Heiner (1994): Anthroposophie im Spiegel von Wissenschaftstheorie und Lebensweltforschung. Studien zur epistemologischen und empirischen Evaluation der Waldorfpädagogik. Weinheim: Deutscher Studienverlag.

Barz, Heiner (1996): Kindgemäßes Lernen. Was die Waldorfschule anders macht. Freiburg: Herder Verlag.

Barz, Heiner/Panyr Sylva (2007): Was ehemalige Waldorfschüler über ihre Schule denken. Ergebnisse der qualitativen Pilotstudie. In: Barz/Randoll (2007): 237–321.

Barz, Heiner/Randoll, Dirk (Hrsg.) (2007) Absolventen von Waldorfschulen. Eine empirische Studie zu Bildung und Lebensgestaltung. Wiesbaden: VS Verlag.

Bauer, Joachim (2006): Warum ich fühle, was du fühlst. Intuitive Kommunikation und das Geheimnis der Spiegelneurone. München: Heyne.

Baumert, Jürgen/Lehmann, Rainer/Lehrke, Manfred (1997): TIMSS – Mathematisch-Naturwissenschaftlicher Unterricht im internationalen Vergleich. Opladen: Leske und Budrich.

Baumert, Jürgen/Bos, Wilfried/Lehmann, Rainer (Hrsg.) (2000): TIMMS/III. Dritte Internationale Mathematik- und Naturwissenschaftsstudie – Mathematische und naturwissenschaftliche Bildung am Ende der Schullaufbahn. Band 2. Opladen: Leske und Budrich.

Becker, Ruth/Kortendiek, Beate (Hrsg) (2008): Handbuch Frauen- und Geschlechterforschung. Theorie, Methoden, Empirie. Wiesbaden: VS Verlag.

Bohnsack, Fritz/Kranich, Ernst-Michael (Hrsg.) (1990): Erziehungswissenschaft und Waldorfpädagogik. Der Beginn eines notwendigen Dialogs. Weinheim: Beltz.

Bohnsack, Fritz/Leber, Stefan (Hrsg.) (1996): Sozial-Erziehung im Sozial-Verfall. Grundlagen, Kontroversen, Wege. Weinheim und Basel: Beltz.

Bortz, Jürgen/Döring, Nicola (^{3}2002): Forschungsmethoden und Evaluation für Human- und Sozialwissenschaftler. Berlin, Heidelberg & New York: Springer.

S. Liebenwein et al., *Bildungserfahrungen an Waldorfschulen*,
DOI 10.1007/978-3-531-19090-7,

© VS Verlag für Sozialwissenschaften | Springer Fachmedien Wiesbaden 2012

Brägger, Gerold/Posse, Norbert/Israle, Georg (Hrsg.) (2008): Bildung und Gesundheit. Argumente für eine gute und gesunde Schule. Bern: hep Verlag.
Buck, Peter/Kranich, Ernst-Michael (Hrsg.) (1995). Auf der Suche nach dem erlebbaren Zusammenhang. Weinheim: Beltz.
Buddemeier, Heinz/Schneider, Peter (2005): Waldorfpädagogik und staatliche Schule. Grundlagen, Erfahrungen, Projekte. Stuttgart: Mayer Verlag.
Bundesagentur für Arbeit (2010): Arbeitsmarkt in Deutschland. Zeitreihen bis 2009. Verfügbar unter: http://statistik.arbeitsagentur.de/Statischer-Content/Statistische-Analysen/Analytikreports/Zen trale-Analytikreports/Jaehrliche-Analytikreports/Generische-Publikationen/Arbeitsmarkt-Deutschland-Zeitreihen/Analyse-Arbeitsmarkt-Deutschland-Zeitreihen-2009.pdf (15.02.2012).
Bundesministerium für Familie, Senioren, Frauen und Jugend (BMFSFJ) (Hrsg.) (2009): Familienreport 2009. Leistungen, Wirkungen, Trends. Verfügbar unter: http://www.bmfsfj.de/Redaktion BMFSFJ/Broschuerenstelle/Pdf-Anlagen/familienreport,property=pdf,bereich=bmfsfj,sprache= de,rwb=true.pdf (30.01.2012).
Bundeszentrale für Gesundheitliche Aufklärung (2011): Der Cannabiskonsum Jugendlicher und junger Erwachsener in Deutschland 2010. Verfügbar unter: http://www.drogenbeauftragte.de/ fileadmin/dateien-dba/DrogenundSucht/Illegale_Drogen/Cannabis/Downloads/Kurzbericht_ Cannabis_2011-04-28.pdf (05.01.2012).
Carlgren, Frans (⁶1990): Erziehung zur Freiheit. Die Pädagogik Rudolf Steiners. Stuttgart: Verlag Freies Geistesleben.
Clausen, Marten (2006): Warum wählen Sie genau diese Schule? Eine inhaltsanalytische Untersuchung elterlicher Begründungen der Wahl der Einzelschule innerhalb eines Bildungsgangs. Zeitschrift für Pädagogik 52. 1. 69–90.
Die Welt (2011): „Ein Stecker für die höheren Energien". Peter Sloterdijk im Gespräch mit Mateo Kries. In: DIE WELT vom 25.10.2011. Verfügbar unter: http://www.welt.de/print/die_welt/kultur/article13679318/Ein-Stecker-fuer-die-hoeheren-Energien.html (05.01.2012).
Dohmen, Dieter/Erbes, Annegret/Fuchs, Kathrin/Günzel, Juliane (2008): Was wissen wir über Nachhilfe? Sachstand und Auswertung der Forschungsliteratur zu Angebot, Nachfrage und Wirkungen. Verfügbar unter: http://www.bmbf.de/pubRD/sachstand_nachhilfe.pdf (11.01.2012).
Eicken, Joachim/Schmitz-Veltin, Ansgar (2010): Die Entwicklung der Kirchenmitglieder in Deutschland. In: Wirtschaft und Statistik 6. 576-589.
Faulstich-Wieland, Hannelore (2008): Schule und Geschlecht. In: Helsper/Böhme (²2008): 673–696.
Focus Magazin Verlag GmbH/Microsoft Deutschland GmbH (Hrsg.) (2007): Bildungsstudie Deutschland 2007. Schule aus Sicht von Eltern, Lehrern und Personalverantwortlichen. München. Verfügbar unter: http://www.microsoft.com/germany/unternehmen/informationen/gesell schaftlicheverantwortung/bildungsstudie_ansatz.mspx (05.01.2012).
Friebertshäuser, Barbara/Egloff, Birte (2010): Jugend und Studium. In: Krüger/Grunert (2010): 683–707.
Gerecht, Marius/Steinert, Brigitte/Klieme, Eckard/Döbrich, Peter (²2007): Skalen zur Schulqualität. Dokumentation der Erhebungsinstrumente. Pädagogische Entwicklungsbilanzen mit Schulen (PEB). Frankfurt a.M.
German Commission for UNESCO (Hrsg.) (2010): UNESCO Today 1/2010 "Arts Education for All". Verfügbar unter: http://www.unesco.de/fileadmin/medien/Dokumente/Kultur/Kulturelle_Bil dung/_FINAL_Unesco_today_1_2010.pdf (05.01.2012).

Glaser, Barney G./Strauss, Anselm G. (1988): Grounded Theory. Strategien qualitativer Forschung. Bern: Huber.

Goethe, Johann Wolfgang von ([14]2008): Maximen und Reflexionen, Nr. 488. Hamburger Ausgabe Band 12. München: C.H.Beck.

Haffner, Johann/Roos, Jeanette/Steen, Rainer/Parzer, Peter/Klett, Martin/Resch, Franz (2006): Lebenssituation und Verhalten von Jugendlichen. Ergebnisse einer Befragung 14 bis 16-jähriger Jugendlicher und deren Eltern im Jahr 2005. Gesundheitsbericht Rhein-Neckar-Kreis/Heidelberg Band 3. Verfügbar unter: http://www.rhein-neckar-kreis.de/servlet/PB/show/ 1599900/Jugendgesundheitsstudie2005.pdf (30.01.2012).

Hansmann, Otto (Hrsg.) (1987): Pro und Contra Waldorfpädagogik. Würzburg: Königshausen & Neumann.

HBSC-Team Deutschland (2012): Faktenblätter zur Studie Health Behaviour in School-aged Children 2009/10. Verfügbar unter: http://hbsc-germany.de/downloads/faktenblatter-national/ (15.02.2012).

Heinz, Walter R. (2010): Jugend, Ausbildung und Beruf. In: Krüger/Grunert, Kathleen (2010.): 661–682.

Helsper, Werner/Böhme, Jeanette (Hrsg.) ([2]2008): Handbuch der Schulforschung. Wiesbaden: VS Verlag.

Helsper, Werner/Ullrich, Heiner/Stelmaszyk, Bernhard/Höblich, Davina/Graßhoff, Gunther/Jung, Dana/Pscheida, Daniela/Weinert, Christian (2007): Autorität und Schule. Die empirische Rekonstruktion der Klassenlehrer-Schüler-Beziehung an Waldorfschulen. Wiesbaden: VS Verlag.

Hinrichs, Per (2007): Die Lehre von Atlantis. In: DER SPIEGEL vom 3.9.2007. Verfügbar unter: http://www.spiegel.de/spiegel/print/d-52809337.html (05.01.2012).

Höblich, Davina (2007): Bewahrung oder Revision des Klassenlehrerprinzips? – Professionstheoretische Perspektiven. In: Helsper/Ullrich et al. (2007): 527–532.

Hoh, Ruth/Barz, Heiner (2010): Weiterbildung und Gesundheit. In: Tippelt/von Hippel ([4]2010): 729–746.

Hurrelmann, Klaus/Settertobulte, Wolfgang (2008): Gesundheitliche Ressourcen und Risikofaktoren von Kindern und Jugendlichen. In: Brägger/Posse/Israle (2008): 55–95.

Iwan, Rüdiger (2005): Zeig, was Du kannst! Portfolioarbeit als zentrales Anliegen der Waldorfpädagogik. Heidelberg: Menon.

Jurock, Horst Rudolf ([2]2011): Folge Deiner Spur. Zeugnissprüche für die Waldorfschule. Herbrechtingen: Amthor.

Jürgens, Eiko/Dieckmann, Marius (2007): Wirksamkeit und Nachhaltigkeit von Nachhilfeunterricht. Dargestellt am Beispiel des Studienkreises. Frankfurt am Main: Peter Lang.

Jürgens, Eiko/Standop, Jutta (Hrsg.) (2010): Was ist „guter" Unterricht? Namhafte Expertinnen und Experten geben Antwort. Bad Heilbrunn: Klinkhardt.

Jüttemann, Gerd (Hrsg.) ([2]1989): Qualitative Forschung in der Psychologie. Heidelberg: Asanger.

Keller, Ulrike Luise (2008): Quereinsteiger. Wechsel von der staatlichen Regelgrundschule in die Waldorfschule. Wiesbaden: VS Verlag.

Kessel, Martina/Müller, Bertram/Kosubek, Tanja/Barz, Heiner (Hrsg.) (2011): Aufwachsen mit Tanz. Erfahrungen aus Praxis, Schule und Forschung. Weinheim und Basel: Beltz.

Keuchel, Susanne (2004): Erste Ergebnisse des Jugendkulturbarometers 2004. „Zwischen Eminem und Picasso" (am Beispiel von drei ausgewählten Fragekomplexen). Verfügbar unter: http://www.worms.de/downloads/Bereich_7/Jugendkulturbarometer.pdf (05.01.2012).

Keuchel, Susanne/Wiesand, Andreas (Hrsg.) (2006): Das erste deutsche Jugend-Kulturbarometer. „Zwischen Eminem und Picasso…". Zentrum für Kulturforschung. Bonn: Arcult Media.

Kiel, Ewald (2010): Unterrichtsforschung. In: Tippelt/Schmidt (³2010): 773–790.

Klonk, Gisela (³2005): Zeugnissprüche. Borchen: Möllmann.

Kohlberg, Lawrence (1995): Die Psychologie der Moralentwicklung. Frankfurt a.M.: Suhrkamp.

Köller, Olaf/Baumert, Jürgen (2008): Entwicklung schulischer Leistungen. In: Oerter/Montada (⁶2008): 735–768.

Köller, Olaf/Klieme, Eckhard (2000): Geschlechterdifferenzen in den mathematisch-naturwissenschaftlichen Leistungen. In: Baumert/Bos/Lehmann (2000): 373–404.

Krüger, Heinz-Hermann/Grunert, Cathleen (Hrsg.) (2010): Handbuch der Kindheits- und Jugendforschung. Wiesbaden: VS Verlag.

Lampert, Thomas/Thamm, Michael (2007): Tabak-, Alkohol- und Drogenkonsum von Jugendlichen in Deutschland. Ergebnisse des Kinder- und Jugendgesundheitssurveys (KiGGS). In: Bundesgesundheitsblatt 50. 600–608. Verfügbar unter: http://www.kiggs.de/experten/downloads/Basis publikation/Lampert_Tabak_Alkohol_Drogen.pdf (05.01.2012).

Leber, Stefan (1985): Die Pädagogik der Waldorfschule und ihre Grundlagen. Darmstadt: Wissenschaftliche Buchgesellschaft.

Mandl, Heinz (2010): Lernumgebungen problemorientiert gestalten – Zur Entwicklung einer neuen Lernkultur. In: Jürgens/Standop (2010): 19–38.

Masten, Ann S. (2001): Ordinary magic. Resilience processes in development. In: Psychologist 56. 227–238.

Mayring, Philipp (⁴1999): Einführung in die qualitative Sozialforschung. Eine Anleitung zu qualitativem Denken. Weinheim: Beltz.

Medienpädagogischer Forschungsverbund Südwest (Hrsg.) (2009): JIM-Studie 2009. Jugend, Information, (Multi-) Media. Basisstudie zum Medienumgang 12- bis 19-Jähriger in Deutschland. Verfügbar unter: http://www.mpfs.de/fileadmin/JIM-pdf09/JIM-Studie2009.pdf (30.01.2012).

Meyer, Hilbert (2004): Was ist guter Unterricht? Berlin: Cornelsen Verlag Scriptor.

Oppolzer, Siegfried (1959): Anthropologie und Pädagogik bei Rudolf Steiner. Münster: Dissertation.

Oerter, Rolf/Montada, Leo (Hrsg.) (⁶2008): Entwicklungspsychologie. Weinheim/Basel: Beltz.

Paschen, Harm (Hrsg.) (2010): Erziehungswissenschaftliche Zugänge zur Waldorfpädagogik. Wiesbaden: VS Verlag.

Paulus, Peter (Hrsg.) (2010): Bildungsförderung durch Gesundheit. Bestandsaufnahme und Perspektiven für eine gute gesunde Schule. Weinheim: Beltz.

Pfeiffer, Christian (2007): Protest gegen Falschmeldung in der FAZ-Sonntagszeitung. Waldorfschüler zeichnen sich durch niedrige Gewalttaten aus. Verfügbar unter: http://www.waldorfschule-emmendingen.de/print/PfeifferStellgnahme.pdf (05.01.2012).

Prange, Klaus (1985): Erziehung zur Anthroposophie. Darstellung und Kritik der Waldorfpädagogik. Bad Heilbrunn: Klinkhardt.

Radisch, Iris (2011): Der letzte Prophet. In: DIE ZEIT Nr. 8 vom 17.02.2011. Verfügbar unter: http://www.zeit.de/2011/08/C-Waldorfschule-Steiner (05.01.2012).

Randoll, Dirk (1999): Waldorfpädagogik auf dem Prüfstand. Auch eine Herausforderung an das öffentliche Schulwesen? Berlin: VWB.
Randoll, Dirk (2007): Die Zeit in der Freien Waldorfschule. In: Barz/Randoll (2007): 175–235.
Randoll, Dirk (2010): Empirische Forschung und Waldorfpädagogik. In: Paschen (2010): 127–156.
Randoll, Dirk/Barz, Heiner (Hrsg.) (2007): Bildung und Lebensgestaltung ehemaliger Schüler von Rudolf Steiner Schulen in der Schweiz. Eine Absolventenbefragung. Frankfurt a.M.: Peter Lang.
Rendtorff, Barbara (2006): Erziehung und Geschlecht. Stuttgart: Kohlhammer.
Schieren, Jost (Hrsg.) (2008): Was ist und wie entsteht: Unterrichtsqualität an der Waldorfschule? München: Kopaed.
Schirlbauer, Alfred (1988): Comeback des redenden Lehrers? Einige Überlegungen zur Rolle des Lehrers aus Anlass zweier Neuerscheinungen zum Frontalunterricht. In: Vierteljahrsschrift für wissenschaftliche Pädagogik 64. 3. 318–327.
Schmoll, Heike (2007): Auf Rudolf Steiners Spuren. In: FAZ vom 23.05.2007. Verfügbar unter: http://www.faz.net/aktuell/gesellschaft/waldorfschulen-auf-rudolf-steiners-spuren-1433918.html (05.01.2012).
Schreiner, Claudia/Schwantner, Ursula (Hrsg.) (2009): PISA 2006: Österreichischer Expertenbericht zum Naturwissenschaftsschwerpunkt. Graz: Leykam.
Schrey, Helmut (1968): Waldorfpädagogik. Kritische Beschreibung und Versuch eines Gesprächs. Bad Godesberg: Verlag Wissenschaftliches Archiv.
Schubarth, Wilfried/Speck, Karsten (2008): Einstellungen, Wohlbefinden, abweichendes Verhalten von Schülerinnen und Schülern. In: Helsper/Böhme ([2]2008): 965–984.
Schubarth, Winfried (2010): Gewalt und Mobbing an Schulen. Möglichkeiten der Prävention und Intervention. Stuttgart: Kohlhammer.
Seiffge-Krenke, Inge (2008): Gesundheit als aktiver Gestaltungsprozess im menschlichen Lebenslauf. In: Oerter/Montada ([6]2008): 822–836.
Shell Deutschland (Hrsg.) (2002): Jugend 2002. Frankfurt a.M.: Fischer.
Shell Deutschland (Hrsg.) (2006): Jugend 2006. Eine pragmatische Generation unter Druck. Frankfurt a.M.: Fischer.
Shell Deutschland (Hrsg.) (2010): Jugend 2010. Eine pragmatische Generation behauptet sich. Frank-furt a.M.: Fischer.
Siegrist, Johannes (1996): Adverse Health Effects of High-Effort /Low-Reward Conditions. In: Journal of Occupational Health Psychology 1. 1. 27–41.
Speck, Josef (Hrsg.) (1978): Geschichte der Pädagogik des 20. Jahrhunderts II. Stuttgart: W. Kohlhammer.
Spitzer, Manfred (2009): Lernen. Gehirnforschung und die Schule des Lebens. Heidelberg: Spektrum.
Statistisches Bundesamt (Hrsg) (2008): Datenreport 2008. Ein Sozialbericht für die Bundesrepublik Deutschland. Verfügbar unter: http://www.destatis.de/jetspeed/portal/cms/Sites/destatis/Internet /DE/Content/Publikationen/Querschnittsveroeffentlichungen/Datenreport/Downloads/Datenreport2008,property=file.pdf (05.01.2012).
Statistisches Bundesamt (2009): Zuhause in Deutschland. Ausstattung und Wohnsituation privater Haushalte. Ausgabe 2009. Verfügbar unter: http://www.destatis.de/jetspeed/portal/cms/Sites/ destatis/Internet/DE/Content/Publikationen/Fachveroeffentlichungen/Wirtschaftsrechnungen Zeitbudget/ZuhauseinDeutschland1023203099004,property=file.pdf (15.02.2012).

Steiner, Rudolf (41978): Menschenerkenntnis und Unterrichtsgestaltung. Dornach: Rudolf Steiner Verlag.

Steiner, Rudolf (1986): Menschenerkenntnis und Unterrichtsgestaltung. GA 302. Dornach: Rudolf Steiner Verlag.

Steiner, Rudolf (61990): Erziehungskunst. Methodisch-Didaktisches. Dornach: Rudolf Steiner Verlag.

Steiner, Rudolf (1992): Allgemeine Menschenkunde als Grundlage der Pädagogik. Vierzehn Vorträge, gehalten in Stuttgart 1919. GA Nr. 293. Dornach: Rudolf Steiner Verlag.

Steiner, Rudolf (1995): Konferenzen mit den Lehrern der Freien Waldorfschule 1919 bis 1924. Band I. GA 300a. Dornach: Rudolf Steiner Verlag.

Strobl, Rainer/Böttger, Andreas (Hrsg.) (1996): Wahre Geschichten? Zur Theorie und Praxis qualitativer Interviews. Baden-Baden: Nomos.

Teubner, Ulrike (2008): Beruf: Vom Frauenberuf zur Geschlechterkonstruktion im Berufssystem. In: Becker/Kortendiek (2008): 491–498.

Tippelt, Rudolf/Schmidt, Bernhard (Hrsg.) (32010): Handbuch Bildungsforschung. Wiesbaden: VS Verlag.

Tippelt, Rudolf/von Hippel, Aiga (Hrsg.) (42010): Handbuch Erwachsenenbildung/Weiterbildung. Wiesbaden: VS Verlag.

Ullrich, Heiner (1986): Waldorfpädagogik und okkulte Weltanschauung. Weinheim: Beltz.

Ullrich, Heiner (2008): Herausforderungen und Qualitätsfragen eines phänomenologischen Unterrichts. Fallstudie zur Physik-Epoche des 10. Schuljahrs an einer Waldorfschule. In: Schieren (2008): 109–125.

UNESCO (Hrsg.) (2006): Road Map for Arts Education. The World Conference on Arts Education: Building Creative Capacities for the 21st Century, Lissabon/Paris. Verfügbar unter: http://www.unesco.org/new/fileadmin/MULTIMEDIA/HQ/CLT/CLT/pdf/Arts_Edu_RoadMap_en.pdf (05.02.2012).

Wagenschein, Martin (1968): Verstehen lehren. Weinheim und Basel: Beltz.

Wagenschein, Martin (1984): Erinnerungen für morgen. Eine pädagogische Autobiographie. Weinheim & Basel: Beltz.

Wallner-Paschon, Christina (2009): Kompetenzen und individuelle Merkmale der Waldorfschüler/innen im Vergleich. In: Schreiner/Schwantner (2009): 387–399.

WHO (2004): Young people's health in context. Health Behaviour in School-aged children (HBSC) study: International report from the 2001/02 survey. Verfügbar unter: http://www.hbsc.org/ downloads/IntReport04/Part1.pdf (05.01.2012).

WHO (Hrsg.) (2008): Inequalities in Young people's health. Health Behaviour in School-aged children (HBSC). International report from the 2005/2006 survey. Verfügbar unter: http://www.euro.who.int/__data/assets/pdf_file/0005/ 53852/E91416.pdf (15.02.2012).

Wiater, Werner (32008): Unterrichtsprinzipien. Donauwörth: Auer Verlag.

Wiederhold, Karl A. (1978): Rudolf Steiner. In: Speck (1978): 7–20.

Winkel, Rainer (1987): Sympathie und Distanz: (Fast) vierzig Jahre Erfahrungen mit der Waldorfpädagogik. In: Hansmann (1987): 238–258.

Witzel, Andreas (1989): Das problemzentrierte Interview. In: Jüttemann (21989): 227–255.

Witzel, Andreas (1996): Auswertung problemzentrierter Interviews: Grundlagen und Erfahrungen. In: Strobl/Böttger (1996): 49–76.

Über die Autoren

Dr. Heiner Barz, Professor für Bildungsforschung und Bildungsmanagement am Sozialwissenschaftlichen Institut der Heinrich-Heine-Universität Düsseldorf. Arbeitsschwerpunkte: Reformpädagogik und Bildungsreform, Bildungsfinanzierung, Migration und Bildung, kulturelle Bildung, Lehr-Lern-Controlling, Bildungsmarketing, eLearning.

Dr. Ulrike Luise Keller, langjährige Waldorf- und Realschullehrertätigkeiten. Promotion über Quereinsteiger in Waldorfschulen (2008). Arbeitsschwerpunkte: Bildungspolitik, Schul-und Unterrichtsentwicklung, kindliche Grundbedürfnisse in der modernenLeistungsgesellschaft, Waldorfpädagogik; letzte Veröffentlichung: Gerechte Noten gibt es nicht (Baden-Baden 2012).

Dr. Sylva Liebenwein, wissenschaftliche Mitarbeiterin am Sozialwissenschaftlichen Institut der Heinrich-Heine Universität Düsseldorf, Abteilung für Bildungsforschung und Bildungsmanagement. Arbeitsschwerpunkte: Milieuforschung, Erziehungsforschung, Bildungsforschung, Reformpädagogik. Aktuelles Habilitationsprojekt zum Weiterbildungsbedarf in der Frühpädagogik.

Dr. Peter Loebell, Dipl.-Soziologe, Professor für Waldorfpädagogik an der Freien Hochschule Stuttgart. Arbeitsschwerpunkte: Lernpsychologie und Schulentwicklung, Individualisierung im Unterricht, Entwicklungsaufgaben und Kompetenzen. Letzte Veröffentlichung (Hrsg. zusammen mit Ernst Schuberth): Allmähliches Verschwinden des Menschlichen – eine pädagogische Herausforderung, Bad Heilbrunn 2012

Dr. Dirk Randoll, Projektleiter bei der Software AG-Stiftung in Darmstadt und Professor für empirische Sozialwissenschaft an der Alanus Hochschule, Alfter bei

S. Liebenwein et al., *Bildungserfahrungen an Waldorfschulen*,
DOI 10.1007/978-3-531-19090-7,
© VS Verlag für Sozialwissenschaften | Springer Fachmedien Wiesbaden 2012

Bonn. Arbeitsschwerpunkte: Freie und alternative Schulen, insbesondere Waldorfschulen, Arbeitsbedingungen und Arbeitszufriedenheit bei Waldorflehrern.

Dr. Andreas Schleicher, Stellvertretender Direktor des OECD Bildungsdirektorats und Berater des OECD-Generalsekretärs zum Thema Bildungspolitik, Honorarprofessor an der Universität Heidelberg. Arbeitsschwerpunkte: Programme for International Student Assessment (PISA), OECD Bildungsindikatoren (INES), Programme for the International Assessment of Adult Competencies (PIAAC), OECD Teaching and Learning International Survey (TALIS).

Dr. Wilfried Sommer, Professor für Schulpädagogik an der Alanus Hochschule, Alfter bei Bonn. Arbeitsschwerpunkte: Phänomenologische Unterrichtsmethoden, Physikdidaktik, wissenschaftliche Grundlegung der Lehrerbildung, insbesondere im Oberstufenunterricht.

1810077R00143

Printed in Germany
by Amazon Distribution
GmbH, Leipzig